古墳時代における
札式甲冑の
導入・展開とその背景

初村武寛 著
Takehiro Hatsumura

六一書房

目　次

序　章　札式甲冑研究史と本書の目指すところ・・・・・・・・・・ 1

第Ⅰ部　古墳時代中期における札式甲冑の導入と展開・・・・・・・・・13

第 1 章　古墳時代中期における札甲の変遷・・・・・・・・・・ 19

第 2 章　日本列島における導入期札甲の構造と副葬の背景・・・・・・・ 39

第 3 章　古墳時代中期における札式付属具の基礎的検討・・・・・・・ 71

第 4 章　倭への重装騎兵装備の導入—和歌山県大谷古墳の事例から—・・・109

第 5 章　古墳時代中期における渡来系遺物の受容とその画期・・・・・・119

第Ⅱ部　古墳時代後期における甲冑の製作・用途とその性格・・・・・・・123

第 6 章　裲襠式札甲を含む武装の解明とその意義

　　　　　　—愛知県大須二子山古墳出土甲冑セットと副葬状況に着目して—・・・129

第 7 章　衝角付冑と札式付属具の連結過程・・・・・・・・・・169

第 8 章　日本列島における朝鮮半島系札甲副葬古墳とその周辺・・・・・185

第 9 章　革札を用いた札甲の構造とその意義・・・・・・・・207

第 10 章　古墳時代以後—飛鳥寺・東大寺例にみる札甲の構造—・・・・・217

第Ⅲ部　札式甲冑の導入・展開期における副葬品群の様相・・・・・・・227

第 11 章　同型鏡群の比較検討からみた副葬品の製作・入手・伝世・・・・231

第 12 章　鈴付銅器の変遷と用途・・・・・・・・・・・・305

終　章　日本列島における渡来系技術の受容とその背景・・・・・・・319

引用文献・・・・・・・・・・・・・・・・・・335

挿図・表・写真出典・・・・・・・・・・・・・357

初出一覧・・・・・・・・・・・・・・・369

序　章　　札式甲冑研究史と本書の目指すところ

　札式甲冑は、鋲留板甲や馬具にみられる鋲留技法の導入期と時期を同じくして日本列島内に導入された武具である。その源流は大陸や朝鮮半島に求められるため、板甲・衝角付冑などの『倭系甲冑』に対して、『外来系甲冑』として評価できる。

　また、札式甲冑は、数百枚にも及ぶ札を、後述する威や綴といった技法により組み上げたもので、可動性を有する甲冑であることから、乗馬に適した甲冑ともみられている。また、古墳時代中期に存在した帯金式甲冑・打延式甲冑などとは異なり、全く新しい構造と外観を有していた。

　しかし、札式甲冑はその構造ゆえに遺存状況が良好な事例がきわめて稀少であり、構造等の検討にまで踏み込むことが難しい。これまで行われてきた研究の大部分においても、札式甲冑の小単位である札を対象として検討したものが大半を占め、全体像を復元するものはほぼなかった。そうした問題から古墳時代中期に盛行する帯金式甲冑・打延式甲冑や刀剣鉾槍矛鏃類などと比べても扱われることが少なかった。

　また、遺跡からこうした札が数百〜数千枚出土してしまうと、なかなか実測・製図を行うにも作業が進展せず、報告書刊行の障壁となっている事例も多い。

　このように書くと良い所無しの遺物のように思えるが、その構造は、古墳時代中期〜古代にまで至り、大鎧などの源流になったともいわれるほど非常に長期的に採用され続けた画期的な甲冑でもあった。本章ではこの札式甲冑の研究史に触れ、現状での札式甲冑の到達点と課題を挙げる。

１．札式甲冑の基礎構造

　札式甲冑を以下扱っていく上で、基本となる用語や理解が必要な事項が多い。そのため、まず札式甲冑の技法と製作技術について触れておく（図１）。

　札式甲冑の基礎である小単位は札と呼ばれる小鉄板である。この札には、複数の孔が穿たれているが、用途に応じて綴孔・下搦孔・威孔と名称が異なる。

　綴孔は、札を横方向に綴じ札列を作る際に用いる。札を横方向に繋ぐ連結材としての綴紐が通

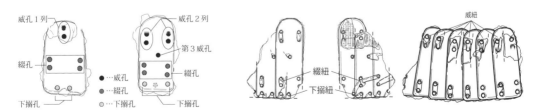

図１　札の穿孔名称と各種連結部材

写真1　出土時の札甲の一例
（奈良県吉備塚古墳）

が、紐による固定であるため札は柔軟に動くことができる。

　下搦孔は、札列の下端部に革紐や革帯を固定するのに用いる。これらは装着者に札端部が直接触れないための保護材であり、下搦・覆輪（ふくりん）と呼ばれる。

　威孔は、横方向に綴じられた札列を縦方向に繋ぐための孔である。威紐には革紐や組紐を用いるが、威紐自身は札と威孔を介して固定されているのみであるため、可動域を有する。この威技法を採用したことにより、札式甲冑は上下の伸縮という動きを獲得した。

　札式甲冑は、このような部材・技法を用いて、同じ形をした札を数百枚を繋げていくことで構成される。用途としては胴部の甲である札甲（さねよろい）をはじめ、錣（しころ）・頬当（ほおあて）・肩甲（かたよろい）・籠手（こて）・臑当（すねあて）・草摺（くさずり）・膝甲（ひざよろい）など多岐にわたる。しかし、考古資料という特徴ゆえ、土中では綴・下搦・覆輪・威が劣化・腐朽してしまう。そのため、出土時には構造を保つことができず、崩れた状態で出土する事例が多い（写真1）。副葬時の状態を留めているならばまだ本来の姿も検討できるが、盗掘・攪乱等の影響を受けてしまっている事例の場合は、各部材の使用部位を復元検討は更に困難とさせる。

2．札式甲冑の研究史

　札式甲冑の基礎構造研究　今でこそ、札式甲冑の構造のわかる良好な事例が数例存在するところとなっているが、札式甲冑の研究が始められた段階にはそうした資料は存在していなかった。札式甲冑は、数百枚の札を革紐や組紐で連結したものであるから、その紐が腐朽してなくなってしまえば元の形状を保持できず、崩壊してしまう。

岡山県天狗山古墳

和歌山県椒浜古墳

奈良県飛鳥寺

大阪府今城塚古墳

写真2　札式甲冑の復元品

そのため、札式甲冑研究の端緒とも言える末永雅雄の研究は、まず各地で出土した札を形状ごとに分類し、それらの札が使用された部位を推定するところから始まった（末永1930・1934）。

円照寺墓山1号墳出土遺物の調査では、比較的遺存の良好な個体が多く確認されているが、この状態では札が収納状態となっているため、全体像を把握できないという問題点が生じた。そのため、末永は遺物の調査成果に基づく復元模造品製作を行っている。こうした資料の検討を通して、札に遺存する有機質の重要性がこの段階で既に提示されている点は特筆するべきものであり、現在我々がとるべき手法の基礎となっている。特に札甲の場合は札を横方向に繋いで札列を作る「綴技法」、札の札足に施される「下搦技法」・「覆輪技法」、札列を縦方向に繋ぐ「威技法」や、人体へ装着するための装具であるワタガミなどがあるが、このうちバリエーションが豊富にある威技法について末永は復元検討を行っている。こうした復元的視点は現在も基礎資料として名高い復元資料群（円照寺墓山1号墳、椒古墳、天狗山古墳など、写真2）にみることができる。

散逸もしくは崩壊した事例についても、札同士の銹着状況や遺存有機質の観察に基づき、構造を復元検討しようとしたものも少なくない。特に1980年代～90年代にはそうした動きが多くみられる。埼玉県埼玉稲荷山古墳（埼玉県教育委員会1980）、大阪府富木車塚古墳（神谷1988）、埼玉県小針鎧塚古墳（船山・塚田1991）、群馬県観音塚古墳（高崎市教育委員会1992）、群馬県天ノ宮古墳（藤原1997）、大阪府長持山古墳（塚本1997）などが著名な事例として挙げられる。

しかし、札式甲冑自体は、崩壊してしまうと膨大な数の札として遺存することになるため、それらを資料化しようとする動きはあまり認められなかった。札の模式図を積極的に用いて報告、もしくは一部の札のみを図化・報告するスタイルが一般化していた。

そうした資料群を図示して構造・技法等を提示しようとする流れは、奈良県藤ノ木古墳の報告書あたりからみられるようになる。藤ノ木古墳の場合は、札と合わせて威紐や綴紐などといった有機質の遺存状況が抜群に良好であったこともあるのであろうが、現在みられるような圧倒的多数の札を図示しようとするスタイルの基礎となり、詳細な知見を得ることが可能となった。これにより報告に求められるハードルが上がったが、報告書のページをめくってもめくっても札の実測図が続くというような充実した事例が増えたことは改めて述べるまでもない。

札甲の分布・保有　詳細な報告がなされていない段階においては、札式甲冑の様々な検討は難しい状況であった。だが、札式甲冑は、古墳時代中期の帯金式・打延式甲冑に後続する武具であったため、その重要性は広く認識されていた。そのため、この段階には、分布・保有に関する研究が散見されるようになる。

このうち川西宏幸は、古墳時代後期になると甲冑の九州での出土数が減少するのに対して関東の激増、東北への分布が見られるようになる点に注目した。この背景にあるのは軍事動員であり、甲冑集中地域が移動するのは政権の交替に伴って軍事動員地も変転したとみる（川西

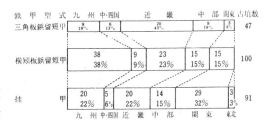

表1　地域別の鉄甲出土古墳数と比率（川西1986）

表2　鉄甲出土古墳と墳丘構成
（川西1986）

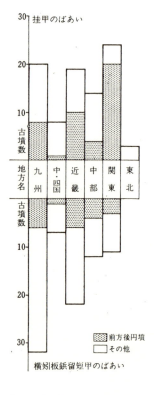

1986、表1・2）。

　清水和明は、札甲の出土が集中する畿内周辺・九州・関東を挙げ、畿内とそれ以外の社会的な違い、古墳時代中期と後期のの政治的・軍事的体制の違いを推定した。札甲の副葬数が1領の事例が多いことにも着目し、甲冑の個人保有に対して規制が存在した可能性を推定した（清水和1988）。

　松尾昌彦は、古墳時代後期の札甲出土古墳を取り上げ、中期の板甲出土古墳に比べて前方後円墳が含まれることや分布地域が拡大していることに言及し、地方の軍事編成化推進の結果とする見解を示した（松尾2002）。

　札甲の分類と系統　札甲の変遷の検討としては、概ね使用する札の差異や威技法、腰札・草摺裾札の形状に基づいて議論がなされていたが（内山1986、塚本1997）、基礎資料の充実化に相まって、札式甲冑での型式設定、型式学的変遷の議論が登場する。

　現在の札甲の分類および系統の基礎研究としては、清水和明の研究が挙げられる。清水は、全国で札甲が多数出土しているがその大部分が破片化した資料であるという点に着目し、破片資料でも確認しうる「札の威孔列数」および「威技法」の2点に着目して系統を設定した。清水はこの札甲の系統について、札甲の「製作集団を抽出する視点」のために行うとする（清水和1993ab・2009、図2）。

　この清水の系統は、内山敏行も賛同しており、いわゆる日本列島内での札式甲冑の定型化以後の事例についての交通整理と変化の過程について検討を加えている。これにより、定型化以後の札甲の変遷過程がより明瞭になったことに加え、冑付属の頬当・錣・肩甲などの併行関係がより鮮明に見出せるようになった（内山2003・2006、図3）。この中には歴年代を考える上で重要な資料となる埼玉稲荷山古墳および飛鳥寺塔心礎内の札甲2例を含めており、年代の定点のある中での札甲の変遷過程が推定できるようになっている。

　また、この清水の型式分類・系統について、松崎友理は威紐による外観の差異が生じることを指摘した（松崎2012、図4）。5世紀代〜6世紀初頭頃は通段威・綴付威の威技法が主であるのに対し、その後、竪上・長側に第3威孔を用いた各段威b類が採用されることに起因する。各段威については、日本列島の資料に先行して朝鮮半島出土事例に多く認められるものとされており、波状的に渡来系技術を受容していた様相が認められる。

　こうした研究はいずれも日本列島内で定型化した札甲を対象とするのみで、日本列島導入〜定型化までの資料についてはほとんど触れられてこなかった。日本列島内における定型化した札甲に影響を与えたものとして朝鮮半島で出土するようなS字形腰札をもつ札甲などがよく取り上げられていたが（清水和2000）、日本列島での出土例に限れば、それらはいずれも5世紀末頃に集中するとの

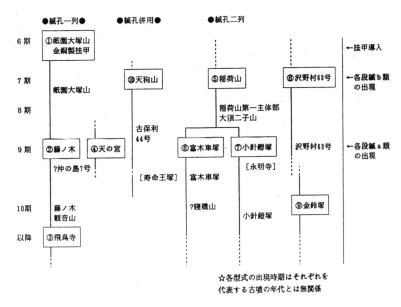

図2　清水和明による札甲の分類と変遷（清水和 1993a）

指摘もある（内山 2000）。S字形腰札をもつ札甲については、Ω字形腰札出現以後も存在することを念頭においておく必要があるだろう[1]。

こうした札甲の変遷案については、阪口英毅により整理された。これにより、札式甲冑と帯金式甲冑・打延式甲冑との併行関係が理解できる形で提示された（阪口 2013、図5）。

日本列島出土資料と周辺地域資料との比較　札式甲冑自身は、乗馬風習に適合した甲冑と言われることも多い。その源流は大陸に求められることは改めて述べるまでもないだろう。そのため、日本列島内出土資料と東アジア地域出土資料との対比を行う研究も行われている。

特にこうした視点を持って日本列島出土資料を検討したものとして、末永雅雄の研究は不可欠であった。未だ体系的な理解がなされていない中であったにも関わらず、末永は東アジア地域の札を用いた甲冑類の紹介を行いながら、日本列島出土資料への影響を推定した（末永・伊藤信 1979）。同様の視点は清水和明へと継承され、東アジア出土資料中にみる日本列島出土資料の位置づけや、日本列島出土資料の源流となった地域を検討する素地が築かれた（清水和 1996、図6）。

こうした視点により、主に中国・朝鮮半島出土資料との対比研究は、活発に行われる段階へと入っていった（蘇 2008、森川 2008）。こうした動きは出土資料の増加・検討が進む韓国でも起こっている。

古墳時代後期の冑の構造については、内山敏行（内山 1992・2001、図7・8）・横須賀倫達（横須賀 2009、図9）らの研究にみられるように朝鮮半島系冑からの影響により倭系の冑である衝角付冑に変化が起こっていったことなど、日本列島外からの外的要因は多くもたらされていたことが確実視される。そうした中で、内山敏行は舶載品が多く認められる時期に着目し、「舶載品ラッシュ」を推定する。この段階には、装飾大刀、馬具、甲冑など多彩な遺物および技法・技術が朝鮮半島からもたらされた時期であり、倭系甲冑への影響が存在したことが知られる（内山 2003、2012）。

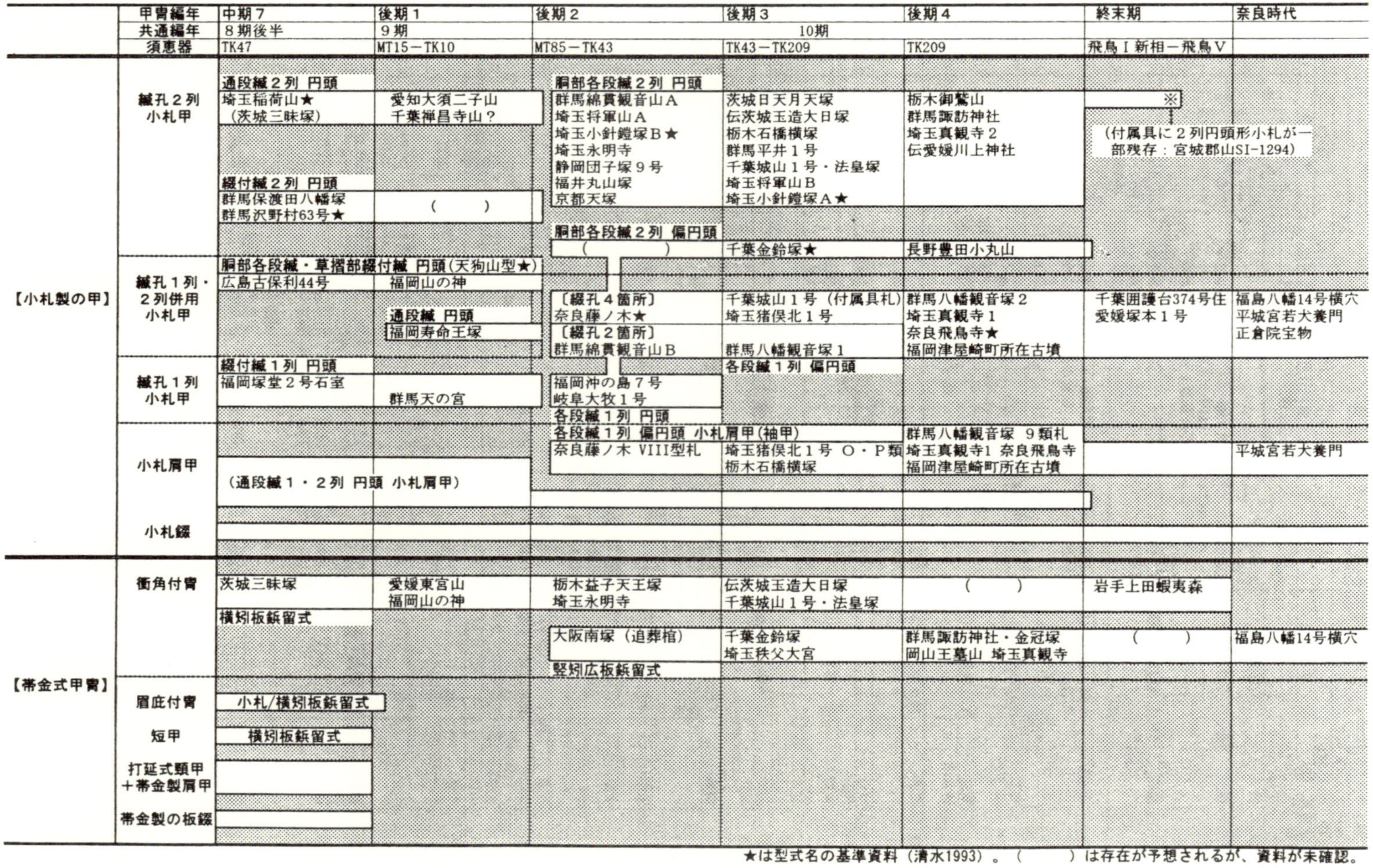
甲冑編年
共通編年
須恵器
中期７
８期後半
TK47
後期１
９期
MT15－TK10
後期２
MT85－TK43
後期３
10期
TK43－TK209
後期４
TK209
終末期
飛鳥Ｉ新相－飛鳥Ｖ
奈良時代
【小札製の甲】
威孔２列 小札甲
通段威２列 円頭
埼玉稲荷山★
（茨城三昧塚）
愛知大須二子山
千葉禅昌寺山？
綴付威２列 円頭
群馬保渡田八幡塚
群馬沢野村63号★
（　　）
胴部各段威２列 円頭
群馬綿貫観音山Ａ
埼玉将軍山Ａ
埼玉小針鎧塚Ｂ★
埼玉永明寺
静岡団子塚９号
福井丸山塚
京都天塚
茨城日天月天塚
伝茨城玉造大日塚
栃木石橋横塚
群馬平井１号
千葉城山１号・法皇塚
埼玉将軍山Ｂ
埼玉小針鎧塚Ａ★
栃木御鷲山
群馬諏訪神社
埼玉真観寺２
伝愛媛川上神社
※
（付属具に２列円頭形小札が一部残存：宮城郡山SI-1294）
胴部各段威２列 偏円頭
（　　）
千葉金鈴塚★
長野豊田小丸山
威孔１列・２列併用 小札甲
胴部各段威・草摺部綴付威 円頭（天狗山型★）
広島古保利44号
福岡山の神
通段威 円頭
福岡寿命王塚
〔綴孔４箇所〕
奈良藤ノ木★
〔綴孔２箇所〕
群馬綿貫観音山Ｂ
千葉城山１号（付属具札）
埼玉猪俣北１号
群馬八幡観音塚１
群馬八幡観音塚２
埼玉真観寺１
奈良飛鳥寺★
福岡津屋崎町所在古墳
千葉囲護台374号住
愛媛塚本１号
福島八幡14号横穴
平城宮若犬養門
正倉院宝物
威孔１列 小札甲
綴付威１列 円頭
福岡塚堂２号石室
群馬天の宮
福岡沖の島７号
岐阜大牧１号
各段威１列 円頭
各段威１列 偏円頭
小札肩甲
各段威１列 偏円頭 小札肩甲（袖甲）
奈良藤ノ木 VIII型札
埼玉猪俣北１号 Ｏ・Ｐ類
栃木石橋横塚
群馬八幡観音塚 ９類札
埼玉真観寺1 奈良飛鳥寺
福岡津屋崎町所在古墳
平城宮若犬養門
（通段威１・２列 円頭 小札肩甲）
小札錣
【帯金式甲冑】
衝角付冑
茨城三昧塚
愛媛東宮山
福岡山の神
栃木益子天王塚
埼玉永明寺
伝茨城玉造大日塚
千葉城山１号・法皇塚
（　　）
岩手上田蝦夷森
横矧板鋲留式
大阪南塚（追葬棺）
千葉金鈴塚
埼玉秩父大宮
群馬諏訪神社・金冠塚
岡山王墓山 埼玉真観寺
（　　）
福島八幡14号横穴
竪矧広板鋲留式
眉庇付冑
小札/横矧板鋲留式
短甲
横矧板鋲留式
打延式頸甲＋帯金製肩甲
帯金製の板錣
★は型式名の基準資料（清水1993）。（　　）は存在が予想されるが、資料が未確認。

図３　内山敏行による札式甲冑の分類と変遷（内山 2003）

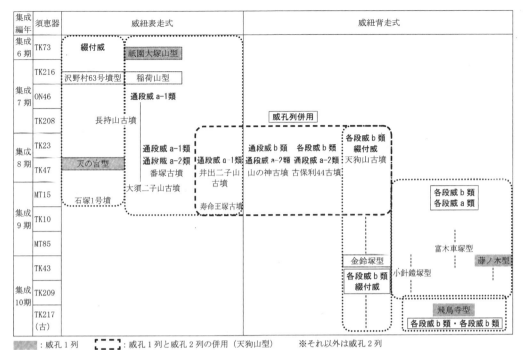

図4　松崎友理による札甲の変遷（松崎2015）

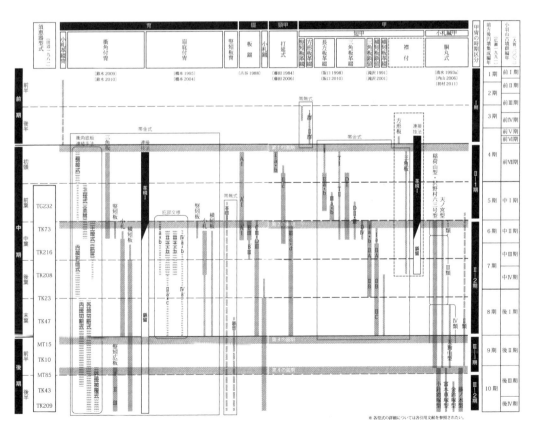

図5　阪口英毅による古墳時代甲冑の変遷（阪口2013初出、阪口2017改訂）

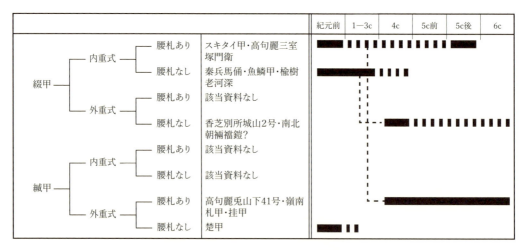

図6　清水和明による東アジアにおける札甲の展開（清水和 1996）

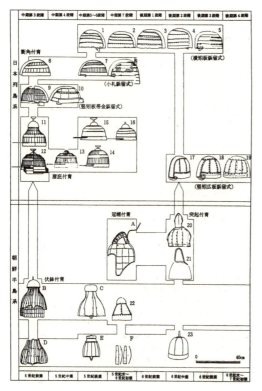

図7　朝鮮半島系冑から倭系冑への影響
（内山 1992）

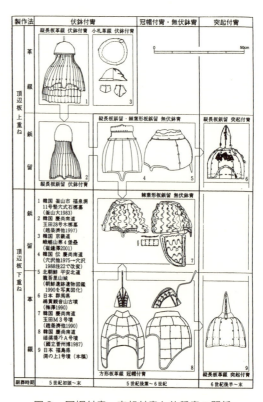

図8　冠帽付冑・突起付冑と他種冑の関係
（内山 2001）

非鉄製札の存在への認識の広がり　これまで、古墳時代のにおける札は鉄製であるとの認識が広く存在した。ところが、静岡県団子塚9号墳より出土した札甲には鉄札とあわせて革札を併用している札甲であることが確認された（袋井市教育委員会・元興寺文化財研究所 1994、図 10）。

団子塚9号墳で確認された革札は、革を芯材とし、その表面に漆（もしくは漆様の塗膜）が塗ら

序章　札式甲冑研究の研究史と本書の目指すところ　9

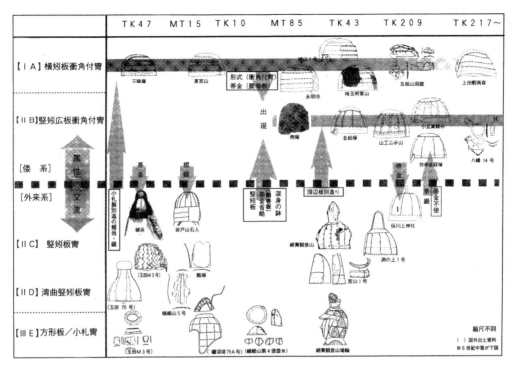

図9　後期型鉄冑の変遷と属性の交流（横須賀2009）

たものであった。革本体は腐朽するため遺存することはきわめて稀であるが、その表面の漆は比較的遺存しやすい。そのため、革札の存在を判断する基準としては、この漆膜の存在の有無が大きな役割を果たすこととなる。

　団子塚9号墳出土札甲は、後胴竪上2段目と前胴竪上2段目、草摺3段目に革札を使用し、その他の部位はすべて鉄札を使用するものであった。これの類似例として、草摺3段目に革札を使用する札甲が栃木県益子天王塚古墳より出土している（山田2012）。

　富山県加納南9号墳では、竪上最上段・腰札・草摺裾札のみを鉄製札とし、それ以外の大部分の平札にはすべて革札を用いる事例が確認された（富山県文化振興財団埋蔵文化財調査事務所2014、写真3）。これに続き、福島県清戸迫8号横穴墓出土札甲（横須賀2017）や奈良県珠城山3号墳出土札甲（初村2018）でも同様の事例であることが報告された。また、岡山県八幡大塚2号墳出土札甲はこれらと同様の事例であることが確実であり、また佐賀県潮見古墳出土札甲[2]も類似例となる可能性がある。

　また、朝鮮半島系の札甲を出土した奈良県市尾宮塚古墳では、盗掘・攪乱の影響を受けているため詳細な部位こそ不明であるが、鉄札と革札を同一の札列に直接綴じて使用していることが確認された（高取町教育委員会2018）。鉄札と革札を直接綴じる事例は他に確認されていないが、朝鮮半島系札甲という特徴も踏まえて、今後検討が必要である。また、朝鮮半島出土例についても同様の事例が存在する可能性があり、今後の進展に期待されるところである。

　このほか、群馬県金井東裏遺跡出土札甲（2号甲）からは、鹿角製札の存在が確認された（群馬県

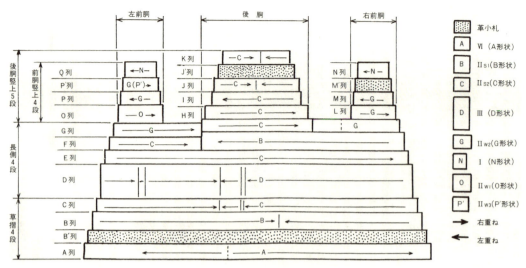

図10　団子塚9号墳の札配置（塚本ほか1994）

写真3　富山県加納南9号墳出土鉄革併用札甲（富山県文化振興財団埋蔵文化財調査事務所 2014）

埋蔵文化財調査事業団2017)。札甲自体はすべて鉄札を用いているものであるため、この鹿角製札群は札甲に伴う付属具であろうか、今後の用途の解明が注目される。

　非鉄製札の存在を認識するにあたっては、遺存状況に大きく左右されることは改めて述べるまでもないが、札甲を構成する札の枚数が不足する場合や付着物等の痕跡がある場合には検討が必要と言えよう。革札を用いる利点としては、①鉄札との重量差や、②変形のしにくさを挙げることができよう。特に、②に関しては矢を用いた強度実験が行われている（塚本ほか2013）。これにより、鉄札は力の加わり方によっては大きく変形してしまうとともに威紐・綴紐なども切れ、甲としての構造が損傷してしまうが、革札の場合はこういった札の変形は認められないことが確認された。

　札式付属具研究の現状　札式付属具は、頬当・錣・肩甲・籠手・臑当・膝甲・草摺など多様である。ただし、出土時の状態が良好とは言えないものが多かった。そのため、基本的には個別事例の報告（藤ノ木古墳、綿貫観音山古墳など）などが主であり、体系的な検討が行われる機会はなかった。

　付属具を総合的にとらえたものとしては、清水和明の研究が挙げられる（清水和1995）。すべての

付属具を網羅して検討することにより、それぞれの札式付属具の出現時期から札甲製作工人と帯金式・打延式甲冑製作工人との関係性に言及している。

籠手・臑当については稲童21号墳の事例に関して大澤元裕により検討がなされ、臑当の定義や装着方法、胴甲との関係性について焦点が当てられた（大澤2005）。

近年では、次第に札式付属具の新資料の発見や再検討および総合的な検討がなされ始めている（塚本2004、初村2010・2011・2015、橋本2014）。このうち拙稿では、各種付属具の構造と明確にすることによりこれまで用途が不明瞭であったものについて交通整理を行うとともに、朝鮮半島系甲冑が倭系甲冑の中へ導入される際に構造改変が存在したことなどを取り上げた（初村2010）。また、橋本達也は各種付属具の分類・変遷過程の検討から、札式付属具全体での変遷図を提示した（橋本2014c）。これにより、現在の札式甲冑研究の到達点を明確に示された。

3．本書の構成とねらい

札式甲冑の研究史概略について、図11に掲載した。札式甲冑の研究自体は、古墳時代の甲冑研究黎明期から行われてきたものの、良好に遺存する資料の数が限られていたため、帯金式甲冑・打延式甲冑などと比べると盛んに研究が行われることは少なかった。複数の研究者によって積極的に議論が行われてきたのは近年になってからであると言える。

それと等しく、研究史上の問題点として、①札式甲冑に使用されるに従事したものが多く、具体的な全体像が不明瞭である、②札甲が定型化したとされる古墳時代中期後葉〜古墳時代後期の資料の検討が中心であり、日本列島における導入〜定着までの過程が不鮮明といった問題点がある。①・②ともに関わることになるが、札式甲冑自体には未だに不明な点が多いので、日本列島に導入された札式甲冑の源流をさぐるための手立ても未だ不十分であると言わざるを得ない。

そのため、本書内では、以下の点について考えることとしたい。
・日本列島における札式甲冑の導入〜展開の様相をさぐる。
・日本列島における導入期札甲の具体的構造を考える。
・札で構成された付属具の基礎構造を考える。
・日本列島と朝鮮半島の甲冑の併行関係・相互関係を考える。
・札式甲冑の導入〜展開期に併存する副葬品群から副葬品製作・配布・伝世の様相を考える。

上記の内容は主に日本列島における札式甲冑の導入〜展開を主とするため、本書で取り扱う時期としては古墳時代中・後期（5世紀〜6世紀）とし、中でも古墳時代中期の資料を重点的に扱う。

註

1）古墳時代中期後葉の事例として大阪府高井田山古墳・福岡県塚堂古墳など、古墳時代後期初頭の事例として奈良県巾尾宮塚古墳・佐賀県潮見古墳などがある。

2）佐賀県潮見古墳からは、S字形腰札を有する甲と、Ω字形腰札を有する甲が出土している。後者はΩ字形腰札が遺存するのみであるが、腰札に黒色の塗膜の痕跡が遺存しており、腰札上下の部位に革札を使用していた可能性が高い。

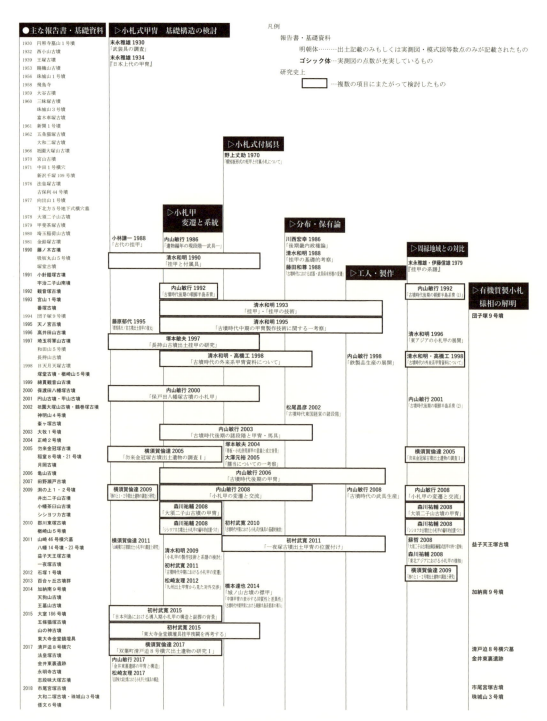

図11 札式甲冑の研究史概略

第Ⅰ部　古墳時代中期における札式甲冑の導入と展開

第Ⅰ部扉絵　奈良県五條猫塚古墳出土遺物（奈良国立博物館所蔵）　奈良国立博物館提供

古墳時代の中期という時期は、日本列島の中で続く文化が定型化・発展していく段階であり、その一方で多様な外来系遺物やそれらを製作する技術が日本列島内にもたらされた段階―内的発展と外的発展が同居する段階―であった。この時期に導入される文物としては、須恵器や馬匹生産・乗馬風習、鋲留技法、鍍金技術などを採用した馬具や装身具などが含まれる。これらの文物が日本列島にもたらされることによって、古墳の副葬品のみならず、生活・文化についても大きな変化を与えたことは改めて述べるまでもない。本書において主に取り扱う札式甲冑も、この中のひとつとして日本列島の中に導入された。

　札式甲冑導入以前に、日本列島ではすでに金属製甲冑が存在していた。革綴技法により構成された板甲や衝角付冑などといった帯金式・打延式甲冑である。これらはすでに日本列島内に広く知られる存在であり、札式甲冑の導入と時期を同じくして日本列島にもたらされた鋲留技法を採用した甲冑として展開してゆくことになるのである。

　一方で、札甲は古墳時代中期に導入こそされるものの、その本格的な展開は古墳時代中期末まで待たなければならない（図12）。しかし、この現象について言い換えてみるならば、札式甲冑は、古墳時代後期に盛行するための基盤づくりが古墳時代中期の間になされていたものと思われる。この段階には、札式甲冑が帯金式・打延式甲冑に代わるための基盤が形成され始めたはずである。

　それでは、日本列島に札式甲冑が導入されて以降、どのように展開したのであろうか。

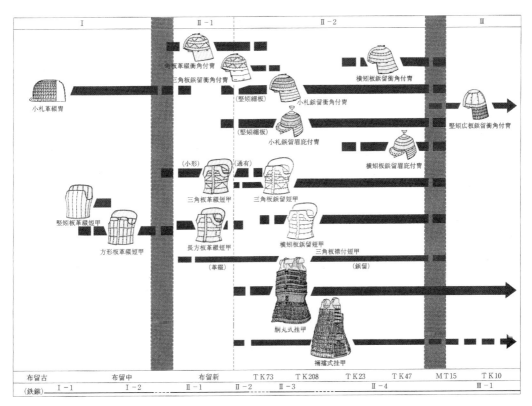

図12　古墳時代の甲冑変遷

現状で古墳時代における札式甲冑については、古墳時代後期の札甲の研究を中心としており、古墳時代中期の資料については不明な点が多いためか具体的に踏み込んだ研究自体が希薄であると言わざるを得ない。特に日本列島に導入されて以降の変遷過程について、古墳時代後期との接続がなされていないために古墳時代中期における札式甲冑の展開過程および製作基盤に検討などが十分にはなされていないのが現状である。そこで、第Ⅰ部では次の3つの点に着目して検討を行うこととする。

①古墳時代中期における札甲の変遷過程の検討

古墳時代に導入される札式甲冑のうち、その主体をなす札甲の変遷過程について検討を行う。

古墳時代中期の札甲については、腰札形状と草摺裾札形状に着目した変遷過程が既に提示されている（清水和1996、塚本1997）ものの、朝鮮半島の札甲と日本列島の札甲についての系譜について別系譜と考える見解（清水和・高橋1998、内山2000）と同一系譜とみる見解（塚本1997、松崎・美濃口2010）がある。

日本列島における導入期の札甲とみられるものに、奈良県五條猫塚古墳・兵庫県宮山古墳出土の札甲がある。これらは湾曲する札甲を使用しない札甲であるが、詳細な構造が検討されてこなかったためか、他の札甲との関係が示されることはなかった。この2例の検討に加えて、日本列島における札甲の展開過程を整理・検討することではじめて、日本列島における札甲の源流～日本列島での札甲の導入・展開過程を一体として考えることが可能となるものと考える。

②古墳時代中期に導入された札式甲冑の具体的構造の検討

先に掲げた日本列島における導入期札甲については、その具体的構造についてこれまで言及されたことがなかった。出土数がきわめて少ないこと、出土時に既に崩壊しており当時の姿を復元することが困難であることなどが主な要因として挙げられよう。しかし、これらの札甲としての構造検討をなさずに札甲の検討を進めると、結局のところ札甲に使用された部品（札）の研究になってしまい、甲としての組みあがった姿から日本列島に導入された札甲の源流を探ること、後に倭で定型化する札甲との相違点を探ることは困難となってしまう。

本書で研究の対象とする札式甲冑は、現在崩壊した状態であるものが多いが、その中から札の組み合わせや連結技法といった資料に基づく情報の提示に加え、構造的な合理性などを検討しながら、札甲としての組みあがった構造について復元検討する。

③古墳時代中期に導入された甲冑付属具の検討とその展開過程

日本列島に札甲が導入されるのと時を同じくして、札を使用した付属具も導入される。籠手や臑当、錣、頬当、襟甲、肩甲、草摺、膝甲など、その数は多かったようである。しかし、これまでは『札の出土＝札甲の出土』と捉えられてきた風潮もあり、これら付属具の実態は、明らかにされている事例は意外と多くない。

札を用いた付属具（以下、札式付属具）については、籠手や臑当のみが先行し他の札式付属具についてはやや遅れるとする見解（清水和 1995、野上 1970）があるが、その背景についても十分に明らかにされているとは言い難い状況である。

威技法を採用したこれらの札甲と札式付属具については、同じ時期に倭に導入ことからもわかるように、同様の部材や技法・技術を採用していることは改めて述べるまでもない。これからも、札甲の変遷過程と札式付属具の変遷過程は、表裏一休の関係にあるものと思われる。先に示した札甲の変遷過程の検討と合わせて札式付属具の変遷・展開過程を探ることにより、古墳時代中期における札式甲冑の導入〜発展の過程を総合的に捉えることが可能となる。

再三述べてきたように、本章では、日本列島の甲冑類を対象とする。時期については、5 世紀代の甲冑を対象とするため、その出土地域はおおむね日本列島の九州・四国・中国・近畿・東海・北陸・関東の各地域を対象とする。後の 6 世紀末〜 7 世紀代となれば甲冑出土遺跡は東北地域まで拡大することとなるが、5 世紀代ではそこまでの進展は認められていない。

一部、この時期に併行する朝鮮半島の出土資料を対象とすることもあるが、その場合は本文中にて明記する。

第1章　古墳時代中期における札甲の変遷

1．はじめに

　古墳より出土する甲冑は、板甲や衝角付冑に代表される帯金式甲冑や、頸甲に代表される打延式甲冑、そして札甲に代表される札を使用した甲冑類である札式甲冑として区分される。このうち、古墳時代中期の古墳からは帯金式甲冑・打延式甲冑が多く出土する一方、古墳時代後期の古墳からは札式甲冑が多く出土する。この両者は、古墳時代中期と後期で突如入れ替わるものではない。札式甲冑は、古墳時代中期に出現し、次第にその数を増していくことで、古墳時代後期には札甲が盛行すると考えられている。

　しかし、札式甲冑の研究は、古墳時代後期の札式甲冑を中心として検討がなされてきており、古墳時代中期の日本列島における導入期の資料については検討が希薄と言わざるを得ない。札式甲冑は、大陸や朝鮮半島より日本列島にもたらされたものとされるが、導入期の札式甲冑の検討なしにはその源流を探ることもできない。

　そのため、本稿では、日本列島における導入期の札甲の変遷過程を検討するとともに、製作に関する事項や日本列島内出土札甲の系譜を考えていく。

2．札甲の名称と研究史

　札式甲冑は、それぞれの部位に着装されるものであるため、その種類は多い[3]。

　本章で検討の対象とする札甲は、末永雅雄の研究により「胴草摺共に一連となって、胴正面で引合せる」胴丸式札甲と、「胴の前後に垂下し、左右の脇に間隙があり、その間隙を塞ぐ装具が又別に設けられ」た裲襠式札甲が存在することが指摘された（末永1934）。しかし、国内で出土する札甲は、大部分が胴丸式であるとされており、裲襠式札甲の研究は進展していない状態にある。本章においても主に胴丸式札甲を扱い、これを札甲と呼称する。

　札甲の各部名称　札甲は、大きく竪上部・長側部・草摺部に区分できる。竪上部は、脇部よりも上の部分を指す。腕を通すために、左右前胴と後胴に分割されている。これに対して、長側は、脇部よりも下の部位から腰部を指し、左右前胴と後胴が一連となっている。草摺は、腰部よりも下の部位を指し、主に大腿部を防御する。

　札甲は、札を綴技法によって横方向に連結して札列を作り、これを威技法によって縦方向に連結することによって構成される。札に穿たれた孔のうち、綴技法に使用される孔を綴孔、威技法に使用されるもの威孔、下捄技法・覆輪技法に使用されるものを下捄孔とそれぞれ呼称する。この札甲を人体に装着するに際し、肩掛けであるワタガミが札甲の竪上最上段に連結される。さらには、腰部の札（腰札）などに引合緒が装着され、札甲を前方で留める役割を果たしている。

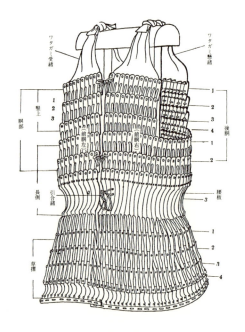

図 13　札甲の全体像と各部名称
（末永 1934）

札甲の研究史　札甲の研究としては、まず末永による研究が挙げられる。札を連結する威技法・綴技法など、詳細な構造を出土資料から復元することにより、札甲として組み上げられた姿と組み上げに必要とする詳細な技法の復元を行った（佐藤・末永 1930、末永 1934）。

　1980 年代後半になると、帯金式甲冑について研究を進めていた小林謙一が札甲の威技法・着用方法に着目する形で、復元検討を進めた（小林謙1988）。これに続いて、清水和明が札甲出土古墳の立地について検討を行った（清水和 1988）。

　これらを踏まえたうえで、清水が現在の札甲に関する分類・編年研究の基礎を形作った（清水和 1993ab）。清水は、札甲を構成する札の頭部形状と威孔列、威技法の 3 点に着目し、札甲を 10 型式に分類する。清水はこれについて、「威孔の列の違いや、（中略）威技法の違いは、胴丸式挂甲の機能には大きな差を生じさせない。したがって、これらは製作集団が恣意的な選択を行った結果のあらわれた形態差であり、換言すれば、複数の胴丸式挂甲の製作集団が存在したことが推定される」と評価した（清水和 1993b）。清水の製作集団分類手法は、非常に明確な分類方法であり、内山敏行（内山 2003、2006、2008）や横須賀倫達（横須賀 1997）らも清水の分類手法を基礎として、古墳時代中期～後期の札甲の変遷観の提示などを検討している。

　5 世紀代の札甲に限れば、清水や塚本敏夫は、腰札と草摺裾札の形状に着目し、S 字形腰札を用いる札甲が、Ω字形腰札を用いるものへと変化し、その後に草摺裾札へもΩ字形草摺裾札を導入したものとする変遷観を提示した（清水和 1996・塚本 1997）。この変遷観は、現在でも札甲の変化を捉えた特筆するべきものであり、日本列島内で札甲が定型化するまでの過程を示すものと言えよう。S 字形腰札の変遷についてはこれに基づいたものもある（松崎・美濃口 2010）が、内山は、日本列島において出土する S 字形腰札を用いた札甲は、古墳時代中期後葉頃に多いとする（内山 2000）。

　現在の札甲研究の基礎となる清水の提示した札甲の分類案については、齟齬が生じる資料も存在する。大阪府長持山古墳出土札甲では、円頭威孔 2 列札の中で複数の威技法の採用が確認されている（塚本 1997）。他にも、清水自身が威技法や威孔列の異なる札を併用するとした資料（天狗山型、天ノ宮型）については、"威孔・威技法の違い＝製作集団の違い"とするにはやや曖昧である。

　筆者は、威技法が札甲を考えてゆく上で軽視できるものではないことは十分に理解しているが、別のアプローチの方法により製作集団の分類が行われるべきであると考える。特に古墳時代中期では、札甲に使用される札の種類が多様であるため、この札の多様性が何を示すものであるのかを検

討する必要があろう。特に、札甲をはじめとした札式甲冑は、古墳時代中期中葉頃に導入されるものとされるが、これらを検討の対象して変遷過程を精査することで、日本列島内に導入された札甲の源流を探るひとつの手立てとなるものと考える。更には、札甲と合わせて導入された札で構成される付属具（札式付属具）とのセット関係と合わせて検討を行うことで、日本列島内での札式甲冑全体の展開過程を探る手段となろう。

3．札甲の分析

札甲は日本列島内で約200例が知られているが、その大部分は胴丸式札甲であると考えられている[4]。構造が完全に復元できる資料自体が少ないことには問題があるが、ここでは日本列島に札甲が導入される段階から生産数が増大する段階までの、古墳時代中期中葉〜古墳時代後期初頭の札甲を中心として、その変遷観を考えていく。

まず、研究史上で古墳時代中期の札甲の変遷の指標とされる腰札・草摺裾札に着目する。

腰札の形状による分類　腰札とは、札甲の長側部のうち、腰部を構成する札である。腰札は、札甲に使用される札の中で全長が長いものであり、中央部に湾曲をもつものが知られる。

古墳時代中期中葉〜後期初頭頃には、以下の腰札の種別の存在が確認されている（図14）。

平　腰　札…札甲を構成する札に、湾曲した腰札を使用しない札甲をこれに当てた。
　　　　　　奈良県五條猫塚古墳・兵庫県宮山古墳より出土した札甲が該当。
Ω字形腰札…縦断面形がΩ字形に湾曲する腰札。威孔列は1列と2列が存在。
　　　　　　山梨県豊富王塚古墳・大阪府長持山古墳例など、多数。
S字形腰札…縦断面形がS字形に湾曲する腰札。威孔列は基本的に1列。
　　　　　　大阪府高井田山古墳例・福岡県塚堂古墳例・佐賀県潮見古墳例などが該当。

これらの腰札の変遷観としては、S字形腰札からΩ字形腰札へ変化するという変遷観が既に示されている（清水和1996、塚本1997）。しかし、これに関しては疑問も示されているように、日本国内出土のS字形腰札は、古墳時代中期末以降の資料が多い（内山2000）。これらの変遷観を考えるには、腰札の構造から機能の変化を考える必要がある。なお、湾曲した腰札を持たない平腰札については、日本国内での出現期の札甲に存在する（清水和1996）。

研究史上で日本国内の出現期のS字形腰札として、千葉県祇園大塚山古墳出土金銅製札が挙げられる。この古墳の場合は、出土状況が明らかでなく金銅製札がいずれの部位に使用されて

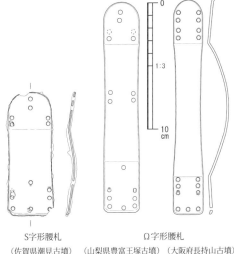

S字形腰札　　　　Ω字形腰札
（佐賀県潮見古墳）（山梨県豊富王塚古墳）（大阪府長持山古墳）

図14　S字形腰札とΩ時形腰札

いたものかは断定することができない。加えて、祇園大塚山古墳の事例は、他のS字形腰札とは、明らかに形状・構造が異なっている。腰札は、人体の腰部にフィットし、引合緒を装着するという構造であるため、強度がありなおかつ長大なものであることが求められるが、祇園大塚山古墳より出土したS字形腰札は金銅製であり、強度に関して不安が残る。鉄製札と革製札を併用する札甲においてもいずれも腰札には鉄製札を用いており、やはり腰札の強度を重要視される[5]ので、祇園大塚山古墳の湾曲した金銅製札を腰札とするには違和感がある。

祇園大塚山古墳出土S字形腰札と構造の類似するものが五條猫塚古墳の石室内より出土している（本書第2章、図27）。これは冑下からの出土であり、ほかの石室内出土札とは出土位置が離れる（網干1962）。腰札は、竪上・長側、草摺の札列に挟まれた構造であることが通常であるため、腰札のみが札甲から離れた位置より出土する状況からこれを腰札と断定することはできない。この事例を参照し、ここでは祇園大塚山古墳出土金銅製札は腰札としては扱わない[6]。祇園大塚山古墳出土S字形腰札を除くS字形腰札の諸例については、内山が指摘するように古墳時代中期末頃以降に多く存在することに加え、朝鮮半島出土例とも類似しているため、朝鮮半島製もしくは朝鮮半島より渡来した工人の手によるものであろうと思われる（内山2000）。

S字形腰札やΩ字形腰札は、ともに大きな湾曲をもつ点で共通している。このような形状は、下記のような大きな利点を持っている。

1つ目として、甲にくびれ部を作り出すことにより、甲を人体の腰部にフィットさせることができる。この時代の甲は基本的にワタガミで肩から吊るす構造となるが、腰部にフィットさせることにより、甲の装着性を増し、人体にかかる重量の負担を肩と腰に分散できるようになる。

2つ目として、腰部を固定する引合緒の固定が簡便でかつ強固になる点が挙げられる。腰札が腰周りに装着された状態になる場合、頭部付近の平坦部の円周の径よりも、湾曲部の円周の径のほうが小さくなる。腰札の湾曲部に固定された引合緒は、円周の径の小さな湾曲部に固定されているため、上下のずれを起こしにくい。

3つめとして、腰札よりも上の段である竪上・長側部の可動性の制限に影響することである。先に挙げた装着状態の関係から、湾曲部が竪上・長側部のストッパーとして機能する。威紐が収縮した状態で遺存している大須二子山古墳出土札甲などで見ると、竪上の札は内側へ落ち込んでいるのに対し、腰札直上の長側札が腰札の高さに近い位置で銹着しているのは、この影響によるものと思われる。これは、先に挙げた腰札がもつ湾曲の副次的効果であろう。

このような札甲の固定方法の向上と、一部の上下運動の制限に基づいて、長大な腰札と、それに湾曲部が作り出すことが考案されたものと考える。翻れば、これらのように湾曲した腰札を使用する札甲に先立って、湾曲した腰札を使用しない札甲が存在していた可能性があり、装着方法の向上や一部の札列の可動領域の制限のためにこれら湾曲を持つ腰札が作り出されたものと思われる。

草摺裾札の形状による分類　次に、草摺裾札を挙げる。草摺裾札は、草摺の最下段に使用される札である。現在では、以下の2種の草摺裾札の存在が知られている（図15）。

平　裾　札…縦断面形が平らな草摺裾札。

Ω字形裾札…縦断面形がΩ字形に湾曲する草摺裾札。

研究史上においては、平裾札からΩ字形裾札へとする変化が推定される（清水和1996、塚本1997）。平裾札の形状自体は他の平札と何ら変わりないものが、札甲の端部になるという特性上、札の札足に施される保護技法が下搆技法ではなく覆輪技法となっている。この差異は、草摺と草摺裾札を区分するひとつの指標となる。当時の札甲製作においても同様の指標とした可能性もあるが、むしろ草摺裾札の下端部を装着者に触れにくくする意図もあったと思われる。

腰札・草摺裾札の組合せによる札甲の分類　古墳時代中期の札甲を腰札形状・草摺裾札形状により分類すると、以下のように分類することができる。

①湾曲した札を用いない札甲

　奈良県五條猫塚古墳・兵庫県宮山古墳出土例

②S字形腰札・平裾札を用いる札甲

　福岡県塚堂古墳・大阪府高田山古墳・佐賀県潮見古墳例

③Ω字形腰札・平裾札を用いる札甲

　福井県向出山1号墳・山梨県豊富王塚古墳例

④Ω字形腰札・Ω字形草摺裾札を用いる札甲

　岡山県天狗山古墳・愛知県大須二子山古墳例ほか多数

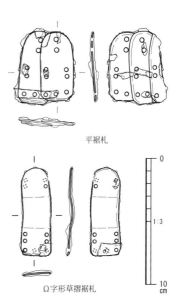

図15　平裾札とΩ字形裾札

これら腰札と草摺裾札のセット関係を示したものが表3である。既に清水・塚本により指摘されるように、平裾札は、Ω字形草摺裾札出現以前の札甲に使用されている傾向が見て取れる。しかし、S字形腰札を使用する札甲に限れば、古墳時代中期末から後期初頭頃の札甲においても平裾札を用いている[7]。

Ω字形腰札のうち、円頭・威孔1列の腰札についてみれば、S字形腰札の上半部に酷似する。つまり、円頭威孔1列のΩ字形腰札の出現の背景には、S字形腰札からの影響を受けている可能性がある。日本列島に札甲が導入される以前より、朝鮮半島ではS字形の腰札を使用する②は既に存在しており、このS字形腰札をモデルとして、円頭威孔1列のΩ字形腰札が作り出された可能性があるとみたい。しかし、それぞれ外観で視認できる腰札上半部の形状は類似するものの、外観からでは視認できない腰札下半部の形状についてはS字形腰札とΩ字形腰札は異なっている。この点が、日本列島に断面形が湾曲した腰札が導入された際の改良であるのか[8]、S字形腰札を模倣しきれなかった際の影響であるのかは判断できない。しかしながら、このような断面形が湾曲した腰札を用いることにより甲を人体に装着しやすくなり、腰札に引合緒を着装することが容易となったものと考えられる。

以上のことから、S字形腰札をモデルとしてΩ字形腰札が成立したものと考える。

表3　腰札形状・草摺裾札形状による札甲の分類

分類	古墳名	平札	腰札形状				草摺裾札形状		
		頭部形状・威孔列	頭部形状・威孔列	平腰札	S字形	Ω字形	頭部形状・威孔列	平裾札	Ω字形
①	奈良県五條猫塚古墳	方頭・威孔2列 円頭・威孔1列	扁円頭・威孔2列	○			円頭・威孔1列	○	
	兵庫県宮山古墳	方頭・威孔2列 円頭・威孔1列	不明	○			円頭・威孔1列	○	
②	大阪府高井田古墳	円頭・威孔1列	円頭・威孔1列		○		円頭・威孔1列	○	
	福岡県塚堂古墳	円頭・威孔1列	円頭・威孔1列		○		円頭・威孔1列	○	
	佐賀県潮見古墳	円頭・威孔1列	円頭・威孔1列		○		円頭・威孔1列	○	
③	福井県向出山1号墳	方頭・威孔2列 円頭・威孔1列	円頭・威孔1列			○	円頭・威孔1列	○	
	山梨県豊富王塚古墳1	方頭・威孔2列 円頭・威孔1列	円頭・威孔1列			○	円頭・威孔1列	○	
	山梨県豊富王塚古墳2	方頭・威孔2列? 円頭・威孔2列	円頭・威孔2列			○	円頭・威孔2列	○	
	京都府宇治二子山南墳	方頭・威孔2列 円頭・威孔2列	円頭・威孔2列			○	円頭・威孔2列	○	
	大阪府長持山古墳	円頭・威孔2列	円頭・威孔2列			○	円頭・威孔2列	○	
	埼玉県どうまん塚古墳	円頭・威孔2列	円頭・威孔2列			○	円頭・威孔2列	○	
④	埼玉県埼玉稲荷山古墳	円頭・威孔2列	円頭・威孔2列			○	円頭・威孔2列		○
	愛知県志段味大塚古墳	円頭・威孔2列	円頭・威孔2列			○	円頭・威孔2列		○
	福岡県勝浦井ノ浦古墳	円頭・威孔2列	円頭・威孔2列			○	円頭・威孔2列		○

平札の構成　つぎに、これらの関係を、腰札・草摺裾札以外の属性から考える。

　まず、札のうち、腰札・草摺裾札以外の部位に用いられる平札を挙げる。平札は、竪上・長側（腰札除く）・草摺（草摺裾札除く）に使用される部位である。

　①の奈良県五條猫塚古墳出土札甲（図16‐1〜3）について見ると、縦長の方頭・威孔2列札を竪上・長側に、円頭威孔1列札を草摺にそれぞれ使用している[9]。これと同様に、縦長の方頭・威孔2列札を使用する札甲としては、③の福井県向出山1号墳出土札甲が挙げられる[10]（図16‐4〜6）。この2例は、札の穿孔位置などは厳密には異なるが、組み上げ時の竪上・長側（腰札除く）・草摺（草摺裾札除く）のフォルムは、きわめて近い構造であったと言える。

　①の兵庫県宮山古墳出土札甲（図16‐7〜9）は、五條猫塚古墳出土札甲の方頭・威孔2列札に比べて全長は短いが、幅の広い方頭札を用いている。この札甲ときわめて類似するものに、③の山梨県豊富王塚古墳出土札甲が挙げられる。豊富王塚古墳からは、2領の札甲が出土し、かつ打延式襟甲などの付属具も存在するため、厳密には札甲を構成した札のセット関係を決め難い。しかし、宮山古墳と近しい構造の札が存在することは、両者の関係性を認めうるものと考えたい（図16‐10〜18）。このほかの古墳時代中期の札甲をみても、方頭・威孔2列札と円頭威孔1列札のセットとなるものが多く、組み上げ後の札甲としてのフォルムが類似する。

　一方、②の札甲は、竪上・長側（腰札除く）・草摺（草摺裾札除く）の部位に円頭・威孔1列の札を用いており、札甲として組み上げた際、全体が統一感のあるフォルムとなる。この円頭・威孔1列札は、①・③に使用される円頭・威孔1列札よりも法量が大きく、穿孔位置も異なっている。つまり、先に挙げた日本列島の出現期の札甲とは様相を異にするのである。

　以上を踏まえると、平札の構成から五條猫塚・向出山1号例と、宮山・豊富王塚例という2組の①と③の関連性が推定され、これらは朝鮮半島で多く見られるS字形腰札を使用する②とは一線を画するものであると捉えられる。

第1章　古墳時代中期における札甲の変遷　25

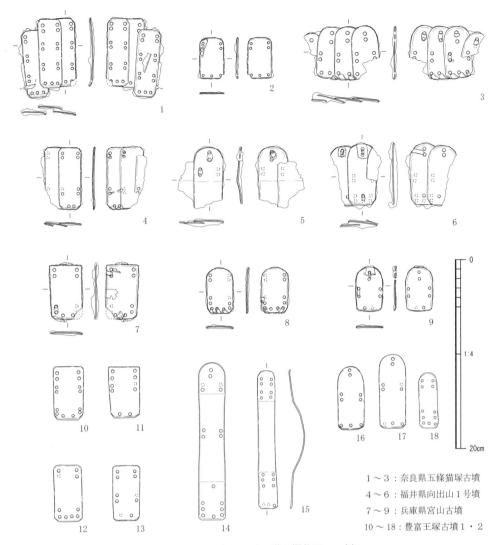

図16　日本列島における導入期札甲の一例

1～3：奈良県五條猫塚古墳
4～6：福井県向出山1号墳
7～9：兵庫県宮山古墳
10～18：豊富王塚古墳1・2

　方頭・威孔2列札・円頭・威孔1列札という2種以外を使用する甲に着目すると、山梨県豊富王塚古墳2、京都府宇治二子山南墳や大阪府長持山古墳[11]などより円頭・威孔2列札を使用したものが存在することが分かる。中でも、長持山古墳出土札甲は、これまで挙げてきた例とは異なり、札甲に使用する札すべてが円頭・威孔2列札に統一されるという特徴を持つ。これは、先に挙げたS字形腰札を使用する札甲と似る。こうした円頭・威孔2列札を札甲全体に使用するという札甲の出現は、日本列島内における札の定型化であると考えられており、長持山古墳出土札甲は、以後の札甲の基準となった資料であり、これの出現をひとつの画期として捉えることができる。

　威技法にみる札甲の類型の対比　威技法については、既に末永や清水、内山、塚本により技法の検討と分類、変遷についての検討がなされている。ここでは、古墳時代を通して検討を行った清水・内山の分類を基礎とする。威技法については以下のものが挙げられるが、技法の細部などバリエー

ションがある（図17、末永1934、内山1987、清水和1993a、塚本1997）。

綴付威技法…帯状の紐を威紐とし、この威紐を綴紐により綴付ける威技法。

通段威技法…一本の威紐で、縦方向の札を繋ぐ威技法。以下の2種に区分できる。

　　a類…縦に並んだ威孔2孔を用いて施される通段威技法。

　　b類…縦に並んだ威孔2孔と第3威孔を用いて施される通段威技法 [12]。

各段威技法…上下2段の札列を繋ぐ威技法。使用する穿孔により、以下の2種に区分できる。

　　a類…縦に並んだ威孔2孔を用いて施される各段威技法。

　　b類…縦に並んだ威孔2孔と第3威孔を用いて施される各段威技法。

通段威技法a類は五條猫塚古墳出土札甲、綴付威技法は宮山古墳出土札甲において確認できる技法であり、導入期の①からの使用であることが分かる。

これに対して通段威b類・各段威b類は、平札に第3威孔が採用されてはじめて施工可能な技法であるため、出現時期は札式甲冑導入期からは遅れる。

古墳時代中期末～古墳時代後期の札甲は、威孔列と威技法により型式が設定され、製作集団の違いを示しているものと理解される（清水和1993a、内山2003ほか）。それでは、このような威孔列と威技法の相関性は、札甲導入期より既に存在したのであろうか。

方頭威孔2列札と円頭威孔2列札を併用する札に着目すると、五條猫塚古墳は通段威a類で統一されている。一方で、宮山古墳・向出山1号墳では綴付威で統一されている。しかし、前節で取り上げた平札の形状から考えれば、向出山1号墳出土札甲は、五條猫塚古墳出土例を参照した可能性がある。つまり、国内出土の初期の札甲において、威技法と札の相関性が希薄である可能性が推定

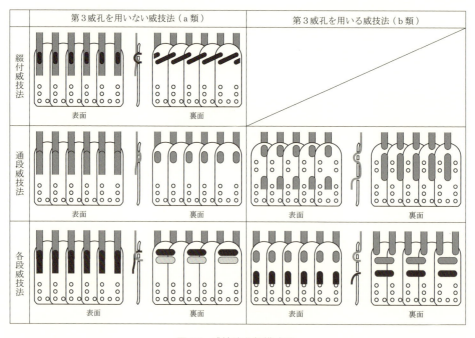

図17　威技法分類模式図

される。5世紀代の札甲についてみれば、一部に異なる威技法を採用している長持山古墳出土札甲（塚本1997）や、部位により威技法を使い分けた天狗山古墳出土札甲なども存在する。

これに対し、朝鮮半島より出土する②についてみれば、早い段階から第3威孔を使用した威技法を採用する。日本列島内の出現期の札甲とはやはり様相を異にしている。

ワタガミ綴付方法にみる札甲の分類　ワタガミは、札甲に綴じ付けられる有機質製部材であり、札甲を肩に掛けるための装着具である。札式甲冑は、上から吊られる状態になることで威技法の可動性がはじめて機能するため、札甲を人体に装着する上で、重要な役割を果たしている。

ワタガミの綴付方法は、竪上最上段の札の穿孔や遺存する有機質により明らかにできる。分類を以下に記す（図18）。

　ワタガミ綴付法A類…札の頭部に威2列の孔とは別に縦に並ぶ2孔を穿ち、2列の威孔で威技法を開始し、中央列でワタガミを綴付ける方法。
　ワタガミ綴付法B類…札の頭部の威孔でワタガミの綴付け、札中央に穿たれた第3威孔より威技法を開始する方法。
　ワタガミ綴付法C類…ほかの平札同様の穿孔を穿ち、威孔列において威技法・ワタガミ綴付の両者を行う方法。

先の腰札・草摺裾札分類による①・③・④を見ると、ワタガミの綴付法は明らかな資料こそ少ないが、長持山古墳ではワタガミ綴付法A類が採用されている（塚本1997）。

①・③・④にワタガミ綴付法B類が採用されるのは、竪上最上段の札に第3威孔が穿たれる必要がある。現在までのところ、竪上最上段に第3威孔が確認できる札の初現は、天狗山古墳や大須二子山古墳出土札甲などであり、古墳時代中期末〜古墳時代後期初頭頃である。

ワタガミ綴付法C類は、これまで明確に確認されたことはないが、古墳時代後期の京都府天塚古墳出土札甲ではこの方法を採用することが確認できる。

一方、②を見ると、第3威孔をもつ威孔1列の札を使用しており、早い段階からワタガミ綴付法B類を採用する。つまり、①・③・④よりも早い段階に第3威孔が穿たれた札を使用する。ワタガミ綴付方法から考えても、②は、①・③と異なる方法を採用していることがわかる[13]。

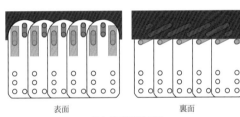
表面　　　　　　裏面
ワタガミ綴付法A類

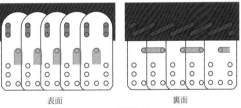
表面　　　　　　裏面
ワタガミ綴付法B類

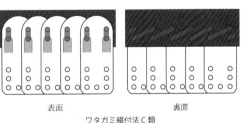
表面　　　　　　裏面
ワタガミ綴付法C類

■…ワタガミ　　□…威紐　　■…ワタガミ綴付紐

図18　ワタガミ綴付方法の分類模式図

28 第Ⅰ部 古墳時代中期における札式甲冑の導入と展開

小結 上記の点を踏まえて考えると、②と、①・③・④では、平札構成や威技法、ワタガミ綴付方法が異なる。腰札・草摺裾札の変遷観では、②と③・④との連続性が推定されることもあったが、細部の技法について見ると様相が異なる。これらを考える以上、やはり②と③・④は別系統として捉える方が妥当であろうと判断される（清水和・高橋 1998）。さらには、これまで位置付けされることの少なかった①については、③の一部との類似性が認められる。①と③の連続性を推定させるものであろう。

4．札の規格性について

札甲に使用される平札には、多様な形状の札が存在する。しかし、ある札甲1領にのみ限定すれば、数百枚もの札は法量や穿孔位置を参考に分類していくと、わずか数種類の札に限定される。つまり、札甲1領の中では同じ法量・穿孔位置をもつものが多数使用されるのである。これは、札製作の中で法量や穿孔位置を定めていた基準が存在していたことを示す。馬具についても同様の意見があり、鏡板や杏葉は、"様"による製作があった可能性が高いとする意見もある（田中由 2004 ほか）。ここでも、同様の手法を用い札の規格性を検討する。

それでは、複数の札甲を跨いで札の法量・穿孔位置はどのような関係があるのか。ここでは、これまでの札分類に基づき、頭部形状と、威孔列に着目して分類し、札の法量と穿孔位置の検討を行う。

札甲1領中での札の規格性の検討 まず、札甲1領内における札の法量・穿孔位置について確認する。ここでは、五條猫塚古墳の例を挙げて、1領の札甲に使用される札の法量や穿孔位置を見ることにしたい。

五條猫塚古墳より出土した札のうち、札甲に使用されるものは、3種が存在する。これを20枚程度重ねて、札の規格性を判断したい（図19）。

これを見ると、外形のみならず、穿孔位置においても、おおむね一致する様相が見て取れる。計測値でみると、外形は最大3 mm、穿孔位置については4 mmのばらつきがそれぞれ認められる。いずれも一定程度の誤差であり、集中する箇所が存在する。全長・幅についても、最大のものと最小のものとの差が3 mm程度ある。おおむね、平均した全長に対して±1％、幅に対して±4％の誤差が存在するようである。しかし、札の製作は、鍛造品であり、裁断・穿孔という工程を得るものであるため、鋳造品のように法量が厳密に一致するものではないだろう。そのため、これを、札甲1領の中での規格性の基準として設定し、複数の札甲について、札の規格性の共有が存在するか否かを検討する。

まず、札を形状により分類し、それぞれの規格性の有無を検討する。札の規格性を複数領の札甲で共有し

方頭・威孔2列札　　円頭・威孔1列札　　扁円頭・威孔2列札

0　　1:2　　5 cm

図19　札甲1領中における札の規格性

ているのであれば、それらの札甲は、同じ規格を用いて製作された可能性があり、微細な構造上も共通する点が多いものと判断できるためである。複数の札甲の規格性を検討するに際し、それぞれの札甲1領内の複数の札を多数図化することは困難であったため、熟覧の際に札の法量や穿孔位置を検討し、代表的なものを図化しそれらを比較するという方法を取る。穿孔位置は、1古墳内出土の札の中でも、ややばらつきの認められるものも存在する。そのため、主には外形を重視するが、その中でも孔位置が揃うものが確認されれば、連貫可能な札、つまり同一の規格性を有している可能性が高いと判断することができる。

方頭威孔2列札の形状比較　方頭威孔2列札は、札甲に使用されている7古墳[14]より出土したものを対象とする。これらは、法量により以下の3グループに分類できる（図20）。

方頭威孔2列札A…全長：幅が約3：1である縦長の札（全長70mm程度）。

方頭威孔2列札B…全長：幅が約2：1である小型の札（全長60mm程度）。

方頭威孔2列札C…全長：幅が約2：1である大型の札（全長75mm程度）。

方頭札A・Cは、札の全体の形は近しいものの、厳密には法量が異なり、穿孔位置についても綴孔・下搦孔の数が異なる。方頭・威孔2列札Bでは、法量がほぼ一致することが確認できる。特に、

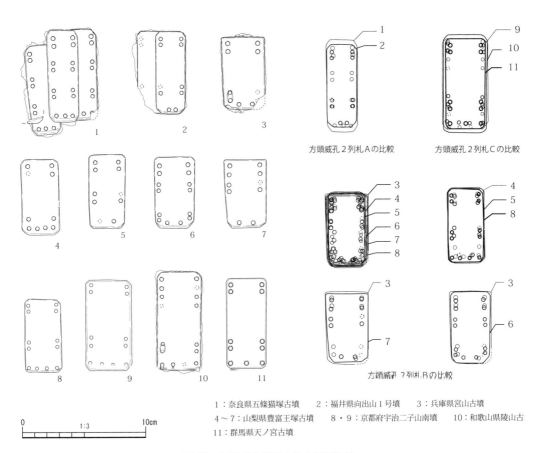

1：奈良県五條猫塚古墳　2：福井県向出山1号墳　3：兵庫県宮山古墳
4〜7：山梨県豊富王塚古墳　8・9：京都府宇治二子山南墳　10：和歌山県陵山古
11：群馬県天ノ宮古墳

図20　方頭威孔2列の札の形状比較

宮山古墳出土札（図20-3）と豊富王塚古墳出土札（図20-6・7）、豊富王塚古墳出土札（図20-4・5）と宇治二子山南墳出土札（図20-8）など、札の法量は非常に近しい。しかし、綴孔・下搦孔の位置が異なっている。これを見る限り、札の規格性は、札甲1領内でのみ使用されるようである。複数の札甲を跨いでの規格性は、方頭威孔2列札については認められないようである。

円頭威孔1列札の形状比較　円頭威孔1列札については、札甲に使用されたと考えられる12古墳[15]より出土のものを対象とする。法量と穿孔により、以下の3グループに分類することが可能である（図21）。

　円頭威孔1列札A…全長：幅が約3：2であり、綴孔が4孔穿たれている札（全長48mm程度）。
　円頭威孔1列札B…全長：幅が約1：2であり、綴孔が4孔穿たれている札（全長56～74mm）。
　円頭威孔1列札C…全長約80mmで、綴孔が8孔穿たれている札。

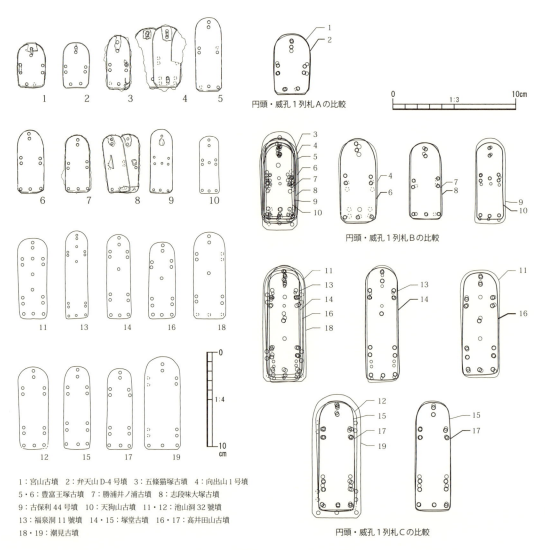

1：宮山古墳　2：弁天山D-4号墳　3：五條猫塚古墳　4：向出山1号墳
5・6：豊富王塚古墳　7：勝浦井ノ浦古墳　8：志段味大塚古墳
9：古保利44号墳　10：天狗山古墳　11・12：池山洞32號墳
13：福泉洞11號墳　14・15：塚堂古墳　16・17：高井田山古墳
18・19：潮見古墳

図21　円頭威孔1列札の形状比較

円頭威孔1列札Aでは、法量・穿孔ともに合致することが確認でき、規格性を有している可能性が高い（図21‐1・2）。一方で、円頭威孔1列札Bでは、全長・幅にばらつきがみられる。法量の近しい例として向出山1号墳・豊富王塚古墳例（図21‐4・6）があるが、綴孔・下掦孔位置が異なっている。しかし、愛知県志段味大塚古墳・福岡県勝浦井ノ浦古墳（図21‐7・8）については、法量・穿孔位置がほぼ一致し、規格性を有しているように思われる。研究史において天狗山型と位置付けられる天狗山古墳・古保利44号墳例（図21‐9・10、清水和1993・内山2003ほか）については、法量に差異が認められる。円頭威孔1列C類については、第3威孔の有無により更に細分して比較した。第3威孔のある一群（図21‐11・13・14・16・18）を見ると、韓国池山洞32号墳・高井田山古墳出土札は、構造は近しいが、厳密には法量・穿孔位置が異なる。第3威孔のない一群ををみると、塚堂古墳・高井田山古墳出土札と比べて、池山洞32号墳出土札はやや幅が狭いが、全長や穿孔位置が近しい（図21‐12・15・17）。韓国出土例と日本出土例の共通性を見出すことができる。

円頭威孔2列札の形状比較　円頭威孔2列札については、札甲に使用されている10古墳[16]より出土した札を対象とした。これらは、法量により、5グループに分類できる（図22）。

　円頭威孔2列札A…全長約53mm、幅約20mmの円頭・威孔2列札。

　円頭威孔2列札B…全長約64mm、幅約22mmの円頭・威孔2列札。

　円頭威孔2列札C…全長約60mm、幅約20mmの円頭・威孔2列札。

　円頭威孔2列札D…全長約70mm、幅約25mmの円頭・威孔2列札。

　円頭威孔2列札E…全長約60mm、幅約25mmの円頭・威孔2列札。

　これについてみると、埼玉稲荷山例と天狗山例（図22‐4・5）、豊富王塚例と勝浦井ノ浦例・埼玉稲荷山例・武具八幡塚例（図22‐6〜10）など、法量の近しい一群が存在している。これらについては、穿孔位置についても類似するものが多く確認することができる。円頭威孔2列札は、先に検討した方頭・威孔2列札や円頭威孔1列札とは異なり、多数の札甲に跨る札の規格性を有している可能性が高いと思われる。円頭威孔2列札は、③から出現し始め、④の主体を成す札であり、この段階に、札甲製作の基礎がつくられた可能性がある。

　以上の検討を踏まえ、札甲の平札組成に関してみていくと、円頭威孔1列札の一部と円頭威孔2列札において札の規格性が複数の札甲を跨いで存在する可能性が指摘できる。円頭威孔1列札において規格性を有するとした志段味大塚古墳・勝浦井ノ浦古墳についても、ともに④であり、円頭・威孔2列札も供出していることから、円頭威孔2列札の製作の影響を受けていた可能性がある。

　しかし、円頭威孔2列札は、出現時から既に多数の札甲に規格を共有させようとするものではなかった点には注意が必要であろう。例えば、③に位置付けられる宇治二子山南墳例をみれば、綴孔と下掦孔がやや離れており、同じ③の長持山古墳例とは穿孔の配置が異なっている。長持山古墳例は、おおむね④の円頭威孔2列札とも穿孔の配置が類似しており、こちらをもって円頭威孔2列札の規格性が定まったものと考えた方がよいのかもしれない。

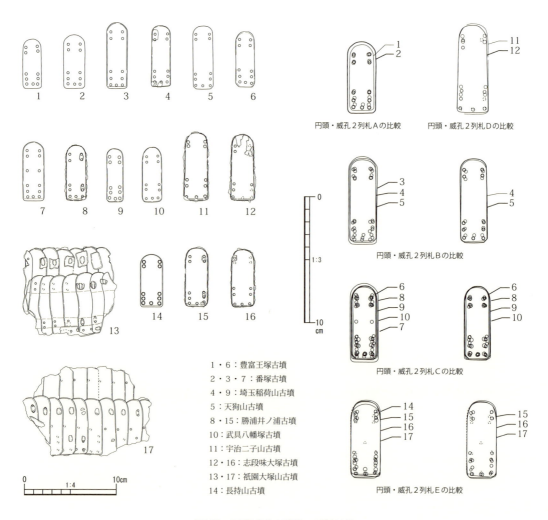

figcaption: 図22　円頭威孔2列札の形状比較

5．日本列島における札甲の導入と展開

　古墳時代中期の札甲は、研究史上の腰札・草摺裾札のセット関係から③→④へという変遷観が追える。これに加えて、五條猫塚古墳と向出山1号墳、宮山古墳と豊富王塚古墳より出土した札甲のそれぞれの関係を考えてみると、③に先行して、①が存在したと推定できる。腰札や草摺裾札など変化は、札甲としての構造の改良を基礎としたものであり、札甲の固定性を高めるものであった。つまり、札甲の変化の画期として、Ω字形腰札の導入という1つ目の画期、そしてΩ字形草摺裾札の導入という2つ目の画期が存在する。

　これらに加えて、札製作の画期が、③の段階の中にあったと思われる。それは、円頭威孔2列札の出現により多数の札甲に、同一の規格性を共有させるものへと変化したことである。①・③においては、方頭・威孔2列札と円頭・威孔1列札を使用するという特徴を持っていたが、これらの中で、同一の規格を有する札はきわめて少なく、大部分が札甲1領の中で規格を統一しているに過ぎ

第1章　古墳時代中期における札甲の変遷　33

なかった。しかし、円頭・威孔2列札の出現により、多数の札甲に同一の規格を共有させることで、複数の甲冑の外観の統一、製作工程の共有化を生みだしたものと推定されるのである。これを、札甲の3つ目の画期とする。

　すなわち、古墳時代中期の札甲については、従来の研究史上において検討されてきた腰札形状・草摺裾札形状の変化と合わせて、円頭威孔2列札を用いたで統一された札甲の出現を古墳時代中期における札甲の画期とし、以下の札甲の分類を設定する。

　札甲Ⅰ類…平腰札・平裾札を有する。平札は方頭威孔2列・円頭威孔1列の札。

　札甲Ⅱ類…S字形腰札・平裾札を有する。平札は円頭威孔1列札。

　札甲Ⅲ類…Ω字形腰札・平裾札を有する。平札は方頭威孔2列・円頭威孔1列札。

　札甲Ⅳ類…Ω字形腰札・平裾札を有する。平札に円頭威孔2列札が導入される。

　札甲Ⅴ類…Ω字形腰札・Ω字形裾札を有する。平札は円頭威孔2列札を基本とする。

　円頭威孔2列札の出現について、「定型化」という単語が用いられるが、これは単純に構造が似た札を製作するという目的のみを持っていたわけではなく、単数の札甲を製作する際に存在した規格が、多数の札甲の製作に使用・参考されることになったことであった可能性が高い。これによって札甲の量産を可能にする基礎が形作られたものと考えられるのである。札甲は、『馬上での活動に適した甲』であると言われるが、乗馬風習の広がりも相まって、安定した甲冑製作に支えられながら、札甲が板甲に替わって甲の中心となっていくのであろう。古墳時代後期に入っても円頭威孔2列札を使用した札甲が大部分を占めるが、札の法量に関して威技法の変化や大型化・小型化などの変化を伴う。札甲Ⅴ類は、稲荷山型・沢野村63号型（清水和1993）として定着した。のちに第3威孔を使用した各段威b類の採用などにより、富木車塚型・金鈴塚型（清水和1993）となる。

　朝鮮半島で多く確認される札甲Ⅱ類は、札甲Ⅲ類におけるΩ字形腰札の出現に大きな影響を与えた札甲として位置付けられる。しかし、この札甲Ⅱ類は、札甲Ⅴ類出現以降も国内の古墳より出土する例があり、札甲Ⅰ・Ⅲ〜Ⅴ類とは異なる変遷を辿った、系譜の異なる札甲であることは確実視できる。現在確認されている国内出土資料では、古墳時代後期まで継続する。つまり、札甲Ⅱ類が札甲Ⅲ類にすべて先行するわけではなく、札甲Ⅱ類は札甲Ⅲ類出現後も継続して製作されていたものと判断されよう（図23）。

6．日本列島に導入された札甲の源流？　方頭威孔2列札と馬甲札

　日本列島の出現期の札甲である札甲Ⅰ類については、現状ではその源流となる資料がほとんど確認できていない。内山は、五條猫塚古墳出土札甲に使用された方頭・威孔2列札について、綴孔を8孔もつという点に着目し、札甲Ⅱ類の平札や馬甲札と共通する要素をもつものとして評価する（内山2008）。

　この評価について、和歌山県陵山古墳出土札を挙げて考えてみたい。陵山古墳出土札（図24-1・2）は、2枚出土しているのみではあるが、非常に特徴的な札である。この札は、形状や綴孔の数、穿孔の配置[17]などから考えれば、馬甲札に類似している（図24-4〜8、13）。しかし、他の馬甲札と

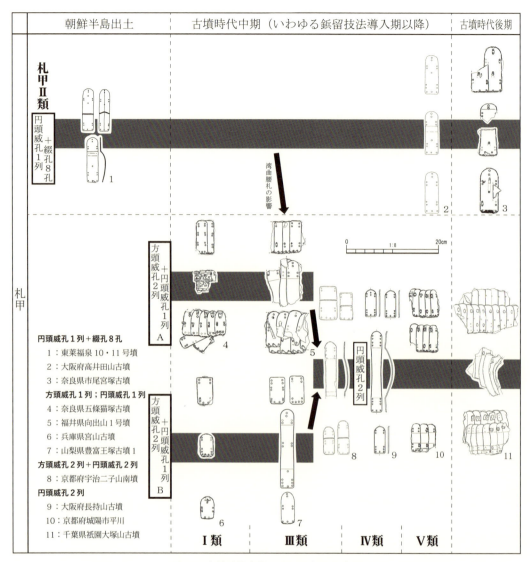

図23　古墳時代中期における札甲の変遷

比べると、法量は明らかに小さい。法量からみれば、むしろ札甲に使用されている天ノ宮古墳・宇治二子山南墳出土札と類似するものである（図20‐9～11）。

つまり、陵山古墳より出土した札が「馬甲札」の特徴を備えた「札甲に使用された札」という評価ができる可能性があるのではないだろうか。このような札の影響を受け、天ノ宮古墳・宇治二子山南墳出土札甲のように大型の方頭・威孔2列札が出現したものとするならば、日本列島における出現期の札甲の製作に、馬甲製作のノウハウが組み込まれている可能性も考えられよう。

しかし、この評価を、札甲Ⅰ類である五條猫塚古墳・宮山古墳出土札甲と直接結び付けることができるのであろうか。これについては、今後の資料の増加を待たざるを得ないと考えるが、大陸出土資料などでは、構造こそ異なるものの、五條猫塚古墳出土札と同様、竪上・長側に方頭札を、草

第1章 古墳時代中期における札甲の変遷 35

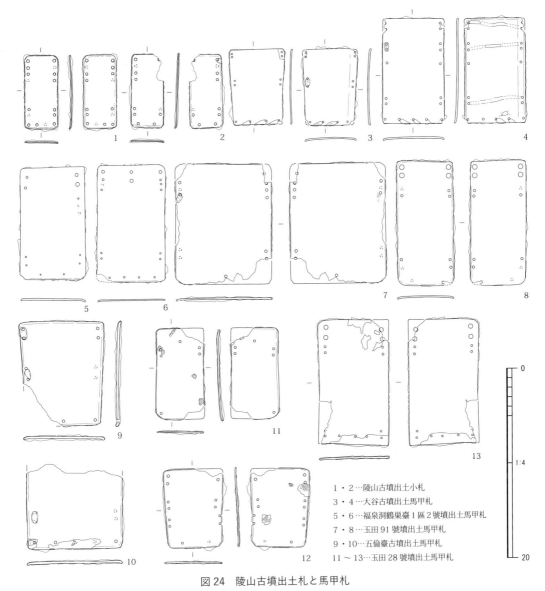

図24 陵山古墳出土札と馬甲札

1・2…陵山古墳出土小札
3・4…大谷古墳出土馬甲札
5・6…福泉洞鶴巣臺1區2號墳出土馬甲札
7・8…玉田91號墳出土馬甲札
9・10…五倫臺古墳出土馬甲札
11～13…玉田28號墳出土馬甲札

摺に円頭札をそれぞれ使用した甲の存在が確認されるようである。つまり、朝鮮半島のみならず、大陸をも対象とした検討が今後必要となろう。今後の課題として、記しておきたい。

7．まとめ

　ここでは、古墳時代中期の札甲の変遷過程を検討を行った。この中で、日本列島内においては、湾曲した札を使用しない札甲（札甲Ⅰ類）の導入に端を発し、その札甲が装着時の固定性などの向上を目的としてΩ字形腰札を導入し（札甲Ⅲ類）、その後にΩ字形草摺裾札の導入（札甲Ⅳ類）へと変遷した過程を示した。このような変遷観は、装着機能の向上や、札製作規模の拡大という面におい

36　第Ⅰ部　古墳時代中期における札式甲冑の導入と展開

てもたらされた結果と言えよう。

　現状で、倭に導入された札甲の源流については不明瞭と言わざるを得ない。これについては、朝鮮半島や大陸の資料の増加を待つほかないが、倭においては導入した文物を自身の文化に適合させる形で取り込み、独自の形へと発展させる傾向があるように見受けられる。そうした点も、源流を探しづらくする要因とも言えるかもしれない。

註

1) 札式甲冑は、胴部の甲である札甲と、冑に装着される札頬当・札錣、肩から腕まわりを防御具である札式襟甲（襟状頸甲とも呼ばれる）・札肩甲・前垂・後垂、腕部の防御具である篠籠手、大腿部の防御具である札膝甲、脚部の防御具である篠状臑当などがある。これらが最も良好に遺存する例としては、大阪府長持山古墳出土例がある（塚本1997）。これら札式付属具の導入時期については、用途ごとに若干の時期差があるようである（清水和1995、初村2010）。

2) 埋蔵文化財研究会1993。

3) 鉄製札と革製札を併用した札甲の類例としては、福島県清戸迫8号横穴墓・栃木県益子天王塚古墳・静岡県団子塚9号墳・富山県加納南9号墳・岡山県八幡大塚2号墳・佐賀県潮見古墳より出土した札甲が挙げられる。このうち、益子天王塚古墳例・団子塚9号墳例については、鉄製札と革製札が平札内で併用されており、両者が同じ札列を構成する部位も含まれる。加納南9号墳例・八幡大塚2号墳例については、竪上最上段・腰札・草摺裾札はいずれも鉄製札を使用しているが、それ以外の部位については革製札を使用している。清戸迫8号横穴墓例・潮見古墳例については、腰札の外面に革製札が付着しており、少なくとも草摺の一部には革製札を使用していたものと考えられる。本書第9章参照。

4) 祇園大塚山古墳出土金銅製甲冑は、眉庇付冑、襟甲を主体とし、これらに金銅製札が伴うものである（村井1966）。厳密には出土状況は明らかではなく、現状で祇園大塚山古墳より出土した断面のS字に湾曲した金銅製札を腰札と扱うことには、検討が必要であろう。祇園大塚山古墳出土S字形腰札と同様の形状を呈する五條猫塚例の場合、篠状鉄札のほかには冑の下に錣が入りんでいるのみであり、札甲とは位置がやや離れている。篠状鉄札の用途として腰札を推定することにはやや疑問を覚える。腰札は、通常長側の平札列と草摺札列に挟まれた状態となるべきであり、腰札のみが分離可能な状況にはないためである。

5) 佐賀県潮見古墳出土札甲2領のうちS字形腰札を使用する札甲は、遺存状況がよいわけではないがΩ字形草摺裾札を使用していない。奈良県市尾宮塚古墳出土札甲について、裾札にはΩ字形草摺裾札を使用せず、平札を裾札とする。

6) Ω字形腰札の利点として、草摺と腰札札足が擦れ合うことによる威紐の磨耗を防ぐためと述べられている（清水和2000、清水和・高橋1998）。

7) 五條猫塚古墳埴輪下出土札塊は、札列が列をなした状態で銹着しており、札甲1領を構成する札の半分近くが銹着した状態で遺存しているものと見られる。内側に方頭札を多く含み、外側では円頭札が多く確認できる。腰部とみられる札列の間には、龍文透彫帯金具の付いた扁円頭札が含まれることが確認でき、方頭札・扁円頭札・円頭札（図16‐1〜3）の3種の札を使用した札甲であるものと考えられる（五條猫塚古墳研究会2010）。札甲の収納状況を考えた場合、内側が竪上・長側部、外側が草摺になるため、竪上・長側部に方頭札を、草摺部に円頭札を使用しているものと思われる。

8) 方頭・威孔2列札と円頭・威孔1列札が1領の札甲を構成するものとしては、五條猫塚古墳例、宮山古墳例（札甲Ⅰ類）、豊富王塚古墳例、宇治二子山南墳例（札甲Ⅲ類）、天ノ宮古墳例（札甲Ⅳ類）などが存在する。宇治二子山南墳例・天ノ

宮古墳例を除けば、いずれも円頭・威孔2列札出現以前に集中する傾向が見出せる。この傾向からみれば、向出山1号墳例も同様の札を用いて札甲1領を構成したものと考えられる。

9）保坂1999、宇治市教育委員会1991、塚本1997。

10）新規設定の威技法である。以前は内山によりこの技法が通段威技法とされていたが、清水は第3威孔を用いない通段威技法のみを提示している。日本列島内において、奈良県市尾宮塚古墳出土札甲にこの技法が確認できることから、通段威技法についても、第3威孔を用いないa類と第3威孔を用いるb類とに細分した。

11）五條猫塚古墳出土札のうち、方頭札の頭部に穿たれた2つの孔の用途については、多数認められる方頭・威孔2列札のなかでも一部の札にのみ認められる特徴である。この孔は、縦に並んだ2列の威孔の間に穿たれており、威の機能を妨げるものではない。この札は、塊からは遊離しており、現状で位置を確定できるものではないが、長持山古墳出土札甲の竪上最上段と同様、ワタガミを綴じ付ける竪上最上段として理解したい。

12）札甲I・III類について、ワタガミ綴付孔が明瞭に確認できているものは少数であるが、第3威孔を穿つ札の存在は確認できておらず、やはりワタガミ綴付法A類の可能性が高い。しかし、今後綿密な調査が必要である。

13）群馬県天ノ宮古墳、山梨県豊富王塚古墳、福井県向出山1号墳、京都府宇治二子山南墳、奈良県五條猫塚古墳、和歌山県陵山古墳、兵庫県宮山古墳出土札がある。

14）山梨県豊富王塚古墳、愛知県志段味大塚古墳、奈良県五條猫塚古墳、大阪府弁天山D-4号墳、同高井田山古墳、兵庫県宮山古墳、広島県古保利44号墳、岡山県天狗山古墳、福岡県勝浦井ノ浦古墳、同塚堂古墳出土札がある。

15）茨城県武具八幡塚古墳、千葉県祇園大塚山古墳、埼玉県埼玉稲荷山古墳、山梨県豊富王塚古墳、愛知県志段味大塚古墳、京都府宇治二子山南墳、大阪府長持山古墳、岡山県天狗山古墳、福岡県勝浦井ノ浦古墳、同番塚古墳出土札がある。

16）日本列島出土の札甲II類と構造が類似する資料として、高霊池山洞32號墳、東莱福泉洞10・11號墳、同福泉洞21・22號墳などが確認されている。

17）頭部付近に穿たれた縦に並んだ4孔についてみれば、上の2孔が威孔、その下の2孔が綴孔である。このような穿孔の配置は、馬甲札に見られる特徴の一つである。つまり、陵山古墳出土札は、少なからず馬甲札と似た要素を持つ札であると言える。

第2章　日本列島における導入期札甲の構造と副葬の背景

1. はじめに

古墳時代における甲は、板甲と札甲に大別することができる。板甲は出土資料からの組み上げや復元が行われ、現在でもその確実な構造を知ることができる。一方で、札甲は数百枚の札を連結させたものであるため散逸した状況で出土するものが多く、構造が復元できた資料は稀少である。

札甲については、末永雅雄により前面に引合せをもつ胴一連の胴丸式と、前後分離型の裲襠式が存在することが指摘された（末永1934）。古墳時代の札甲の多くは胴丸式札甲として認識されているが、日本列島における導入期の札甲の構造については、不確定な要素が多い。

筆者は、奈良県五條猫塚古墳から出土した導入期の札甲について札の組成などから胴丸式札甲に繋がる資料であると考えているが、同資料については裲襠式札甲とする見解も出されている（奈良県立橿原考古学研究所附属博物館2013）。末永雅雄は裲襠式札甲の定義について「前後分離型の札甲」としたが、近年では「湾曲した腰札を用いない札甲＝裲襠式札甲」とする見解が出されており、五條猫塚古墳出土札甲についてもこの見解を引用することで裲襠式札甲として位置付けられた。中国出土の資料などをみれば前面に引合せをもつが湾曲した腰札を持たない甲冑が出土しているため、詳細は改めて検討する必要があるが、導入期における札甲の構造を明らかにすることは、日本列島に伝わった札甲の源流を探る鍵になるものと思われる。本研究ではその基礎を構築することを目的とし、日本列島における導入期の札甲および共伴した副葬品の組成に着目することにより、札甲の構造の検討と導入期における札甲の副葬の背景を検討する。

五條猫塚古墳の石槨外出土札甲は龍文透彫帯金具を装着した特異な甲である。この札甲は日本列島におけるいわゆる鋲留技法導入期の遺物とみられるが、甲に帯金具を装着する事例は日本列島外では確認されていないため、日本列島内でアレンジされて製作された甲とみる見解もある。だが、この札甲は日本列島で定型化する以前の札甲であり、第1章で検討したような型式学的な変遷過程を考えると日本列島の札甲の源流を考えていくうえではやはり不可欠な資料である。五條猫塚古墳の札甲をはじめとした武具およびそれに前後する資料群を調査・検討することにより、5世紀代の日本列島と東アジアの交流の実態を示す基礎を形成することが可能となることに加え、併存するとされてきた胴丸式・裲襠式札甲の2者の関係性を探る上でもきわめて重要である。

ここでは、日本列島に札甲が導入された段階での札甲の構造やその変化の過程について検討するとともに、古代大和の五條猫塚古墳における札甲の入手から副葬の背景を探る。

2. 導入期における札甲の関する研究史

日本列島ける札甲の研究は、末永雅雄の研究により胴丸式・裲襠式の区分がなされ、復元模造品

の製作を通して、威や綴といった各技法の多様性が確認された（末永1934）。以降は、威技法と札の威孔列を基準とした分類（内山1987、清水和1993）を基礎とし、札甲の研究が進展してきた。特に清水の威技法と威孔の組み合わせによる変化は、現在の札甲の変遷を検討するうえでの基礎となっている。しかし、導入期の資料については詳細が不明であるという問題もあるため、研究の対象となっていたのは5世紀末において日本列島内で定型化した札甲以降の検討が中心であった。

　これらの札甲の源流については、各研究者も中国・朝鮮半島を視野にいれてはいるものの、断定するには至っていない。類似する資料の出土が認められていない以上は難しい問題であるため、ひとまず日本列島内で展開してきた札甲の変遷過程を検討する必要があるとともに、それらの構造を推定していく必要があるだろう。

　近年では、内山敏行が五條猫塚古墳出土札甲について、綴孔が4箇所8孔穿たれる点に着目し、朝鮮半島出土の札甲などに認められる特徴であるとしている（内山2008a）。ただし、綴孔の数を除けば、平札の構造や湾曲した腰札の有無など共通しない点も認められる。筆者も腰札と草摺裾札の断面形状に平札の形状を加えた導入期～定型化までの札甲の変遷過程を提示した（初村2011b）が、やはり導入期の札甲の構造を提示するには至っていない。

　ここではこうした問題点について、現状で確認しうる資料の調査から確認できた構造と機能に着目し、より合理的な札甲の構造を検討するとともに、その共伴遺物から副葬の背景を考えていく。

3．銹着関係・連貫状況から推定される導入期札甲の構造について

　それでは、導入期の札甲とはどのような構造をなすものなのであろうか。出土資料を概観することにより、具体的にその構造に迫っていくことにしたい。

　ここで掲げる導入期札甲は、湾曲形の腰札を持たない札甲であり、筆者の札甲I類に分類される（初村2011b）。出土事例は少なく、現状で確定できるものとしては奈良県五條猫塚古墳、兵庫県宮山古墳より出土した札甲の2領にすぎない。まずはこれらの札甲を出土した墳丘の情報や出土状況、札の構成といった特徴を整理しておきたい。

3-1. 奈良県五條猫塚古墳の札式甲冑

　五條猫塚古墳は、奈良県五條市に所在する一辺34m以上の方墳である。小規模な方墳ながら、竪穴式石槨より多数の副葬品が出土した。石槨外の埴輪列下からも一列に並ぶ形で副葬品が出土している（図25）。これについては、石槨に伴う副葬品埋納箱、もしくは竪穴式石槨とは異なる埋葬施設とみられる（ここでは便宜上、「石槨外埋納施設」と呼ぶ）。発掘調査以前にも蒙古鉢形札鋲留眉庇付冑などが出土しているが、これも石槨外埋納施設に伴うものとみられる。

　札甲の出土は、竪穴式石槨内より1領、調査前より1領、石槨外埋納施設より1領の計3領が出土したと考えられてきた。しかし、整理作業・調査により、調査前出土の札と石槨外埋納施設出土の札甲が龍文透彫帯金具を伴うものであることが確認された。調査前出土の札甲と・埴輪下出土の札甲2つをあわせて一領とできる可能性があるが、複数の副葬および分割副葬の可能性も否定はできない。しかし、出土時の状態の聞き取りがあるのみで、詳細は不明である。

第 2 章　日本列島における導入期札甲の構造と副葬の背景　41

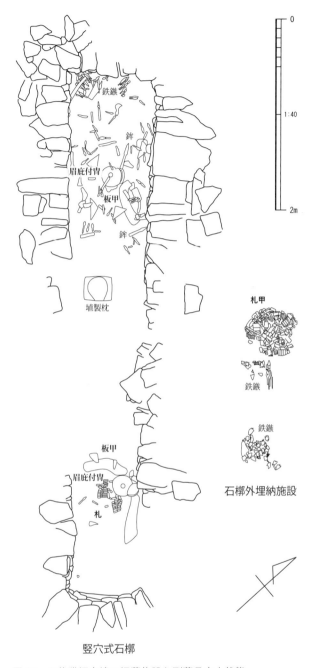

図 25　五條猫塚古墳の埋葬施設と副葬品出土状態

　なお、石槨内札甲については現状で確定することが困難であったため（五條猫塚古墳研究会 2010）、特に埴輪下石槨外出土の札甲に焦点を当てる。
　札甲　石槨外より出土した札甲は、調査前および調査時に確認された。調査前に出土した札甲は、蒙古鉢形札鋲留眉庇付冑とひとつの甲冑セットを構成していた可能性もある。この札甲には龍文透

42　第Ⅰ部　古墳時代中期における札式甲冑の導入と展開

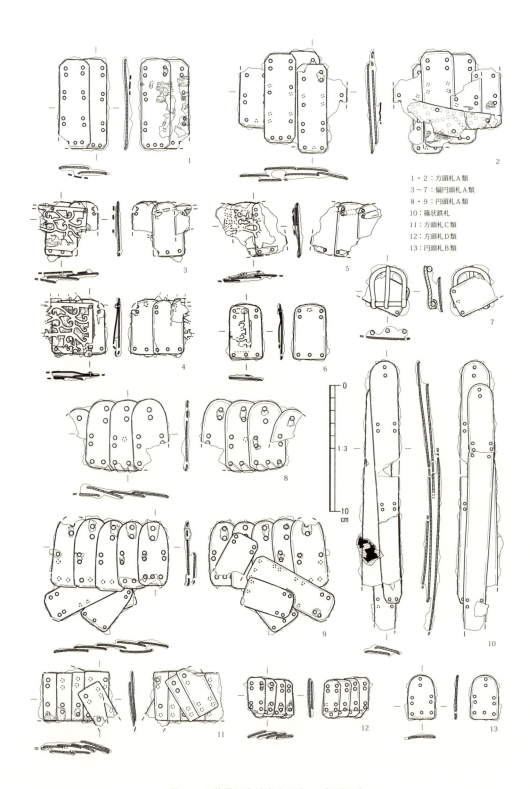

図26　五條猫塚古墳出土甲冑1（石槨外）

彫帯金具が札に含まれることが確認されており、装飾性の高い札甲であったことが知られる。
　札甲に使用された札は、出土数や錆着状況などから方頭威孔2列札・扁円頭威孔2列札・円頭威孔1列札が主体となる。方頭威孔2列札はワタガミが良好な箇所はみられないものの、裏面に金銅製飾金具が錆着する個体が認められることから、札の最上段に使用されていた可能性が高い。一方で円頭威孔1列札は札尻の穿孔にらせん状下掛を施したものと革包覆輪を施したものとが存在するため、最下段とその上段に使用されていた可能性が考えられる。扁円頭威孔2列札は下記に記すように龍文透彫帯金具が鋲留されるため、腰部に使用されていたとみられる。
　以上より、方頭威孔2列札が竪上・長側を、扁円頭威孔2列札が腰部を、円頭威孔1列札が草摺部をそれぞれ構成するものとみられる。湾曲した腰札はもたず、すべて平札を用いた札甲であると考えられる（内山2008ab・初村2011b）。札甲の各部位の段数を確定させることは難しいが、方頭威孔2列札は4段、円頭威孔1列札は2段をなすものが遺存している。

龍文透彫帯金具の伴う札　帯金具は扁円頭威孔2列札に鋲留されている（図26-3〜6）。こうした点は七観古墳や月岡古墳出土の龍文透彫帯金具とは異なる構造であると言える。帯金具は威紐の上から鋲留されているため、この札と草摺札が威技法を介して連貫されていたとする従来の札甲の構造を推定するならば、帯金具自体は札甲の特徴である威技法の可動性を妨げるものとなり、構造上問題が生じることになる。この問題の詳細については後述する。

膺当　石槨外出土の札甲の付属具として、円頭威孔1列の篠状鉄札が確認された（図26-10）。遺存状況が良好な個体は少ないが、他古墳出土事例などから考えれば、膺当に使用された篠状鉄札の可能性が高い。この篠状鉄札に付属する札は現状で確定できないが、類似資料から考えれば、円頭威孔1列札（図26-13）がもしくは方頭威孔2列札（図26-11・12）がこれに該当する可能性がある。
　このほか用途の不明な札も存在するため、現状では明確に提示できていない付属具が存在した可能性も十分に残っている。特に、石槨内で出土した札の中に含まれる甲および付属具の存在や、過去に籠手として報告された個体（図27）など、五條猫塚古墳出土の札式甲冑の全貌は未だに明らかにできていない。

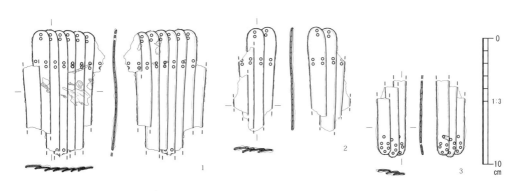

図27　五條猫塚古墳出土甲冑2（石槨内）

3-2. 兵庫県宮山古墳の札式甲冑

　兵庫県姫路市に所在する径30mの円墳である。第1次調査において墳頂部中央付近より第1埋葬施設が、やや離れた位置から2埋葬施設がそれぞれ確認された。第1・第2埋葬施設が土取りにより消滅したのちに行われた第2次調査の際、これら埋葬施設の下より第3埋葬施設が確認された。

　第2埋葬施設より出土した副葬品としては、宮山古墳を代表する大刀群や甲冑、装身具、須恵器群などがある。このうち甲冑については、札甲・篠籠手・篠状臑当・板状籠手・打延式頸甲2以上・打延式肩甲が知られている（姫路市埋蔵文化財センター2005）。各甲冑類の重なり具合や集中箇所などといった詳細な出土状況は不明瞭であるが、石室南壁側で集中して出土した（図28）。

　札甲　札甲は、方頭威孔2列札（図29-2）と円頭威孔1列札（図29-7）を主体としたものと考えられる。塊として錆着するものは少ないが、図29-1より方頭威孔2列札と円頭威孔1列札が直接連結されることが確実である。この個体では、方頭威孔2列札列1段の下に、円頭威孔1列札列が5段遺存している。こうした札の使い分けは、部位による使い分けだろうか。例えば、方頭威孔2列札列を竪上・長側に、円頭威孔1列札列を草摺にという使い分け、もしくは方頭威孔2列札列を竪上に、円頭威孔1列札列を長側・草摺にという使い分けが考えられよう。宮山古墳からは縦断面形の湾曲する腰札が出土しておらず、札甲はすべて平札で構成されていたとみられる。

　頸甲・肩甲　頸甲は2以上が存在し、複数の頸甲・肩甲が副葬されたことが明確である。頸甲は革綴式と鋲留式が存在する。肩甲についてみても幅の細い打延式肩甲が多数存在するが、それに混じるように幅の広い札垂下用の打延式肩甲片が確認された（図29-11・12）。この肩甲は、頸甲から直接垂下される1段目の肩甲であり、2段目以下の肩甲には札の肩甲が垂下される。

　こうした特殊な肩甲は、岡山県正崎2号墳出土例で既に知られており（塚本2004）、福岡県勝浦井ノ浦古墳でも同様の資料が確認できる（初村2010）。

　篠籠手　頭部が斜めに裁断された篠状鉄札および手甲で構成される。両手分の出土が確認されている。篠状鉄札は、頭部および側辺を革包覆輪するものである。札足には下搦を行う。

　付属する手甲が存在するものと思われるが、錆着・連貫状態を保持したものは確認できておらず、不明である。

　板状籠手（図30-1・2）　これまで臑当と考えられてきた個体であるが、新開1号墳（西田ほか1961）の出土状況より籠手にあたるとみられる（初村2010）。現状で2個体1組となるものとみられる。身体に固定される部分は、下半部の筒状になる部位

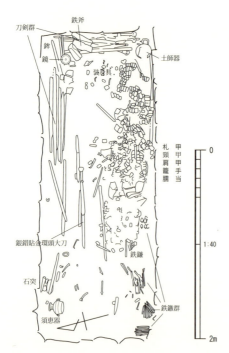

図28　宮山古墳第2埋葬施設の副葬品出土状況

第 2 章　日本列島における導入期札甲の構造と副葬の背景　45

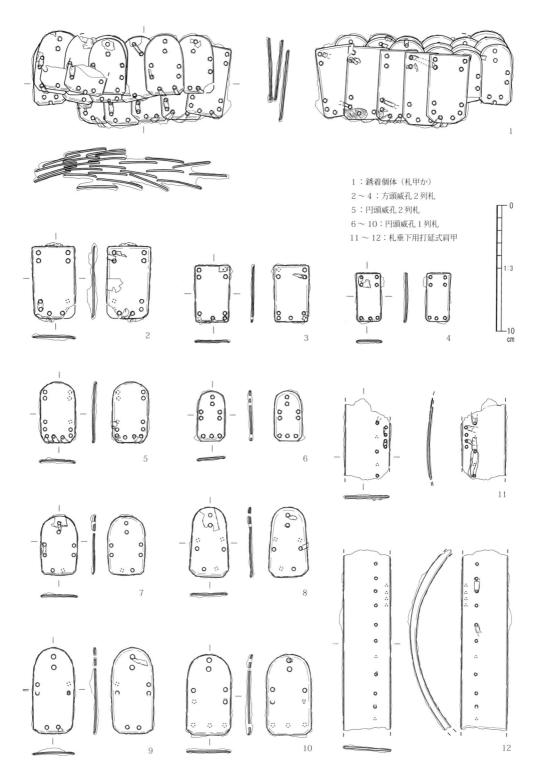

図 29　宮山古墳第 2 埋葬施設甲冑 1

46　第Ⅰ部　古墳時代中期における札式甲冑の導入と展開

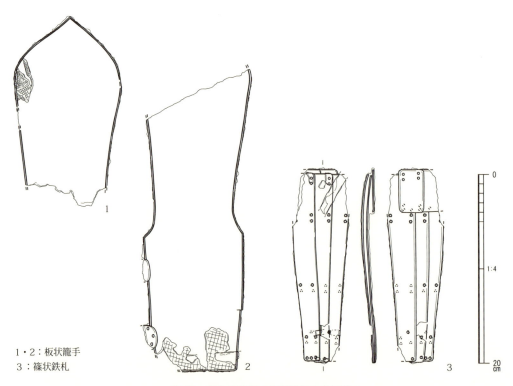

1・2：板状籠手
3：篠状鉄札

図30　宮山古墳第2埋葬施設出土甲冑2

であるが、現状で遺存していないが、図30-2の下半部に蝶番金具が鋲留されているため、もともとは下半部の金具も存在していたことがわかる。周辺部は折返し覆輪が施されている。近年、この板状籠手が筒籠手へと変化するという指摘があり（橋本2014c）、宮山古墳や新開1号墳、月岡古墳で出土した板状籠手は、円照寺墓山1号墳・天狗山古墳出土の筒籠手に先行するとみてよい。

篠臑当（図30-3）　方頭威孔2列の篠状鉄札および、方頭威孔2列の付属札より構成される。現状で付属札が錆着する個体をみると、頭部裏面に図29-3が伴う。篠状鉄札以下の段を構成する付属札は不明確であるが、図29-4が伴うものと推定される。方頭威孔2列の篠状鉄札等で構成される臑当は稀少であるが、大阪府西小山古墳などで出土した臑当と類似する点が多い。

　宮山古墳から出土した甲冑類は、札甲1領を主体とした甲冑セットとであると考えられてきたものの、その実態は不明であった。だが、姫路市埋蔵文化財センターおける資料化や実見等から、板状籠手と篠籠手が重複する点、および頸甲・肩甲が2以上の複数個体が副葬されていたことが明確となった。これらについては、一つの甲冑セットに重複した甲冑類が加えられたとみることも可能であるため、すべてが札甲同様に札甲導入期頃の資料であるのかは検討が必要である。特に打延式肩甲から札肩甲を垂下するいわゆるハイブリッド式の肩甲（塚本2004。初村2010の間接垂下式）の成立には札式甲冑の導入→倭系甲冑への札式甲冑の導入というプロセスを経る必要があるため、札式甲冑導入期からは少なくとも1段階遅れるものと考えておきたい。

第2章　日本列島における導入期札甲の構造と副葬の背景　47

3-3. 導入期札甲の現状からみた構造に関する試案

　導入期の札甲と共伴甲冑セットについて概観してきたが、これらの資料群については副葬時の状態を良好に保つものが少ないため、全体像を推定した検討はほとんど存在しない。湾曲した腰札を持たないため、平札で構成されるという特徴が挙げられるのみである。

　五條猫塚古墳出土札甲にみえる特徴・問題点　まず、五條猫塚古墳出土札甲について各札の使用される部位を考えておきたい。

　五條猫塚古墳出土札は、先述したように方頭札Ａ類を竪上・長側、扁円頭札Ａ類を腰部、円頭札Ａ類を草摺にそれぞれ使用した札甲とみられる。これらは直接連貫された状態で遺存するものは存在しないものの、各種の札が銹着しているものが確認できるため（図26-9）、これらでひとつの札甲を構成していた可能性が高いだろう。

　五條猫塚古墳出土札甲の中で最も特徴的な札は、龍文透彫帯金具が鋲留された扁円頭札Ａ類の存在である。帯金具が装着された背景を検討することは非常に重要であると思われるが、これを基礎として札甲の構造を考えると以下の疑問点が浮かんでくる。

　①…龍文透彫帯金具が鋲留された個体が調査前に多数確認されている点

　②…龍文透彫帯金具が札甲の威紐の上から鋲留されている点

　①胴部と草摺が一連となる札甲を基に考えれば、腰部に使用される札は長側・草摺に挟まれる形となる。湾曲形の長大な腰札を使用している場合には収納状態でも腰札を視認することができるため、帯金具が存在しても確認することができるだろう（図31左）。一方で、五條猫塚古墳例のように他の札よりも小さな平腰札を用いる場合では、収納状態で腰札を視認することが難しくなる（図31右）。このような状態であれば、通常は札塊を崩していかないと腰札を視認することはできない。それにも関わらず、ほとんどの帯金具鋲留札が、出土時に確認されていたという点は、図31右とは異なり、帯金具鋲留札が外観上視認しやすい部位を構成していたことを示している可能性がある。

　②帯金具は札を連貫する威紐の上から重ねられているため、帯金具鋲留札以下に威紐がのびるとするならば、この帯金具は威紐の可動領域を狭めることになってしまう（図32上）。更に、札の列を上下に威技法により連貫していく際に上下の札列には重ねしろが必要になるが、札の全長に等しい帯金具を鋲留するとすれば、その重ねしろが失われることとなる（図32下）。最悪の場合、上下の札列の間に隙間が生まれてしまうこととなってしまう。これでは、外面から甲の内部が見える構造となってしまうため、甲の構造として不適合と言わざるを得ないだろう。

　五條猫塚古墳出土札甲のもつこれらの問題は、"竪上最上段〜草摺裾札までが一連"で"すべて外重式"となる従来の札甲のイメージを前提にしてしまうと、解釈することは難しい。今回提示した問題点をより合理的に解釈できる札甲の構造とはいったいどういったものなのか。ひとまず、従来の札甲のイメージから離れて考えたい。

　五條猫塚古墳出土札甲の構造試案　以下、ここでは２つの試案を提示する。ただし、構造を確定させるものではなく、あくまで構造の試案を提示するというものである。

　Ａ案は、札甲と帯金具鋲留札列をそれぞれ別造りとし、札甲装着後にベルト状の帯金具鋲留札列

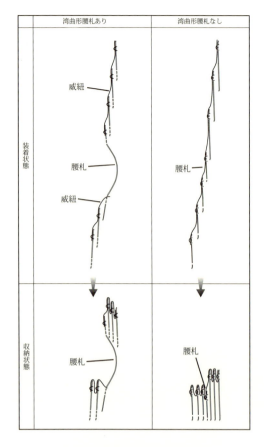

図31 湾曲形腰札の有無にみる
札甲の展開・収納状態の差異

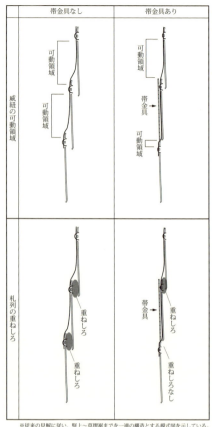

図32 帯金具の有無にみる威紐の
可動領域と札の重ねしろの差異

を装着すると考える案である。このように考えれば、帯金具鋲留札列は札甲からの取り外しが可能であるため、収納状態になっても視認できる可能性は高く、①の問題点をクリアすることができる。しかし、五條猫塚古墳出土の札甲は湾曲形腰札を有していないため、帯金具鋲留札列の上下のずれを防ぐことができない。さらに②の帯金具鋲留札の威紐（図31上）が存在する意味を説明できず、構造上合理的ではない。

　B案は、竪上・長側と草摺を分割（セパレート）する案である。装着に際して、まず草摺を装着し、その後に竪上・長側を装着する。帯金具鋲留札列は竪上・長側の裾部に装着されるものとすれば札の可動性を阻害することなく、かつ視覚的効果を得ることができる。帯金具は草摺よりも外面にくるため収納状態になっても視認可能であることに加え、腰部と草摺部は直接連結されていないため、②の問題も解決できる。

　実際の資料についてみても、帯金具鋲留札は札足に覆輪を施すようであり（図34-1・2）、甲の裾部を構成していた可能性が考えられるだろう。帯金具鋲留札の威紐についてみれば、上段にのびる威紐は確認できるものの、下段にのびるようすはうかがえない（図34-3）。これに加えて、方頭

札A類や円頭札A類は通段威a類を行うのに対し（図26-1・2、8・9）、帯金具鋲留札は綴付威を行っている（図34-1・2）。綴付威は威紐を綴紐で綴じるため、綴紐が解けない限りは外れない。威の端部の処理としては比較的合理的であるとおもわれる。よって、この帯金具鋲留札を用いた札甲については、B案の胴部と草摺部のセパレート構造を考えた方が合理的であるように思われる。

さて、それではこういった構造の札甲は胴一連の胴丸式なのか、もしくは前後分離型の裲襠式なのか。これについては決め手がなく、不明瞭であると言わざるを得ない。ただし、甲自体に鉸具を伴う帯が装着されることから、腰部で締める構造であったと仮定しておきたい。甲の固定という面に着目すると胴一連の胴丸式であった方がより合理的であるように思われる。

これらの見解を基に検討した札甲の復元推定図が図35である。従来の札甲のイメージで五條猫塚古墳出土札甲を考えると帯金具鋲留札が札甲の特性である威技法を阻害する構造になってしまうが、こうした構造であれば威の可動性と帯金具の装飾性を十分に発揮できるものと思われる[18]。現在確認できる札

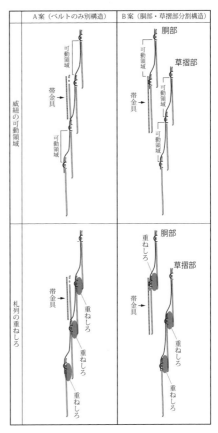

図33　A案・B案にみる腰部周辺の威紐の可動領域と重ねしろ

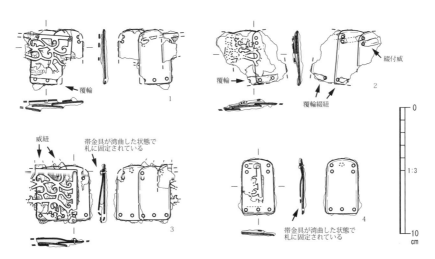

図34　五條猫塚古墳出土帯金具鋲留札にみられる特徴

50　第Ⅰ部　古墳時代中期における札式甲冑の導入と展開

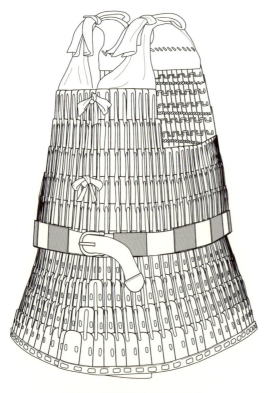

図35　五條猫塚古墳出土札甲
B案の復元イメージ（試案）

の状態と大きな鉾盾も認められない。

　こうした甲冑のイメージは、胴部と草摺部が別造りの鉄製板甲＋革製草摺の構造とも近しいものとも思われ、倭の甲冑類を参考に創出されたようなフォルムとなる。

　ただし、この復元推定図にも問題点がある。構造という面からみれば、草摺の最上段の構造を明らかにできていない点や、各部位の装着装具が不明である点がある。一方で出土状況の面でも、聞き取りによる調査前の札の出土状況と調査時の出土状況の位置が異なっているため、札甲が2領存在したのか分割されていたのか決定的な根拠を示すには至っていない。こういった点は解決するべき問題点としてここに掲げておく必要があるだろう。

　宮山古墳出土札甲の特徴と構造試案　それでは、導入期のもう一つの事例である宮山古墳ではどういった構造が推定されるのであろうか。

　宮山古墳の場合、札甲を構成するとみられる札は方頭札および円頭札であるが、これらが札列を保持した状態で遺存する個体があり（図29-1）、かつ札の可動性を妨げる帯金具のような付属具は存在しない。方頭札と円頭札の使い分けが竪上・長側・草摺といった部位の違いを示しているものと考えられるのであれば、竪上・長側・草摺が一連となる構造を考えることができるだろう。つまり、宮山古墳出土札甲は、五條猫塚古墳出土札甲の復元試案で提示したような草摺分割という構造ではない可能性がある。おそらく、これについては従来提示されてきたような胴一連の構造で、湾曲した腰札をもたない札甲と考えた方が妥当なのであろう。

　日本列島における導入期札甲の構造の差異　五條猫塚古墳出土札甲と宮山古墳出土札甲は、湾曲した腰札を有さないという点では共通しているものの、使用している札の形状が異なっている。これに加えて、札甲の構造自体も両者では異なっていた可能性があろう。札甲の構造については不明瞭な点も多いため確定できるものではないが、使用する札の形状の差異は後続する資料群でも認められるものである。これは、五條猫塚古墳出土札甲と宮山古墳出土札甲の系統差とみもみられるだろう（初村2011b）。

　筆者は、五條猫塚古墳出土札甲に後続する資料として福井県向出山1号墳1号石室出土札甲を考えている（図36-1～4）。一方で、宮山古墳出土札甲に後続する資料としては山梨県豊富王塚古墳

第 2 章　日本列島における導入期札甲の構造と副葬の背景　51

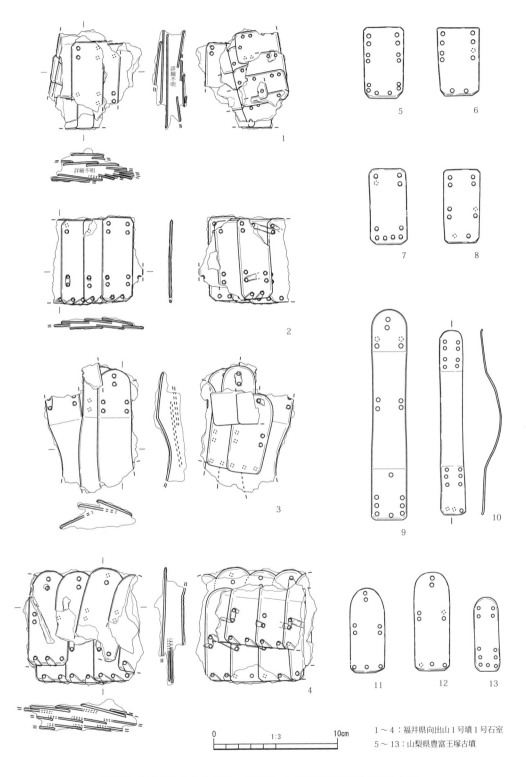

1～4：福井県向出山1号墳1号石室
5～13：山梨県豊富王塚古墳

図 36　福井県向出山 1 号墳 1 号石室・山梨県豊富王塚古墳出土札甲

出土札甲が考えられるだろう（図36-5～13）。これらはともにΩ字形の腰札を導入している点が注目できる。おそらく、導入期の五條猫塚古墳・宮山古墳出土の札甲では身体への装着が十分でなかったのだろう。より強固に、身体への甲の固定性を高めることができる湾曲形腰札が導入されることとなった。こうした甲の構造の改変等を進めることで甲としての装着性と札甲のもつ上下の可動性といった特徴を十分に発揮できる構造となったのだろう。こうした改善点も日本列島内で札式甲冑が展開していく要因のひとつとなったものと思われる。

　導入期札甲とともに出現する眉庇付冑は、朝鮮半島製冑の系譜をひくが、日本列島内での出現段階より帯金の構造を基本とするアレンジが加えられていることが既に指摘されている（橋本1995）。札式付属具についても、倭の甲冑と併用可能な構造へとアレンジされている（初村2010）。

　仮にB案の札甲の存在が認めうるものなのであれば、草摺と胴部の分割構造は倭の武装に基づいたものである可能性が高い。というのも、板甲に装着される草摺には革草摺と鉄草摺（打延式草摺）があるが、これらに伴う板甲の方には特別な垂下装置が取り付けられていない [19]。こういった点から、人体に装着する際には草摺を装着した後に板甲を装着するという形をとるものと考える。甲冑形埴輪についても、板甲の裾部の内側に入り込む形をとるものが散見されることもこの考えを裏付けよう。湾曲形の腰札を持たない導入期の札甲については、札を用いつつも板甲＋草摺といった倭の甲冑をモデルとして組み上げられた甲とみる評価できる可能性もあろう。

　五條猫塚古墳・宮山古墳の札甲の構造についても、現状でみられる特徴をから構造の復元を行ったもので、未だ解決できていない問題点も孕んでいる。こうした点については、今回未調査の資料群を含む新資料の検討を踏まえて導入期札甲の実態を解明する必要がある。

　これに加えて、和歌山県椒古墳出土札甲および奈良県新沢千塚109号墳出土札甲（図37）との関係性についても検討する必要があるだろう。この2例は、前後分離型の裲襠式札甲として知られる（末永・伊藤1979）。椒古墳の復元品は脇部にΩ字形腰札を有する脇盾を持つが両者ともに甲本体は平札を用いて作られるとされ、五條猫塚古墳・宮山古墳の札甲とも共通する点であると言えよう。これらの検討については現状で不十分であるため本稿では扱わないが、今後検討してゆくべき課題の一つとして掲げておかなくてはならない。

4．共伴遺物・副葬品出土状況からみた札式甲冑副葬の背景

　五條猫塚古墳・宮山古墳で認められた導入期の札甲は、当時において先進的な武具であった。しかしそれらを出土したのは大型の前方後円墳ではなく、五條猫塚古墳や宮山古墳といった方墳・円墳であった。ただし、五條猫塚古墳の築造の背景には、この地が紀ノ川周辺に築かれた水陸の交通の要所であった点が重要視される。こうしたルートを通じ、大和には新しい文化が取り込まれていった可能性もあろう。実際に、紀ノ川周辺には初期の横穴式石室を導入した陵山古墳や、馬甲・馬冑を副葬した大谷古墳などが存在し、他地域との交流や対外交渉を経てこうした製品や技法、風習等を獲得したものとも思われる。こうした要所としての性格が、五條猫塚古墳の副葬品の内容にも反映されている可能性もあるだろう。そのため、五條猫塚古墳の性格を探る上で、①副葬品の出土状

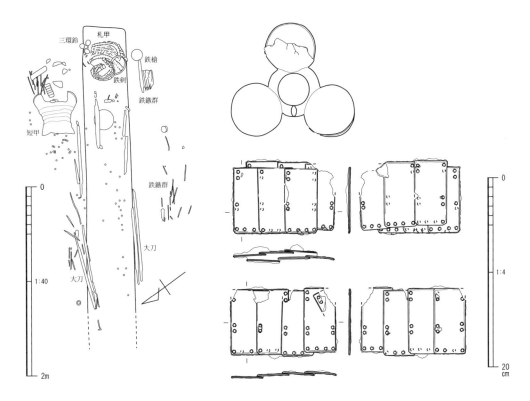

図37　奈良県新沢千塚109号墳副葬品出土状況と札・三環鈴

況・共伴遺物が類似するものの位置付け、および②紀ノ川周辺の遺跡群内での位置付けが必要と思われる。

　ここではこれらを網羅的に扱うことは不可能であるため、①については五條猫塚古墳出土札甲に後続するとみられる札甲を出土した福井県向出山1号墳、②については和歌山県陵山古墳を挙げて考えることとする。特に導入期から定型化までの間に位置する札甲出土古墳の副葬品については資料化がなされていないものも多いため、その実態を把握することが難しかった。本章ではこれらの一角にすぎないが、向出山1号墳・陵山古墳という2基の古墳より出土した副葬品を実見・調査することができたので、五條猫塚古墳とその副葬品が得られた背景を検討する一助としたい。

4-1. 福井県向出山1号墳

　福井県敦賀市に所在する径60mの造出付円墳もしくは帆立貝形前方後円墳である。墳頂部には1号石室・2号石室の2基の埋葬施設があり、そこから多数の副葬品が検出された（図38）。墳丘の中央に位置する埋葬施設は1号石室であり、西よりの場所に2号石室がある。おそらく1号石室が古墳の中心的な埋葬施設なのだろう。ただし、埋葬施設の詳細な情報および副葬品の出土状況については不明である。1号石室・2号石室はともに四神四獣鏡を出土しており、時間的に大きな隔たりは認めにくいとされる（森川1986）。

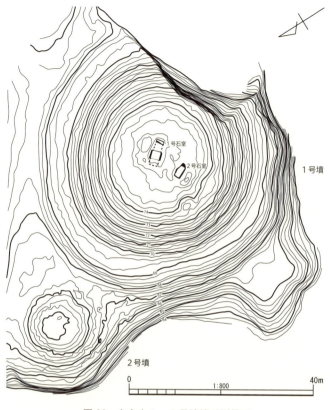

図38　向出山1・2号墳墳丘測量図

　札甲が出土した埋葬施設は1号石室である。共伴する甲冑として、札鋲留眉庇付冑2、頸甲、肩甲が含まれる。このうち、冑1鉢は札甲の内部に収められていたとのことである（福井県教育委員会1977）。この際に一部の副葬品群については資料化されていたが、近年1号石室出土の冑と頸甲の保存処理がなされ、出土遺物の再整理報告書も刊行されたため、現在ではより具体的な様相を知ることが可能となった（敦賀市教育委員会2020）。

①1号石室出土品

札甲　先述したとおり五條猫塚古墳出土札甲に類似するようで、平札として方頭威孔2列札・円頭威孔1列札を用いる（図36-1〜4）。

　1は大形の方頭札列の裏面に小型の方頭札列が錆着した状態で遺存している個体である。大形の方頭札列と小型の札列は列の向きが異なっており、これらが直接連結されていたわけではない。五條猫塚古墳の図26-2でみたように、札甲内部に別の製品が納められた場合、札の最内面に別の製品が錆着することがある。そのため、この大型の方頭札が札甲の最内面であると考えられることから、竪上の最上段を構成する札と考えておきたい。

　腰札に錆着する個体をみると、長側・草摺にともに円頭札を用いていることがわかる（図36-3・4）。この円頭札と方頭札の関係については現状で直接錆着するものが存在しないため関係性を明らかにすることはできないが、先述した通り方頭札を竪上最上段〜竪上と考えておく。現状ではこれらを確定できる要素は少ないが、方頭札を竪上に使用する事例は京都府宇治二子山南墳や群馬県天ノ宮古墳出土札甲があり、こうした事例を参考とし、方頭札・円頭札を中心に構成された札甲であると考えておきたい。

　この札甲は、Ω字形の腰札を有している点が大きな特徴であるが、これに加えて腰札の一部に錆着する鉸具や蛇尾が確認された（図36-15・16）。帯を用いて腰部で締める胴一連の構造であったと思われる。

札鋲留眉庇付冑 1（図39-1～5） 地板に鉄製の札と鉄地金銅製の札を配し、胴巻板では地板第1段を留めるための鋲と地板第2段を留めるための鋲の間にのみ金銅板を被せた鉄地金銅装である。地板は六方白となるが、地板第1段と地板第2段では鉄製地板と鉄地金銅装の地板が段違いに配されている。受鉢・伏鉢は金銅製であり、装飾性の高い冑であったことが知られる。

　眉庇部は金銅製の文様部と鉄製の基部からなり、それらを鋲で連結している。文様部に施された文様は三角形文とレンズ状文であり、橋本達也氏の眉庇部文様Ⅳb類の代表例である（橋本1995）。Ⅳb類としては、福岡県稲童21号出土眉庇付冑（鉄地金銅装）や大阪府野中古墳出土3号・6号・11号眉庇付冑（鉄製）が挙げられるが（橋本2014b）、この向出山1号墳の冑のみが眉庇文様部周辺に波状列点文が施される。

　眉庇部の三角形文の両端には円形の穿孔がそれぞれ2箇所あり、そこに金銅製の針金が通している。裏面ではその針金は欠損しているが、この部位に垂飾が留められていたものと思われる。垂飾をもつ眉庇付冑としては、大阪府西小山古墳・千葉県祇園大塚山古墳・福岡県月岡古墳出土例が知られる。

　冑に伴う錣としては、鉄地金銅装の錣が存在する（図39-5）。段数を確定するには至っていないが、先端部をやや斜めに裁断し、先端部に覆輪を施すための穿孔が見られる。古谷毅のCⅢ形式である（古谷1988）。錣垂下用の穿孔は2孔を一組としたものである。

札鋲留眉庇付冑 2（図39-6・7） 伏鉢が金銅製、腰巻板の額上部のみ鉄地金銅装とし、その他の部位はすべて鉄製である。受鉢および管、眉庇部は欠損しており遺存しておらず、地板についても欠失した箇所が多い。腰巻板は一部が遺存するのみだが、地板連結以外の飾り鋲列が存在する。

　錣が冑鉢にも銹着しているが、いずれも鉄製である。先端部分は破片資料であるが、やや斜めに裁断されており、覆輪を施すための穿孔がある。錣垂下用の穿孔は2孔を一組としたものである。

　この冑と同じ部位を金銅製および鉄地金銅装とする冑でかつ腰巻板に飾り鋲をもつ冑は、兵庫県小野王塚古墳出土眉庇付冑、福岡県月岡古墳出土5号眉庇付冑が挙げられる。ただし、小野王塚古墳出土例にみられる伏板の飾り鋲が本例には存在しない点など、差異もある。こうした飾り鋲は、これら3例では機能的な意味を持たないが、腰巻板に金銅板を被せる大阪府西小山古墳では、金銅板の下端部を固定する役割を果たしている。千葉県祇園大塚山古墳では、波状列点文の文様が刻まれた上から飾り鋲が打たれている。

頸甲（図39-8） 正面の引合板を鋲留、背面の引合板を革綴する頸甲である。表面に金銅板を被せた鉄地金銅装頸甲である。こうした資料は先の五條猫塚古墳出土例を含めて日本で4例知られているが、その中で波状列点文が彫金された頸甲ものはこの向出山1号墳出土例と大阪府城ノ山古墳出土例（鈴木・小森2010）の2例のみである。

　金銅板は本体と襟部で分割されており、2段階に分けて金銅板が被せられているものと推測される。頸甲の左右側辺は金銅板がかぶっておらず鉄地がむき出しとなっているが、この部分は肩甲装着時に見えなくなる箇所である。意図的にこうした金銅板被せが行われている可能性も考えられる。

　文様の切り合い関係から、彫金は頸甲側辺→襟部周辺→引合板側の順で行われたことがわかる。

56　第Ⅰ部　古墳時代中期における札式甲冑の導入と展開

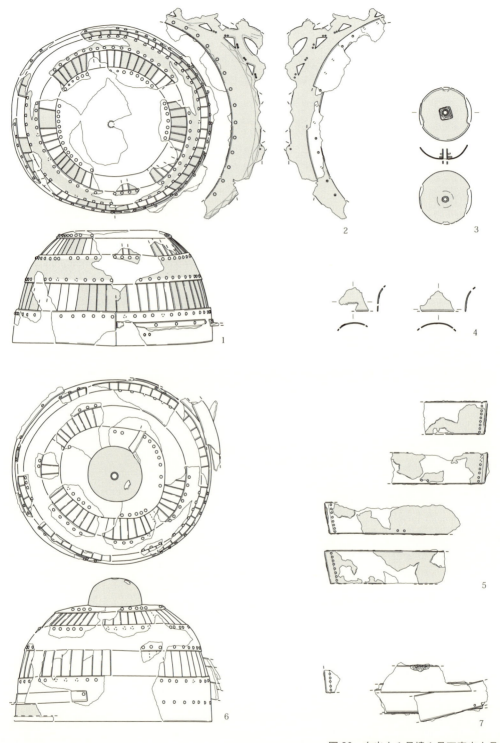

図39　向出山1号墳1号石室出土品1

第 2 章　日本列島における導入期札甲の構造と副葬の背景　57

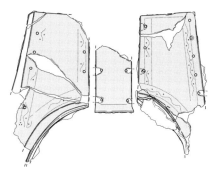
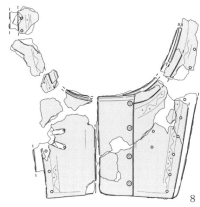
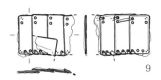

1：1号眉庇付冑　青鉢
2：同　眉庇部
3：同　受鉢
4：同　伏鉢
5：同　錣
6：2号眉庇付冑　青鉢
7：同　錣
8：鉄地金銅装頸甲
9：札肩甲

■…金銅

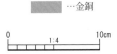

波状列点文は鋲留された前面引合板の下に隠れる部分があるため、彫金は組み上げ前に行われていたものとみられる。

肩甲を垂下用の孔は約 18mm 間隔で等間隔に穿たれており、札肩甲が垂下されていたことが確実である。

藤田和尊のⅢ-c 型式と位置づけられる（敦賀市教育委員会 2020）。

札肩甲（図 39- 9）　出土した札のうち、方頭札がこれに当たると思われる。方頭札は全長 41mm、幅 22mm の小型のものと、全長 67mm、幅 26mm の大型のものとの 2 種が存在する。厳密にはどちらが肩甲かを確定することは難しい。しかし、他古墳出土札肩甲の場合、小型の札を用いる事例が多く認められ、本例と比しても大きな差異は認められない。そのため、ここでは小型の方頭札を肩甲の最有力候補として考えておく。ただし、副葬時の錆着状況を維持しているものはほとんどなく、札肩甲の段数などについては不明である。

鉄鏃（図 40- 1～7）　今回の調査に際して行った接合検討により、頸部長の明らかな個体を確認した[20]。頸部長は 105mm であり、西岡千絵のいう長頸鏃の定義に該当する（西岡 2005）。向出山 1 号墳 1 号石室は、既に長頸鏃が導入されている段階とみて問題ないだろう。このほか、柳葉式・圭頭式・有頸平根式が存在する。副葬状況や盛矢具の有無は不明であるが、バリエーションに富む鉄鏃群が副葬されていたことがわかる。

大刀（1 号石室出土、図 40- 8）　多数の出土が確認されているが、破片化しているため厳密な本数を確定するには至っていない。

図 40- 8 は、昭和 52 年に行われた出土資料の報告の中で記されたものである。鞘木が全体的に遺存しており、鞘木の上に鉄製と考えられる鞘口装具の痕跡および銀製の鞘間装具がみられる[21]。今回新たに、銀製の鞘間装具は金銅製の鋲を用いて鞘木に留めたものであり銀板に C 字文がみられることを確認した。こう

58 第Ⅰ部 古墳時代中期における札式甲冑の導入と展開

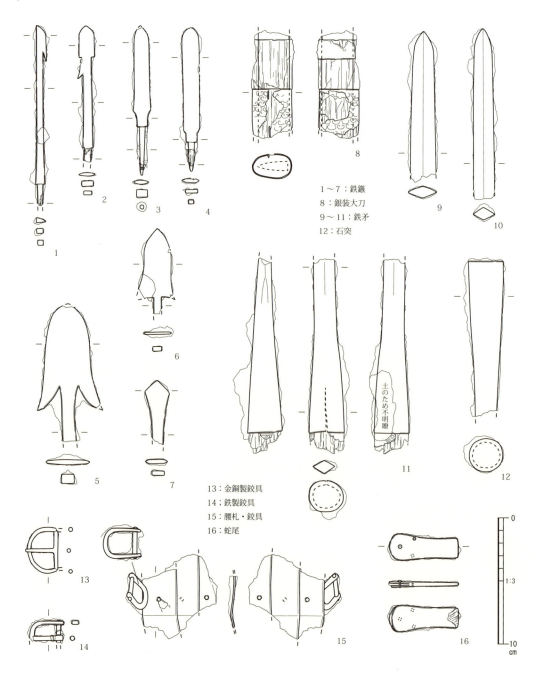

図40 向出山1号墳1号石室出土品2

した装飾および固定方法を用いた大刀は朝鮮半島の装飾付大刀で比較的早い段階に認められる。とくに文様のC字文が一方向を向く金宇大の連弧文a1類もしくはa2類に該当し、5世紀前半代以前に製作されたものとみられる（金2011）。朝鮮半島に由来する製品が日本列島にもたらされたものと位置付けられる。対外交流における敦賀の特色を示すきわめて重要な資料と言えよう。敦賀市の

調査により、素環頭大刀把頭と接合し一体となることが確認された（敦賀市教育委員会 2020）。

鉄鉾・石突（図40-9〜12）　5点以上の出土が確認されている。

複数本出土している。刃部についてもやや個体差があるようである。

図40-11では、袋部は直基式の円形袋部を呈することが確認できる。この個体では柄部が一部遺存しており、黒色の塗膜とともに菱形文が確認された。

鉸具・蛇尾（図40-13〜16）　金銅製鉸具1、鉄製鉸具2（うち1点は腰札に錆着）、蛇尾1の存在を確認した。札甲の項でも述べたように、札甲に鉸具が錆着している状態であり、札甲は腰の部分で締める構造であったものと推定される。

確認した蛇尾（図40-16）は、帯において鉸具とは反対側の先端に装着されるもので、鉄製の板を折返して帯をはさみこみ、鋲を用いて固定したものである。鋲の部分に緑青の錆が認められるため、金銅製の鋲を用いていた可能性が高い。

②2号石室出土品

鉄鏃（図41）　いずれも全体像が不明であるが、1号石室同様にバラエティに富む。短茎鏃では中央に透かしをもつものが確認できる。そのほか全体像は不明なため短頸鏃か長頸鏃かは不明だが、三角式とみられる鉄鏃の破片も確認することができる。長頸鏃の可能性のある破片も含まれるが、やや1号石室のものと混在している可能性もあり確定はできない。

横矧板鋲留衝角付冑（図42-1）　破片化しているものが多いが、衝角付冑の伏板周辺および衝角部、胴巻板〜腰巻板が良好に遺存している。衝角部は内接2式（川畑 2011）である。腰巻板には錣の威孔が穿たれるが、現状で8孔が一か所に集中している。

錣は全体像は不明であるが、鉄製の多段錣である。威孔は2孔を一組とする。

頸甲（図42-2）　背面側の引合板のみ革綴を確認したが、正面引合板は確認しえなかった。付属する肩甲は打延式肩甲であり、肩甲を垂下するための威孔も頸甲本体で確認できた。いずれも破片資料のため、全体像の把握には至っていない。

三角板鋲留板甲（図42-3）　主に後胴の個体について図化したが、前胴とみられる破片なども確認できる。ただし土付きの状態であるため、不明点が多い。三角板鋲留板甲であり、右脇裾部周辺とみられる破片で裾板の連結箇所が確認できたため、おそらく胴一連の三角板鋲留板甲なのだろう。後胴押付板および後胴裾板などでは革組の覆輪を確認できる。

三輪玉　2号石室出土武器の中で特筆するものとして金銅製三輪玉の存在が挙げられる（福井県教育委員会 1977）。倭系の大刀に多くみられる装飾であるが、その

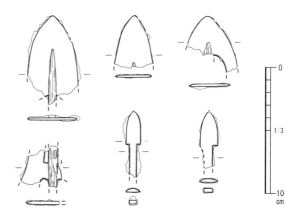

図41　向出山1号墳2号石室出土品1

60 第Ⅰ部 古墳時代中期における札式甲冑の導入と展開

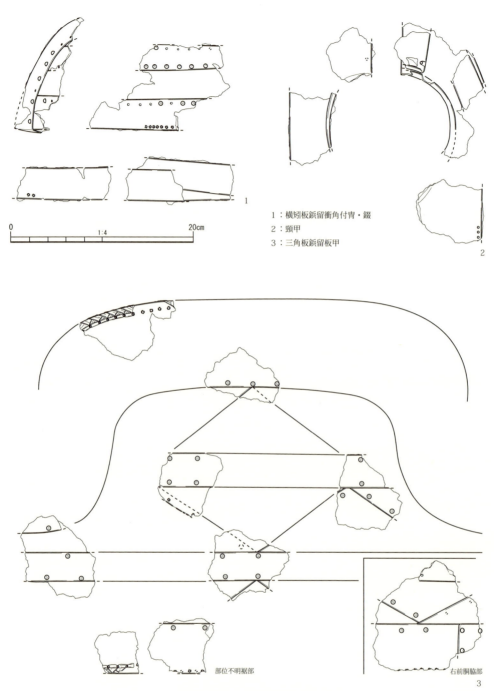

1：横矧板鋲留衝角付冑・錣
2：頸甲
3：三角板鋲留板甲

部位不明裾部　　　　右前胴脇部

図42 向出山1号墳2号石室出土品2

多くは6世紀代の資料である。向出山1号墳2号石室の事例は、三輪玉を出土する比較的早い段階の資料である。この時期には兵庫県小野王塚古墳出土事例なども該当する。

　向出山1号墳の2基の埋葬施設は、それぞれ副葬品の内容に差異があるように思われる。特に甲

冑類は顕著にその傾向があらわれている。すなわち、1号石室では眉庇付冑＋札甲という鋲留技法導入期に導入された新しい甲冑セットを主体とするのに対し、2号石室では衝角付冑＋板甲という伝統的な甲冑セットを有しているという点である。大刀についても、1号石室でC字文銀製装具をもつ朝鮮半島由来の大刀が確認されたが、2号石室では三輪玉付の倭装の大刀がみられる。2基の石室は、鋲留技法導入期からまもなく築造されたものとみられる。そのように考えるのであれば、2基の石室間の副葬品の差異は各石室の被葬者の背景の違いによるものと考えることも可能であるし、副葬品が意図的に選別されていたとみることも可能だろう。

　五條猫塚古墳の場合、竪穴式石槨内と埴輪下の石槨外埋納施設には、やはり差異が認められた。その差異は眉庇付冑＋板甲と蒙古鉢形眉庇付冑＋帯金具付札である。甲冑の特異性・装飾性という点からみれば石槨外出土の蒙古鉢形眉庇付冑＋帯金具付札の方が目を見張るものがある。しかし、当時の甲冑の中ではやはり特異であり、スタンダードなものではなかった。そうした意味で、五條猫塚古墳の副葬品の配置として、日本列島内に展開していた製品群（眉庇付冑は当時新式の武具であったが、各地に展開している）を中心に石槨内の副葬品群が形成され、稀少な一群をもって石槨外の副葬品群が形成された可能性もあるだろう。

　しかし、五條猫塚古墳と向出山1号墳を比較すると、副葬品群の配置が逆転しているようにも見受けられる。これをみるかぎり、向出山1号墳では外来系もしくは新式の武具を副葬する埋葬施設として中央主体部がその対象となったとみられる。これは、1号石室と2号石室の被葬者の性格の差異を示しているのだろうし、こうした背景には敦賀という地の特色が表れているものとも思われる。単純に五條猫塚古墳との比較は難しいかもしれないが、五條猫塚古墳と向出山1号墳は副葬品の組成について五條猫塚古墳と類似する重要な事例として着目できるとともに、日本列島における札甲をはじめとした新式の副葬品群の展開の過程を知る上での一つのケースとなるだろう。

4-2. 和歌山県陵山古墳（橋本市あさもよし歴史館）

　和歌山県橋本市に所在する径45mの円墳である（図43）。横穴式石室を埋葬施設とする。明治36年のおよび昭和27年の発掘調査により鏡、三環鈴、玉類、刀剣類、甲冑類などが出土したことが伝えられるが、現状では確認できない資料も多い。副葬品の出土状況についても不明である。

　現在、橋本市立あさもよし歴史館に所蔵されている資料には埴輪、須恵器、鉄刀片、鉄剣片、蛇行剣、鉄槍、鉄鉾、石突、板甲片、頸甲片、札2、鉄地金銅装甲冑片、鉄鏃、鉄斧、刀子片が存在する。小片化しているものも多数あるため不明な資料も多いものの、武器・武具をはじめとして特徴的な資料群で構成されている。近年、出土遺物の再整理報告書が刊行されており、現状で把握可能な資料が図化された（橋本市教育委員会2019）。ここでは甲冑類を中心に遺存状況の良好なものをピックアップした。

　頸甲片（図44・1）　鋲留頸甲の左前面側が遺存している。肩部が引合板に対し斜めになることから、藤田和尊のⅢb～d型式のいずれかに該当するものとみられる（藤田1984）が、破片のため詳細は不明である。襟部は高さ8mmであり、使用されている鋲は、鋲径5mmである。

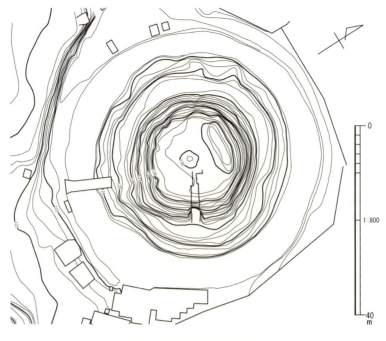

図43　陵山古墳墳丘測量図

　頸甲に装着される肩甲については、遺存していないため詳細が不明であった。しかし、頸甲のX線写真の観察により、頸甲肩部に等間隔の穿孔が2列認められた。これにより、この頸甲に装着される肩甲は打延式肩甲ではなく札式肩甲である可能性が高いと考えてよい。穿孔の心々間のピッチは約14mm程度である。通常、札の肩甲の穿孔は1列の等間隔の穿孔で良いが、本例のみが2列の穿孔が認められる特殊な事例である。定型化する以前の製品なのであろう。威技法については不明であるが、通段威・綴付威が頸甲から開始されていたものと思われる[22]。

　板甲片（図44-2）　鋲留板甲の右前胴裾部の破片であるとみられる。一部が遺存しているのみであるため、地板の形状や覆輪、蝶番など多くの情報については不明である。鋲は5mm以上の大型鋲（滝沢1991）で、裾板でみられる鋲間隔は38mmである。

　札（図45-1・2）　2枚の札が出土している。下搦孔の位置は異なるが同じ形状のものである。全長78mm、幅36mmであり、頭部は方形を呈する。威孔は2列である。横方向の威孔の心々間の距離は約28mmである。この数値は先に挙げた頸甲に穿たれた穿孔の心々間の距離と近い値であるため、この札は胴部の札甲ではなく頸甲に装着された札肩甲の可能性ものこるが、断定することは難しい。札全体の穿孔の配置をみると、頭部の威孔直下に綴孔を有するもので、国内出土事例では類似例が少ない。朝鮮半島出土資料などに着目すると馬甲を構成する札に類似するものが認められる。日本列島における札式の甲冑には馬甲製作の技術が組み込まれていた可能性を推定させる（初村2011b）。

　甲冑片（図45-3）　鉄地金銅装の甲冑破片である。これまで鉄地金銅装の札とされてきたもの

第 2 章　日本列島における導入期札甲の構造と副葬の背景　63

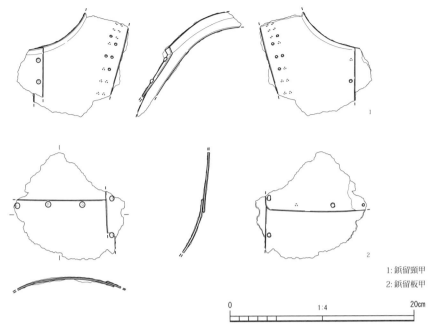

図 44　陵山古墳出土品 1

であるが、先述した札とは異なっており、札ではないものとみられる。穿孔が 4 ないし 5 孔あり、下端部が表側に折り返されている点から考えれば、打延式の錣もしくは肩甲の最下段、ないしは錣の前面端部（橋本 2021）とみられる。肩甲として見た場合にも、先述した頸甲の検討から札式肩甲の存在が推定されるため、少なくとも図 44-2 頸甲に伴うものではない。現存する甲冑以外にも他の甲冑が存在した可能性がある。錣もしくは肩甲といった打延式甲冑を鉄地金銅装としたものはこれまでに 7 例が知られており（橋本 2013）、こうした資料と併行する段階の製品であったものと推定される。橋本達也により、この甲冑片は、三の丸尚蔵館所蔵鉄地金銅装衝角付冑の付属具であった可能性が指摘されている（橋本 2021）。

　鉄鉾・石突（図 45-5・6）　鉄鉾は、切先を欠くが関部〜袋部が良好に遺存している。袋部は山形抉りの円形袋部を呈する。目釘は一文字目釘と思われるが、袋部が一部欠損しているため、確定はできない。袋部には合わせ目があり、目釘の打ち込み・かしめにより柄部と固定できる。石突は、袋部端部を直截する円形袋部を呈する。袋部の合わせ目は不明である。先端は円錐形ではなく断面形が方形となり、先端部がやや太くなる。

　鉄槍（図 45-7）　槍身に別造りの袋部が伴う、いわゆる"槍身鉾"だろうか。袋部は筒状に成型したのちに合わせ目を打ち込み鋲により固定されたもので、それらの上から柄部全体に糸巻きを施している。打ち込み鋲は外見からでは頭部を確認することができず、頭部がみえない隠し鋲を用いたものとみられる。X 線画像を見ても、鋲頭は見当たらない。

　この個体は袋部を別造りにするとみれば大谷宏治の B 類に該当する（大谷 2004）が、他古墳出土事例は側端にそれぞれ袋部の合わせ目を持ってきて 2 枚を鍛接により合わせる構造になっている。

64 第Ⅰ部 古墳時代中期における札式甲冑の導入と展開

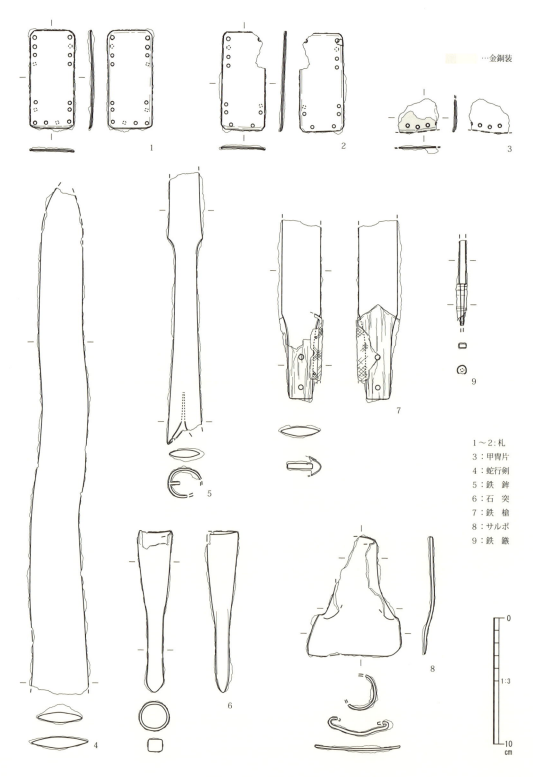

図45 陵山古墳出土品2

本例は確実に鋲留による連結であり、これら他の事例とは袋部の構造が異なっている。

　鉄斧（図45-8）　厚さ1.5mm程度の鉄板を曲げ加工して製作したものであり、重量感はない。薄手の鉄斧ないしはサルポ状鉄製品（橋本市教育委員会2019）とみられる。

　鉄鏃（図45-9）　6点が遺存するが、いずれも小片であり、頸部もしくは茎部が遺存しているにすぎない。そのうち最も状態の良好な資料1点を図化した。頸部および茎部、矢柄の口巻きも良好に遺存している。口巻きには赤色顔料がみられる。ただし、全体像を明らかにはし得ない。この個体のほかにも頸部や茎部の破片が数点存在するが、いずれも小片であり全体像は不明である。長頸鏃かと思われるが、断定はできない。

　陵山古墳は、遺物が発掘された年代が古いことから、その出土品の実態について不明な点が多い。しかし、現存する資料から、その一端を垣間見ることができた。

　特に現状でみるかぎり、陵山古墳に副葬されている甲冑セットとして把握可能なものは鋲留板甲と札肩甲をもつ頸甲が確実に存在し、そのほかに冑[23]および札甲が存在した可能性がある。仮に鉄地金銅装甲冑片を冑鋲と考えれば、鉄地金銅装冑鋲を伴う冑は鋲留技法導入期に数が多い。

　槍では、鉄製の装具を伴う槍身鉾ともみられるが、他古墳出土事例のように袋部を筒状につくり鍛接したものではない。槍の柄部先端に鉄板を巻いて鋲留したもので、他のものよりも単純な構造であり、筒状の装具をもつ槍身鉾よりも先行するものとして考えておきたい[24]。

　頸甲については、札肩甲を付属する事例であることが今回明らかにできた。こうした打延式頸甲に札肩甲が伴う事例は、少なくとも倭に展開していた甲冑類に札式甲冑が装着される段階とみられ、日本列島に札式甲冑が導入された段階とは一段階遅れるものと解される。陵山古墳は向出山1号墳同様に、五條猫塚古墳からは少なくとも一段階遅れるものとみられる。

　陵山古墳では、日本列島における古式の横穴式石室を埋葬施設とする古墳であり、紀ノ川周辺域でも突出した内容を持った古墳であったと思われる。先進的な性格を有する古墳であり、五條猫塚古墳と通じる特色を有している。紀ノ川流域には、特に下流域に岩橋千塚古墳群や晒山古墳群などが築造されることとなるが、その中には馬冑・馬甲などを出土した大谷古墳や陶質土器を出土した楠見遺跡など、渡来系文化の影響を強く受けた遺跡群が形成されている。こうした段階に、五條猫塚古墳や陵山古墳が上流域に築造された背景には、やはり紀ノ川を通じた大和との交通路の重要性抜きには考えることはできない。

　宮山古墳や向出山1号墳についても、朝鮮半島の大刀である装飾付大刀や装身具類が存在した。こうした朝鮮半島系文物を含む製品とともに導入期札甲の系列のうち五条猫塚古墳─向出山1号墳という同一系列上に存在するとみられる札甲が副葬されることは重要視できる。そうした先進的な文物に触れることができる地域であるからこそ、倭の製品と外来系の製品を両者を有し、倭の人々および渡来人の両者に古墳被葬者の性格を示す必要性があったのだろう。

4-3. 導入期〜定型化に至るまでの札甲の副葬状況とその位置付け

こうした点を、副葬品の出土状況という面からみてみると、札甲を1領副葬する宮山古墳や福岡県ビワノクマ古墳[25]では、厳密な副葬位置は不明だが、側壁付近に札が集中しているようにみえる（図46）。宮山古墳では札甲1領に対し、付属具が複数セット存在するため甲冑セットの乱れ・更新が行われている可能性があるが、宮山古墳・ビワノクマ古墳ともに、札甲が埋葬施設の中心軸上からは外れた位置に置いているものとみられ、札甲の副葬位置の共通点を見いだせる。ただし、ビワノクマ古墳は古墳時代前期の資料であり、宮山古墳とは年代差がある（行橋市教育委員会2024）。

一方で、複数の甲が複数されるケースではどうだろうか。五條猫塚古墳では先述したとおり、石槨外に帯金具鋲留札甲があり、さらに石槨内に札が存在するが、この石槨内の札は出土枚数が少なすぎるとの指摘がある（網干1962）ため付属具であった可能性もある。現状で甲冑のセット関係を確定することは難しい。ただし、五條猫塚古墳では石槨外に確実に札甲が副葬されていることに加え、石槨内には板甲＋眉庇付冑のセットが2セット被葬者の頭部側および脚部側に副葬されている。槨内・棺内の被葬者の脚部付近もしくは頭部付近には、札甲導入以前から甲としては板甲をはじめとした甲冑類が置かれていた場所であり、導入期の五條猫塚古墳もやはりこれらの位置に置かれていたのも板甲をはじめとした甲冑類であった。板甲と札甲が共伴した奈良県円照寺墓山1号墳

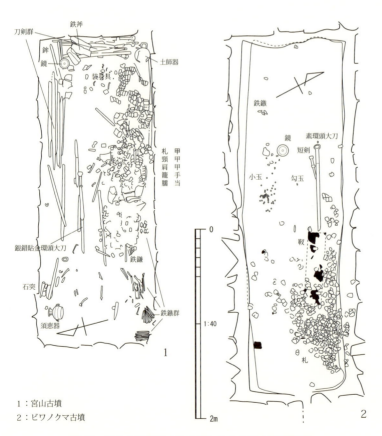

図46 甲を1領副葬する古墳にみる札甲の副葬位置

1：宮山古墳
2：ビワノクマ古墳

でも、札甲がほかの甲冑類とは離れた小石室内に副葬されていたようである（佐藤・末永1930）。これと併行する時期とみられる向出山1号墳・陵山古墳の出土状況が不明である点はきわめて惜しいが、時期が下るにつれ、そうした様相も変化を見せ始める。京都府宇治二子山南墳では、棺内の被葬者の頭部側と脚部側にそれぞれ板甲1領が置かれるが、脚部側の板甲の内部に札甲を入れた状態で副葬している（図47-2、宇治市教育委員会1991）。5世紀末頃の茨城県三昧塚古墳・和歌山県大谷古墳では、

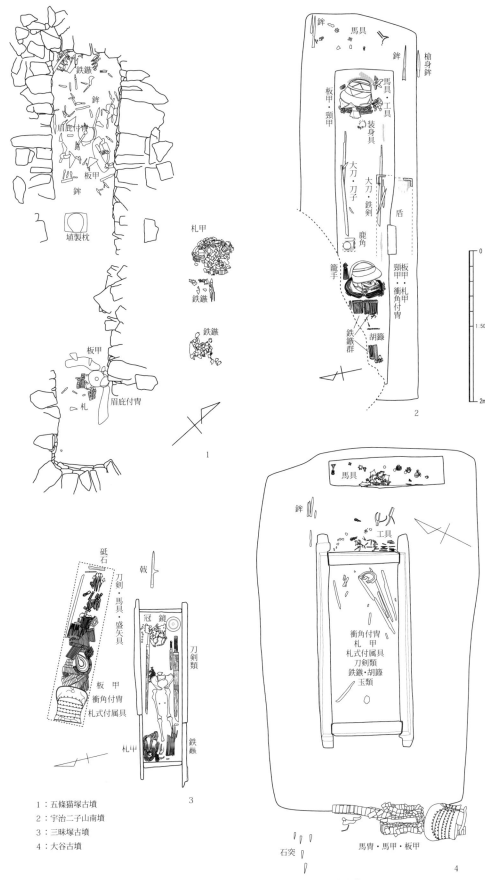

1：五條猫塚古墳
2：宇治二子山南墳
3：三昧塚古墳
4：大谷古墳

図47　札甲と板甲を供出した古墳の副葬品出土状況

札甲は棺内に副葬されたのに対し、板甲は棺外に副葬されている（茨城県教育委員会1960・京都大学考古学研究室編1985、図47-3・4）。三昧塚古墳では多数の札式付属具が、大谷古墳では馬甲・馬冑がそれぞれ棺外に置かれており、それらと板甲のセット関係を示すために甲冑類が一括して広い空間へ副葬されたとみることもできるが、こうした時期になると、埼玉県稲荷山古墳や富山県加納南9号墳など、甲を1領副葬する古墳でも棺内の被葬者脚部側に札甲を副葬するようになる。

札甲の副葬状況の変化は、日本列島内における札甲の位置付けの変化を表している可能性がある。札甲が棺内の被葬者頭部側もしくは脚部側付近に副葬される段階では、札甲は次第に円頭威孔2列札が使用され始め、定型化が始まる段階とほぼ時期を同じくする。これは次第に札甲の出土数も増加していく段階であり、乗馬風習の広がりとも相まって可動性を有する札甲は次第に倭の中心的な甲冑のひとつとして認識されはじめる段階とも言えるだろう。こうした副葬状況などからも、札甲が次第に倭の甲冑として受容される過程が見て取れる。

五條猫塚古墳の札甲は、のちに日本列島内で甲の中心をなす札甲の起点である。先に提示した札甲の構造については今回未調査の資料群の検討を進める必要があるが、こうした資料群を整理していくことが日本列島に導入された札甲の起源を考える基盤となるだろう。

5．小結

札甲の検討は、これまで全体像が不明であったこともあり、部材である札の形状や威技法など細部の検討を中心に進められてきた。全体像が明らかな資料群も存在するが、それらはすべて日本列島内で定型化したものであり、胴一連の胴丸式とする認識が強かった。だが、五條猫塚古墳出土の札甲は、こうした認識では整合性が取れない問題点もあったため、敢えて札甲の構造という踏み込んだ形で復元構造を提示した。

これについてはまだ明らかにできていない点も多いが、他資料等の調査を継続することで問題点の洗い出しと構造の推定による問題の解決が必要となる。

註

18) 札甲を装飾するものには、五條猫塚古墳のように帯金具を鋲留するもののほかに札自体を鉄地金銅装とするものも存在する。用途不明なものもあるが、甲冑の最下段のみ鉄地金銅装とするもの（愛知県大須二子山古墳（伊藤1978）・福岡県勝浦井ノ浦古墳例（福岡県教育委員会1977））や腰札の頭部のみを鉄地金銅装とするもの（埼玉県どうまん塚古墳例）がある。これらは札の可動性のなかでも常に視認できるものであり、かつ札の可動性を妨げない。装飾性と可動性を両立させたものと言える。B案のような構造を考えるのであれば、五條猫塚古墳もこれら同様の非常に合理的な甲であったと思われる。

19) ただし時期の下る福岡県塚堂古墳出土横矧板革綴板甲＋札草摺はこの限りではない。この段階になると、札式甲冑が日本列島内に広く展開・認知されており、胴甲の外側に草摺を取り付ける構造が定着していたものと考える。

20) 三好裕太郎氏の御尽力による。

21) 金宇大氏との実見時の検討と御教示による。

22）通常、威紐の開始点では、裏面で横取りとなり、表面で威紐が出てくるのみである。ただし、本例ではそうした構造ではなく裏面で立取りもしくは威紐の綴じが行われていたものとみられる。

23）現状で確認しうる限り鉄地金銅装の錣を伴う冑は眉庇付冑に限定される。そのため、この甲冑片を錣として捉えるならば鉄地金銅装の眉庇付冑が副葬されていた可能性がある。

24）陵山古墳出土の槍身鉾は、金属製の装具が槍の柄の形状にあわせて直線的に伸びる。他古墳出土の槍身に鉄製装具を伴うもの（大谷2004のB類）では鉄製装具が柄に向かって細くなる構造である。こうした点に違いがある。一方で、福岡県勝浦井ノ浦古墳でみられるような鉄槍に筒部をつけたような鉄鉾（大谷2004のA類）は袋部と刃部が直線的な構造を呈する。陵山古墳の槍身鉾は、現状で考える限り、こうした事例の前段階の資料とみた方が良いのかもしれない。

25）ビワノクマ古墳で出土した札は、札革綴甲であり、宮山古墳の札甲とは構造が異なっていることが明らかにされた（行橋市教育委員会2024）。宮山古墳の札甲のような日本列島の導入期の札甲の副葬位置は、前段階に存在する板甲とはやや異なっている。この甲冑の副葬位置が前期の甲冑の副葬位置が参考にしている可能性もあるので、ここで取り上げた。

第3章 古墳時代中期における札式付属具の基礎的検討

1．はじめに

　古墳時代における甲冑には、衝角付冑や、眉庇付冑と呼ばれる冑、板甲や札甲と呼ばれる胴甲などの存在が知られる。しかし、これら冑と甲ではすべての部位の防御を行うことはできなかったため、冑や胴甲を補完するために、付属具とよばれる甲が必要とされた。

　この付属具は種類が多く、頬部や頭部を守る錣や頬当、首や肩の周辺を守る頸甲や襟甲（襟状頸甲とも呼ばれるがここでは襟甲と呼称する）、肩甲、腕部を守る籠手、脚部を守る臑当、大腿部を守る草摺などが存在する。ただし、こうした存在が知られている一方で、構造の不明な資料が多いのもまた事実である。特に、札を用いて構成された甲（札甲）や付属具（札式付属具）は、出土時の情報や銹着状態より構造を考えていくことが最も重要視されるが、その一方で札が散逸した状態で出土するケースが多いために、構造を明らかにできるものが少なかった。そのゆえ、札式付属具では用途が明らかにできる事例が少なく、研究が進展しない状況であった。

　古墳時代中期の甲冑は、先に記した衝角付冑や板甲をはじめとした帯金式甲冑や、頸甲などの打延式甲を中心として展開するが、これらの甲冑に札を用いた付属具が伴うケースも多く確認できる。そのため、札で構成された甲や付属具の用途や構造が明らかに検討することができれば、帯金式甲冑・打延式甲冑との対比研究も可能となるため、その研究意義は大きい。

　ここでは、札で構成された甲すべてを扱うことはできないが、札式付属具の出土時の情報・遺存する有機質に着目して、特定の付属具の用途を考えていく。主に古墳時代中期の資料を中心として扱うため、特に断りがない限りはこの時期の資料として扱う。古墳時代後期の資料や韓国の資料を用いる場合においてのみ明記する。

2．札式付属具に関する研究史と問題点の提示

　まず、札式付属具に関する研究史を概観し、問題点を挙げる。札式付属具は各種存在するので、ここではその種類ごとに研究史を概観していく。

　冑に伴う札式付属具　札式付属具を垂下する冑は、列島出土品として衝角付冑が知られ、特に古墳時代後期の衝角付冑では、大部分が札式付属具を持つとする見解がある。しかし、その細部構造に触れた考察や研究は少ない。

　塚本敏夫は、長持山古墳出土の横矧板鋲留衝角付冑に伴う札頬当・錣の詳細な構造の検討を行った。塚本は、「（頬当の）各段の連結は威ではなく綴で行う」とし、札頬当の特徴を示した。段数は確定されていないが、これにより札頬当に関する理解が浸透することとなった。錣については、使用される札の確定と段数、札の重ね方のなどの復元を行った（塚本1997）。

横須賀倫達は、古墳時代後期の福島県勿来金冠塚古墳より出土した竪矧広板鋲留衝角付冑より垂下される札類当・鍍の復元検討を行った。この中で、冑とセットで出土した札を2種に分類、穿孔位置が長持山古墳などとは異なり綴専用のものでないと推定し、類当・鍍が共に威技法より上下の連結した復元案を提示している（横須賀2005）。

複数の資料についての比較検討はあまり実施されていなかったが、橋本達也が山の神古墳出土資料の検討に際して他資料との比較検討を実施している（橋本2014c）。

韓国では、竪矧板冑とそれに伴う札類当・鍍が東莱福泉洞10号木槨墓（鄭・申1983）など、構造が良好に遺存する資料が早い時期より出土したこともあり、研究が進展した。日本でも竪矧板冑は稀に出土するが、付属具について詳細に検討されたものは少ない。

内山敏行は、日本列島の打延式鍍に袖鍍が装着される背景には、札類当の構造を参照しているとする（内山1992）が、日本にもたらされた古墳時代中期の竪矧板冑付属札類当については不明瞭な点が多い。

札肩甲を伴う頸甲と襟甲　札肩甲を伴う甲には、打延式頸甲や襟甲が存在するが、出土状況の良好な例が少なく、やはり研究が少ない。特に襟甲については、早い時期から奈良県円照寺墓山1号墳（佐藤・末永1930）や千葉県祇園大塚山古墳（村井1966）の例が知られていたが、襟甲のみが扱われ、肩甲については研究が見られなかった。

塚本は、長持山古墳出土の打延式襟甲と札肩甲・前垂・後垂について、詳細な構造について検討を行っている。特に、札肩甲はすべて襟甲から垂下されたものと判断し、前垂と後垂は日本の頸甲の影響を受けたものと推定した（塚本1997）。これに加えて塚本は、岡山県正崎2号墳出土札肩甲について、打延式頸甲に垂下される打延式肩甲第1段に、札肩甲が装着される構造を明らかにした（塚本2003）。これより、日本に存在した甲冑製作工人の中へ札式甲冑が導入された背景を示した。

このほか、稲童21号墳や下北方5号地下式横穴墓など、個別の資料を扱った研究は多いが、総合的に位置付けを行った研究は少ない。そのため、個別の資料のみでなく、総合的にそれぞれの位置付けを行うことが求められる。

篠状鉄札と付属する札　篠籠手や臑当は、篠状鉄札と呼ばれる長細い鉄板を革で綴じ合わせて連結される武具を主な構造とするという特徴から、篠籠手か臑当かを断定することができなかったことが大きな問題として存在した。

塚本は、長持山古墳出土資料を検討するに際し、籠手と臑当の構造差を示した。篠籠手は、腕部から手首・手の甲を守る防御具であるため、篠状鉄札とその下段に続く札列より構成される。これに対して臑当は、最前面にくる篠状鉄札は臑の部分にフィットする緩やかなS字カーブを示し、ふくらはぎに相当する部分ではカーブがきつくなる点に着目した。これに加えて臑当には、篠状鉄札の上段と下段に札列が続くという特徴を示した（塚本1997）。籠手を臑当を分類し、それぞれの細部の構造を明らかにするという大きな成果であると言える。

大澤元裕は、稲童21号墳出土の臑当を論じるに際し、篠状鉄札の明確な分類が存在しないことに触れ、臑当の定義として、

・「ほぼ同じ長さの篠状鉄札を使用、（篠状鉄札の）上下に札が付属する」点

・「上段の付属札における最上段では、威孔の一つを覆輪の綴孔として利用している」点

　という2点を挙げた（大澤2005）。篠状鉄札の用途を明らかにするための積極的な論点であることは重要である。しかし、筒籠手のように上部が比較的揃う籠手は篠状鉄札とは構造が異なるし、多数の札が散逸した状態で出土した場合では、篠状鉄札に伴う札がどれに充てられるかを確定することは難しい。そのため、出土状況と篠状鉄札・付属札の構造に着目した分類が求められる。

　これらをみると、現在でも札式付属具は、出土状況が良好でかつ緻密に調査された場合を除いて、部位が確定できるものも少なく、未だ用途の明らかでない部分も多い。特に、日本出土の札式甲冑は、部材が細片化しているものも多く存在するため、構造の把握できる資料から特徴を抽出し、こういった資料群へ情報をフィードバックする必要があると考えた。ここで、すべての札式付属具を扱うことはできないが、上記の資料に対して、次の2点をここでの目的とし検討を行う。

・札式付属具の用途の確定と分類

・札式付属具と他の甲冑のセット関係と併行関係の推定

3．甲冑の分類と名称の提示

甲冑の用途による分類の設定　まず、本稿における甲冑の名称と分類について提示する。

　古墳時代の甲冑は、古谷毅の分類（古谷1991）を基礎とし、阪口英毅によって再分類がなされた「割付系甲冑」と「単位系甲冑」の大別がある（阪口2001）。

　「割付形甲冑」とは、各部品の形状・大きさが個体毎でまちまちで、相互に交換することができないものである。これには、板甲や衝角付冑などの帯金式甲冑や、頸甲などの打延式甲冑が該当する。これに対して、「単位系甲冑」は、札ないしは札を組み合わせて製作されるものであり、同一形状の部品を多用するものである。これには、札を使用した札甲などが該当する。それぞれ部材毎に形状の異なる篠籠手や襟甲が存在することが問題として挙げられるが、襟甲や篠籠手は札甲と同様に、可動性のある威技法を採用することなど類似する点も多いので、本稿ではこれまでの分類と同様に単位系甲冑の範疇に含めて考える。

　阪口は、この分類を構成する中で、篠状鉄札を大きな鉄板を使用することから篠札式付属具と呼称し、ほかの札式付属具とは区分した（阪口2001）。篠状鉄札は他の札と比べて明らかに法量が大きいが、篠状鉄札は人体の関節部に合わせた設計となっており、可動性よりも固定性が必要とされる部位であったため大型の札とされた。他に法量の大きなものとしては札甲に用いられる腰札があるが、腰札は、上下に札が連結されるので、札式甲冑として扱われている。篠状鉄札も腰札と同様の特徴を持つため、本書においては、篠状鉄札も他の札式付属具と同様にとして扱う。

　この分類を基に甲冑の装着部位・用途によって細分すると、図48のようになる。このうち、胴部に装着される甲を「胴甲」として扱い、襟甲や肩甲などの胴部以外に装着される甲を付属具として区分する。これは、甲冑および付属具の用途を明確にするためである。なお、腕部に装着するも

74　第Ⅰ部　古墳時代中期における札式甲冑の導入と展開

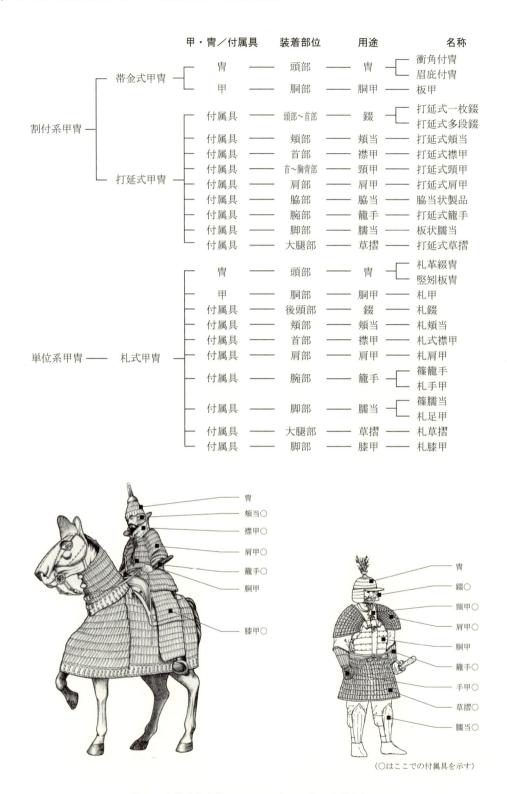

図48　古墳時代中期における甲冑の分類と装着部位

のは籠手があるが、韓国では肱甲と呼ばれるものがある。これらは、装着部位は同じ腕部になるので、本稿では籠手として統一した名称を使用する。

付属具に使用される札の部分名称について　本稿では、付属具を構成する札を部分的に扱う。そのため、その付属札の名称をここで提示しておくこととする。

ここで扱う札では、頭部が方形のものと円形のものがある。頭部が方形のものを方頭札、頭部が円形のものを円頭札と呼称する。

穿孔について、まずの威孔を挙げる。威孔とは、札の頭部に穿たれ、札列を上下に連結するための孔である。威孔は、1列の札と2列の札に区分することができる。これに加えて、第3威孔と呼ばれる札中央の穿孔があるものもある。ここでは、第3威孔の有無については細分しないが、第3威孔があるもののみ本文中に明記する。

次に、綴孔と下搦孔を挙げる。綴孔とは、札を横方向に連結する孔で、横方向に長い札列を組み上げるために使用される孔である。下搦孔とは、札の下辺に革紐や革帯を取り付ける孔である。綴孔と下搦孔は、穿たれる孔の配置にバリエーションがある。

札の頭部形状、威孔、綴孔・下搦孔に着目しながら、それぞれの札式付属具をみていく。

4．籠手・臑当の検討

篠籠手と篠臑当　古墳時代前期より金属製の篠籠手が存在することは、大阪府紫金山古墳や同庭鳥塚古墳などの事例から知られるところであるが、古墳時代中期になると金属製篠臑当も出現する。

古墳時代中期の篠籠手・篠臑当の事例は、現状で多く知られているものの、両者はともに縦長の篠状鉄札を用いることから両者が混在する形での検討が進められた。だが、研究史上で、臑当・籠手の明確な構造差が示されたことから、その認識は浸透し、現状では両者を区別して検討が可能な状態にある。

その両者の差異は、本来であれば、篠状鉄札の形状が装着部位であるふくらはぎの形状に沿うか、腕部の形状に沿うかなどの検討が必要となるが、すべての資料が良好に遺存しているとも限らない。破片資料を多く含むことを考えると、下記の点に着目して分類する方が資料に則しているものと考える。

・篠籠手…篠状鉄札よりも上段には札列が続かず、篠状鉄札の下段にのみ札列が続くもの。
　　　　　　篠状鉄札の頭部には覆輪が施される。

・篠臑当…篠状鉄札よりも上段と下段の両方に札列が続くもの。

上記の篠籠手・篠臑当の差異は篠状鉄札の頭部よりも上に札列が続くか否か、ということに集約することが出来る。これは、臑当が臑部のみでなく、臑部の上下をも防御する構造であったのに対し、籠手は、前腕部および手の甲を防御するものであり、外側は肱部を守るために突出し、内側は肱の可動性のために抉りが入る。そのため、籠手に使用される篠状鉄札は頭部が水平には揃わなくなるので、篠状鉄札よりも上段には札列が続かない。このため、篠状鉄札の頭部形状・穿孔・出土状況・遺存有機質に着目し分類することができる（図49）。

76　第Ⅰ部　古墳時代中期における札式甲冑の導入と展開

　まず、篠状鉄札の頭部形状についてみてみると、以下のものが存在する。
斜頭式…篠状鉄札の頭部が斜めに裁断されたもの。複数の篠状鉄札を組み上げた際に頭部が揃う
　　　　構造となるため、中心部分に近いほど篠状鉄札の全長が長く、側端部に近くなるほど篠
　　　　状鉄札の全長が短くなる。
方頭式…篠状鉄札の頭部が方形を呈するもの。篠状鉄札頭部に穿たれた孔に着目すると、頭部近
　　　　くに4孔が穿たれるもの（方頭式A類）と、頭部近くに6孔が穿たれるもの（方頭式B類）
　　　　とに細分可能である。
円頭式…篠状鉄札の頭部が円形を呈するもの。方頭式と同様に、中心部分から側端部まで、篠状
　　　　鉄札の全長に大きな差異は認められない。篠状鉄札頭部に穿たれた孔に着目すると、頭
　　　　部に2孔が穿たれるもの（威孔1列、以下円頭式A類）と4孔が穿たれるもの（威孔2列、
　　　　以下円頭式B類）がある。
　斜頭式は、茨城県三昧塚古墳、石川県狐山古墳、京都府宇治二子山南墳、大阪府長持山古墳、
兵庫県宮山古墳などより多数出土している（茨城県教育委員会1960、石川県寺井町・寺井町教育委員会
1997、宇治市教育委員会1991、塚本1997、松本・加藤1970）。篠状鉄札頭部には、1孔や3孔を穿つも
のがあり、覆輪に由来する革が遺存しているケースが多い。そのため、篠籠手として使用されたも
のであることがわかる。付属札には、円頭威孔1列や、円頭威孔2列の札が伴うようである。
　方頭式A類には、大阪府西小山古墳と兵庫県宮山古墳、石川県和田山5号墳A槨より出土した篠

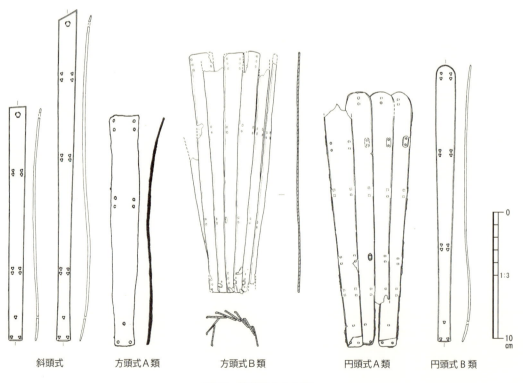

図49　篠状鉄札の分類

状鉄札がある。いずれも詳細な出土状況は明らかでない。西小山古墳の篠状鉄札は、頭部に威技法が施されており、篠状鉄札上部に札列が続く臑当であると考えられる。宮山古墳についても、篠状鉄札の裏面頭部付近に、札が錆着するものがあるので、上記の分類でみると臑当としたほうが妥当である。宮山古墳の臑当に伴う付属札は、方頭威孔2列札である。西小山古墳では、方頭威孔2列札の札が伴う。韓国では、固城松鶴洞1A-1號墳より同様の方頭式A類の篠状鉄札が出土している（東亜大学校博物館2005）が、付属札は円頭威孔2列札である。

方頭式B類は、京都府宇治二子山南墳や福岡県塚堂古墳より出土した篠状鉄札が含まれる（宇治市教育委員会1991・吉井町教育委員会1990）。出土状況の明らかな宇治二子山南墳の篠状鉄札に着目すると、篠状鉄札上部より付属札は確認されていない。しかし、有機質の遺存状況も良好でなく、篠状鉄札の頭部に施工された技法が、威技法と覆輪技法のいずれかであるを確定することはできなかった。報告においては、宇治二子山南墳の篠状鉄札は篠籠手、塚堂古墳の篠状鉄札は臑当とされ、それぞれ推定される用途が異なっている。

この方頭式B類について用途を考える。まず、方頭式B類の特徴である「縦に3孔が並ぶ」という構造を持つものに、奈良県藤ノ木古墳出土襟甲（斑鳩町・斑鳩町教育委員会1990）がなどある。この襟甲では、端部に近い1孔を覆輪孔、他の2孔を綴孔として使用している。この構造と同様に、上の1孔を覆輪孔、下の2孔を綴孔として考えてみると、宇治二子山南墳で確認されたように、篠状鉄札よりも上段から札列が出土していない状況と整合し、篠籠手の可能性が高いとみられる。

それでは、この「縦に並ぶ3孔」を威孔・綴孔として、篠状鉄札よりも上段に札列が続く臑当とは考えられないのか。このように考えた場合、篠状鉄札は、上部の札列から威紐がのび、その威紐を留める端点となる。同様に威紐の端点となるのが、札甲の腰札である。腰札は、竪上・長側部が腰札よりも上段に、草摺部が腰札よりも下段にそれぞれ連結される。

図50に、臑当および札甲の腰札とその上・下段の連結模式図を示した。両者の構造として共通するのは、篠状鉄札・腰札よりも上の段から伸びる威紐の処理には、いずれも「2つの孔」を使用する点である。これに加えて、篠状鉄札・腰札から威紐を下に伸ばす場合は、それぞれ1つの孔（第3威孔）を使用していることが分かる。この方頭式B類の上の孔を威孔とすると、下の1孔の用途が不明になってしまう。この点を踏まえると、方頭B類の篠状鉄札は、篠状鉄札よ

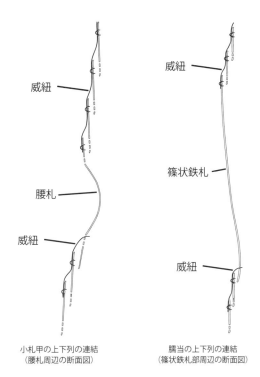

小札甲の上下列の連結　　臑当の上下列の連結
（腰札周辺の断面図）　（篠状鉄札部周辺の断面図）

図50　腰札と篠状鉄札の構造

りも上の段に札列が並ぶ構造になるとは考えにくい。

覆輪技法、腰札との比較、出土状況という3点から総合的に考えると、方頭式B類の篠状鉄札は、篠状鉄札頭部よりも上段に札を配する構造ではないと考えられる。先に提示した篠籠手・臑当分類の特徴に基づくと、篠籠手の可能性が高い。

円頭式A類には、滋賀県新開1号墳・奈良県五條猫塚古墳・同円照寺墓山1号墳・岡山県岩井所在古墳・福岡県稲童21号墳より出土した篠状鉄札がある（西田・鈴木・金関1961、五條猫塚古墳研究会2010、佐藤・末永1930、藤原2006、行橋市教育委員会2005）。出土状況の明らかなものは少ないが、稲童21号墳では、篠状鉄札よりも上段に札列が続くことが確認されており、臑当と考えられる。遺存する有機質についてみると、円照寺墓山1号墳など篠状鉄札頭部に施工された技法が威技法であることがわかる。これにより、篠状鉄札よりも上段に札列が続く臑当と考えられる。篠状鉄札に付属する札は、新開1号墳例のみ方頭威孔1列の札であるが、他の例では円頭威孔1列の札を使用している。

円頭式B類は、大阪府長持山古墳などより出土した篠状鉄札が該当する（塚本1997）。古墳時代後期にも多く認められる。長持山古墳の篠状鉄札についてみれば、篠状鉄札よりも上段に3段の札列が続き、篠状鉄札の下段にも3段の札列が続く。臑当であることがわかる。円頭式B類篠状鉄札に伴う札としてはいずれも円頭威孔2列札である。

これらをまとめてみると、斜頭式・方頭式B類が篠籠手、方頭式A類・円頭式A・B類が臑当であると推定される。このほか、籠手には篠籠手とは別に、打ち延ばした板を筒形に成形した筒籠手が存在する。

『板状臑当』について　これら篠状鉄札を使用した製品ではないが、『板状臑当』と呼ばれる製品が存在する。この製品の用途については、日本では臑当、韓国では籠手（肱甲）として、意見の一致をみていない。そのため、この『板状臑当』の用途について考えてみることにしたい。

この『板状臑当』と他の甲冑セットを良好に把握できるのが、新開1号墳例である（西田・鈴木・金関1961）。新開1号墳では、先に検討を行った篠状鉄札と『板状臑当』が、三角板革綴衝角付冑と共に矢羽形板鋲留板甲内に納められていた（図51）。これらの甲冑の一群を1つの甲冑セットと認識すれば、新開1号墳出土甲冑の中で唯一、冑と甲以外の付属具を含むセットであると言える。新開1号墳より出土した篠状鉄札は、既述したように篠状臑当と考えたが、『板状臑当』を臑当であると考えると、同一の甲冑セット内に、同じ部位に装着される甲が2つ含まれることとなる。通常、胴甲の内部より冑や付属具が出土する場合は、1つの甲冑セットを示したものであると考えられ、装着部位の重複する甲や冑が含まれることはほとんどない[26]。そのため、篠状鉄札と『板状臑当』の用途のいずれかが、誤って理解されている可能性がある。他の古墳などからも『板状臑当』の出土があるが、出土状況が明瞭でない。

まず、『板状臑当』の用途について記載されたものとして、新開1号墳の報告書のほか、月岡古墳に関する『月岡宮掘開記』（安元1805）や、『筑後将士軍談』（矢野1853）などがある。新開1号墳の報告書の中では、「（鉄臑当前板状品と半截筒形鉄器の）両者合して一つの臑当をなすと見てもよかろ

第3章 古墳時代中期における札式付属具の基礎的検討 79

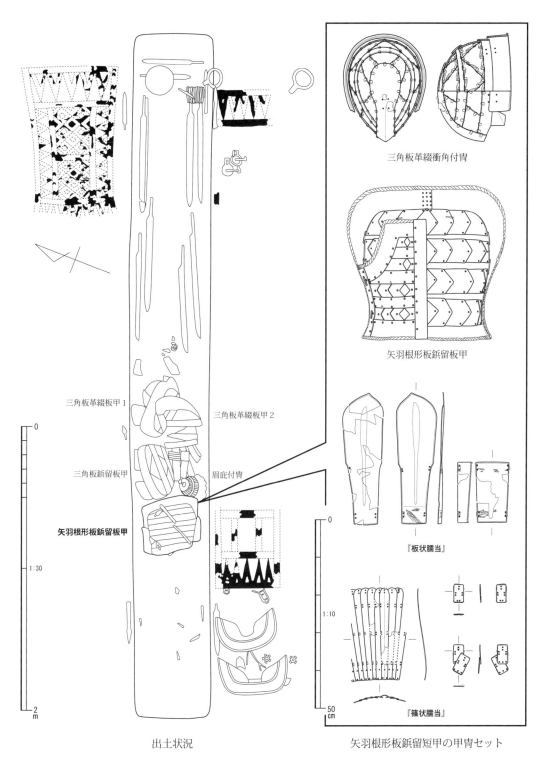

図51 滋賀県新開1号墳出土遺物の出土状況と矢羽形板鋲留板甲を主とする甲冑セット

う」とした。しかし、この文章には、「併し実際脚に着るには少し細い感がないでもない」と加えられ、用途が未確定であることを示した。児玉真一は月岡古墳出土遺物の再整理報告の中で、この『板状臑当』を臑当とする根拠として人の立ち姿に着目し、「臑当も装着した状態で中央の縦に走る突帯が、右足用は右に、左足用は左にわずかに傾斜し、それにあわせて臑当頂部はそれぞれ右、左に片寄っている。それはヒトが直立した姿勢をとったとき、普通、膝から足首にかけての足下半部がやや開き気味であることに対応している。」として臑当である可能性を明示した。

　一方で、これについては、異なる見解もある。末永雅雄は、臑当以外の使用も十分考慮できるとし、馬面や籠手・肩甲などの用途を推定している（末永1934）。大澤も、末永の見解と同様に「可動式の付属部品（半截筒形鉄器）は、下腕部に固定することも可能であり、臑当として決め手に欠く点も否めない」とした（大澤2005）。韓国では、臑当ではなく肱甲（籠手）とする見解が多い。

　新開1号墳出土の『板状臑当』では、鉄臑当前板状品は下部になるほど半円形に湾曲し、上部になるほど平坦になる。これに対して、半截筒形鉄器では、上部になるほど大きな半円形を描き、下部になるほど半円形が小さくなる。そのため、鉄臑当前板状品と半截筒形鉄器を合わせた場合、やや上部が広くなるが、上部と下部の径に大きな差は見られなくなる。一般的に、人の脚部は、足首の径に比べてふくらはぎ部の径は大きくなる。これに対して、腕部では、手首がやや細いが、手首・腕部の径の差は、足首・ふくらはぎ部の径の差ほど大きくない。そのため、この『板状臑当』は、籠手とする方が妥当性が高いと思われる。

　一方で、新開1号墳出土の篠状鉄札に伴う付属札には、大小の2種が存在することを確認した。大小2種類の札を篠状鉄札の上・下段で使い分ける例は、稲童21号墳でも知られる。篠状鉄札は、横方向に連結すると扇状で下窄まりになるため、篠状鉄札よりも上段に幅の広い札、篠状鉄札よりも下段に幅の狭い札を使用する方が、構造的に矛盾はない。この点からも、新開1号墳の篠状鉄札は、臑当として使用した方が妥当であろうと推定される。

　以上を踏まえれば、新開1号墳の事例では臑部に装着される武具は篠状鉄札であり、『板状臑当』は前腕部に装着する籠手とすることが妥当であろうと判断できる。以下ではこの『板状臑当』については板籠手と呼称する。

　この板籠手については、滋賀県新開1号墳・兵庫県宮山古墳・福岡県月岡古墳からの出土がある。これらの古墳の時期はいずれも札式甲冑導入後の早い段階の古墳であり、なおかつ朝鮮半島でも出土事例が知られている武具である。札式甲冑が日本列島に導入された段階で存在した武具と位置付けられよう。

籠手・臑当と付属札に関する分析　これまで、篠状鉄札や板籠手の用途について考えた。これらは共に、前腕部や部に装着する甲であるが、本体に小型の付属札が伴うか否かという相違点が存在する。

　まず、臑当に付属する札について見てみたい（図52）。これらの臑当に伴う札の特徴として、大部分が篠状鉄札と同じ頭部形態が使用されるという特徴がある。これは、篠状鉄札と小型札の製作の一体性を示していると考えられる。

第 3 章　古墳時代中期における札式付属具の基礎的検討　81

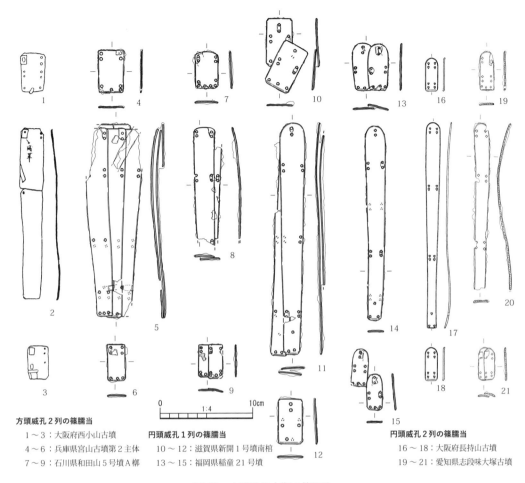

方頭威孔2列の篠籠当
　1～3：大阪府西小山古墳
　4～6：兵庫県宮山古墳第2主体
　7～9：石川県和田山5号墳A槨

円頭威孔1列の篠籠当
　10～12：滋賀県新開1号墳南槨
　13～15：福岡県稲童21号墳

円頭威孔2列の篠籠当
　16～18：大阪府長持山古墳
　19～21：愛知県志段味大塚古墳

図52　古墳時代中期の篠籠当

　方頭式A類篠状鉄札（以下、方頭威孔2列篠籠当と呼称する）では、いずれも方頭威孔2列札が伴う。篠状鉄札の上部に連結される札の方が大型であり、下部に連結される札は小型である。これらの籠当とセットになる札甲に目を転じれば、宮山古墳出土の札甲は、平札で構成される札甲Ⅰ類であり、日本列島出土札甲の中でも最古段階に位置付けられるものである。大阪府西小山古墳については変形板鋲留板甲・札鋲留眉庇付冑、石川県和田山5号墳A槨においては竪矧細板鋲留眉庇付冑・三角板鋲留板甲とそれぞれセットとなる。

　円頭式A類篠状鉄札（以下、円頭威孔1列篠籠当と呼称する）では、新開1号墳において方頭の付属札を伴うが、他例はすべて円頭威孔1列札を使用する。新開1号墳の篠状鉄札で使用される綴技法は、札裏面で凸凹状になるものであるが、この技法は、朝鮮半島出土の札式甲冑に施されるケースが多い。篠籠手や籠当に使用される篠状鉄札ではないが、五條猫塚古墳出土の札甲や小型の篠状鉄札でもこの綴技法が確認できる。朝鮮半島の甲冑の影響を受けた、札式甲冑導入期のものと考えられる。岩井所在古墳・円照寺墓山1号墳・稲童21号墳では構造が類似する円頭威孔1列札を使用

するもので、新開1号墳の臑当に後続するものとみられる。セットとなる甲冑を見ても、五條猫塚古墳は札甲Ⅰ類・札鋲留蒙古鉢形眉庇付冑、稲童21号墳は三角板鋲留板甲とセットとなる。札式甲冑導入段階の資料が多く見られる。

円頭式B類篠状鉄札（以下、円頭威孔2列篠臑当と呼称する）は、いずれにも円頭威孔2列札を伴う。奈良県塚山古墳・大阪府長持山古墳・愛知県志段味大塚古墳などでの出土が知られ、古墳時代後期にも出土事例が多い。セットとなる甲冑としては、長持山古墳で札甲Ⅳ類、志段味大塚古墳で札甲Ⅴ類である。先に検討した方頭威孔2列篠臑当・円頭威孔1列篠臑当と比べると、セットとなる札甲が新しく、この臑当も同様の時期のものと位置付けることができる。

篠籠手に伴う付属札（図53）としては、斜頭式篠状鉄札では円頭威孔1列札と、円頭威孔2類札が混在する。方頭式B類篠状鉄札には方頭威孔2列札が確実に伴う。

斜頭式篠状鉄札に伴う円頭威孔1列手甲札は、大部分が推定であり、確定するには至っていないものも多い。しかし、石川県和田山5号墳A槨では確実に篠籠手に円頭威孔1列札が伴い、かつ方頭威孔2列篠臑当に方頭威孔2列札が伴うことが近年の調査の調査により明らかとなった（図54）。また、亀山古墳（加西市教育委員会2005・2006）など出土した札すべてが円頭威孔1列の札である例もあり、籠手に伴う札に円頭威孔1列札が伴う事例は確実に存在する。一方で、斜頭式篠状鉄札に伴う威孔2列の付属札では、京都府宇治二子山南墳・大阪府長持山古墳・愛知県志段味大塚古墳などが確実視できる。このうち、宇治二子山南墳では方頭の札を、長持山古墳では円頭の札を付属札

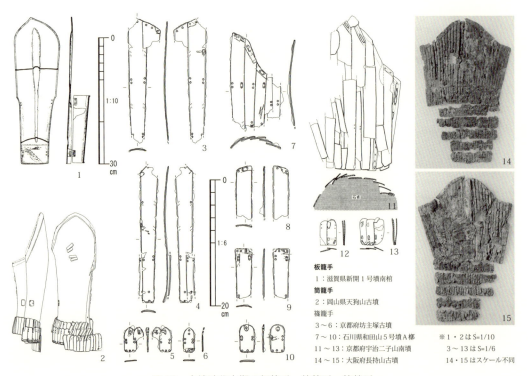

図53　古墳時代中期の板籠手・筒籠手・篠籠手

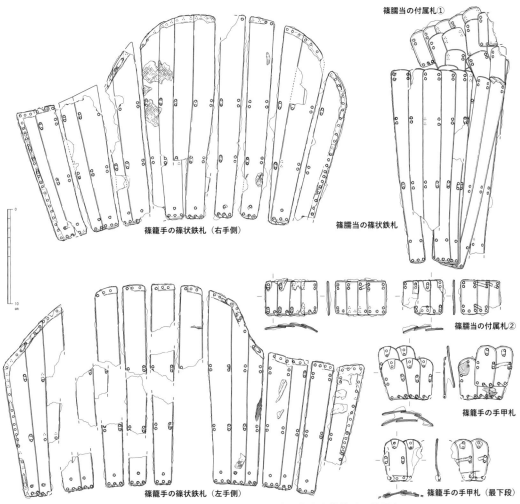

図54 石川県能美市 和田山5号墳A槨出土篠籠手・篠臑当

として使用している。この円頭威孔2列の付属札は、天狗山古墳出土筒籠手に伴うことが確認できる。セットとなる札甲から見れば、長持山古墳・宇治二子山南墳ではΩ字形に湾曲した腰札を持つが、草摺裾札は湾曲のない平裾札を用いる札甲Ⅳ類がセットとなる。一方で、三昧塚古墳・天狗山古墳（村井1972）は、Ω字形湾曲した腰札・草摺裾札を用いる札甲Ⅴ類である。本書第1章で掲げた札甲の変遷に基づけば、5世紀末頃に斜頭式篠状鉄札と筒籠手が共存する状態が見て取れる。

　方頭式B類の篠状鉄札は数が少なく、現状で京都府宇治二子山南墳・福岡県塚堂古墳の2例が確認されているのみである。塚堂古墳例については付属の手甲札は不明であるが、宇治二子山南墳では方頭威孔2列札が伴う。セットとなる甲冑についてみれば、宇治二子山南墳は横矧板鋲留板甲ないしは札甲とセットとなる。塚堂古墳については、出土状況からの甲冑のセット関係は不明である。宇治二子山南墳の事例を考えれば、札甲Ⅲ～Ⅳの移行期の段階以後に、方頭式B類が存在することは確実といえる。

84　第Ⅰ部　古墳時代中期における札式甲冑の導入と展開

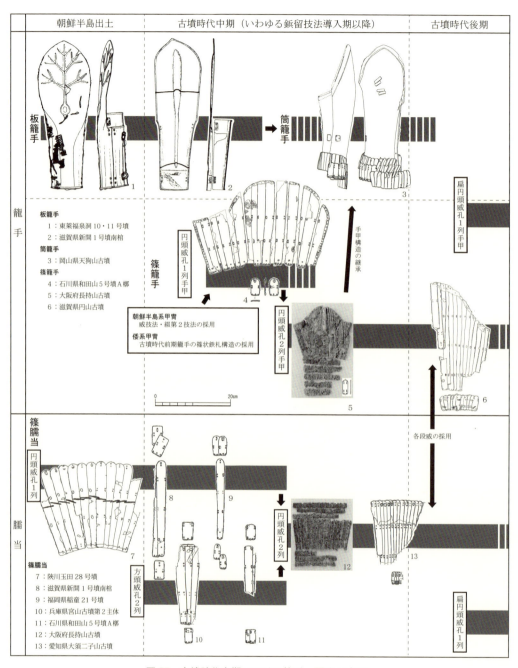

図55　古墳時代中期における籠手・臑当の変遷

籠手・臑当の導入の過程　以上の点をみると、日本列島における札式甲冑導入される状況をみると、籠手・臑当は早い段階で導入されていたものと考えられる。だが、その中でも時間差があるようで、段階的に展開していったように見受けられる。

すなわち、以下の段階が考えられる（図55）。

①篠臑当（円頭威孔1列・方頭威孔2列）と板籠手の導入

②篠籠手の導入

③篠臑当・篠籠手への円頭威孔2列札の導入

①篠臑当と板籠手については、朝鮮半島での出土も確認されているものであり、朝鮮半島の武具と同様の形状・技法を採用したものである。

②篠籠手は、朝鮮半島に存在しない武具である。そのため、倭への朝鮮半島系武具の導入→倭での新たな武具の創出というプロセスが考えられるので、①より時間的に遅れる可能性がある。ただし、兵庫県宮山古墳第2主体部では板籠手と篠籠手が共伴することが知られている。宮山古墳第2主体部からは、篠籠手と板籠手の重複のほか、頸甲も3セット程度存在しており、一定程度の時間差がある甲冑が集積した可能性も捨てきれない。宮山古墳第2主体部の年代観を考慮すると、①・②はわずかな時間差があるのみとみておきたい。

③については、先の札甲でみた札甲Ⅳ類の出現段階に併行し、札式甲冑が日本列島に導入された後の定型化する段階に相当する。この段階においては、板籠手より変化した筒籠手においても円頭威孔2列札を手甲として用いた事例がある。

籠手・臑当については、日本列島における札式甲冑の導入段階（いわゆる鋲留技法導入期）以後継続して用いられ、古墳時代後期末まではその存在を古墳の副葬品として認識できる。

5．札肩甲を垂下する頸甲・襟甲の検討

倭の武装として古墳時代中期より打延式頸甲が出現するが、通常これには打延式肩甲が垂下される。しかし、札式甲冑が日本列島に導入されると、わずかながら札肩甲を垂下する事例がみられるようになる。一方で、朝鮮半島に存在する襟甲は札肩甲を垂下することを基本としており、同様の事例が古墳時代中期にみられる。

札肩甲を垂下する頸甲　札肩甲を垂下する頸甲は、出土数自体は十数例程度であるが、肩甲の垂下方法が多様である。この点に着目し、次の2種に分類可能である（図56）。

直接垂下式…頸甲から札肩甲を直接垂下する。札肩甲の垂下孔のみが穿たれるもの（図56-1・2、直接垂下式A類）と、打延式肩甲を垂下する孔と札肩甲を垂下する孔が併存するもの（図56-3、直接垂下式B類）とに細分できる。しかし、これらを分類するためには、X線写真撮影など調査が求められる。直接垂下式A類の中には、直接垂下式B類に位置付けられるものが存在する可能性がある。

間接垂下式…頸甲に打延式肩甲を1段垂下し、この打延式肩甲より札肩甲を垂下する（図56-4）。頸甲には打延式肩甲を垂下する孔が穿たれる。

86　第Ⅰ部　古墳時代中期における札式甲冑の導入と展開

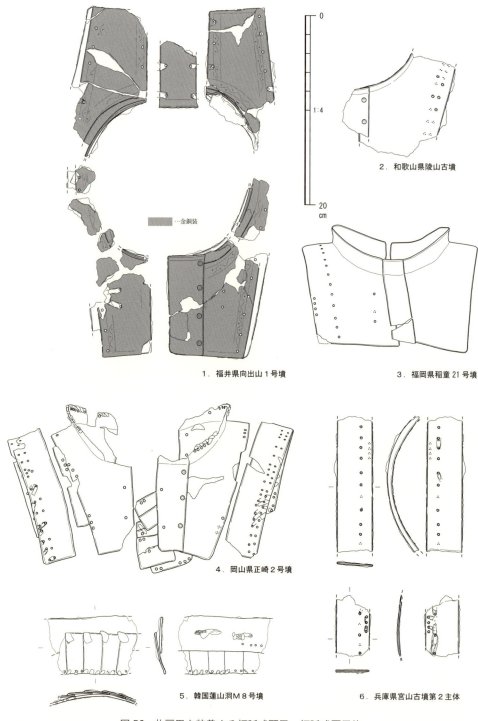

図 56　札肩甲を装着する打延式頸甲・打延式肩甲片

直接垂下式Ａ類には、福井県向出山１号墳や京都府宇治二子山南墳（宇治市教育委員会 1991）、和歌山県陵山古墳、福岡県月岡古墳（吉井町教育委員会 2005）、下北方５号地下式横穴墓（宮崎市教育委員会 2020）より出土した頸甲が該当する。向出山１号墳出土例のみ、頸甲を鉄地金銅装とする。基本的には鋲留技法導入期以後の事例であるため鋲留頸甲となっているが、宮崎県下北方５号地下式横穴墓のみ革綴頸甲とみられている（宮崎市教育委員会 2020）。藤田和尊の頸甲型式に基づくと、Ⅱ-c に下北方５号地下式横穴墓例、Ⅲ-c 型式に向出山１号墳例、Ⅲ-d 型式に宇治二子山南墳例である。陵山古墳例・月岡古墳例はいずれも破片資料であるため型式確定は難しい。

　直接垂下式Ｂ類には、福岡県稲童 21 号墳（行橋市教育委員会 2005）が該当する。使用時に肩甲が改変されたもの、もしくは製作時に方向転換し肩甲を変えたものと考えられる。頸甲型式は、藤田Ⅲ-b1 型式である。

　間接垂下式としては、岡山県正崎２号墳より出土した頸甲が知られる（山陽町教育委員会 2004）。肩甲第１段（打延式肩甲）には、２列に並んだ等間隔の穿孔（頸甲に近い穿孔列を《上段穿孔》、頸甲に遠い穿孔列を《下段穿孔》と呼称する）があり、上段穿孔は札肩甲を垂下するための孔で、下段穿孔は頸甲から打延式肩甲を垂下するための孔と下搦の孔を兼ねる。この頸甲の襟部には穿孔があり、革組覆輪を施す。藤田Ⅲ‐d 型式の特徴を有する。

　この正崎２号墳の打延式肩甲の構造と類似するものが、福岡県勝浦井ノ浦古墳や兵庫県宮山古墳、韓国蓮山洞Ｍ８号墳からも出土している。これら３例では、頸甲とともに打延式肩甲１枚が出土しており、これには正崎２号墳例と同様に２段の穿孔が認められる（図56-5・6）。上段穿孔は、この破片の長軸上全体に等間隔に穿たれているが、下段穿孔は上段穿孔のように全面に及ぶものではなく、範囲が限られるので４孔を１組とする。この点では、上記３例と正崎２号墳例では下段穿孔の範囲が異なる。

　頸甲の藤田編年に基づくと、下北方５号地下式横穴墓例のⅡ-c 型式を初現とし、Ⅲ-d 型式まで継続する。鋲留技法導入段階以降、古墳時代中期末まで継続するものとみられる。

札肩甲を装着する襟甲の分類　次に、札肩甲を装着する襟甲を挙げる。襟甲の構造より、次の２種に分類ができる（図56）。打延式襟甲は、厳密には札式付属具ではないが、札肩甲を垂下する甲であるため、ここで扱う。

打延式襟甲…打延式甲と同様に大きな板を打ち延ばしたもので構成された襟甲。

竪矧板襟甲…複数の竪長板を連結し、構成された襟甲。連結方法によって、革綴のもの（竪矧板革綴式）と鋲留のもの（竪矧板鋲留式）、革綴と鋲留を併用するもの（竪矧板革綴鋲留併用式）とに細分できる。

　打延式襟甲には、山梨県豊富王塚古墳（図57-4）と、大阪府長持山古墳より出土した襟甲、京都府城陽市平川出土例（図57-5）が該当する（保坂 1999、塚本 1997、初村 2018）。京都府城陽市平川出土例は小片のため全容は知りえないため、ここでは豊富王塚古墳・長持山古墳の２例の挙げる。この２例は、ともに左右前襟と後襟の３材よりなるが、左右前襟と後襟の連結には金属製蝶番を用いない。襟甲の上端部・中位・下端部に等間隔の穿孔があるが、上端部の穿孔は覆輪を施す孔、中位

の穿孔は肩甲を垂下する孔、下端部の穿孔は下搦を施す孔である。豊富王塚古墳例の襟甲は、左右前襟が明らかではないが、襟の高さは、左右開閉部で46mm、項側で64mmである。長持山古墳例の襟高は喉側で38mm、項側で52mmである。

　竪矧板革綴襟甲は、福岡県塚堂古墳からの出土が知られているが、和歌山県大谷古墳でも存在することを確認した（図57-2。吉井町教育委員会1990、京都大学考古学研究室編1985）。いずれも破片資料であり、全長などは明らかでないが、幅は約26mmである。上端部・下端部に覆輪を施す孔が、竪矧板中央には、肩甲を垂下する孔が穿たれる。竪矧板の頭部はほぼ水平に伸びるので、おそらく喉側と項側の高さはあまり差のないものと考えられる。

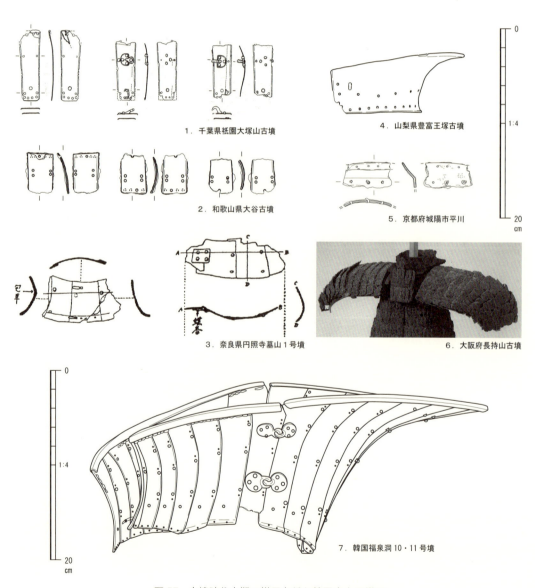

図57　古墳時代中期の襟甲各種と韓国出土の襟甲

竪矧板鋲留襟甲には、奈良県円照寺墓山1号墳より出土した襟甲がある（図57-3）。上端部・下端部には覆輪を施している。方形蝶番を開閉装置として使用している。襟の高さは確認できるもので38mm～51mm、最大幅約45～51mmである。

竪矧板革綴・鋲留併用襟甲には、千葉県祇園大塚山古墳より出土した金銅製襟甲がある（村井1966、千葉県2002a）。札の上部は覆輪を施工する孔が穿たれ、中部に鋲留がなされ、下部には綴孔、下掛孔が穿たれる。開閉装置としては鉤壺爪形の蝶番が鋲留される。この蝶番がある竪矧板は、左右側部であろう。襟の高さは62～75mmの範囲に収まり、最大幅は23mm程度である。

これら日本出土の襟甲を概観すると、襟部の高さは、最大でも75mmである。これに対して、朝鮮半島で出土する襟甲は、襟の高さ150mm以上であるものがほとんどであり（図57-7）、日本出土の襟甲に比べて明らかに背が高い。そもそも、朝鮮半島で出土する甲では、首回りの防御を襟甲によって行っており、冑鋲や頬当が襟甲の内側に収まる。これに対して、日本出土の甲では、首回りの防御を頸甲・錣で行い、頸甲の襟部が錣の内側に収まる。日本列島出土と朝鮮半島出土の甲冑の構造は、明らかに異なるのである。日本より出土する襟甲の襟の高さが低くなっていることは、打延式襟甲の存在からもわかるように、朝鮮半島由来の襟甲が倭へ導入されるにあたり、倭の甲冑の影響を受けて倭の甲冑構造・体系へ順応した結果であったと考えられる。

頸甲に伴う札肩甲の分析　これらの頸甲・襟甲より垂下される札肩甲については、すべての事例において断定できているわけではないが可能性が高いものをここで取り上げる。

頸甲より垂下される札肩甲としては、穿孔・頭部形状により5類型に分類可能である（図58）。

方頭威孔2列肩甲札a…方頭威孔2列で綴孔がなく下掛孔のみをもつ

方頭威孔2列肩甲札b…方頭威孔2列で綴孔・下掛孔をもつ

円頭威孔2列肩甲札……円頭威孔2列で綴孔・下掛孔をもつ

円頭威孔1列肩甲札a…円頭威孔1列で綴孔・下掛孔をもつ

円頭威孔1列肩甲札b…円頭威孔1列で綴孔があり下掛孔がない

方頭威孔2列肩甲札aについては、向出山1号墳、蓮山洞8号墳での出土が知られる。綴孔をもたず、威の前の連結が下掛のみによっており、札列の組み上げ後でも札同士の連結が弱く、下掛紐への負担が大きい。威技法については、向井出1号墳は綴付威、蓮山洞8号墳は通段威a類である。

方頭威孔2列肩甲札bについては、正崎2号墳、下北方5号地下式横穴墓での出土が知られる。また、確実な札肩甲であるかは不明であるが、月岡古墳でも同様の札が出土している。綴孔の導入により札列の組み上げ後の負担を分散することができるようになるとともに連結が強くなり、威技法を行う際の札の左右のブレを抑制できる。

円頭威孔2列札肩甲については、稲童21号墳での出土が知られる。確実な札肩甲であるかは不明であるが、勝浦井ノ浦古墳でも同様の札が出土している。頭部を円頭にすることで札と威紐の擦れを軽減し、威紐の負担を軽減している。同様の肩甲は先にあげた襟甲の肩甲にもみることができる。いずれも日本列島における札式甲冑定型化後の資料とみられる。威技法については、稲童21号墳で通段威b類を行っている。

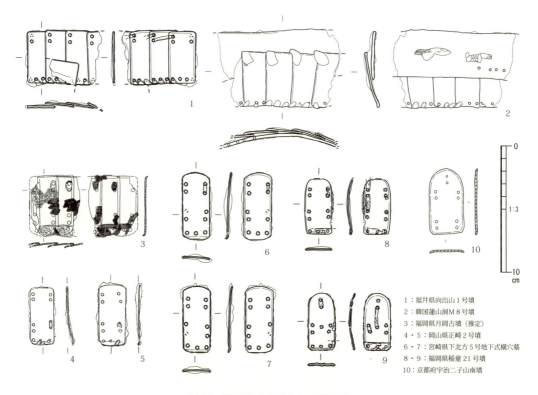

図58 頸甲より垂下される札肩甲

　円頭威孔1列肩甲札aは、稲童21号墳でみられる。報告においては草摺として報告されたものである（行橋市教育委員会2005）が、札の法量および威技法が先の円頭威孔2列札肩甲と同様のものであり、かつ威紐を組紐とする点も共通していたため、肩甲の可能性が高いと考える。そのように考える場合は左右もしくは段で複数の形状の札により混成された肩甲であったと考えられる。後述する襟甲で見られる肩甲にも似たものが多く存在しており、両者の関係性が注目される。稲童21号墳の肩甲の威技法は、通段威b類であると思われる。

　円頭威孔1列肩甲札bは、現状で京都府宇治二子山南墳で確認できる。綴孔8孔を有する札は朝鮮半島出土札に多く見られ、その影響を受けたものとみられるが、威技法は不明である。

　札の連結に際しての構造を考えると、方頭威孔2列aは綴孔がないために組み上げに際して最も札が動きやすく、組み上げ後も威紐・下搦紐の負担がきわめて大きい。一方で方頭威孔2列b・円頭威孔2列については綴専用の孔を有しており、安定的に組み上げするための構造となっている。また、威紐への負担の大きい方頭札から負担の少ない円頭札への転換が推定できることから、威孔2列札については方頭威孔2列a→方頭威孔2列b→円頭威孔2列といった変遷が推定される。一方で威孔1列札に際しては、わずか2例のみで難しいところがあるが、稲童21号墳での円頭威孔2列と組み合うものと推定され、年代的に同時期かと思われる。また、宇治二子山古墳での肩甲札は、むしろ後述する襟甲付属肩甲に似る特徴を持つ。

第3章 古墳時代中期における札式付属具の基礎的検討　91

　頸甲自体は、6世紀に入ると板甲や他の打延式甲冑と同じく姿を消す。これに伴い、頸甲付属札肩甲も姿を消すことになるので、古墳時代後期には肩甲は襟甲付属肩甲へと統一される。清水和明は、頸甲付属肩甲については、古墳時代中期末頃を中心とした時期にまとまると推測している（清水和1995）。この段階は既に日本列島内で定型化した札が展開している時期に当たるが、札肩甲や供出する札等を観察すると、古墳時代中葉〜中期末に広く存在するようことがわかる。

襟甲より垂下される札肩甲の分析　次に、襟甲より垂下される札肩甲を取り上げる。

　襟甲より垂下される札肩甲は、大きく以下の3種に分類可能である（図59）。

　円頭威孔1列肩甲札……円頭威孔1列で綴孔・下掛孔がある
　円頭威孔2列肩甲札……円頭威孔2列で綴孔・下掛孔がある
　扁円頭威孔1列肩甲札…扁円頭威孔1列で綴孔・下掛孔がある

　円頭威孔1列肩甲札は、日本列島内で出現した当初の事例より付属する肩甲と推測される。千葉県祇園大塚山古墳・京都府城陽市平川出土・奈良県円照寺墓山1号墳も同様の事例である可能性がある。朝鮮半島出土事例はいずれも札肩甲に円頭威孔1列札を用いており、そうした流れの中で理

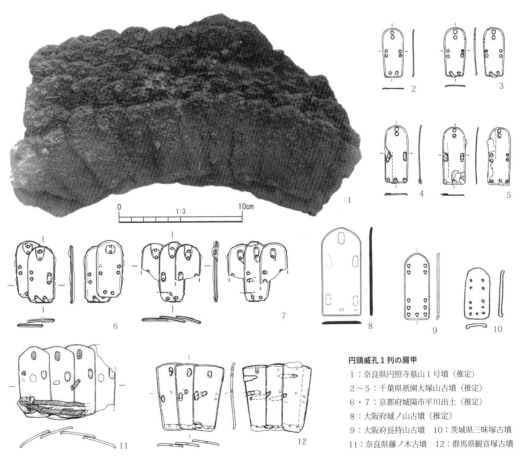

図59　襟甲より垂下される札肩甲

解することができよう。威技法は、京都府城陽市平川出土で通段威 a 類である。

円頭威孔 2 列肩甲札は、茨城県三昧塚古墳・大阪府長持山古墳で認められるものである。また、古墳時代後期の福岡県山の神古墳でもこれに該当する可能性がある。日本列島内で定型化した円頭威孔 2 列札を用いており、5 世紀末頃以降にみられるようである。

扁円頭威孔 1 列肩甲札は、古墳時代後期の事例となるが、群馬県八幡観音塚古墳、奈良県藤ノ木古墳、同飛鳥寺、大阪府シショツカ古墳、福岡県船原古墳周辺 1 号土坑などでみられる。いわゆる

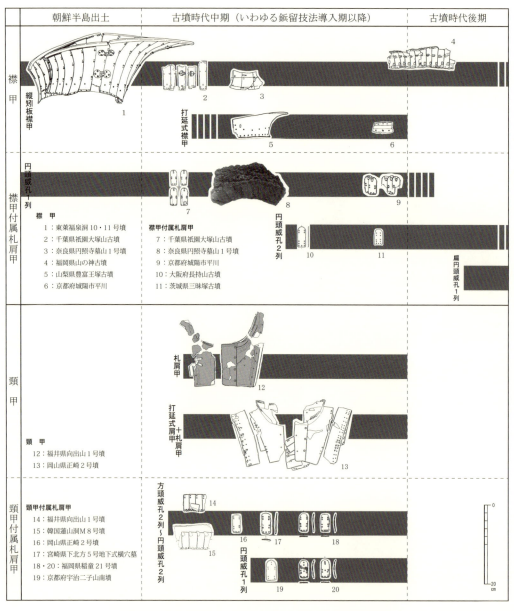

図 60　古墳時代中期における襟甲・頸甲と札肩甲の変遷

「舶載品ラッシュ（内山 2012）」によりもたらされた朝鮮半島系札の一種とみられ、藤ノ木型札甲の出現と併せて出現する肩甲である。藤ノ木古墳の場合は襟甲により垂下される肩甲であるが、これ以外の事例では襟甲は出土していない。飛鳥寺では脇部周辺の穿孔を用いて肩甲（腕甲）を垂下するものと推測される（初村 2015）。襟甲が出土していない事例は、これと同様の構造であった可能性を考える必要がある。威技法は各段威 b 類が多くみられる。

　襟甲については、出土状況が良好な事例がないため、襟甲付属肩甲に関しても不確実なところが多いことは先述した通りである。しかし、肩甲の可能性の高い札を挙げていくと、威孔 1 列札が多いように思われる。これは、先述した頸甲より垂下される札肩甲とは対照的である。これには、襟甲が元々朝鮮半島などで用いられていたもので、それに伴う肩甲が威孔 1 列であったことに起因するのだろうか。そういった痕跡を残しているのであれば、意図的に札肩甲を偏重した可能性が考えられ、興味深い。

　日本列島内の襟甲付属肩甲の編年観としては、札肩甲導入後の円頭威孔 1 列→日本列島内での定型化後の円頭威孔 2 列→ 6 世紀の新式甲冑導入時の扁円頭威孔 1 列という流れが推定される。出現年代については、現状で祇園大塚山古墳が最も古く推定されている。祇園大塚山古墳より出土した遺物の年代ついては、鉄製札甲が新しい属性を有する点に注意を要するが、円照寺墓山 1 号墳にみえるように日本列島における札の定型化以前より襟甲とそれに付属する肩甲が存在したことは疑いない。また長持山古墳や大谷古墳、山の神古墳などのように日本列島内での札定型化後も継続して存在し続けることとなる。頸甲が 6 世紀に入ると消滅することとなるため、首～肩まわりの武具としては襟甲とそれに伴う札肩甲が主要な武具として存在し続ける。ただし襟甲については、6 世紀初頭の山の神古墳以後、藤ノ木古墳までの間にかなりの空白がある。一方で藤ノ木古墳以後は、襟甲を必要としない札肩甲と推定される事例が認められるようになる。こうした点の評価については、武具セット関係や構造改変にも関わるところであり、検討を要する。

6．冑と札頬当・札錣の検討

　札の頬当・錣は、朝鮮半島出土の縦矧板冑に認められるものであり、同遺物が日本列島で出土する場合にも装着された状態で確認される。

　こうした朝鮮半島系冑の付属具の影響を受けてか、倭系冑である衝角付冑の付属具としても、札頬当・錣が導入されることとなる。ここでは、この両者を取り上げ、検討する。

札頬当・札錣を伴う縦矧板冑の検討　縦矧板冑は、朝鮮半島で多く確認される冑であるが、日本でも山梨

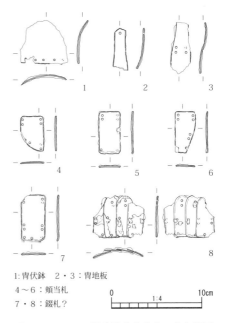

1：冑伏鉢　2・3：冑地板
4～6：頬当札
7・8：錣札？

図 61　かんかん塚古墳出土冑片・札実測図

94　第Ⅰ部　古墳時代中期における札式甲冑の導入と展開

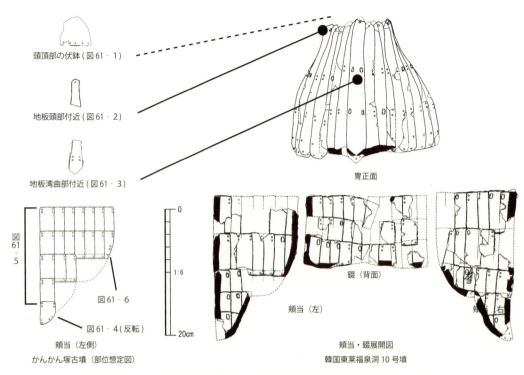

図62　かんかん塚古墳出土冑片・札と韓国福泉洞10号墳出土冑・錣・頬当

県かんかん塚古墳（山梨県教育委員会1979）や、京都府八幡大塚古墳、奈良県円照寺墓山1号墳（佐藤・末永1930）より出土したことが確認されている。

　かんかん塚古墳出土冑は、伏鉢や縦矧板の地板が確認でき（図61‐1〜3）、革で連結するための孔があるので、縦矧板革綴冑とわかる。この冑と共出した札には、円頭札と、方頭札の2種類が存在する。しかし、この札の用途については、これまで札甲や札肩甲などとされ、その用途が定まっていなかった。方頭札は、側辺部から下辺部にかけて曲線を描くものなど、平面形において特徴的な形状を呈する札も含まれる（図61‐4・6）。

　この特殊な札に類似する資料として、韓国の東萊福泉洞10號墳木槨墓（鄭・申1983）などより出土した、縦矧板革綴冑に伴う札頬当・錣を挙げることができる（図62右図）。福泉洞10號木槨墓で認められる方頭札で組み上げられた札頬当は、部分的にかんかん塚古墳出土札と同様に、側辺部や下辺部が曲線を構成している箇所が存在する。連結方法としては、札上部の綴孔と、下部の綴孔を重ね合わせて綴じている。この札は縦矧板冑に伴う札頬当であり、穿孔はすべて綴孔である。この点をかんかん塚古墳のものと比較すると、形状穿孔位置はほぼ一致するが、法量はかんかん塚古墳の札の方がやや小さい。側辺から下端部に関して曲線を構成する札が存在するということは、組み上げられた製品の側辺から下辺にかけての辺が曲線を構成するものであると推定される。そのため、かんかん塚古墳出土の方頭札のうち図61‐4〜5は、札頬当のうち背面側の曲線を構成する部位に充てられる可能性が高い。かんかん塚古墳の札からは頬当の段数を確定することは難しいが、福

泉洞10号木槨墓出頬当を参考にして復元してみると、図62左の頬当のようになると考えられる。

　かんかん塚古墳出土札のうち、頬当以外の札は、どのような用途があったのか。朝鮮半島出土冑の中には、このような頬当の上段と錣部に、穿孔・法量などの異なる札を配置するものがある。かんかん塚古墳より出土した札の枚数を考えても、他の付属具が存在するとは考えにくいので、図61‐6・7は、頬当の上段側と錣のいずれかを構成した可能性が高い。

　このように、細片化している資料においても実見・調査を経ることで、構造・用途を確認できるケースがある。ただし、古墳時代中期における縦矧板冑については、構造が良好に遺存している事例が少なく、体系的に見通せるような状態ではないので個別の事例を上げるに留めておく。

　札頬当・札錣を伴う衝角付冑　次に、衝角付冑の付属具を考える。衝角付冑の付属具には、札頬当と札錣がある。

　札頬当・札錣を伴う衝角付冑には、大阪府長持山古墳（塚本1997）などが知られ、古墳時代後期の衝角付冑では多くの例が認められる。

　札頬当・札錣を垂下する衝角付冑には、冑を構成する部材のうち、最下段に当たる腰巻板の左右～後方にかけて等間隔に孔が穿たれているという特徴がある（図63）。一方で打延式錣を伴う衝角付冑の腰巻板には、4つの孔もしくは2つの孔を1組とした孔群が3～5箇所に穿たれる。このように、冑腰巻板に穿たれた孔の配列に着目することにより、冑の付属具を知ることができるのである。

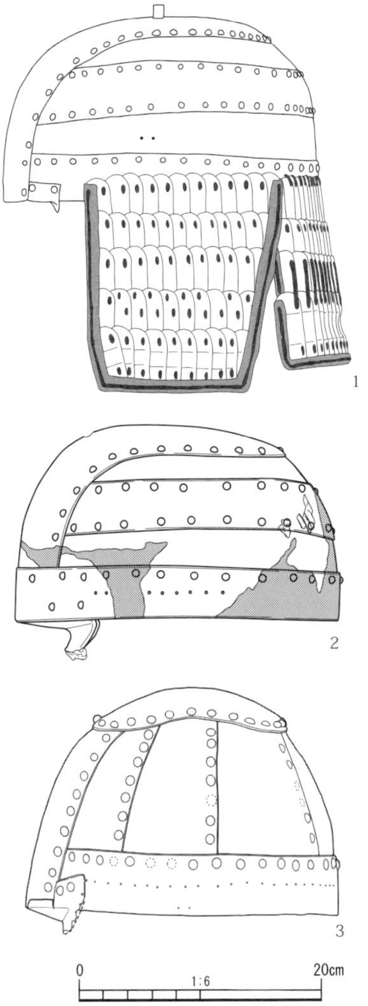

　札頬当は、他の付属具のように威技法を用いたものではなく、すべて綴技法で構成される特徴を有する。そのため、破片化しても同定することが比較的容易といえる。一方で、錣の場合はやはり可動性を有する威技法を用いているため、頬当に比べて同定しにくく、他の付属具との分別が困難な場合も多い。

　衝角付冑より垂下される札頬当は、以下のものに分類可能である（図64）。

　円頭2列頬当札a…円頭2列で、札足に綴孔2孔がある平札

　円頭2列頬当札b…円頭2列で、札足に綴孔4孔がある平札

　円頭2列頬当札c…円頭2列で、札足に綴孔4孔・下掛孔3孔がある平札

　円頭2列頬当札d…円頭2列で、札足に綴孔4孔・下掛孔3孔があるΩ字形裾札

1：金井東裏遺跡出土横矧板鋲留衝角付冑（模式図）
2：愛知県大須二子山古墳出土横矧板鋲留衝角付冑
3：千葉県金鈴塚古墳出土竪矧広板鋲留衝角付冑

図63　札頬当・錣を垂下する衝角付冑

96　第Ⅰ部　古墳時代中期における札式甲冑の導入と展開

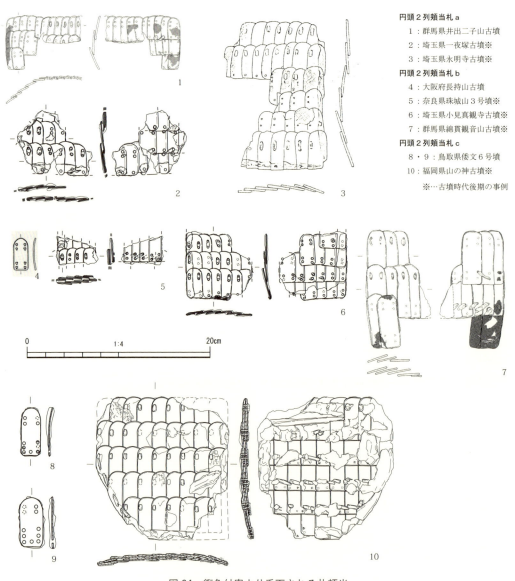

図64　衝角付冑より垂下される札頬当

　円頭1列頬当札……円頭1列で、綴孔4孔・下搦孔3孔がある平札
　円頭2列頬当札 a は、古墳時代中期の事例としては群馬県井出二子山古墳・和歌山県大谷古墳からの出土があり、古墳時代後期の事例として群馬県金井東裏遺跡、千葉県金鈴塚古墳、埼玉県永明寺古墳、同一夜塚古墳、滋賀県円山古墳からの出土が確認されている。綴孔が2孔しか穿たれていないので、上下段の札を併せて綴じ合わせていくこととなる。他の部位に転用することが難しいため、頬当専用の札とみることが可能であろう。
　円頭2列頬当札 b には、古墳時代中期の事例として大阪府長持山古墳、茨城県三昧塚古墳からの出土があり、古墳時代後期の事例として茨城県法皇塚古墳、群馬県綿貫観音山古墳、埼玉県将軍山

第3章　古墳時代中期における札式付属具の基礎的検討　97

古墳、同小見真観寺古墳、愛知県大須二子山古墳、奈良県珠城山3号墳などからの出土が確認されている。法量から、出現期の長持山古墳から続く一群と、これよりも一回り小型を志向する一群（三昧塚古墳、小見真観寺古墳、珠城山3号墳）が存在するようであるが、両者の併存は6世紀末まで継続する。なお、綿貫観音山古墳の冑は頭頂部に突起をもつ竪矧板鋲留突起付冑であるが、衝角付冑と同様の頬当札が共伴している点は注目される。

　円頭2列頬当札cには、古墳時代中期の事例は現在確認されておらず、後期初頭頃の福岡県山の神古墳や、後期末の福島県勿来金冠塚古墳、大阪府寛弘寺75号墳の事例が該当する。この札は通常の平札と同様の札で、綴孔4孔と下搦孔をもつ。頬当を組む際に使用しない孔があり、他の部位の札からの転用の可能性もある。

　円頭2列頬当札dおよび円頭1列頬当は、古墳時代後期の群馬県金井東裏遺跡出土衝角付冑に装着されていた頬当にのみ認められるもので、他の事例には認められない。こうした点では金井東裏遺跡の札頬当は特異と言える。このように、札頬当は大きく円頭2列頬当札a～cの3型式に分類することが可能である。

　一方で札錣は、札頬当のように他の札式甲冑と比べて特徴的であるわけではないので、混在・散逸してしまうと詳細不明となる場合が多々ある。頬当よりは確認された数は少ないものの、現状で同定可能であったものは、以下のように分類可能である（図65）。

　円頭威孔2列錣札a…円頭威孔2列で綴孔あり、下搦孔なしの平札
　円頭威孔2列錣札b…円頭威孔2列で綴孔・下搦孔ありの平札
　円頭威孔2列錣札c…円頭威孔2列で綴孔・下搦孔ありのΩ字形裾札

　現状で確認されているものにはわずかに扁円頭化しているものもあるが、おおむね円頭2列札が

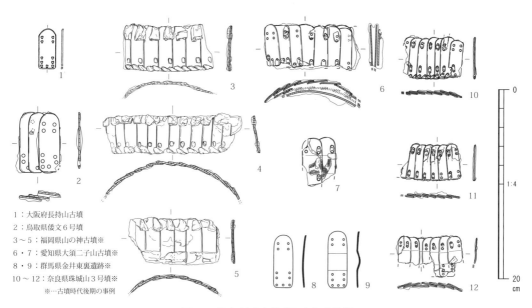

1：大阪府長持山古墳
2：鳥取県倭文6号墳
3～5：福岡県山の神古墳※
6・7：愛知県大須二子山古墳※
8・9：群馬県金井東裏遺跡※
10～12：奈良県珠城山3号墳※
　※…古墳時代後期の事例

図65　衝角付冑より垂下される札錣

98　第Ⅰ部　古墳時代中期における札式甲冑の導入と展開

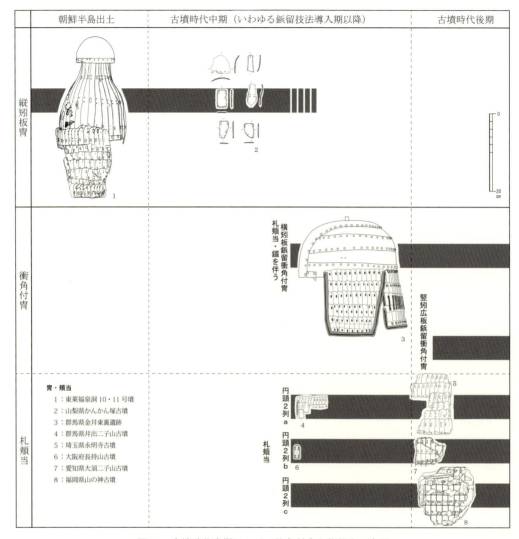

図66　古墳時代中期における衝角付冑と札頬当の変遷

用いられる。確認されている事例を見ると、円頭威孔2列鋲札 b・c の併用が多いように見受けられるが、群馬県金井東裏遺跡および奈良県珠城山3号墳では a・b・c を併用する。

　また、鋲札が導入された当初はすべて平札を用いて構成されていたようだが、6世紀初頭頃の愛知県大須二子山古墳や群馬県金井東裏遺跡などより裾札にΩ字形裾札を用いる事例が多くなる。このころには既に札甲ではΩ字形裾札を採用されており、鋲へのΩ字形裾札の導入は札甲よりも1段階遅れるようである。

　衝角付冑に伴う頬当・錣は、他の札式付属具とは異なり、方頭（威孔）2列札や円頭（威孔）1列札がほぼ皆無であり、基本的に円頭威孔2列札に統一されている。これは先に掲げてきた他の札式付属具が方頭威孔2列札や円頭威孔1列札がみられたこととは対照的とも言える。年代的に見ても、衝角付冑に伴う頬当・錣は、長持山古墳例等を初現とするようであり、導入段階は札甲Ⅳ類に併行

するのだろう。籠手や臑当が札甲Ⅰ類、札肩甲が札甲Ⅲ類の段階よりそれぞれ導入されることを考えると、衝角付冑への札式付属具の導入は他付属具と比べて遅れるものと考えられる。

7．札草摺と札膝甲の検討

これまで取り上げてきた各々の札式付属具は、主体となる部材があり、それを認識することで用途を推定することが可能であった。冑腰巻板に札垂下用の穿孔があれば札頬当・錣の存在を、頸甲に札垂下用の穿孔があれば札肩甲の存在を、篠状鉄札があれば篠籠手・篠臑当の存在をそれぞれ推定することができた。

ところが、そういった主体となる部材が共伴せず、札が出土することある。これらについては用途を確定することは非常に難しいが、現状で考え得る限り草摺もしくは膝甲の可能性が考えられる。その根拠としては、出土する札が胴甲たる札甲に使用する札よりも大型である点である。大型の札を用いることは、それなりに広い部位を覆う武具であったことを推測させる。

草摺は腰部より下から大腿部を、膝甲は大腿部から脚部を守る武具であり、それぞれが防御する部位が異なる。セットとなる甲が板甲である場合には、草摺・膝甲がともに装着可能である。一方で札甲は腰札の下に草摺が伴っているため、別造りの草摺が伴うことはない。この場合は膝甲がセットとなっていると考える方が妥当だろう。

板甲と札草摺　板甲に付属する札草摺の存在が知られているが、その詳細が確認できるのは、福岡県塚堂古墳例のみである。

塚堂古墳の札草摺は、板甲の外面より垂下された帯に鉸具を介して装着されるものである。板甲には草摺垂下するための帯を鋲留革留金具により固定する。この塚堂古墳の板甲・草摺は遺存状が良好で、強烈な印象を有しているため、他の例も同様の構造であると考えられがちであるが、他の事例はこの鋲留革留金具やそれに類似するような草摺垂下装置が認められるものがないことは注意を要する。

草摺を表現する甲冑形埴輪をみると、板甲裾の内側に草摺が入り込む構造となる表現が散見される。この場合、板甲には草摺

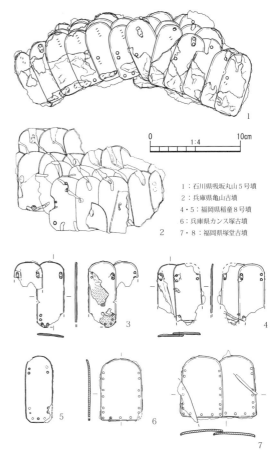

1：石川県吸坂丸山5号墳
2：兵庫県亀山古墳
4・5：福岡県稲童8号墳
6：兵庫県カンス塚古墳
7・8：福岡県塚堂古墳

図67　札草摺と推定される資料

垂下装置は用いられず、草摺は装着者の身体に直接装着される。こうした状況を上の状態に照らし合わせて考えてみると、塚堂古墳以外の草摺とされる事例は、甲冑形埴輪と同様に、草摺は身体に直接装着される構造であった可能性も考えておく必要がある。土保山古墳で草摺とされる札が、板甲とは異なる埋葬施設から出土している点も注目できる。

　草摺札については、出土時に板甲周辺から札が出土したと考えられるもの、他の武具との関係から札草摺の可能性が残るものに限定して列挙したい。こうした視点から草摺札の存在が確実もしくは可能性があるものとして、福岡県塚堂古墳、同稲童8号墳、兵庫県亀山古墳、同カンス塚古墳、大阪府土保山古墳、石川県吸坂丸山5号墳を挙げておきたい[27]。

　これらの札は、頭部の形状や威孔列に差異があるものの比較的大型の札を用いるという特徴を有する（図67）。

　円頭威孔1列草摺札…円頭威孔1列で綴孔・下掛孔あり

　円頭威孔2列草摺札…円頭威孔2列で綴孔・下掛孔あり

　円頭威孔1列草摺札は、石川県吸坂丸山5号墳、兵庫県亀山古墳の2例が該当する。吸坂丸山5号墳からは鉄製の胴甲の出土はないが、札列が冑の外側に並んで遺存していた。他古墳の甲冑出土状況をみると、胴甲の内部に冑が入れられる事例は数多く認められている。この状況を吸坂丸山5号墳にも当てはめるならば、冑は胴甲の内部に納められていた可能性が考えられる。そのため、胴甲は有機質製であったものと推測しておきたい。亀山古墳でも板甲に草摺を垂下する装置が認められないが、やはり大型の札が出土している。この2例はいずれも円頭威孔1列札を通段威a類で威したものである。札の法量は吸坂丸山5号墳で6.4×3.2cm、亀山古墳で6.0×3.6〜4.0cmである。

　円頭威孔2列草摺札は、福岡県稲童8号墳、同塚堂古墳、兵庫県カンス塚古墳からの出土が知られる。板甲と草摺の遺存状況の良好である塚堂古墳については、先述した通り板甲に爪形の留金具を鋲留し、そこに鉸具や革帯を留めることにより草摺の垂下を可能としている。一方で稲童8号墳については、横矧板鋲留板甲に現状で草摺垂下装置は遺存しておらず、やはり板甲に直接草摺が装着されていたとは考えにくい。札の法量については、稲童8号墳で7.0×3.0cm、カンス塚古墳で7.1×2.9cmとほぼ同形であり、塚堂古墳は6.5×4.5cmである。威技法は稲童8号墳は綴付威である。なお、塚堂古墳のみ、裾札をΩ字形とする。

　札甲は胴部と草摺部が腰札を介して一連となっている。この構造は、継続して以後も存在していくこととなる。一方で、札草摺という単独の武具は、6世紀に入ると板甲が消滅するため、それに合わせて姿を消す。

　札草摺は、数が極めて少ないが、共伴する甲冑類から見れば、基本的に円頭威孔2列札出現期前後より古墳時代中期末まで継続して存在するものと思われる。

札甲と札膝甲　膝甲は、朝鮮半島での実資料や壁画資料などにも認められる大腿部〜脚部の武具で、基本的に札甲に組み合う。膝甲として最も実態が明らかなものとしては、大阪府長持山古墳の事例が著名である。その装着方法は不明であるが、胴部の甲の下に装着し、垂下するものと思われる。馬上での脚部を覆う武具となるため、それなりの大型の武具となるが、最上段にはワタガミの

第3章　古墳時代中期における札式付属具の基礎的検討　101

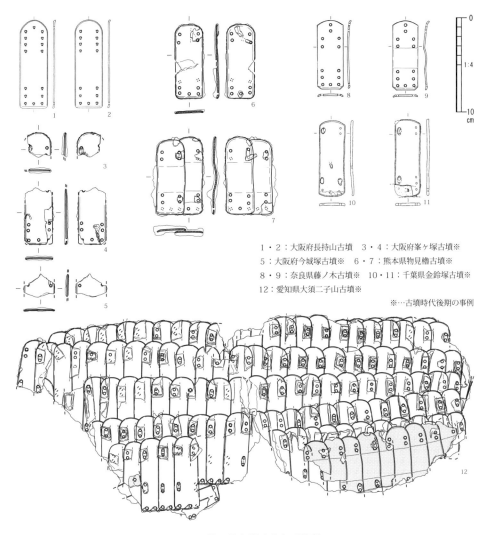

1・2：大阪府長持山古墳　3・4：大阪府峯ヶ塚古墳※
5：大阪府今城塚古墳※　6・7：熊本県物見櫓古墳※
8・9：奈良県藤ノ木古墳※　10・11：千葉県金鈴塚古墳※
12：愛知県大須二子山古墳※
※…古墳時代後期の事例

図68　膝甲札と推定される資料

ような布は綴じ付けられておらず、さらに上段に伸びる紐が認められる程度である。この点は、胴甲である札甲と異なる点と言えよう。

膝甲については必ずしもその実態は明らかとなっていないが、近年膝甲の可能性があるものが認められてきており、それらをここで取り上げたい。

膝甲札については、以下のものが認められる（図68）。

　円頭威孔2列膝甲札……円頭威孔2列札で綴孔・下搦孔あり
　円頭威孔1列膝甲札……円頭威孔1列札で綴孔・下搦孔あり
　扁円頭威孔1列膝甲札…扁円頭威孔1列札で綴孔・下搦孔あり

円頭威孔2列膝甲札は、大阪府長持山古墳を初現として、古墳時代後期初頭頃の大阪府峯ヶ塚古墳、愛知県大須二子山古墳、熊本県物見櫓古墳などが挙げられる。また、破片資料であるが、大阪

府今城塚古墳でも同様のものが存在した可能性がある。長持山古墳では、9.3 × 3.0cm の札を横方向に最大 27 枚、縦方向に 8 段に組んだ武具とみられ、大型の武具となる。大須二子山古墳では、片側の膝甲が現存するのみだが、横方向に 25 枚、縦方向に 11 段を組んだ武具となる。また、Ω字形に湾曲した裾札のみを鉄地金銅装としている点も注目される。また、大須二子山古墳の膝甲は、大型の武具となるためであろうか、威紐を 2 本重ねて使用している。これは他の事例には見られない。他古墳出土事例についてみれば、いずれも遊離した札の出土であるが、札甲に使用する札よりもやはりひと回りもふた回りも大きな札が存在し、膝甲の可能性が推定されるものを挙げた。現状で、峯ヶ塚古墳ではΩ字形裾札が確認されていない。Ω字形裾札の導入は、峯ヶ塚古墳以降で、大須二子山古墳や物見櫓古墳などで導入されるものとみられる。先の札鋲と同じく、札甲へのΩ字形裾札の導入と比べてやや遅れるようである。威技法については、現状でいずれも綴付威と思われる。

円頭威孔 1 列膝甲札としては、茨城県三昧塚古墳にその可能性が指摘されるものがある。他の札と比べて極端に大型というわけではないが、他の付属具が出揃っている中で数百枚の札が残っていることから、膝甲の可能性が推定される。

扁円頭威孔 1 列膝甲札は、奈良県藤ノ木古墳においてその存在が指摘されている。札甲に使用される札の同一のものであるが、極端に枚数が多く、膝甲の存在が推定されたものである。威技法については、各段威 a 類が推定されている。

膝甲は現状で 10 例にも満たないが、今後の調査・研究等により、数は増えるものと思われる。

現状で膝甲の出土事例は、いずれも円頭威孔 2 列札の出現後に位置づけられる。この点は衝角付冑付属の類当札・鋲札の出現とも共通する。朝鮮半島出土事例も近年数例が認められているため、日韓出土遺物の関係性の解明も今後の課題となる。

8．札式付属具の導入と展開―札式甲冑の定型化から武装の中核化へ―

以上のように、札を用いたこれらの付属具は多種多様である。そのため、出土状況により用途・構造を明確にし得ない資料では、同定が困難な場合も多い。しかし、それぞれ武具を構成するものである以上、合理的な構造であるはずであり、意味のない札など存在しない。それぞれの用途・構造を明確にすることで、はじめて全体の甲冑セットを見据えた検討が可能になる。

ここで、札式付属具とセットになる甲冑について概観し、札式付属具の展開を考えてみたい。それぞれ、札式付属具とセットになる甲冑を、表 4 〜 10 に示した。

まず、札類当をもつ衝角付冑と襟甲に着目する。この二つの甲は、いずれも札甲がセットになっていることがわかる。円照寺墓山 1 号墳においても札は小石室からの出土とされるので、これに矛盾しないと思われる。これらの付属具とセットとなる札甲は、いずれも湾曲した腰札（Ω字形腰札）と、湾曲のない平裾札もしくは湾曲した草摺裾札（Ω字形草摺裾札）で構成される。清水は、札甲の変遷の中で、湾曲した札を持たない札甲（本書第 1 章に基づき札甲 I 類と呼称する。以下同様）→Ω字形腰札をもつ札甲（札甲III類）→Ω字形腰札とΩ字形草摺裾札をもつ札甲（札甲IV類）との変遷観を示しているが、この中でも衝角付冑付属類当や襟甲とセットになる札甲は、III〜IV類に該当する。衝角付

第3章　古墳時代中期における札式付属具の基礎的検討　103

表4　膞当とセットとなる甲冑

古墳名	膞当形式（篠状鉄札）	付属札	冑	胴甲
滋賀県新開1号墳	篠膞当（円頭威孔1列）	方頭威孔1列	三革衝	変鋲短
奈良県五條猫塚古墳	篠膞当（円頭威孔1列）	円頭威孔1列？	札鋲蒙眉	札甲I類
岡山県岩井出土	篠膞当（円頭威孔1列）	円頭威孔1列？	―	長革短？
奈良県円照寺墓山1号墳	篠膞当（円頭威孔1列）	円頭威孔1列	変鋲眉？	札甲III類
福岡県稲童21号墳	篠膞当（円頭威孔1列）	円頭威孔1列	不明	三鋲短？
大阪府西小山古墳	篠膞当（方頭威孔2列）	方頭威孔2列	横鋲衝（不明）	変鋲短
兵庫県宮山古墳	篠膞当（方頭威孔2列）	方頭威孔2列	眉？	札甲I類
石川県和田山5号墳A槨	篠膞当（円頭威孔2列）	円頭威孔1列	竪鋲眉	三鋲短
奈良県塚山古墳	篠膞当（円頭威孔2列）	円頭威孔2列	横鋲衝	三鋲短
大阪府長持山古墳	篠膞当（円頭威孔2列）	円頭威孔2列	横鋲衝	札甲IV類
愛知県志段味大塚古墳	篠膞当（円頭威孔2列）	円頭威孔2列	鋲衝	札甲V類
愛知県大須二子山古墳※	篠膞当（円頭威孔2列）	円頭威孔2列	横鋲衝	札甲III類

表5　籠手とセットとなる甲冑

古墳名	籠手形式（篠状鉄札）	付属札	冑	胴甲
滋賀県新開1号墳	板籠手	―	三革衝	変鋲短
福岡県月岡古墳	板籠手	―	札鋲眉？	短
兵庫県宮山古墳	板籠手	―	眉？	札甲I類
	篠籠手（斜頭）	円頭威孔1列		
京都府坊主塚古墳	篠籠手（斜頭）	円頭威孔1列	横鋲衝（外接）	三鋲短
石川県狐山古墳	篠籠手（斜頭）	円頭威孔1列	横鋲衝	横鋲短／札甲II類
石川県和田山5号墳A槨	篠籠手（斜頭）	円頭威孔1列	竪鋲眉	三鋲短
兵庫県亀山古墳	篠籠手（斜頭）	円頭威孔1列	横鋲眉	横鋲短
京都府宇治二子山南墳	篠籠手（斜頭）	円頭威孔2列	横鋲衝（外接）	横鋲短
	篠籠手（方頭B類）	方頭威孔2列		札甲III類
福岡県塚堂古墳	篠籠手（方頭B類）	不明	横鋲衝？	横革短／札甲II類
大阪府長持山古墳	篠籠手（斜頭）	円頭威孔2列	横鋲衝（外接）	札甲IV類
愛知県志段味大塚古墳	篠籠手（斜頭）	円頭威孔2列	鋲衝	札甲V類
茨城県武具八幡塚古墳	篠籠手（斜頭）	不明	不明	不明
福岡県山の神古墳	篠籠手（斜頭）	円頭威孔2列	横鋲衝（外接）	札甲VI類
奈良県円照寺墓山1号墳	筒籠手	―	変鋲眉？	札甲III類
岡山県天狗山古墳	筒籠手	円頭威孔2列	―	札甲VI類

表6　襟甲・札肩甲とセットとなる甲冑

古墳名	襟甲	札肩甲	冑	胴甲
山梨県豊富王塚古墳	打延式襟甲	円頭威孔2列札	横鋲眉	札甲IV類
大阪府長持山古墳	打延式襟甲	円頭威孔2列札	横鋲衝（外接）	三鋲短
京都府城陽市平川	打延式襟甲	詳細不明	不明	札甲V類
和歌山県大谷古墳	革綴襟甲	詳細不明	横鋲衝（不明）	札甲V類
福岡県塚堂古墳	革綴襟甲	詳細不明	不明	札甲II類
千葉県祇園大塚山古墳	革綴鋲留併用襟甲	円頭威孔1列札	竪鋲眉	札甲VI類
奈良県円照寺墓山1号墳	鋲留襟甲	円頭威孔1列札	？	札甲III類

表7　頸甲・札肩甲とセットとなる甲冑

古墳名	頸甲（藤田型式）	肩甲垂下	札肩甲	冑	胴甲
福井県向出山1号墳	鋲留頸甲（III-b1）	直接a	円頭威孔2列札	札鋲眉	札甲III類
韓国蓮山洞M8号墳	鋲留頸甲（詳細不明）	間接	円頭威孔2列札	縦	三鋲短
岡山県正崎2号墳	鋲留頸甲（III-d）	間接	方頭威孔2列	札鋲衝	横鋲短
宮崎県下北方5号地下横穴墓	革綴頸甲（II-c）	直接a	方頭威孔2列	札鋲眉	三鋲短
福岡県稲童21号墳	鋲留頸甲（III-b1）	直接b	円頭威孔2列／1列	不明	三鋲短
京都府宇治二子山南墳	鋲留頸甲（III-d）	直接a	円頭威孔1列札	―	三鋲短
韓国長木古墳	詳細不明	直接a	円頭威孔1列札	―	札甲V類
和歌山県陵山古墳	鋲留頸甲（詳細不明）	直接	詳細不明	眉？	鋲短
兵庫県宮山古墳	鋲留頸甲（詳細不明）	直接・間接	詳細不明	―	札甲I類
福岡県勝浦井ノ浦古墳	鋲留頸甲（詳細不明）	間接	詳細不明	鋲衝	鋲短・札甲V類
福岡県月岡古墳	詳細不明	直接a	方頭威孔2列札？	札鋲眉	短

表8　札頬当・錣とセットとなる甲冑

古墳名	札頬当	札錣	冑	胴甲
大阪府長持山古墳	円頭2列札b	円頭威孔2列札	横鋲衝（外接）	札甲IV類
鳥取県倭文6号墳	円頭2列札c	円頭威孔2列札	横鋲衝（外接）	三鋲短
茨城県三昧塚古墳			横鋲衝（外接）	札甲IV類
群馬県井出二子山古墳	円頭2列札a		横鋲衝（不明）	札甲V類
和歌山県大谷古墳	円頭2列札a		横鋲衝（不明）	札甲V類

表9　札草摺とセットとなる甲冑

古墳名	札草摺	冑	胴甲
石川県吸坂丸山5号墳	円頭威孔1列	横鋲衝	有機質製短
兵庫県亀山古墳	円頭威孔1列	横鋲眉	横鋲短
兵庫県カンス塚古墳	円頭威孔2列	横鋲衝（外接）	詳細不明
福岡県稲童8号墳	円頭威孔2列	横鋲衝	横鋲短
福岡県塚堂古墳	円頭威孔2列	横鋲衝？	横革短

表10　札膝甲とセットとなる甲冑

古墳名	札草摺	冑	胴甲
大阪府長持山古墳	円頭威孔2列	横鋲衝（外接）	札甲IV類
大阪府峯ヶ塚古墳※	円頭威孔2列	―	札甲V類
大阪府今城塚古墳※	円頭威孔2列	横鋲衝？	札甲V類
愛知県大須二子山古墳※	円頭威孔2列	横鋲衝（一連）	札甲V類
熊本県物見櫓古墳※	円頭威孔2列	―	札甲V類

凡例
　※…古墳時代後期の事例

　●共伴甲冑の名称
　　長革短…長方板革綴板甲　　変鋲短…変形板鋲留板甲　　三鋲短…三角板鋲留板甲　　横鋲短…横矧板鋲留板甲
　　竪鋲眉…竪矧板鋲留眉庇付冑　　札鋲眉…札鋲留眉庇付冑　　横鋲眉…横矧板鋲留眉庇付冑　　変鋲眉…変形板鋲留眉庇付冑
　　横鋲衝…横矧板鋲留衝角付冑　　竪鋲衝…竪矧広板鋲留衝角付冑

　●肩甲威方法
　　直接a…頸甲から札肩甲を直接威すもの。
　　直接b…頸甲から札肩甲を直接威すが、札肩甲威孔以外に打延式肩甲威孔も穿たれているもの。
　　間　接…頸甲から打延式肩甲を1段威し、打延式肩甲から札肩甲を威すもの。

　●札甲の分類
　　札甲I類…平腰札＋平草摺裾札を用いた札甲　ex.五條猫塚・宮山
　　札甲II類…S字形腰札＋平草摺裾札を用いた札甲　ex.狐山・高井田山・塚堂・潮見
　　札甲III類…Ω字形腰札＋平草摺裾札を用いた札甲　ex.向出山1号・豊富王塚・宇治二子山南
　　札甲IV類…Ω字形腰札＋平草摺裾札を用い、円頭威孔2列札で構成された札甲　ex.長持山・豊富王塚・どうまん塚
　　札甲V類…Ω字形腰札＋Ω字形草摺裾札を用いた札甲　ex.埼玉稲荷山・志段味大塚・三昧塚・大須二子山・吉備塚
　　札甲VI類…Ω字形腰札＋Ω字形草摺裾札を用い、第3威孔を用いた威技法（b類威技法）を行う札甲　ex.祇園大塚山・円山

冑についてみても、鈴木一有の衝角付冑分類のうち、中期後葉〜末葉と位置付けられる外接折曲式・外接切断式があり、札甲の年代観に矛盾しない。これらの中で、唯一祇園大塚山古墳のみが眉庇付冑と襟甲が供出するが、この眉庇付冑は橋本達也によって鋲留甲冑最古段階のものと位置付けられる（橋本達1995）。これのみが札甲の年概観に合致しない。

　一方、札肩甲を伴う頸甲では、札甲と明らかにセットになるものがなく、確定できるものはすべて板甲とセットとなる。勝浦井ノ浦古墳からは札甲の出土があるが、板甲片も存在するため、セット関係の確定はできない。札肩甲を伴う頸甲とセットとなる板甲は、三角板鋲留板甲と横矧板鋲留板甲があり、一定の年代幅があったと思われる。

　籠手・臑当について見れば、セットとなる甲冑は多様である。しかし、板籠手・円頭式A類・方頭式A類は、札甲I類や変形板板甲の一種である矢羽形板鋲留板甲など、札式甲冑導入期・鋲留技法導入期に位置付けられる甲冑とセットになるという特徴を持つ。他の札式付属具では、この段階

に位置付けられるものはほとんどなく、比較的早い段階から板状籠手・臑当が一部導入されていたと考えられる。これ以降、臑当は札甲Ⅲ〜Ⅴ類とセット関係を構成し、斜頭式篠状鉄札（篠籠手）がこのセットに追加される。札甲Ⅳ類の段階で円頭式Ｂ類篠状鉄札（篠臑当）が出現し、斜頭式篠状鉄札（篠籠手）と共に６世紀代まで継続する。

　このような札式付属具は、朝鮮半島より導入された甲として位置付けられるが、これらの製品は、それ以前の倭の甲冑にどのような影響を与えたのか。札式甲導入以前の倭の甲冑セットを見てみると、冑や板甲、頸甲、肩甲を中心として構成され、中には、片腕用の籠手を伴うものや、有機質製の付属具をもつものも存在した。これに対して、札式甲冑のフルセットは、冑、札甲、襟甲、肩甲、籠手、臑当などがあり、従来より存在した倭の甲冑セットより多くの部位を甲冑で覆っていた。特に、篠籠手や板状籠手、臑当は、それぞれ両腕・両足部に装着されるもので、古墳時代前期〜中期前葉までに確認される片腕用籠手よりも防御範囲が広い。これらを導入することにより、より多くの部位を甲冑で防御することが可能となった。

　これら札式甲冑の出現期には、馬具を用いた乗馬風習が日本列島にも導入される。この乗馬風習は、人々の装い・戦闘時の装備に変革をもたらした。すなわち、手綱を握り戦闘時には武器を振るう腕と、鐙に掛ける脚は、どうしても歩兵と比べると防御がおろそかになりがちである。これらの部位を防御する必要があり、これらの籠手や臑当が最初に導入された可能性があろう。他の札式甲冑の増加が籠手・臑当に遅れる理由としては、同時期に板甲や衝角付冑などをはじめとした帯金式・打延式甲冑が盛行している段階であったためと考えられる。これを裏付けるように、札甲の出土数が増加し始める５世紀末頃に、札式付属具と打延式・帯金式甲冑が組み合わされたハイブリッド式の武具も増加し始めるのである。この段階は、前節で述べた札甲の定型化・規格性出現の前段階に当たり、札式甲冑が増加し始める契機となったのであろう。

札式甲冑の導入・展開とその画期　ここまで、古墳時代中期にみられる札式甲冑の日本列島への導入〜定型化について、種別毎に概観した。この点で着目しておきたいのは、各製品の導入に際して差が存在するということである。概略を示すと、以下のようになる。

　　・第１段階…札甲・籠手・臑当の導入
　　・第２段階…倭系甲冑と札付属具を連結した武具の出現
　　・第３段階…定型化した札式甲冑の出現と衝角付冑への札付属具の連結

　第１段階の札甲（胴甲）と籠手・臑当は、他の武具とは構造上干渉しない。そのため、比較的早く導入することが可能であったと思われる。ただし、この段階では札式甲冑は倭系甲冑（帯金式・打延式甲冑）を補う役割のみであったと推測される。

　第２段階では倭系甲冑の中に次第に札式甲冑を直接連結する資料が出現する。打延式頸甲＋札肩甲の組み合わせである。

　第３段階では、衝角付冑に札頬当・錣が連結される（大阪府長持山古墳例）。この段階になると、円頭威孔２列札を用いた札甲や肩甲などが出現し、倭での札の定型化が起こる。これ以前は複数の武具に跨って同じ札を用いることは原則的に認められていなかったが、これにより複数の札式甲冑

106　第Ⅰ部　古墳時代中期における札式甲冑の導入と展開

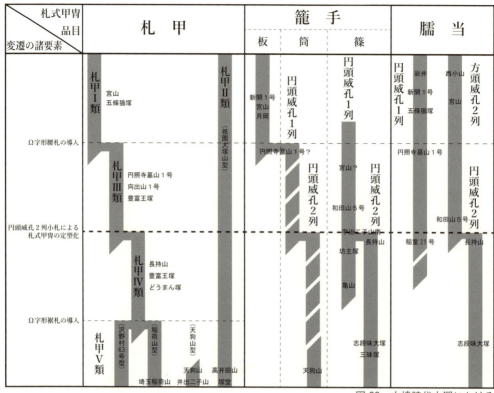

図69　古墳時代中期における

の外観を統一するような動きが起こる。また、長持山古墳の甲冑セットのように、札式甲冑のみでフルセットの武具を構成できるようになった。円頭威孔2列札の出現と同じくして、衝角付冑に伴う札頬当・錏や膝甲といった一連の札式付属具が出揃うが、衝角付冑に伴う付属具は基本的に円頭威孔2列札で統一されていく点は非常に興味深い。他の付属具には同段階以降でも円頭威孔1列札を使用する事例はあるが、衝角付冑の付属具として円頭威孔2列札が継続して採用されていったことは、何らかの意図が働いたものと思われる。

　この段階のひとつの象徴と言えるのが、やはり長持山古墳の甲冑セットである。これ以後、威孔2列札で構成された札甲をはじめ各種付属具でも同様の札を用いたものが圧倒的に多くなることを考えると、長持山古墳の事例は先駆的かつ最も整った甲冑セット捉えることができるだろう。こういった点で、畿内中枢に築造された長持山古墳からこういった甲冑セットが出土した意義は大きい。

新式の渡来系遺物と既存の倭系遺物の併存　札式甲冑が日本列島に出現した段階─いわゆる「鋲留技法導入期」においては、帯金式・打延式甲冑の盛行期であった。だが、馬具にみられる乗馬の風習の広がりも相まって、札式甲冑は次第にその数を増していく。しかしその広がりの前提にあったのは『倭の武具体系への適合』であり、甲冑の合理的な組み合わせの選択や構造改変による適合化が進められた。

　札式甲冑と倭系甲冑のように、既存のものと新規のものが併存する図式をもつ渡来系の製品とし

第3章　古墳時代中期における札式付属具の基礎的検討　107

頸甲付属肩甲			襟甲付属肩甲	衝角付冑付属		草摺	膝甲
				札頬当	札錣		

頸甲付属肩甲
方頭威孔2列　向出山1号　蓮山洞8号　月岡
扁円頭威孔2列　正崎2号　下北方5号　稲童21号
円頭威孔1列　宇治二子山南　稲童21号
円頭威孔2列
Ω字形裾札の導入
勝浦井ノ浦？

襟甲付属肩甲
円頭威孔1列　祇園大塚山
円照寺墓山1号？
円頭威孔2列
豊富王塚？
大谷
三昧塚

衝角付冑付属　札頬当
円頭2列　長持山
円頭1列　三昧塚　井出二子山

衝角付冑付属　札錣
円頭威孔2列　長持山
三昧塚

草摺
円頭威孔2列　長持山
円頭威孔1列　亀山　カンス塚　吸坂丸山5号　稲童8号　塚堂

膝甲
円頭威孔2列　長持山
円頭威孔1列　三昧塚？

札式甲冑の変遷

ては、盛矢具（倭系：靫、渡来系：胡籙）、装身具（倭系：石製・ガラス製装身具、渡来系：金属製装身具）、鏡（倭系：倭製鏡、渡来系：同型鏡群など）がある。これらの多くは、必ずしも導入段階から広く展開するものでもないが、後に倭の古墳より出土する副葬品群を代表するものも多く存在する。この背景には、何らかの事象を契機として既存の倭製品と置き換わり、広く展開していく点は共通するものと推測される。その中には倭製品へ適合する構造へ変化するものや、倭の独自の意匠・構造を有するようになるものなどが認められる。

9．小　結

　日本列島における出土札は、散逸するケースが多く認められ、用途が明らかにされたケースは多いとは言えない。しかし、これらの用途を明確にしなければ、実際の武装を総体的に捉えることはできない。本章における検討においても、未だ古墳時代中期の資料すべてを取り上げられたわけではないので、今後、不十分な点を明確にする必要がある。

　前々章・本章を通してみてきた古墳時代中期における札式甲冑全体の変化についても同様と言えよう。札式甲冑については、資料数が統計的に盤石とは言えず、個々の資料でそれぞれ特徴的なものも含まれている。こういった点では、広域編年の基軸として有効性を示し得る4つの要素─「画一性」・「広域性（普遍性）」・「一括性」・「細分安定性」─からみると不十分な点も多い。札の用途と

併せて、検討を要するところと言える。

　本来ならば、札の用途の認定は出土状況や銹着状況を最重要視しなくてはならない。しかし、構造・用途の明らかな資料を参考に、部位・用途の不明な資料の部位・用途を推定することにより、少しでも札の用途に関する議論を行うことができれば、と考えた。特に、札式甲冑は篠状鉄札や襟甲などの《主要な部材》のみで構成されるものではなく、それに伴う付属札の検討をも重要である。その点を再認識できたことは、本章における成果と言えよう。

　本章で取り扱った札式付属具おいては、長持山古墳出土札式甲冑の出現に大きな画期を求めたが、他の製品でもいわゆる鋲留技法導入期からワンクッションおいた時期に画期を求められた。札式甲冑の定型化・展開の段階に同調するように他遺物でも同様の特性が見て取れる点は、倭の内部における既存の工人組織の再編や副葬品群製作における方向転換、技術革新等が行われている可能性が十分に推定される。古墳時代中期における札式甲冑の最大の画期は、その背景にある倭王権の画期と連動するものとして重要視していく必要があるだろう。

註

26）宇治二子山南墳では、板甲の内部に札甲を納めている例が確認されている。

27）これまでには京都府宇治二子山南墳、大阪府弁天山 D-4 号墳、同高井田山古墳、福岡県稲童 21 号墳も札草摺が存在するとの指摘があった。弁天山 D-4 号墳については共伴する甲冑の構造や出土状況が不明瞭であるため除外した。宇治二子山南墳は出土状況より板甲内部に札甲が納められてたものと判断できるため除外した。高井田山古墳は清水和 1999 より朝鮮半島系札甲の可能性が指摘されているため除外した。稲童 21 号墳は実見の結果、肩甲札の可能性が高いと判断したため除外した。ここで札草摺の可能性が高いと判断したものは、用途を確定できる材料がないものも含まれるが、少なくとも他の付属具の可能性が排除でき、札草摺以外の用途が推定しにくいものを挙げた。

第4章　倭への重装騎兵装備の導入－和歌山県大谷古墳の事例から－

1．はじめに

　古墳時代中期中葉に日本列島の中に受容された札甲をはじめとする武具は、装着者の動きに適応するための可動性を有していた。それは、乗馬風習の中で生まれた武具であり、乗馬時の動きに適応するためであった。人用甲冑の板甲から札甲へのシフトは、馬具などの展開と合わせた乗馬時の動きを重視していたためと述べられることも多い。

　朝鮮半島などでは、この乗馬時に装着するべき甲冑について、特徴的なものが多く出土している。それは、人に装着する甲冑がフルセットで存在すること、そして人が跨る馬の武具が存在することである。このような重装騎兵の武具は、安岳3號墳に代表される高句麗壁画などにも描かれている。

　これとは別に、朝鮮半島では、襟の高い襟甲や、いわゆる蒙古鉢形冑をも呼ばれるような竪矧細板革綴冑といった特徴的な武具が存在する。これらの重装騎兵装備や竪矧細板革綴冑は、朝鮮半島において広く出土する甲冑であり、当時の甲冑の主体をなしたものとみられる。つまり、朝鮮半島系甲冑とでも称すべきものである。それでは、このような武具は、日本列島の中にも導入され、定着したものなのであろうか。特に重装騎兵の装備が倭に導入・定着されていたか否かは戦闘形態にも大きく関わるところとなる。本章では重装騎兵の装備に着目し、日本列島と朝鮮半島の関わり、日本列島の人々が自身の文化へ朝鮮半島の文化を受容し導入した過程を考えていく。

2．重装騎兵の定義について

　これまで、「重装騎兵」装備として扱われてきたものには、馬冑や馬甲をもつものが中心として扱われてきた。中世ヨーロッパなどにおいても同様で、人と馬の全身を甲冑で覆ったものを「重装騎兵」として扱うものが多い。広義としては、これを「重装騎兵」として扱っても問題ない。しかし、韓国や日本においては、すべてが馬冑と馬甲、人用甲冑を完備しているわけではないので、独自に狭義の定義を設定する必要があると考える。

　まず、壁画に見られる「重装騎兵」の装備を見てみよう。安岳3號墳壁画に描かれた騎兵は、人用甲冑として冑、頬当、襟甲、肩甲、札甲、籠手（肱甲）、膝甲を、馬用甲冑として馬冑、馬甲を備えている。人と馬の全身を甲冑が覆ったものであり、広義の「重装騎兵」に該当するものである。しかし、実際に墳墓より出土するものに目を転じてみれば、馬甲を伴わないもの（東萊福泉洞10・11號墓）や、馬冑を伴わないもの（滋賀県甲山古墳）、人用甲冑が伴わないもの（陝川玉田91號墳）なども確認されている。この状態で、すべての甲冑セットをもつものを「重装騎兵」と定義するのであれば、一部の資料を対象とするのみになってしまう。

　そこで筆者は、「騎乗用甲冑」を保有するものを「重装騎兵」の狭義の定義として置き換えて考

える。「騎乗用甲冑」とは、人が馬に乗った際にのみ装着する甲冑を指す。先述した安岳3號墳壁画で、騎兵と歩兵を比較すると、騎兵が備える武具のうち歩兵が備えていないものには、馬冑・馬甲・膝甲がある。この3種の甲冑は、いずれも馬が必要であることや、歩兵の装備としては適さない。そのため、この3種の甲冑を「騎乗用甲冑」として考えることとしたい。

3．日本列島出土重装騎兵装備の実態─和歌山県大谷古墳出土の武具を中心に─

　日本列島の中で、騎乗用甲冑として位置付けた馬甲・馬冑を出土した古墳として著名なものが、和歌山県大谷古墳である。大谷古墳は、和歌山市大谷に所在する晒山古墳群内の前方後円墳である。晒山古墳群は、紀ノ川下流域北岸に位置するが、南岸には岩橋千塚古墳群が展開し、さらには大谷古墳の位置する丘陵下には伽耶系の土器を出土した楠見遺跡、北東約1km先には大型建物が検出された鳴滝遺跡がある。このように、紀ノ川周辺域は、朝鮮半島と深い関わりを持っていたことが推定される地域ともいえる。

　大谷古墳の埋葬施設は、後円部中央に墓壙を掘りこみ、その内部に家形石棺を納めたものである。甲冑は、石棺南西側の墓壙内および家形石棺内より出土した（図70）。

　①石棺外南西側に納められた人用甲冑類　石棺外南西側より出土した甲冑には、馬冑や馬甲、横矧板鋲留板甲がある。馬冑や馬甲は、板甲が被せられた状態で出土した。板甲の内部には輪鐙があり、馬甲の傍には鞍金具も副葬されていた。馬甲・馬冑周辺には、轡を除いた馬具が揃っていたことがわかる。

　これに対して、人用の甲冑は板甲のみである。馬用甲冑・馬具と比較すると人用の甲冑は胴甲のみと、きわめて軽装備であると言わざるを得ない。

　②石棺内出土の人用甲冑類　石棺内に納められた甲冑類には、横矧板鋲留衝角付冑をはじめ、札類があった。既刊の報告書には、札甲および付属具と記されているが、多様な札よりその用途を推定しているものであるとみられ、厳密に用途を区分したものではなかった。

　横矧板鋲留衝角付冑は、おおよそ胴巻板までの遺存である。そのため、腰巻板に装着される冑の付属具が板錣なのか札類当・札錣になるのかはこれからは判断できなかった。

　出土した札は大部分が破片であったが、可能なものを再分類・図化した（図71、A〜H類は既刊の報告書の分類に従った）。特徴として、小型の札が非常に多いことが挙げられる。

　札甲の根拠となるのが、草摺裾札および腰札の存在である（図71、Ω字形草摺裾札、Ω字形腰札）。いずれも円頭、威孔1列の札であり、縦断面形がΩ字形に湾曲している。日本出土の資料のうち、円頭・威孔1列の腰札と草摺裾札を使用する札甲は、群馬県天ノ宮古墳・香川県王墓山古墳出土例などがある。腰札・草摺裾札以外については部位を確定することは困難であるが、今回の分類で示した中に腰札・草摺裾札が存在していることから、石棺内には札甲が副葬されていた可能性が高い。

　この札甲に伴う付属具として、革綴襟甲とそれに伴う札肩甲の存在が明らかとなった（図71、襟甲札）。湾曲を持つため、腰札と混在する可能性が高いが、上下端部に穿たれた覆輪孔の存在や、上下で湾曲が異なることが特徴的である。いずれも破片であるため、襟の高さなどを確定するには

第4章　倭への重装騎兵装備の導入　111

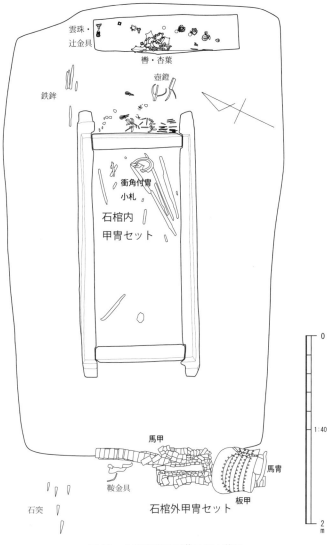

図70　大谷古墳の副葬品出土状況

至っていない。しかし、頸甲札の頭部がほぼ水平であることや、頸甲札に穿たれた肩甲威孔の位置などより、韓半島出土の頸甲のように襟の高さが高いものではない。実際に、日本出土の頸甲で見られる襟の高さは最大70mm程度であるが、韓国出土の頸甲では、襟の高さが150mm以上となっている（第3章参照）。日本列島の甲冑に着目すると、頸甲の襟部は冑の錣の内部に収まる。首回りの防御は、主に冑錣によって行われる。これに対して、韓半島出土甲冑では、頸甲が冑の錣の外側に展開し、首回りの防御を果たす。そのため、日本列島の甲冑に襟の高い頸甲を導入してしまうと、錣と頸甲のそれぞれの防御部位が重複し、お互いに可動性を阻害してしまうのである。日本列島出土頸甲の襟の低さは、倭の甲冑と組み合わせても問題ないように構造改変されたものとみられる。

　この頸甲に加えて、横矧板鋲留衝角付冑の付属具が、札頬当・錣であった可能性がある。その根

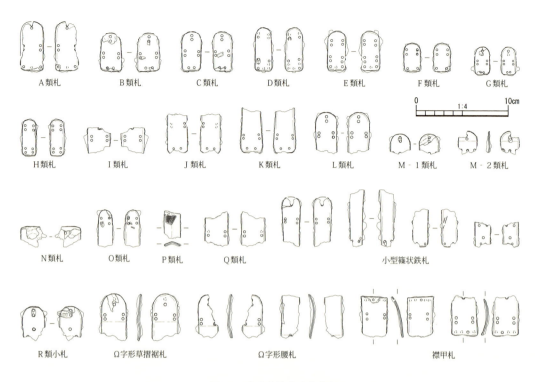

図71 大谷古墳出土札各種

拠としては、打延式錣が存在しないことや、札頬当に使用される可能性の高い札であるF類・H類札が存在することである。しかし、この両者は、それぞれ札頬当を構成するものとして知られており（本書第3章参照）、いずれか断定することはできなかった。また、札錣を構成する可能性のあるD類もしくはE類の札も確認することができた。

　小型の篠状鉄札も、何らかの武具を構成したものであろう。類似例としては、奈良県五條猫塚古墳や福岡県月岡古墳などで知られる小型の篠状鉄札か、もしくは臑当の篠状鉄札である。

　他にも多数の札が存在するが、用途を明らかにしえないものも多い。今後の検討課題として、これらの用途も考えていかなくてはならない。

　大谷古墳の2つの甲冑セット　未確定の事項は多いものの、上記で確定できる点を踏まえると、大谷古墳の石棺内の武具は札甲と衝角付冑に加えて、多彩な武具が存在した可能性を指摘できる。こうした事例は、古墳時代中期には大阪府長持山古墳や茨城県三昧塚古墳、愛知県志段味大塚古墳などがあり、本来は同時代において突出した内容を有するものであったとみられる。

　大谷古墳には、石棺内に副葬された札甲・衝角付冑を基礎とする甲冑セット（以下、甲冑セット1）と、石棺外出土の板甲（以下、甲冑セット2）という2セットの人用甲冑が存在する。出土位置を重視すれば、馬冑・馬甲（騎乗用甲冑）と甲冑セット2が組合わせられることになるわけであるが、やや違和感を覚える。それは、甲冑セット2は板甲のみであり、馬甲・馬冑という馬用の甲冑に比べるとあからさまに軽装であると言わざるをえないためである。

第4章　倭への重装騎兵装備の導入　113

　これについて、板甲の特異な出土状況から考えてみよう。大谷古墳の板甲は、棺外に副葬されているのみではなく、その内部に馬冑と輪鐙を入れ込んだ状態であったことが知られる。同様に、胴甲の内部に副葬品が納められるケースは、日本列島内でも多数確認されている。これらを、胴甲内部に納められる品目によって分類すると、以下のようになる。

　　Ａ類…胴甲内部に、冑や付属具を納めるもの。

　　Ｂ類…胴甲内部に、装身具類を納めるもの。

　　Ｃ類…胴甲内部に、武器・馬具・農工具を納めるもの。

　この分類で圧倒的に多いのはＡ類であり、各地で確認されている。Ａ類は、副葬時に甲冑セットとして認識されていたことを示している。一方、Ｂ・Ｃ類自体は類例が少ないが、意図的に胴甲の内部に副葬品を納めている。甲冑内に納められるものと納められないものが同一の埋葬施設に副葬される事例もあり、胴甲内部に副葬されるものに、何等かの意味が存在したものとみられるのである。それでは、大谷古墳の馬甲・馬冑は、Ａ類とＣ類のいずれかに該当するのか。問題となるのは、大谷古墳の馬甲・馬冑が、甲冑としての要素が重視されていたのか、馬が装着する馬具しての要素が重要視されていたのか、である。

　もちろん、棺の中に副葬品すべてを納めることができるのであればそのようにされるのであろうが、棺の大きさには限りがある。そのため、多数の副葬品をもつ被葬者であれば、棺内に納める副葬品は一部選択されたものに限られる。これに含まれなかったものについては、棺の外もしくは副葬品箱などを用意し、そこに副葬品を納めることとなる。この中で、選択されて棺の中に納められるものとしては、被葬者の位置に近いもの、言い換えるならば生前に重要視していたものが選択されるものであると指摘がある（内山 2000）。

　こうした考えに基づくならば、5世紀代の日本で人用の甲冑、特に板甲については棺内に副葬されるケースが多く認められる。これは、人用の甲冑として板甲が最も重要視されていたためであるが、札甲が出現すると次第にこの板甲の副葬位置は札甲へと変化する。人用甲冑が複数副葬される場合、被葬者が愛用した品々が棺内に置かれるようである。これに対して馬具は、馬が装着するものであるため基本的に棺外に副葬されるケースが多い。これに基づいて、棺内と棺外で人が装備する武具と馬が装備する馬具を分けたものとする仮定すならば、大谷古墳の被葬者が重要視していた武具は、衝角付冑・札甲などの甲冑セット1であったと考えることができる。一方で、板甲が出土した位置には、馬甲・馬冑や輪鐙・鞍が副葬されているので、副葬品を胴部内に納めるの要素が大きかったように思われる。

　それでは、板甲が棺外に副葬され馬冑・馬甲・馬具を覆っていたという副葬状態は、何を意味するのか。大谷古墳と同様に甲冑内部に副葬品を納めるものに、奈良県後出2号墳出土板甲や石川県八里向山Ｆ遺跡7号墳出土板甲などがある（図72）。後出2号墳では、棺外北西領に1領（板甲1）、棺外南東側に1領（板甲3）、棺内北西側に1領（板甲2）の計3領の板甲が副葬される。このうち、板甲2の右前胴上には鉄剣・鉄鉾が、板甲3の内部には農工具・鉄鏃・鉄鉾がそれぞれ副葬されていた。八里向山Ｆ遺跡7号墳出土板甲でも、板甲内に農工具・鉄鏃が副葬されていた（図71）。他

の位置にもこれらの副葬品が納められているので、板甲内の副葬品には、何らかの意味があったのだろう。後出2号墳の板甲は、滝沢誠の変遷観と同工品の研究（滝沢2008）に基づいて考えれば、板甲3→板甲1→板甲2といった変遷観が推定される。この見解が正しいとすれば、入手しえた板甲のうち、最も古式のものを副葬品を納めるものとして使用したものとみられよう。

　大谷古墳の札甲と板甲についてみれば、札甲はΩ字形に湾曲した腰札・草摺裾札を備えており、5世紀末頃の製品である札甲V類（本書第1章参照）と考えられる。一方で板甲は、滝沢分類のうちⅡb型式に位置付けられ、5世紀代最新式のⅡc型式よりはやや古いものと判断される（滝沢1991）。すなわち、大谷古墳においても後出2号墳と同様に、複数副葬された甲のうち古式の甲冑

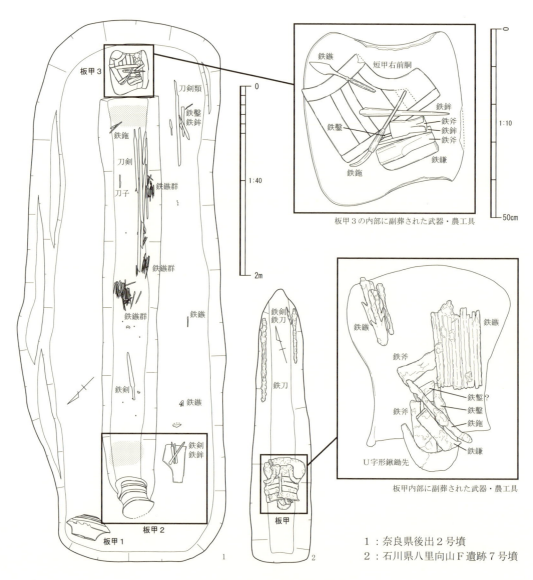

図72　板甲内部に副葬品を納める事例

を用いて他の副葬品を納めていたものと判断される。

　板甲は、人の胴部をまもる強固な甲であった。この武具としての特性を被葬者もしくは葬儀執行者が重要視し、甲の内部に被葬者が生前大切にしていた品を納めたのではないだろうか。すなわち、板甲を"いれもの"としての性格を有していた可能性を考えたい。

　武具のセットとして板甲と馬甲・馬冑を結びつきは不明であるが、重装騎兵の装備セットとして考えるのであれば、棺内の甲冑セットと棺外の馬甲・馬冑をセットとして考える方が相応しい。

　日本列島における重装騎兵装備の受容　しかし、大谷古墳のように騎乗用甲冑を装着した重装騎兵装備は、日本列島内ではほとんどその存在しない。日本列島出土資料に限れば、馬甲・馬冑はそれぞれ数例のみの出土であり、馬甲・馬冑の両者を副葬したものは、大谷古墳・船原古墳1号土坑に限定される（表11）。

　これに対して、韓国出土資料に目を向けると、馬冑が10例以上、馬冑が7例以上出土している。日本列島と韓国のこの差は、当時の社会を反映してるものとみられる。このように重装騎兵の装備が多い朝鮮半島では、戦闘の象徴となったのは重装騎兵であったようで、壁画にも描かれている。これに対して日本列島では、馬具導入以降は衝角付冑と板甲、頸甲・肩甲という重装歩兵でもいうべき装備であり、馬具導入以降は札甲を主体とする軽装騎兵のような武装となるのである。つまり、日本列島では、このような戦闘の形態と頻度は、朝鮮半島のそれとは明確に異なっており、重装騎兵の装備は日本列島内ではほとんど受容されることがなかったと思われる。大谷古墳や埼玉将軍山古墳出土馬冑と同様の板取り・構造の資料が朝鮮半島で確認されており（図73）、日本列島の馬冑資料は、いずれも舶載品と考えられよう。

　馬甲札と考えられる大型の札についても、数例の出土が確認されてはいる（図74）が、出土事例はきわめて稀少であり、やはり舶載品と考えた方がよいだろう。しかし、本書第1章でも取り上げたように、馬甲の製作の一端は、日本列島の中で札甲製作の中に取り込まれていった可能性がある。それを示すのが和歌山県陵山古墳出土札であり、馬甲と類似する札が、人用の札甲に使用された後に後続する人用甲冑・馬用甲冑の札へと変化していく可能性もある。

　大谷古墳では衝角付冑や日本列島内で定着した札甲V類を装着した被葬者が馬甲・馬冑を装着した馬に跨るものとみられる。この姿自身も、やはり日本

表11　日本列島出土馬冑・馬甲と共伴甲冑

古墳名	馬冑	馬甲	共伴甲冑
和歌山県大谷古墳	○	○	札甲V類、衝角付冑、付属具、横鋲板
滋賀県甲山古墳		○	札甲
埼玉県将軍山古墳	○		札甲
奈良県大和二塚古墳	？	？	札甲？
福岡県船原古墳1号土坑	○	○	札甲、肩甲、冑
東莱福泉洞10・11號墳	○		札甲II類、縦革冑、襟甲、肩甲
東莱福泉洞鶴巣臺1区2號墳			札甲II類、縦革冑、篠状鉄札
東莱蓮山洞M8號墳			札甲II類、縦革冑、襟甲、頸甲、鋲短
陝川玉田23號墳	○		縦革冑、襟甲
陝川玉田28號墳	○	○	横鋲短、札甲II類、縦革冑、襟甲、肩甲
陝川玉田35號墳	○		札甲II類、縦革冑、臑当
陝川玉田91號墳		○	
陝川玉田M1號墳	○	○	札甲II類、縦革冑、襟甲、肩甲、臑当
陝川玉田M3號墳	○		札甲、縦鋲冑、襟甲、肩甲
咸安道項里6號墳	○	○	縦革冑
咸安道項里8號墳	○	○	札甲III類、縦革冑、襟甲、肩甲
咸安馬甲塚	○	○	札甲？、縦革冑
金海杜谷洞8號墳	○		
金海大成洞1號墳	○		
金海大成洞57號墳	○		板甲、縦革冑2
慶州舎羅里45號墳	○		縦革冑、襟甲、肩甲
慶州皇南洞109號墳	○	○	
慶州チョクセムC10號墓	○	○	札甲III類、縦革冑、襟甲、肩甲、臑当

116　第Ⅰ部　古墳時代中期における札式甲冑の導入と展開

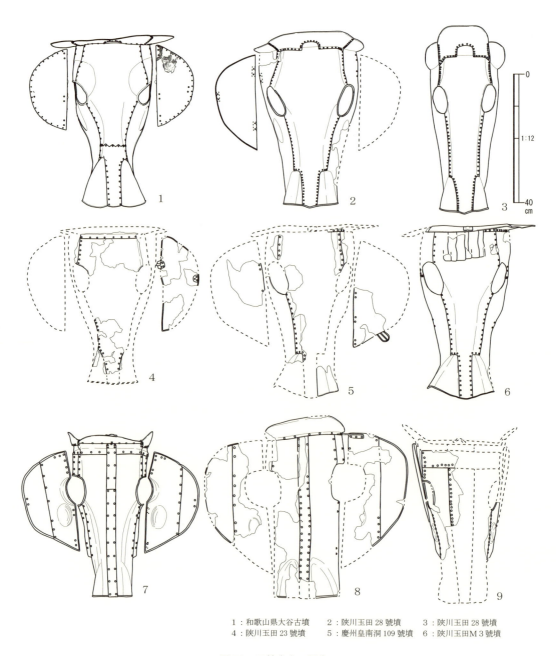

1：和歌山県大谷古墳　2：陜川玉田 28 號墳　3：陜川玉田 28 號墳
4：陜川玉田 23 號墳　5：慶州皇南洞 109 號墳　6：陜川玉田 M 3 號墳

図 73　日韓出土の馬冑

列島の甲冑を重要視していた被葬者の性格を示すものであったものと考えられよう。日本列島内で受容されることがほとんどなかった重装騎兵の装備たる甲冑類についても、一部では倭の甲冑を補完するもの、もしくはその技術が倭系の甲冑の中へ導入されたのであろう。

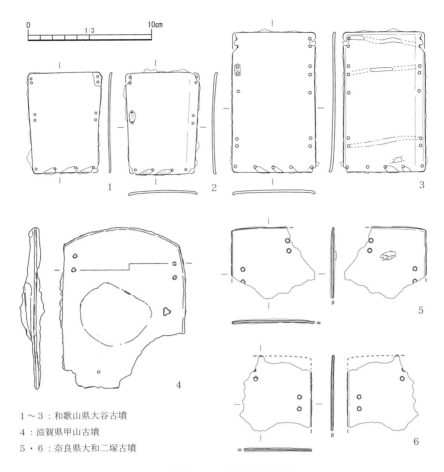

1～3：和歌山県大谷古墳
4：滋賀県甲山古墳
5・6：奈良県大和二塚古墳

図74　日本列島出土馬甲札

4．日本列島における朝鮮半島系甲冑の受容

　日本列島における朝鮮半島系甲冑の受容については、前章でみたように札甲導入期では板状籠手や篠状臑当の数が比較的多いことが分かる。籠手は両腕部、臑当は両脚部に装着される武具であるが、このような武具は、札式甲出現以前はほとんど倭では存在しない。古墳時代前期に片腕に装着する籠手は存在するが、両腕を守るというものではなかった。すなわち、朝鮮半島系甲冑が倭へと導入されるにあたり、まず重視されたのは「倭系甲冑で防御しきれない部位」を守る武具を導入することに重点が置かれたと思われる。しかし、この段階でも出土数は必ずしも多くはなく、単発・少数の導入に過ぎなかった。このような状況が変化し始めるのは、札式甲冑の定型化する段階であり、これに伴って次第に札式甲冑の導入が爆発的に増加するようになる。

　もちろん、すべての朝鮮半島系甲冑がこのような傾向を示すわけではない。ここで取り上げた重装騎兵装備や、竪矧板冑、札甲Ⅱ類などはこれに当たるだろう。前1者は倭の武装として選択的に受容されなかったものであり、後2者は倭の武装と重複するために導入されなかったものして理解できる。特に重装騎兵装備については、朝鮮半島とは戦闘方法などが異なっていたのであろうか。

現状では日本列島内では重装騎兵装備が積極的に導入された形跡は見いだすことは難しい。

　このように、日本列島に外部から甲冑セットが導入される際、倭の人々は外部の甲冑をそのまま導入・定着させた形跡は見てとれない。むしろ、日本列島に存在した甲冑類などを主体とし、それを補完、もしくは適応させる形で導入されたものが大部分を占める。一部の札式甲冑や重装騎兵装備、竪矧細板革綴冑などがあるが、こちらは若干数が舶載品として倭にもたらされ、古墳に副葬されたと評価した方が良いだろう。

5．小　結

　大谷古墳の武具は、従来考えられてきた以上に人用の札式甲冑が充実したものであり、本来であれば長持山古墳などのように、装着者の人体を鉄製の札で覆う武具であったのだろう。

　一方で、馬甲や馬冑は日本列島内には存在しない武具であるため、これらが大谷古墳に副葬された意義は大いに評価されるべきである。しかし、倭としてはこの重装騎兵装備を積極的に導入したようにはみられない。この背景には、倭の武装を基盤とし、それに適合させる形で外来の甲冑を導入した、政治的意図が少なからず含まれると考える。この点は、やはり倭の人々が自身らが製作していた甲冑類を主体とし、その意義を重要視していたためであろう。

第5章　古墳時代中期における渡来系遺物の受容とその画期

　これまで、古墳時代中期における札式甲冑の受容および展開過程について述べてきた。多様な製品や技術が日本列島の中にもたらされる中で、それ以前から日本列島内に根付いていた文化などにも大きな影響を与えた事は改めて述べるまでもないだろう。

　特に、札式甲冑については、古墳時代中期中葉頃に日本列島内にもたらされ、後の甲冑の主体となる基礎づくりが古墳時代後期までに形成されたようである。それは、円頭威孔2列札を用いてひとつの武具を組み上げるものであり、これが倭の統一された武装となっていく。この札甲は、朝鮮半島で盛行する札甲とは構造を異にするものであった。長持山古墳例がその典型であり、象徴的なものと位置付けた。

　また、複数の札式甲冑に同一の札規格を用い、製作の効率化・合理化も図られていたものと推測される。これにより、札式甲冑は、倭の武具として広く受容・展開することとなった。

　札式甲冑が倭の甲冑体系、副葬品群として受容されていく過程は、前章に記した札甲の副葬位置の変化から読み取ることもできる。

日本列島における渡来系遺物の年代的併行関係

　札式甲冑が日本列島に導入されるのと同じく、大陸や朝鮮半島に由来する渡来系遺物が日本列島内にもたらされた。馬具や帯金具などの製品や、鋲留技法などといった新しい技術の導入である。これらについては、各研究者らにより構造・変遷観等の研究が進められている。特に、2020年度の中国四国前方後円墳研究会においては、これらの繋がりを検討する機会を与えていただいた（中国四国前方後円墳研究会2020）こともあり、各副葬品の併行関係についてみていきたい。

　馬具　日本列島へ馬具がもたらされるのは須恵器TK73期以前とみられ、いわゆる初期馬具と呼ばれる一群が存在する。これらは、鑣轡や長方形・円形鏡板付轡が認められる。次第に輪鐙や鞍、環鈴なども導入され、f字形鏡板付轡や剣菱形杏葉などが導入される段階となる。f字形鏡板付轡・剣菱形杏葉については、祖型と倭製品を区別することは難しいが、日本列島における典型的な装飾付馬具と評価される（宮代1993、内山1996、千賀2003、田中由2004、片山2020）。日本列島内各地で出土し、その数も多くなる。この段階の資料として長持山古墳出土資料もあり、札甲の定型化と似た段階に画期が設定される（片山2020）。

　ただし、このf字形鏡板付轡・剣菱形杏葉の導入については、片山は須恵器TK208型式期とするのに対し、内山はTK23型式期とする（内山2021）。

　胡籙　日本列島に存在した靫とは異なり、鏃を収納具側に入れる矢入れ具である。新羅や大加耶、百済出土事例と共通する点が多く、搬入品も多く含まれるようである。胡籙に納められた鉄鏃

から、須恵器 TK208 型式の頃の資料では日本列島での出土も増えるが、須恵器 TK47 型式期では畿内中枢での出土事例も増えるため、倭での製作についてはこちらの時期の方が重要視される（土屋 2011・2018・2020）。

金属製装身具　冠や沓については朝鮮半島側の資料が少なく詳細が不明であるが、垂飾付耳飾については概ね変遷の様相が捉えられている。須恵器 TK73 型式期以前より波状的に日本列島内にもたらされたようである。一方で須恵器 TK216〜TK208 型式期になると日本列島内での製作が推定される（金 2017）。

同型鏡群　倭の五王の鏡とも呼ばれる同型鏡群は、大陸との関係性の中で入手し得た遺物の一つである。複数の鏡がもつ傷と鏡の面径をたよりに製作順序の検討や入手・保有に関わる検討がなされている。基本的に大陸での製作が推定され、倭にもたらされたのは、末端世代とみられている。副葬時期については、須恵器 ON46 型式期頃より副葬され始め、古墳時代後期末まで出土する事例がある。副葬品として盛行する時期としては須恵器 TK23〜TK47 型式期頃とされる（川西 2004、辻田 2018）。

装飾付大刀　古墳時代後期の事例が多く知られているが、古墳時代中期においても数は少ないものの、各地に存在する。装飾付環頭大刀と呼ばれる一群であり、素環頭大刀・三葉環頭大刀・三累環頭大刀・龍鳳文環頭大刀などがある。これらは基本的に韓半島各地から波状的にもたらされたもので、日本列島内での製作は考えられていない（金 2017）。

このように見ていくと、古墳時代中期にもたらされた渡来系文化は、受容される時間に若干の差

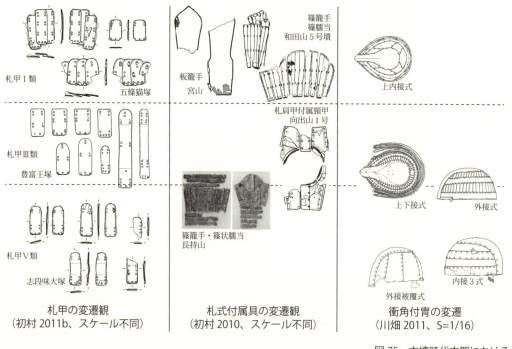

札甲の変遷観
（初村 2011b、スケール不同）

札式付属具の変遷観
（初村 2010、スケール不同）

衝角付冑の変遷
（川畑 2011、S=1/16）

図 75　古墳時代中期における

異はあるものの、倭の文化に適合する形で導入されたものが少なくない。札式甲冑・馬具・胡籙などはその典型であり、この段階で日本列島内に受容された遺物群は、後の時代においても重要な役割を果たし続けることとなる。こういった意味で、古墳時代中期末頃は、後の時代へ継続する品々が確立しはじめる段階ともいえよう。

　札式甲冑は、古代以降も継続して存在し続け武具の中心であり続ける。馬具についても同様と言えよう。胡籙・平胡籙についても正倉院宝物に通じるものがあり、やはり後の時代まで確実に継続する。ただし、倭はすべての渡来系文化を見境なしに受容したわけでもなかったのである。たとえば、馬甲・馬冑などの重装騎兵装備や、朝鮮半島で主流であった竪矧細板革綴冑などについては、意図的に導入されなかったようで、やはり日本列島の甲冑を主体として、その内部に導入可能なものと、そうでないものとに区分され、取捨選択が行われていたのであろう。

　異文化を解釈しながら自身の文化に適合・発展させる。倭＝日本という国は、古代～近世までは中国や韓半島、近代は欧米諸国に積極的に学び、自身の文化を発展させてきた。そういった国としての基盤が既に古墳時代にもみられる。歴史とは過去を積み重ねて形成されるものであるから、当然と言えば当然であるが、古墳時代中期という時代は、倭で文化に渡来系文化を受容・適合させることで後の時代まで続く文化的基盤が形成された時代であったと言えよう。

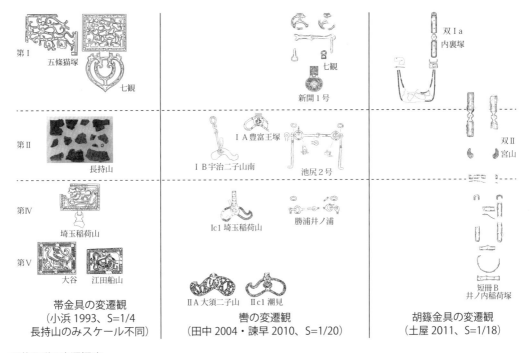

副葬品群の変遷概略

札式甲冑の源流について

これまで、札甲および札式付属具の変遷・展開過程を示してきた。次章より古墳時代後期の資料を取り上げていくことで、古墳時代中期・後期の資料の接続を考えていくが、問題はその反対側、すなわち日本列島に札式甲冑をもたらした故地が未だ明らかにできていないのである。付属具についてみれば、滋賀県新開1号墳と東莱福泉洞10・11号墳などで板状籠手の存在が共通して認められるし、篠状鉄札についても朝鮮半島との関連性を考えることはできる。だが、札甲についてみれば、朝鮮半島で盛行する一群はと倭で出現した一群を同一視することは難しい。

日本列島における初期の札甲と目される五條猫塚古墳・宮山古墳例については、方頭威孔2列札と円頭威孔1列札を併用し、湾曲した腰札を有さない。一方で朝鮮半島で知られる同時期の事例は円頭威孔1列札を用い、S字形に湾曲した腰札を有する。使用している札の形状としての類似点は見当たらない。ただし、五條猫塚古墳例では龍文透彫帯金具や蒙古鉢形札鋲留眉庇付冑が伴うため、これらの類似例を参考にすることで一つの手がかりになる可能性もある。

古墳時代中期の中でも渡来系遺物文物が日本列島にもたらされる時期は、倭の五王の時代とみられており、大陸・朝鮮半島との交流が活発に行われる時期であった。日本列島内にもたらされた渡来系遺物は、何も朝鮮半島からもたらされたものに限定されないのだろう。同型鏡群が中国の宋、馬具では三燕地域との関係性も取り上げられているように、札甲についても視野を広げて検討を行っていく必要があるのだろう。これについては、今後の課題としておきたい。

第Ⅱ部扉絵　愛知県大須二子山古墳出土遺物（南山大学人類学博物館所蔵）

古墳時代中期に量産化が開始された札甲は、古墳時代後期においては、その数を増していき、武具の中心となってゆく。これは日本列島の中で生産体制が確立されることに起因するが、次第にそれらも複数の系統に分化し、新たな技法や系列が日本列島内に出現することとなる。

研究史において、古墳時代の札甲の変遷過程は、清水和明による威技法と威孔列による分類（清水和1993）に基づいていることは第Ⅰ部において述べた通りである。清水は札甲を10型式に分類しその変遷過程を示したが、古墳時代後期に盛行するのは、古墳時代中期に定型化した円頭威孔2列札を使用する札甲であった。この札甲の型式は、古墳時代中期には、稲荷山型や沢野村63号型として存在し、古墳時代後期になると富木車塚型・小針鎧塚型・金鈴塚型へと変化しながら継続していく（内山2003、図76）。

清水・内山により整備された古墳時代中期末〜後期の変遷過程については現在研究の基盤ともなっており、筆者もこの変遷については妥当であると考えている。ここでは特に変遷過程の再考などは行わないが、本書第1章で検討した古墳時代中期との関連性を提示するのであれば、図76のようになる。後期の設定となる札甲Ⅵ類以下の要素は下記の通りである。

札甲Ⅵ類：Ⅴ類の様相＋ｂ類威技法の本格採用した札甲
札甲Ⅶ類：扁円頭札の採用した札甲
札甲Ⅷ類：くの字形腰札＋平草摺裾札をもつ札甲

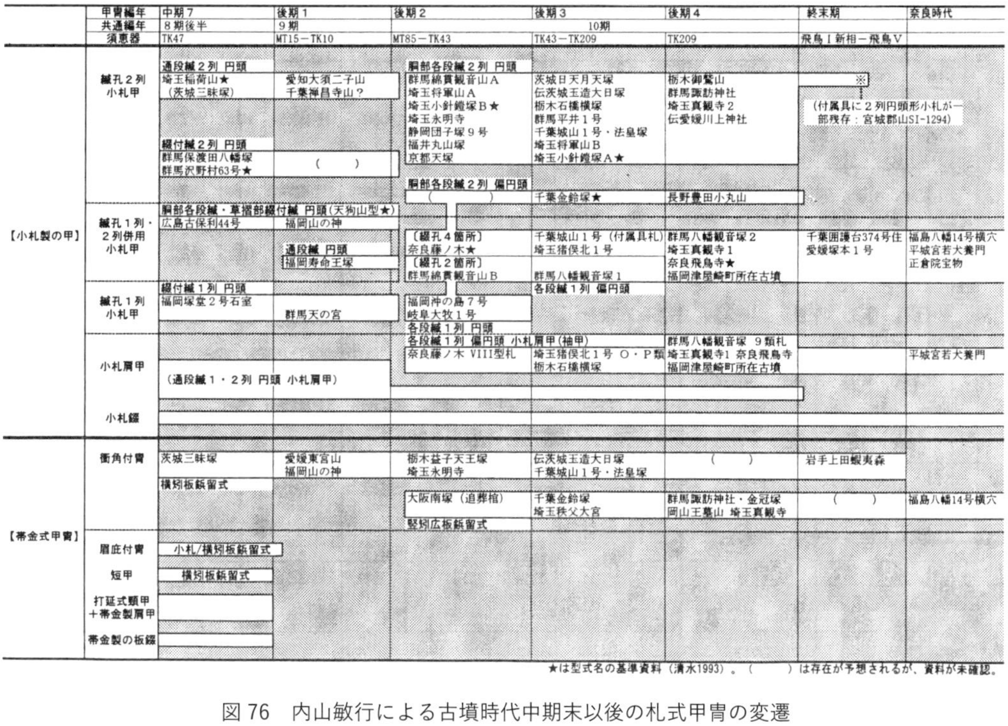

	中期7	後期1	後期2	後期3	後期4	終末期	奈良時代
甲冑編年	中期7	後期1	後期2	後期3	後期4	終末期	奈良時代
共通編年	8期後半	9期	10期			飛鳥Ⅰ－飛鳥Ⅴ	
須恵器	TK47	MT15－TK10	MT85－TK43	TK43－TK209	TK209		
【小札製の甲】 縅孔2列 小札甲	通段縅2列 円頭 埼玉稲荷山★ （茨城三昧塚） / 綴付縅2列 円頭 群馬保渡田八幡塚 群馬沢野村63号★	愛知大須二子山 千葉瀬崎寺山? / （　　）	胴部各段縅2列 円頭 群馬綿貫観音山A 埼玉将軍山A 埼玉小針鎧塚B★ 埼玉永明寺 静岡団子塚9号 福井丸山塚 京都天塚	茨城日天月天塚 伝茨城城玉造大日塚 栃木石橋横塚 群馬平井1号 千葉城山1号・法皇塚 埼玉将軍山B 埼玉小針鎧塚A★	栃木御鷲山 群馬諏訪神社 埼玉観音寺2 伝愛媛川上神社	※ （付属具に2列円頭形小札が一部残存：宮城郡山SI-1294）	
胴部各段縅2列 偏円頭			千葉金鈴塚★	長野田小丸山			
縅孔1列・2列併用 小札甲	胴部各段縅・草摺部綴付縅 円頭（天狗山型★） 広島古保利44号	福山山の神 / 通段縅 円頭 福岡寿命王塚	［縅孔4箇所］ 奈良藤ノ木A / ［縅孔2箇所］ 群馬綿貫観音山B	千葉城山1号（付属具） 埼玉猪俣北1号 / 群馬八幡観音塚1 各段縅1列 偏円頭	群馬八幡観音塚2 埼玉観音寺1 奈良飛鳥寺★ 福岡津屋崎町所在古墳	千葉囲護台374号住 愛媛塚本1号	福島八幡14号横穴 平城宮若大養門 正倉院宝物
縅孔1列 小札甲	綴付縅1列 円頭 福岡塚堂2号石室	群馬天の宮	福岡沖の島7号 岐阜大牧1号 各段縅1列 円頭 各段縅1列 偏円頭 小札肩甲（袖甲） 奈良藤ノ木 Ⅷ型札	千葉猪俣北1号 O・P塚 栃木石橋横塚 / 群馬八幡観音塚 9類札 埼玉真観寺1 奈良飛鳥寺 福岡津屋崎町所在古墳			平城宮若大養門
小札肩甲	（通段縅1・2列 円頭 小札肩甲）						
小札鎧							
【帯金式甲冑】 衝角付冑	茨城三昧塚 / 横矧板鋲留式	愛媛東宮山 福山山の神	栃木益子天王塚 埼玉永明寺 / 大阪南塚（追葬棺） / 竪矧広板鋲留式	伝茨城玉造大日塚 千葉城山1号・法皇塚 / 千葉金鈴塚 埼玉秩父大宮	（　　） / 群馬諏訪神社・金冠塚 岡山王墓山 埼玉真観寺	岩手上田蝦夷森	福島八幡14号横穴
眉庇付冑	小札/横矧板鋲留式						
短甲	横矧板鋲留式						
打延式額甲＋帯金製肩甲							
帯金製の板鎧							

★は型式名の基準資料（清水1993）． （　　）は存在が予想されるが、資料が未確認．

図76　内山敏行による古墳時代中期末以後の札式甲冑の変遷

このように古墳時代後期においては、中期末に整備された札式甲冑を主流として継続していくこととなるが、新たに朝鮮半島系武具の影響を大きく受けた竪矧広板鋲留衝角付冑や「藤ノ木型」札甲の出現といった外的要素に起因するインパクトも存在した（内山 2006）。

これについては研究史に詳しいが、その生産体制が多様化していく様相がみてとれるようになっていく。

更には、古墳時代後期の武装は、大部分が札で構成されるものへと変化していくわけであるが、その武装の変革も大きな意味を持っている。特に研究史上で末永雅雄により提言された裲襠式札甲の存在についても、和歌山県椒古墳・愛知県大須二子山古墳などが挙げられているものの、札甲の研究史上では検討を避ける傾向がみられ、その実態は明らかにされていない。

古墳時代後期という段階は、古墳時代中期とは類似点がありながらも当然ながら相違点も存在する。その点は、次の項目としてあげられる。

札式甲冑と埋葬施設　古墳時代後期という時代は、横穴式石室を主たる埋葬施設とする。これらはしばしば追葬や盗掘、攪乱などの影響を受けることが多い。札式甲冑の場合、威紐や綴紐などが腐朽することに加え、これらの影響を受けると、ほとんど副葬された当時の状態を知り得るものが少なくなってしまう。反面、札の破片などが遺存するケースもあり、盗掘などの影響があった場合でもその存在を知ることも可能であろう。つまり、古墳時代中期の資料に対して、古墳時代後期の資料は一定

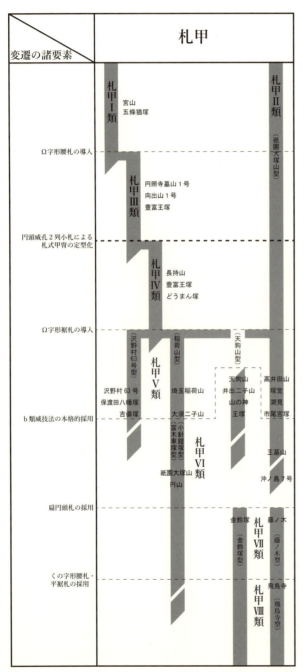

図77　本書における札甲の分類・変遷と先行研究の関係性

の制約を受けることとなる。この中で、遺存状況の良好な資料がひとつの基準として設定され、類似資料についても検討がなされてきた。

これと併せて、埋葬施設の変化に伴って甲冑の副葬位置の変化が認められるのも、この時代の特徴と言える。古墳時代中期の竪穴系埋葬施設において甲冑1領を保有する場合には棺内に甲冑を収める傾向が見て取れるが、横穴式石室を埋葬施設として甲冑を保有する場合にはその副葬位置は棺外に集中する傾向が見て取れる。これは埋葬施設の変化に伴った副葬品配置の変化の典型例とみられるが、その意味と副葬品・埋葬施設の相関関係を考える一つの基準となり得る。

札甲とその他副葬品の副葬数　古墳時代後期における札甲の副葬状況をみると、そのほとんどが1領を副葬するのみであることがわかる。この状況は、古墳時代中期にみられた甲冑の多量埋納とは性格を異にしている。これについて、甲冑の保有制限が加えられていたとする見解がある（清水和1988）が、装飾付大刀と甲冑の出土数の地域的偏在性には相関性があるようで、軍事的側面との関係から所有規制が緩かったとする見解がある（内山2006）。

これは、古墳時代中期にみられた甲冑の多量副葬とは明らかに性格を異にするものである。つまり、古墳時代後期においては、副葬品としての甲冑の役割もしくは武具としての甲冑の役割が変化した可能性も否定できない。しかし、現状で札がどのような甲冑に使用されていたのかを誤って認識している事例も多い。こうした認識を正すことにより、古墳に副葬された本来の甲冑のセットからのアプローチが可能となろう。

古墳時代後期の冑の変遷と系統　古墳時代中期より継続する衝角付冑は、横矧板鋲留衝角付冑とともに古墳時代後期に新たに竪矧広板鋲留衝角付冑が加えられる。これらについては、主に型式学的変遷過程の検討が行われており、個々の資料での変遷過程が示されている（内山1992、鈴木2010、川畑2011）点は、大きな意義を持っているといえよう。更には、朝鮮半島における突起付冑や冠帽付冑の影響を受けて竪矧広板鋲留衝角付冑が成立した点など、古墳時代後期の日本列島の甲冑についても少なからず外的要因を受けていたことが示されている（内山2001）。

しかし、現状では、冑鉢の検討にのみ従事したものが多く、冑とセットとされる錣・頬当などを併せて検討したものは非常に少ない。冑鉢と錣・頬当の関係性を明らかにすることにより、冑と札の製作過程とそれらを一つの製品として成す過程をさぐることができると考えられるため、ここでは冑の検討と併せて、冑と頬当の連結過程について検討する。

このように、古墳時代後期の甲冑のあり方ひとつとってみても、古墳時代中期のそれとは様相を異にしている点があることが確認できよう。これには、札式甲冑の系統の多様化や埋葬施設の変化などに加えて、その保有についても大きな変化が起こったものと推定されるのである。

ここでは、古墳時代後期の資料を主たる対象としつつ、その変遷過程・製作工程について、古墳時代中期の資料との対比に重点を置く。

128 第Ⅱ部 古墳時代後期における甲冑の製作・用途とその性格

　札式甲冑が日本列島の中に定着して、その製作の基盤が形成された。歴史時代になると「挂甲」や「短甲」が知られるようになるととともに、大鎧が出現する。この流れの中で、古墳時代に形成された甲冑製作もしくは甲冑のセットがどのようなものであったか、ここで検討する。

第6章　裲襠式札甲を含む武装の解明とその意義
－愛知県大須二子山古墳出土甲冑セットと副葬状況に着目して－

1．はじめに

　札で構成される人用の胴甲には、研究史上に言う胴丸式札甲と裲襠式札甲という2者が存在する。胴丸式札甲については、遺存状況の良好な資料が存在することに加えて、武人埴輪の意匠などにも認められる。一方で、裲襠式札甲については、和歌山県椒古墳出土品について末永雅雄が復元を行ったものが参考資料とされているが、厳密に言えば用途が確定できるほど良好に遺存している例が存在しない。

　末永が椒古墳出土札甲を裲襠式札甲とした根底には、江戸時代の有職故事家である春田永年（1753〜1800）が調査した社寺旧家所蔵の裲襠式札甲の絵図がある（末永 1934）。しかし、春田永年が調査した甲は古墳出土の資料とは断定出来ない。つまり、このような復元の前段階に、古墳時代に同様の札甲が存在したのかどうかは明らかではないのである。

　本来ならば、裲襠式札甲の検討するためには、その根拠となった椒古墳出土の甲冑類について検討を行うべきところであるが、椒古墳出土品は関東大震災の被害を受けており、実見も叶わないため不明な点が多い。

　それでは、裲襠式札甲について考えるために、どのような手段をとるべきか。末永が裲襠式札甲とした札甲の中に、遺存状況の良好な資料が1例存在する。それは、愛知県大須二子山古墳出土札である。大須二子山古墳より出土した甲冑類は、伊藤秋男の報告において多様な用途の札式甲冑が存在することが明らかにされ、裲襠式札甲の胸当と背当、および脇当が含まれるものとされ、良好な副葬状態を保っていることが知られている（伊藤秋 1978、末永・伊藤信 1979）。しかし、これについては現在の甲冑研究の観点からみると、再検討の余地があるとみられる。

　つまり、大須二子山古墳の甲冑類の研究は、古墳時代後期前半の甲冑類の構造とその用途について、重要な意味を持っていると考えられるのである。特に裲襠式札甲とされる札甲は、古墳時代を通してその完全な形となり得るものが確認されておらず、断片的な情報から復元されたものであった。大須二子山古墳の甲冑類をつぶさに観察することによって、古墳時代における甲冑の構造とその用途の一端を明らかにすることできると考えられる。

　ここでは、大須二子山古墳出土甲冑の検討として、それぞれ個々の資料について再評価を行う。裲襠式札甲とされる破片のみに着目することも可能だが、それでは1つセットとしての"武装"を復元することができない。そのため、ここでは大須二子山古墳の個々の甲冑片全体から、現存する甲冑セットの全容を検討し、同様の甲冑セットを出土した古墳との比較検討を進める。

2. 大須二子山古墳の研究史

　戦後の復興期には、日本全国各地で土取りや区画整理などが行われた。これらの対象は、各地に存在した古墳についても例外ではなかった。これらは正式な手続きを経て発掘調査がなされ報告書が刊行されているものも多いが、調査の手続きを経ず消滅した古墳も散見される。戦後の混乱からの復興という時代背景を考えれば、そうした事例もやむを得なかったのかもしれない。

　大須二子山古墳は、愛知県名古屋市中区門前町に存在した前方後円墳であるが、この古墳も上記の経緯から消滅した古墳の1基である。この古墳は尾張の首長墓とみられる大型の前方後円墳であったが、度々改変を受けた。墳頂部には尾張藩3代夫人の梅昌院の墓が築かれていたこともあり後円部には社が、前方部には墓地がそれぞれ築かれた（山田1949）。

　近代になると明治期の道路建設工事や、昭和22年の道路拡張・大須球状開場に伴って墳丘が削平された。写真4は大須球場開場後の写真だが、バックネット裏から一塁側スタンド後方に大須二子山古墳の墳丘が削られた状態で遺存しているのが確認できる。大須二子山古墳の墳丘に観客が登っている様子が伺えるが、安全のためもしくは境界の区画としてであろうか墳頂部には柵列が設

写真4　大須球場開場後の大須二子山古墳

写真5　昭和23年の大須二子山古墳に関わる新聞記事

第 6 章 裲襠式札甲を含む武装の解明とその意義　131

写真 6　大須球場撤去時の大須二子山古墳

けられている。

　昭和 23 年になると、大須球場の一塁側スタンドの拡張工事が行われた。この際の工事は墳頂部に及んでおり、10 月 6 日付の中部日本新聞で木棺片や副葬品である甲冑類などが出土したことが報じられた（写真 5 左）。この時に出土した副葬品は、画文帯仏獣鏡・画文帯神獣鏡・衝角付冑・胴丸式札甲・裲襠式札甲・f 字形鏡板付轡・剣菱形杏葉・辻金具・兵庫鎖・鈴釧・刀剣類・玉類が知られるが、いずれも工事の際に偶然にも発見・採取されたものにすぎない。本来はこれ以上の副葬品が存在した可能性があるが、今となっては全容を知る術はない。また、10 月 19 日付の名古屋タイムズでは、円筒埴輪 7 基が検出されたことも報じられた（写真 5 右）。

　この後、大須球場は昭和 27 年 7 月 7 日に起こった大須事件の現場となった。その後、経済的な行き詰まりから、翌昭和 28 年 1 月に球場の撤去が決定し、同年春には撤去が実施された。この時に一塁側に存在していた墳丘も削平され、大須二子山古墳は完全に消滅した（写真 6）。

　大須二子山古墳の跡地は平地となり、現在では名古屋スポーツセンターが建つ。現状で墳丘の痕跡は認められず、完全に平坦な地形となっている。

　大須二子山古墳の墳丘の復元研究　こうした数奇の運命を辿った大須二子山古墳であるが、この古墳の重要性は既に地元の研究者らにより知られており、田中稔や柚木和夫らにより副葬品の採集や墳丘断面のスケッチが行われた。両者ともに失われる古墳の情報を形に残そうとするものであり、両者の努力は大須二子山古墳の墳丘を知るための貴重な資料となっている（図 78・79、田中 1953・伊藤秋 1978）。

　近年では航空写真や地籍図を用いた墳丘の復元研究に焦点が当てられている。犬塚康博は、大正期〜敗戦直後の地籍図を基に大須二子山古墳の墳丘

図 78　田中稔による古墳断面測図

図 79　柚木和夫による墳丘のスケッチ
（上：西から　下：北から）

の痕跡を追った（犬塚 1990）。この中で、大須二子山古墳の墳丘は 138m 程度に復元できるとした。この墳丘規模は、東海地方最大の前方後円墳である断夫山古墳に匹敵する規模にもなる（図 80）。

　原久美子は戦時中〜戦後に米軍が撮影した航空写真および地籍図を基に、墳丘 100m 程度の前方後円墳の形を推定した（原 2008・2011）。

　藤井康隆は、大須二子山古墳が築造されて時期に存在する尾張型円筒埴輪の分析を通して、大須二子山古墳の尾張型円筒埴輪の大型品が、器形・大きさについて味美二子山古墳（墳丘全長 96m）のそれを凌ぎ、断夫山古墳（墳丘全長約 150m）のそれと近しいものと推定する。墳丘規模についても同様の差異が生じると見ることが可能なのであれば、大須二子山古墳の墳丘規模は味美二子山古墳を凌ぐものとした。藤井は大須二子山古墳の墳丘について、犬塚が提示した 100m 超級の墳丘を

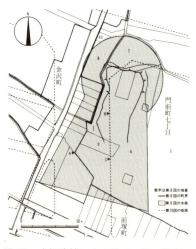

図 80　犬塚康博による墳丘の復元推定図

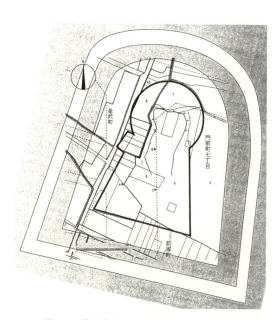

図 81　藤井康隆による墳丘の復元推定図

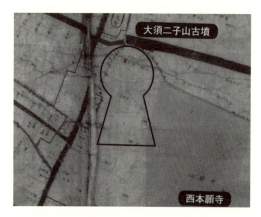

図 82　伊藤秋男による墳丘の復元推定図

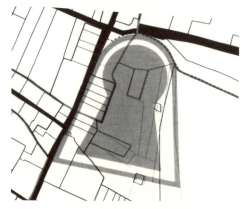

図 83　深谷淳による墳丘の復元推定図

もつ大型前方後円墳とする案を概ね妥当とする考えを示した（藤井2008、図81）。

伊藤秋男は、愛知県公文書館所蔵の地籍字分全図の分析から、大須二子山古墳の墳形を探っている。大須二子山古墳の存在した本願寺境内は南北が125mしかなく、これをはるかに超える墳丘は推定しにくいとし、全長80m程度の前方後円墳とする案を提示した（伊藤秋2010、図82）。

深谷淳は、犬塚同様の地籍図の検討ながら、描かれた地形の解釈と味美二子山古墳の墳形を用いた考察から、周堤長125mの復元形を導き出した（深谷2015、図83）。

大須二子山古墳の墳丘規模については、80m～138mとする各研究者による差異はある（図80～83はいずれも同一方向・同一スケール）。墳丘規模の確定には今後も引き続き検証が不可欠であるが、これらの研究により大須二子山古墳が東海地域の中でも屈指の大型前方後円墳であることが実証されたことは大きな成果と言えよう。

大須二子山古墳の埋葬施設・副葬品の研究　墳丘の復元研究と合わせて、埋葬施設の復元研究も行われてきた。ただし、埋葬施設が確認されたのは、昭和23年に行われた大須球場一塁側スタンド工事の際の不時発見であったため、記録等は残っていない。そのため、埋葬施設の復元研究は当時の関係者への聞き取り調査に基づいたものであった。

初期の聞き取りの際には、埋葬施設は一辺2mの正方形プランの竪穴式石室とされた（山田1949）。伊藤秋男は、この竪穴式石室を後世に造られた墓室であるとし、大須二子山古墳の真の埋葬施設は粘土槨であると推察した（伊藤秋1978）。犬塚康博がのちに行った聞き取りでは、埋葬施設は長方形プランの石室であったされ、犬塚はこの長方形プランの石室を大須二子山古墳の真の埋葬施設であると推定した（犬塚1990）。このように、聞き取り調査による埋葬施設の検討は決定的な根拠が不足する状況であり、埋葬施設の復元研究は停滞する状況となっていった。

副葬品については、出土後により何とか記録を残そうとする柚木和夫らの尽力もあり、遺物の記録や聞き取りなどがとられた後、山田吉昭・安達厚三・伊藤秋男・犬塚康博の各氏により、確認された遺物の報告がなされた（山田1949・安達1977・伊藤秋1978・犬塚1990）。特に、伊藤秋男による報告は、過去の調査・聞き取り等の成果を取りまとめたものとなっており、大須二子山古墳の副葬品とそれをとりまく状況を広く伝える契機となった。こうした各氏の成果もあり、大須二子山古墳古墳の副葬品は、早い段階から注目されるところとなった。副葬品の詳細については、各遺物についての検討がそれぞれ行われているところである。具体的な個々の遺物については次章で触れていくため、ここでは省略する。

筆者は、大須二子山古墳の札甲およびその付属具の検討から、甲冑類が刳抜式木棺内に副葬されていたことおよびその甲冑類が一つのセットを構成していたことを明らかにしたが、この大須二子山古墳の甲冑類の特徴を同時期の他の古墳と比較することにより、大須二子山古墳の埋葬施設は竪穴系の埋葬施設である可能性が高いことを示した（初村2012）。この際に着目したのが、副葬品に遺存する「錆の情報」であった。この錆の情報を認識・提示することで、副葬品の配列時の多様な情報を提示することができる。ただし、筆者の検討は未だ甲冑類の一部の検討に留まっており、甲冑類全体、ひいては他の副葬品や埋葬施設の断片的な情報を総括して検討する必要があった。

134 第Ⅱ部 古墳時代後期における甲冑の製作・用途とその性格

3．大須二子山古墳出土甲冑の実態

大須二子山古墳より出土した甲冑類には、伊藤秋男の報告（以下、旧報告とする）により、衝角付冑、胴丸式札甲、襠襦式札甲、脇当が存在するとされる（伊藤秋1978）。しかし、一部の甲冑の用途については、近年の札式甲冑の研究の成果および筆者が行った甲冑類の実測作業・検討により、修正・加筆が必要なものが存在する。そのため、ここで甲冑類を再図化し、検討する。

（1）横矧板鋲留衝角付冑（図84）

伏板は良好に遺存しているが、それ以下の部位は左半部を大きく欠く。欠損部は保存処理の際に復元がなされている。出土時には錣が存在していたようだが、現状ではそれは認められない。前後長267mm、最大幅205mm、最大高181mm。連結には鋲を用いる。鋲頭径6mm、鋲頭高3mm。

伏板　杓子状の板で構成される。通常は冑前面を構成するため腰巻板上に被る構造となるが、本例では腰巻板の内側に入り込み、衝角部を構成しないという特徴をもつ。全長218mm、左右幅108mm。

衝角部は鋭角をなし、外面からはその稜線が明瞭に確認できる。内面や錆瘤が多くあるため不明な点が多い。頂部には稜線をまたいで左右にそれぞれ1孔の計2孔が少なくとも穿たれていることがX線写真から確認できるが、2孔以上存在するかどうかは錆瘤のため不明である。鋲は22鋲が現存しており、鋲の心々間距離は25mm程度である。

上段地板　幅48mmの板により構成される。左半部を大きく欠くため全長は不明である。伏板との連結には現状で18鋲が用いられている。

胴巻板　幅48mmの板により構成される。左半部を大きく欠くため全長は不明である。伏板との連結には左右でそれぞれ2鋲が用いられる。また、上段地板との連結には10鋲、下段地板との連結には9鋲が現存する。鋲の心々間距離は34mm程度。

下段地板　幅52mmの板により構成される。左半部を大きく欠くため全長は不明である。伏板との連結には左右でそれぞれ1鋲が用いられることが現状で確認できるが、鋲間隔から考えれば左右にそれぞれ2鋲が打たれていた可能性も残る。

腰巻板　幅38mmの板により構成される。通常の衝角付冑の腰巻板は冑正面側で伏板が上に重なるが、この衝角付冑の腰巻板は伏板の上面に被ることで衝角部を構成するようである。そのため、この衝角付冑は、腰巻板が冑の最下段を全周するという特徴を有する。左半部を大きく欠くため腰巻板の合わせ目は不明瞭であるが、同様の構造である茨城県三昧塚古墳出土衝角付冑では背面側に腰巻板の合わせ目があるため、本例も同様であった可能性を考えておきたい。下段地板との連結に使用する鋲は6鋲が現存している。伏板との連結には左右でそれぞれ1鋲、計2鋲を用いる。腰巻板には頬当・錣の威孔が穿たれている。遺存部位がわずかであるため全体的な傾向はつかめないが、約16mm間隔で孔を穿つようである。

衝角底板　腰巻板に鋲留された衝角部底部の板である。左右の端部を約18mm折り曲げ、腰巻板に内接させて鋲留している。使用する鋲は4鋲である。衝角部の構成方法から川畑純により一連式として評価される（川畑2011）が、衝角底板の接合方法のみに着目すれば、内接式に該当する。

第6章 裲襠式札甲を含む武装の解明とその意義　135

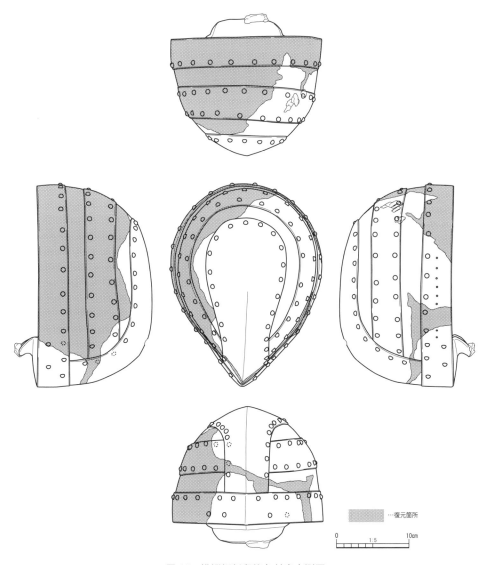

図84　横矧板鋲留衝角付冑実測図

（2）札頬当・錣（図85）

　冑に伴う付属具である。従来は肩甲とされていたものが冑の腰巻板片と札錣であり、裲襠式札甲の一部とされていたものが札頬当に該当する。

　1は、札錣である。内側に冑腰巻板があり、その外側に錣札列が2段遺存している。札は1段目が7枚、2段目が8枚、それぞれ左上重ねで遺存している。札は全長約45mm、幅22mmの札を用いており、威技法は革紐を用いた通段威技法である。裏面から札を確認できないので綴技法などは不明である。また、札足端部を欠いているが、これは後述するように膝甲1の裏面から剥離したためであり、膝甲1の裏面にその痕跡が遺存している。こうした甲冑の錆着関係は、遺物副葬時の状況を復元するための重要な要素となり得る。

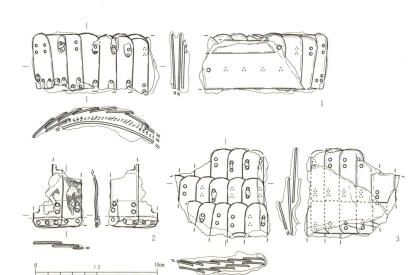

図 85 札錣・頬当実測図

2は、縦断面形がΩ字形に湾曲した札で、札錣の最下段である。2枚が綴じられた状態となっているが、これに更に膝甲裏に錆着しているΩ字形裾札が接合可能である。この接合関係により、先の1との関係性を錆着状態から明らかにすることが可能となり、錣全体の段数が3段で構成されることが確実となる。札は、全長35mm、幅21mmの札を用いており、札足に革包覆輪を施す。表面に布の付着があり、冑の上に布が被っていた様子をうかがうことができる。布目は比較的細かく、札甲に綴じ付けられたワタガミの可能性もある。

3は、札頬当である。札は4段遺存しているが、重ねがすべて右上重ねとなっていることから、冑の右側に装着された頬当とみられる。1段目は5枚、2段目は6枚、3段目は5枚、4段目はかろうじて1枚の頭部片が遺存しているのみである。他の札式付属具が可動性をもつ威技法により連結されるのとは異なり、札頬当はすべて綴技法により連結される。そのため札頬当は、上下の可動性を持たない武具となる。また、裏面の全面を覆う革の端部を表面に折り返し、札に綴じ付けている。裏張りを兼ねる覆輪技法であることが明瞭に確認できる好例である（初村 2010）。

また、図 87-1 裏面錆着している札頬当についてもここで触れておく。この札頬当は、表面を膝甲にむけて錆着しているため、表面を観察することは現状では不可能である。しかし、裏面は良好に観察することができ、5段の札列が良好に遺存していることが確認できる。札の重なりはすべて左上重ねであるため、左側頬当であると思われる。1段目は3枚、2段目は8枚、3段目は7枚、4段目は7枚、5段目は6枚、それぞれ遺存している。構造は右側頬当と同じく綴技法により連結されたものであるため、上下の可動性は持たない。また、覆輪等の技法も右側頬当と同様である。この頬当は、膝甲1の裏面に直接錆着したものである。そのため、膝甲の札列は現在の最上段よりもさらに上に札列が続くことはなく、現在の最上段が当初の最上段であることは確実と言える。このことは、横矧板鋲留衝角付冑が膝甲裏面に接する形で副葬されていたことを示している。

（3）札甲（図 86）

古墳出土の札甲の中で、構造が良好に遺存している資料の一つに数えられるものである。副葬された当時の姿のまま錆びついているため装着時の状況を知ることはできないが、札甲の構造を知

ことができるとともに、銹着破片から周辺に存在した武具の存在を伺うこともできる。また、可動性を有するという札甲の特性から埋葬施設の床面・側壁の形状をトレースした形状となっており、多様な情報を秘めている。

札の構成と重ねの方向　すべて円頭威孔2列札により構成されたものである。竪上・長側の札は全長57mm、幅20mmの平札、腰札は全長150mm、幅20mmのΩ字形札、草摺は全長65mm、幅22mmの平札、草摺裾札は全長60mm、幅22mmのΩ字形札を用いる。

札甲は、前胴竪上4段、後胴竪上5段、長側3段、草摺4段により構成される。札の重ねは、腰札のみ背面中央よりそれぞれ前方に向かって上重ねしていくが、他の部位はこのような重ねの変換点を持たない。草摺2段目のみ右上重ねとなっているが、その他はすべて左上重ねである。

各札の枚数については、構造が良好に遺存しすぎている故、視認できない箇所も多く存在する。そのため、具体的な数字を出してしまうと混乱を生じる可能性があるため、明示は避けたい。

装着装具　竪上最上段裏面にワタガミが綴じ付けられている（写真7）。このワタガミは竪上最上段札の頭部に穿たれた第1・第2威孔を用いて綴じ付けられる。

一方で腰札周辺ではこうした装具は確認することができなかった。

連貫・連結技法　威技法には組紐を用いた通段威技法a類である。竪上最上段札のみ、札の中央に穿たれた第3威孔より威を開始し、それ以外の段の札はいずれも第1・2威孔で通段威を行う。綴技法は幅5mm程度の革紐による斜行状の技法である。下掦技法は幅3.5mmの革紐を用いたらせん状下掦技法である。草摺最下段に認められる覆輪は、端部を布で包み組紐で綴じた布包覆輪技法で、草摺裾札の側端部にまで及ぶことを札甲下面にみえる草摺裾札端部で確認した。

銹着した武具　この札甲を観察すると、札甲以外の武具が所々に銹着しているのが目につく。列挙しておくと、篠状鉄札、小型札、革包覆輪のある武具片、革の威紐片がある。

篠状鉄札は、篠状鉄札の頭部が不明であるため、厳密には用途を確定することは困難であるが、頭部側の方向に小型の札が4枚銹着しており、篠状鉄札の頭部よりも上段に札列が続く可能性が考えられる。これにより、この篠状鉄札は篠臑当である可能性が考えられる。

革包覆輪のある武具片としては、札頬当や籠手が代表的なものとして存在する。現状で確認すると、遺存する革包覆輪に併行して1枚の部材が長く伸びており、篠状鉄札のような長細いものと推定される。そのため、ここでは籠手の可能性を考えておきたい。

臑当と籠手は、札甲と木棺の間、もしくは草摺上に置かれていた状態が復元できよう。現状を見る限りでは、臑当が右前胴側、籠手が左前胴側にそれぞれ置かれていたようである。

また、札甲背面側には、革紐を威紐とする武具が近接して副葬されていたことを裏付ける痕跡がある。大須二子山古墳より出土している革紐威の武具は、膝甲、札錣、臑当、籠手があるが、そういった武具が近接して副葬されていたと推定される。

銹着した木棺痕跡　札甲は可動性を有するため、周辺に存在したものの形状に沿うという特徴を有している。この札甲は埋葬施設に副葬されていたものであるため、札甲の現状は札甲が置かれた場所、すわなち埋葬施設の形状を少なからず反映したものとなっている。

138　第Ⅱ部　古墳時代後期における甲冑の製作・用途とその性格

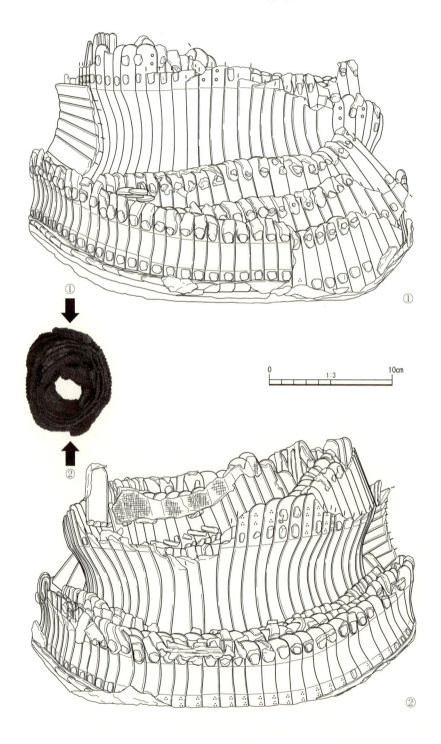

図86　札甲

第6章　裲襠式札甲を含む武装の解明とその意義　139

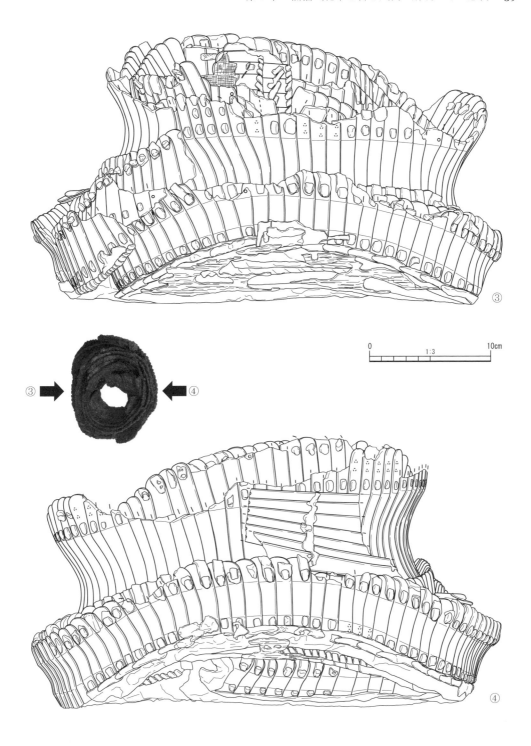

実測図

140　第Ⅱ部　古墳時代後期における甲冑の製作・用途とその性格

写真7　竪上最上段に綴じ付けられたワタガミ

写真8　組紐を用いた威紐

写真9　草摺上に銹着する小型の札

写真10　草摺上に銹着する篠状鉄札

写真11　草摺外に銹着する革包覆輪のある武具

写真12　威紐（組紐）上に遺存する威紐（革紐）

写真13　底部に遺存する木棺痕跡

写真14　威紐（組紐）上に遺存する木棺痕跡

札甲の底部には、現状で木質の痕跡が錆着している（写真13）。残存長は最大で約240mm。また、札甲の底部はこの木目に対して垂直方向に緩く湾曲している。これは札甲が置かれた棺の内面の形状がゆるくカーブする形状であったことを示しており、刳抜式木棺の内部に札甲が副葬されていたことが推定できる。刳抜式木棺については、副葬品と併せて出土しており内側に朱が塗られていたことも確認されている。

また、札甲の底部とは異なる位置に木質が付着している箇所がある（写真14）。木質の木目方向は札甲底部付着木棺と直交しており、木棺小口板である可能性が高い。この木質の存在から、札甲が木棺内の端に副葬されていたことを推定することが可能となった。

（4）膝甲（図87・88）

裲襠式札甲とされていたものがこれに当たる。現在、札塊が2個体と遊離片が6点が存在する。使用している札は、全長74mm、幅26mmの鉄製平札と、全長75mm、幅26mmの鉄地金銅装Ω字形札である。

1は、10段の鉄製札列に1段の鉄地金銅装札列の計11段の札列より構成される。札列の大きな乱れはなく、整然と並んだ状態である。1段目は10枚、2段目は10枚、3段目は10枚、4段目は10枚、5段目は7枚以上、6段目は11枚、7段目は12枚、8段目は10枚、9段目は10枚、10段目は6枚、11段目は1枚の札がそれぞれ遺存している。

使用されている札は、頭部が円頭形を呈し、威孔2列4孔、綴孔を2列4孔、下搦孔を3孔をそれぞれ穿つ。威技法は2本の革帯を重ねた綴付技法である。甲の重量を考慮して威紐の本数を増やしているものとみられる。綴技法は斜行状綴技法、下搦技法はらせん状下搦技法である。

1段目の内側に綴じられた札の武具が錆着した状態である。この札の武具は5段で構成されるものであるが、面的に遺存する皮革が被るため、厳密な枚数の確定はできていない。この錆着武具の付近に錆の剥離痕跡があるが、この剥離痕跡は先述した冑腰巻板・錣が接合できることが判明した。そのため、膝甲内側に錆着したこの武具は、その特徴から冑に伴う札類当であるものと考えられる。

この札類当は、膝甲の1段目に直接錆着しているため、膝甲の段数が現状以上に増えることは考えにくい。現状の11段構成は副葬時の段数を保持しているものと思われる。

また、膝甲の4段目〜6段目の内側にΩ字形裾札が2枚錆着しているが、先の冑錣の錆着関係を考えると錣の裾札に当たるものと思われる。

2は、1と同じく11段の札列が錆着した状態で遺存するものである。各札列については乱れておらず、良好な状態を保つものと思われる。1〜10段目は鉄製の平札、11段目は鉄地金銅装のΩ字形裾札を用いている。1段目は3枚、2段目は12枚、3段目は14枚、4段目は14枚、5段目は14枚、6段目は14枚、7段目は13枚、8段目は12枚、9段目は12枚、10段目は11枚、11段目は11枚の札がそれぞれ遺存している。

使用されている札は頭部が円頭形を呈し、威孔2列4孔、綴孔2列4孔、下搦孔3孔が穿たれるものである。威技法は2本の革帯を用いた綴付威、綴技法は斜行状綴技法、下搦技法はらせん状下搦である。

142　第Ⅱ部　古墳時代後期における甲冑の製作・用途とその性格

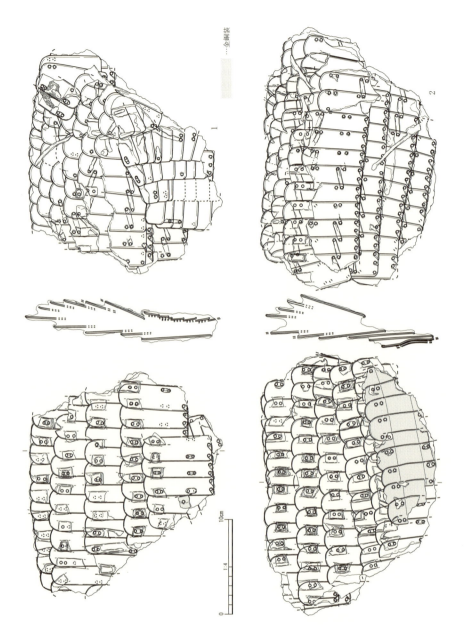

図87　膝甲札塊実測図

　また、1と2は直接接合することが可能であり、大型の札塊となる。また、2の7〜10段目の右端の札はそれぞれ札列の端部に当たるものであり、1の右端および2の左端には札の重なりの変換点がそれぞれ存在する。1の左端が欠けているため厳密な規格は不明であるが、武具の法量を考えていく上では重要なものと言えよう。

　3〜8は膝甲から遊離した破片群である。3のみ鉄製の平札、4〜8は鉄地金銅装のΩ字形裾札である。これらはやはり1・2と同様の特徴を有している。3の鉄製札は、表面でいずれも綴の立取が確認できるのに対し、裏面で斜め方向にのびる綴紐が確認できることから、札列の左端であ

ることが確定できる。また、7
の鉄地金銅装裾札は、2個体が
誤って接合されてしまっている
が、この札の裏面に2枚の札頭
部片が錆着している。この札頭
部片は札甲や膝甲等に使用され
た札よりも小型のもので、後述
する臑当などの札である可能性
が高い。甲冑同士の錆着関係は
副葬状況を復元するための手段
ともなりうるものであるため、
重要な点であると言える。

（5）臑当（図89）

裲襠式札甲の脇当とされてき
た個体がこれに当たる。

1は、篠状鉄札が15枚遺存
するものである。篠状鉄札はす
べて左上重ねであるが、左端の
篠状鉄札は中央に稜線をもつ山

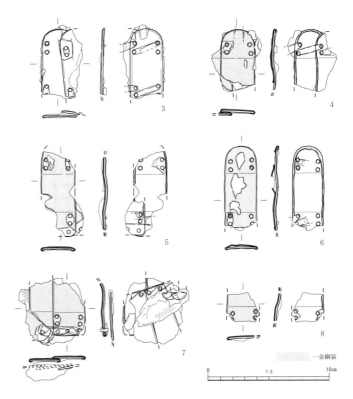

図88　膝甲札片実測図

形となっているためこの部分で札の重なりが変化するものと思われる。篠状鉄札の頭部には、上段
の札から続く威紐が遺存している。威技法は綴付威である。また、綴孔には、表面で立取、裏面で
鋸歯状となる綴紐が確認できる。裏面に2重程度に布が重なるように付着しているが、こうした布
は、甲冑類の中では札甲に認められるワタガミのみである。現状で副葬位置を確定することは困難
であるが、札甲のワタガミが続く位置に副葬されていたものとみられる。篠状鉄札は、全長不明、
最大幅17mmである。

2は、篠状鉄札が9枚遺存するものである。篠状鉄札はすべて左上重ねであり、左端の篠状鉄札
は1の右端の篠状鉄札に接合することが確認できる。篠状鉄札の頭部には、1と同じく綴付威が確
認できる。また、綴孔にも表面で立取、裏面で鋸歯状となる綴紐が確認できる。

3は、小型の札が5枚、右上重ねされたものである。札は全長30mm、最大幅12mm。表面の
剥離などが著しく、状態はあまりよくない。頭部形状は円頭形を呈し、威孔は2列4孔、綴孔は2
列4孔をそれぞれ穿つ。下搦孔はない。威技法はやや不明瞭だが、札裏面で立取となるため通段威
技法a類とみられる。綴技法は札表面で立取、裏面で横方向にのびる。

また、1・2とは別に札甲に錆着する篠状鉄札が存在する。篠状鉄札の頭部が遺存していないた
め、籠手なのか臑当なのか判断することはできない。ところが、頭部よりも上段に3と同型の小型
札が確認できるため、臑当の可能性が高いと考えられる。篠状鉄札は7枚が遺存する。

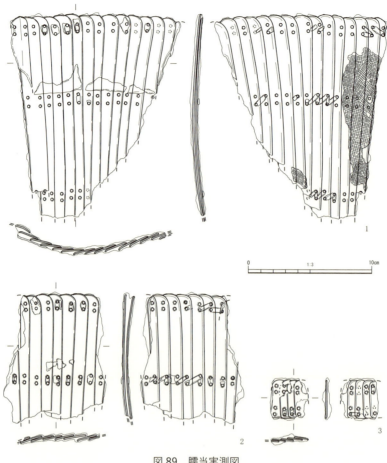

図89 臑当実測図

（6）小結

　以上のように、大須二子山古墳出土甲冑類の用途について検討を行ってきた。これにより、大須二子山古墳には少なくとも次のような甲冑セットが存在することが確認された。

- ・頭　部…横矧板鋲留衝角付冑・札頬当・札錣
- ・胴　部…札甲
- ・腕　部…篠籠手？（推定される破片が札甲に錆着）
- ・大腿部…膝甲（片方のみ遺存）
- ・脚　部…臑当（篠状鉄札のみ遺存）

　中でも特徴的なものとしては、冑とその付属具が一式確認されたこと、および膝甲と臑当が共伴していることである。

　冑と札頬当・札錣のセット関係は、出土時にはその存在は確認されていたものの出土後の欠損により不明なものとなっていた。札頬当・札錣の存在が今回改めて確認されたことは、大須二子山古墳の甲冑セットを考える上で重要なものとなろう。

膝甲と臑当は、共に足を守る武具であるが、前者は主に大腿部、後者は脚部を守る武具であるため、これらを共に装着することによって初めて足の防護が完全になされることとなる。同様の例は、既に大阪府長持山古墳で明らかにされているが、大須二子山古墳にも札式甲冑で構成された充実した甲冑セットが存在したことが明らかとなった。

ただし、大須二子山古墳の副葬品が出土した際、一部の札は、墳丘破壊時に持ちさらされてしまったものが存在する。元々副葬されていた甲冑セットが現状で確認できるものですべてであったのかは明らかにし得ないが、現存するもののみにおいても大須二子山古墳の甲冑セットが同時代の武装の中でも特筆するべきものであったことが確認できるのである。

4．甲冑類を中心とした大須二子山古墳の副葬品配列の復元

これまで、大須二子山古墳出土甲冑類について、その構造・用途に着目しながら検討を進めてきた。大須二子山古墳出土遺物については、残念ながら全容は不明であるものの、特徴的な構造と遺存状況が良好であることが幸いし、一定程度構造を復元しうるものであった。

それでは、これら副葬品がもつ情報は、節題として立てた“大須二子山古墳の埋葬施設の復元”に寄与することができるのであろうか。これまで、聞き取りにより得られている情報があるが、複数の聞き取りにより齟齬が生じている状態である。そうした状態を打破するため、前節までに遺物に遺存する情報の抽出を進めてきた。ここではその成果をまとめ、副葬品配列の復元を試みたい。

既に失われた古墳の埋葬施設と副葬品の配列を検討することは、きわめて困難である。ところが大須二子山古墳の場合、副葬品の一部が良好な状態で遺存することや副葬品出土時の様子が伝聞情報として得られているなど、他資料に比べて恵まれている点があることもまた事実である。ただし、これまでに得られている情報は、客観性に差があるためすべてを同列に扱うことはできない。本書ではこれらの情報のもつ客観性や追認・再現性の有無により情報を下記のように分類し序列化する。

　　A：客観性に基づく当時の記録・図面等
　　B：現存する副葬品に遺存する情報
　　C：遺物出土時の記憶と伝聞情報
　　D：類似例との比較検討による類推

Aには、遺物発見当時の客観的資料が該当する。大須二子山古墳の場合、残念ながらこうした副葬品の出土状況が記録された図面などは確認されていない。ただし、先に挙げた写真5の記事は、古墳の墳頂部において副葬品群が限りなく発見当時に近い時間に撮影されたものであると思われ、重要視できる。このほか、遺物が鶴舞公園の事務所に移動された際に柚木和夫により撮影された写真も注目したい（伊藤秋1978、写真15）。

Bには、現存する副葬品にみられる埋葬施設の情報および遺物の接合・錆着関係が該当する。錆による諸情報は、長期間にわたって遺物・遺構の位置関係が保たれていた根拠となるため、副葬時の状況が反映されている可能性が高い。この点は現存する資料において再現可能なため、客観性も担保できる。埋葬施設や副葬品の埋葬状況を復元する材料としては、Aと等しく十分な根拠となる。

Cには、大須二子山古墳の埋葬施設について既に得られている伝聞情報が該当する。副葬品発見当時の状況を知る上できわめて貴重な情報であることには疑いないが、大須二子山古墳の埋葬施設に関しては複数人への聞き取りにおいて内容に齟齬がある。これを埋葬施設・副葬品配列の復元の材料とするには、客観性・再現性の担保できるA・Bなどと併用する必要がある。

Dには、大須二子山古墳で確認できた情報を基に、他の類似例の情報を参照するものである。単純に他の類似例を援用するのみでは問題があるが、古墳の埋葬施設・副葬品配列は、法則的な方法・作法等が存在するため、特異な事例でない限りは類似例を参照することが可能であるように思われる。A・Bなど大須二子山古墳の各種資料を参照することで根拠を示す材料となり得る。

古墳の副葬品の中には、品目や構成などで副葬位置が異なるという特徴をもつものが存在する。この点に着目すれば、副葬品配置を類型化することは可能である。類型化された副葬品配置と実際の資料とを対比させていくことで、一定程度復元してくことも可能であるように思われる。

この検証レベルについては、当然ながらA・Bが確実性が高く、C・Dは確実性が低い。これらの基準を判断材料として、具体的に見ていき、検討を加えていく。

①副葬品に遺された埋葬施設の痕跡

埋葬施設の研究史については先に簡単に触れたが、本章でも改めて大須二子山古墳の埋葬施設を考える根拠についてここで触れておきたい。

札甲と木棺痕跡　個々の副葬品を見たときに、最も副葬時の形状を維持しているものとして、札甲が目を引く。草摺の一部や腰札の頭部が欠けるなどあるが、日本列島内で最も構造を保つ札甲の代表事例として挙げられるほどのものであり、構造の遺存状況は抜群に良好である。

一方で、この札甲は、埋葬施設を考える上でも非常に雄弁である。着目したいのは、札甲の下面および側面に銹着する木質の遺存状況である。この下面の木質は、札甲の長軸方向を軸とし、札甲の下面形状に沿って銹着している（図90-①・②）。この木質は、刳抜式木棺の身部で、断面形が緩いカーブを描くものであることを示している。大須二子山古墳からは、聞き取りにより「割竹形木棺」が出土したとする証言があり、またそうした刳抜式木棺の存在を示す資料や新聞記事も存在する。現状で札甲が刳抜式木棺内部に副葬されていたことは検証レベルA・B・Cの３つを含んでおり、確実とみられる。

写真15　柚木和夫により撮影された大須二子山古墳出土遺物

札甲の副葬位置と埋葬施設　それでは、この札甲は、木棺のどの位置に副葬されていたのだろうか。この点にヒントをくれるのが、札甲側面に銹着した木質である（図90-③）。この木質は威紐に密着する形で遺存しており、かつ先述した刳抜式木棺身部の木目方向とは直交する木目方向を有する。この木目方向と遺存位置から考えるに、札甲側辺に遺存する木質は、木棺の小口板だろう。この点は副葬品に遺存する情報—客観性をもつ検証レベルBを含んでおり、概ね確実であったとみてよい。つまり、札甲は、刳抜式木棺内部の空間の両小口のいずれかに接する形—棺内の隅に副葬されていたことになる。この両小口のうち、被葬者の頭部側・脚部側のいずれかであったかは資料の状況からは断定することは難しいため、同様の甲冑副葬古墳を参考とする。

　札甲のうち、副葬位置が確実な資料について、竪穴系の埋葬施設と横穴系の埋葬施設に分けて挙げたものが図91〜95である。このうち、竪穴系埋葬施設（図91・92）についてみると、札式甲冑導入期とみられる五條猫塚古墳やこれと同様の時期では、短甲が甲の主体を占めていたためであろうか、短甲が棺の中に副葬される傾向がある。しかし、次第に札甲が倭の中で定型化し甲の主体となってくると、棺の内部—特に被葬者の脚部側に札甲を副葬する事例が多くなる。近年では、奈良県吉備塚古墳や富山県加納南9号墳、宮崎県西都原111号墳など良好な事例も検出されている。大須二子山古墳の札甲もこれらと同様の副葬方法がとられていたようである。

　ところが、埋葬施設の主流が横穴式石室となると、その状況は一変する。札甲は、棺内ではなく主に棺外の石室奥壁付近に副葬されるようになるのである（図93〜95）。横穴式石室の棺内に札甲

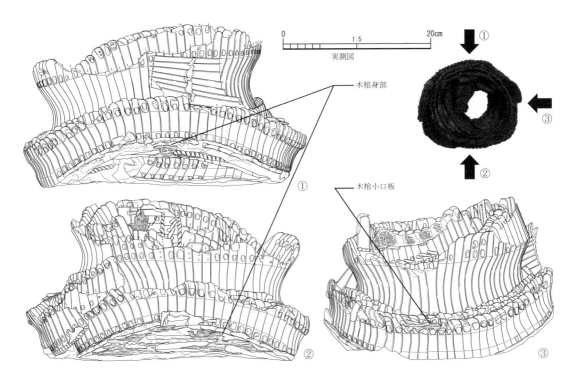

図90　大須二子山古墳出土札甲に遺存する木棺痕跡

148　第Ⅱ部　古墳時代後期における甲冑の製作・用途とその性格

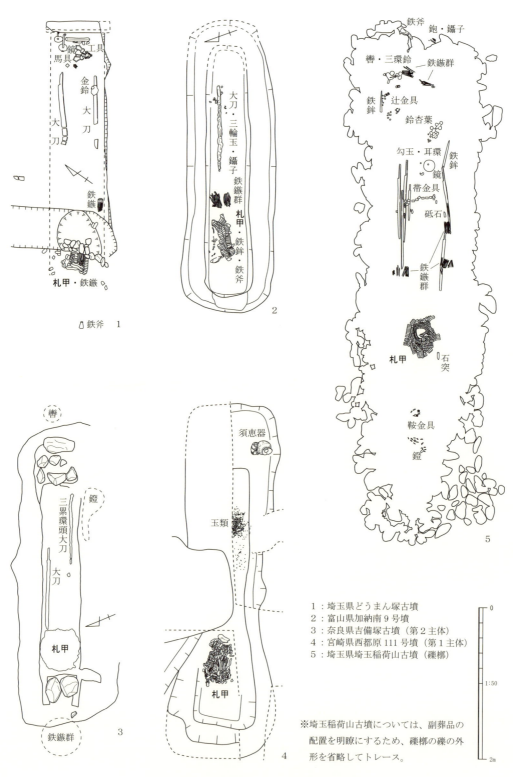

図91　竪穴系埋葬施設に札甲を副葬した事例1

第 6 章 裲襠式札甲を含む武装の解明とその意義　149

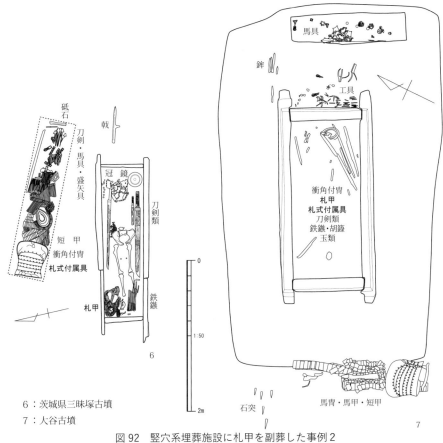

6：茨城県三昧塚古墳
7：大谷古墳

図 92　竪穴系埋葬施設に札甲を副葬した事例 2

を副葬する事例としては、わずかに千葉県金鈴塚古墳（図 95-5）で札式甲冑一式が出土した程度である。横穴系埋葬施設の場合、埋葬施設の空間が広く存在するためであろうか、甲冑類を棺の内部に入れなくなるようである。千葉県金鈴塚古墳についても、他事例と比べるとイレギュラーな事例であり、かつ大須二子山古墳と比べるとかなり新しい時期の事例となるため参考にはし難い。

　以上のように、現存する遺物および類似例から考えれば、大須二子山古墳の埋葬施設は竪穴系の埋葬施設である可能性が高いように思われ、被葬者の脚部側に副葬されていた可能性が考えられる（検証レベル D）。いずれにしても、刳抜式木棺を棺とする場合、石室・石槨内に棺を据え付ける必要がある。横穴系埋葬施設の場合は、追葬を推定する必要もあるため、棺を床面に据え付けることは基本的に行わない。こうした点から考えれば、刳抜式木棺が出土している大須二子山古墳の埋葬施設は、竪穴系埋葬施設であった可能性が高いと考えることができる。

　錆からみた埋葬施設の類推　ただし、その竪穴系埋葬施設が竪穴式石室であったか、粘土槨等であったかは判断に迷うところである。過去の聞き取り調査によって石室の存在が聞かれているものの（伊藤秋 1978、犬塚 1990）、石室については尾張徳川家三代夫人であった梅昌院の墓であり、粘土槨が大須二子山古墳の真の埋葬施設であるとする見解もある（伊藤秋 1978）ためである。

150　第Ⅱ部　古墳時代後期における甲冑の製作・用途とその性格

1: 大阪府富木車塚古墳
2: 奈良県珠城山1号墳
3: 香川県王墓山古墳

図93　横穴式石室における札甲の副葬位置1

　通常、土中に鉄製品が埋もれていた場合、土壌および水の影響を大きく受けるため、鉄製品の周辺の土にまで黄色や褐色の錆が広がり、鉄製品自身も同様の錆が覆われる。しかし、大須二子山古墳の副葬品は錆の具合からみると一定の空間が保たれた中で錆化したものであるように思われる。そのような視点でみるならば、少なくとも大須二子山古墳の遺物は、良好な空間の保たれた木棺内より出土したものと考えられる。

第 6 章 裲襠式札甲を含む武装の解明とその意義 151

4:奈良県藤ノ木古墳
5:群馬県綿貫観音山古墳

図 94 横穴式石室における札甲の副葬位置 2

152 第Ⅱ部 古墳時代後期における甲冑の製作・用途とその性格

6：岡山県八幡大塚2号墳
7：千葉県金鈴塚古墳

図95 横穴式石室における札甲の副葬位置3

第6章　裲襠式札甲を含む武装の解明とその意義　153

ただし、木棺内の空間が保たれることは状況に拠るが、木製品が良好に遺存する環境、一定程度水の水が常に存在する空間が必要となる。低地や地下水の多い環境であればこうしたこうした状況も期待できるが、古墳墳頂となるとこのような環境が保たれる可能性は低いようにも思われる。

一方で、先に掲げた写真2の新聞記事によると「土中より腐しょくした鉄製品の数々と長さ六尺余、幅一尺くらいの木板を掘り出した」とあり、石室や石材に関する記述が一切認められなかった。副葬品が出土した地点に関しては石室や石材が存在していなかった可能性も十分に考えられる。

以上の事から、現状で石室の有無に関しては判断を保留せざるを得ない。

②錆情報に基づく副葬品配置の検討

先に挙げた大須二子山古墳の甲冑類の図化報告の際に、木棺の痕跡や複数甲冑の錆着関係が認められることを述べた。ここまでは、それらの情報から副葬品類の副葬状況を復元可能な情報を抽し、検討を進める。

札甲を除く甲冑類の副葬品配置　先述してきた通り、札甲は埋葬施設の木棺内に副葬されていたことが確実とみられている。それでは、札甲を除く甲冑類についてはどうであろうか。

まず、札甲に錆着する武具として、臑当および籠手の存在が挙げられる。これらは、木棺と札甲の間もしくは札甲を木棺に置いた際にできる草摺上の平坦部に置かれている（写真9・10）。

また、先述の甲冑の図化報告の際に記したように、膝甲と衝角付冑は錆着関係が判明しているため、膝甲裏に冑が接していたことが確実視できる。この膝甲の遊離した個体に着目してみると、小型の札の頭部が錆着している個体がある。この小型の札の全容は不明であるが、札甲や頬当・錣と比べても小型であることから、篠状鉄札に伴う小型の札とみられる。つまり、膝甲に接する形で籠手もしくは臑当が副葬されていたことが確実視できる。

以上の点を踏まえれば、札甲・衝角付冑・膝甲・籠手・臑当は、すべて刳抜式木棺内に副葬されていたとみられる（図96）。

こうした甲冑の副葬状況について類似例を挙げる。茨城県三昧塚古墳では札甲のみを被葬者と同じ棺内に副葬し、衝角付冑および短甲、札式付属具一式を別の副葬品箱とでもいうへき施設に副葬していた。大阪府長持山古墳では棺外から馬具・鉄鏃と合わせて札式甲冑一式が出土した。一方で、愛知県志段味大

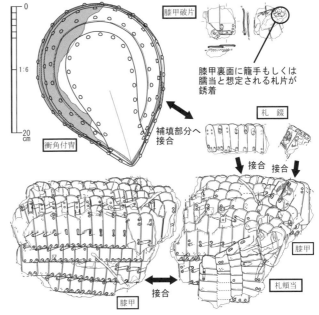

図96　大須二子山古墳出土甲冑の接合・錆着関係

154 第Ⅱ部 古墳時代後期における甲冑の製作・用途とその性格

塚古墳や和歌山県大谷古墳では、いずれも棺内より札甲および札式付属具等がまとまって出土した。これらの古墳や大須二子山古墳のように、札甲に多くの付属具が伴う事例はそれほど多いわけではないが、実際の遺物に遺存する錆と資料の接合関係、および類似例が存在する（検証レベルB・D）。

こうした理解が可能であるとするならば、大須二子山古墳の甲冑は一つの甲冑セットを構成していた可能性が高い。大須二子山古墳の甲冑セットは、研究史上で述べられていた"胴丸式と裲襠式という2領の胴甲"ではなく、"胴丸式札甲1領とその甲冑セット"であったことを裏付ける。

同型鏡群の副葬状況　大須二子山古墳から出土した鏡については、画文帯仏獣鏡および画文帯神獣鏡の2面があるが、これらの明確な出土位置は不明と言わざるを得ない状態である。現状で大須二子山古墳の真の埋葬施設は一つの埋葬施設と解されており、一つの埋葬施設に2面の鏡が副葬されていたものである可能性が高い。

鏡は他の遺物との錆関係や埋葬施設の痕跡が不明であることに加え、画文帯仏獣鏡の場合は一時行方不明になっており、以前の所有者により鏡面の研磨などが行われたため、錆の情報が遺存していない。そのため、他の同型鏡の事例を挙げ、検討の材料としたい。

まず、複数面の同型鏡を出土した古墳の鏡副葬位置を挙げてみよう。大須二子山古墳と同様の事例について、他の同型鏡群出土古墳の副葬品出土状況を見てみると、まず複数面の同型鏡が出土した古墳は9例あるが、不時発見や攪乱、盗掘等の影響により不明であるものが大半を占める。その中でも、複数面の同型鏡がひとつの埋葬施設から出土した状況が記録として残っているものは大須二子山古墳も含めてほとんどないが、情報の分かる事例を以下に掲げておきたい。

京都府飯岡トヅカ古墳では2面の同型鏡と1面の旋回式神獣鏡が出土しているが、その報告の中には「…室ノ北方ニ鏡三面アリ、何レモ鏡背ヲ上ニシテ存シ、且ツ底面ニハ木材ヲ遺セリ、…」（梅原1920）とある。図示はされていないが、3面の鏡はいずれも石室北方に集中して置かれていたようである。奈良県藤ノ木古墳の場合は南東側被葬者に対して同型鏡1面のみ、北西側被葬者に対して同型鏡1面・画文帯神獣鏡1面、交互式神獣鏡1面が副葬される。同型鏡は1人1面とするが、複数の鏡を被葬者頭部付近に副葬する事例である。韓国武寧王陵では、被葬者の頭部側および脚部側にそれぞれ同型鏡が1面ずつ副葬されている。

上記の事例とは異なり、1面の同型鏡とともに共伴鏡が出土した事例もある。出土状況が不明なものは多いが、記録のあるものや近年発掘されたものも少なくない。竪穴系埋葬施設より複数面の鏡が出土した事例も数例があるが、その大部分が調査が古いもしくは不時発見等により詳細が不明である。副葬品出土状況が詳細に確認できる奈良県新沢千塚109号墳では、棺内の被葬者頭部付近より「画文帯同行式神獣鏡C」、棺外より珠文鏡・神獣鏡が出土している。横穴系埋葬施設については、やはり大部分は詳細不明であるが、以下記録等を残されており各遺物出土状況の詳細を確認できるものがある。群馬県綿貫観音山古墳では、南東側奥壁寄りに捩り環付大刀・頭椎大刀大帯などと近接して浮彫式獣帯鏡Bが1面、北西側奥壁寄りに三累環頭大刀・札・冑・馬具などに近接して神獣鏡が1面それぞれ出土している。福岡県山の神古墳では、石室の北側と南側よりそれぞれ1面の鏡が出土している。刀なども同様に2か所に分かれていたようで、それぞれの棺に1面ずつ

鏡が副葬されていたものとみられよう。

全体として同型鏡の副葬状況の詳細が現在でも知りえる事例が稀少であるため、統計的に副葬位置復元のための足掛かりを得るようなことは難しい。当然ながら同型鏡群以外の鏡についてすべて取り上げることでより鏡の出土傾向は見えてくるものと推測される。しかしながら、そうした事例を含めていくと、また別の意味合いが含まれてしまう可能性も否定はできないので、ここでは同型鏡群に関わる出土状況のみ取り上げた。

傾向としては被葬者1人に対して頭部に1枚の鏡を副葬するのが通例であるが、ごく稀に複数枚の鏡を被葬者の頭部に副葬、もしくは棺外に鏡を副葬する事例などがある点は大須二子山古墳の同型鏡2面の副葬位置を考える上で参考となろう。ただし、大須二子山古墳の鏡には副葬時の状況を示す痕跡がなく検証レベルはDと低い。鏡の副葬位置については推測の域を出ないところは改めて述べるまでもないが、同型鏡の重要性が認識されている時代を考えるにあたり、類似例を参考にして考えるほかない。

馬具の副葬状況　大須二子山古墳より出土した馬具は、現状では破片化したものや失われたものが多いようである。本来ならば、面繋・胸繋・尻繋の一連の馬具が存在していたとみられるが、これらの出土状況については完全に不明であると言わざるを得ない。

しかしながら、すべての馬具を実見・観察した結果、剣菱形杏葉1点の表面に木質が広い面で銹着しており、副葬時の状況を少なからず反映していた可能性があろう（図97）。この木質については、樹種が特定できておらず、札甲に付着するものと同一であるかどうかは明らかではない。しかし、馬具の一部が棺内もしくは副葬品箱などに副葬されていたもしくは、杏葉の近くに存在した木の部材を用いた製品に近接していたことが確実である（検証レベルB）。

仮に、この木質を埋葬施設に由来するものとして考えてみよう。竪穴系埋葬施設の場合、馬具は棺外に副葬することを基本とするが、棺内に副葬する事例も少ないながら存在する。甲冑と馬具が共伴する事例のうち著名なところでいえば、埼玉県どうまん塚古墳（すべて棺内）、同埼玉稲荷山古墳（杏葉のみ棺内もしくは棺の上？）、同諏訪山1号墳（すべて棺内）、静岡県団子塚9号墳（すべて棺内の札甲上および周辺）、石川県和田山2号墳（すべて棺内の短甲内）、京都府宇治二子山南墳（轡のみ棺内）、愛知県志段味大塚古墳（すべて棺内）、奈良県額田部狐塚古墳北棺（すべて棺内）などがある。このうち注目されるのが、被葬者の頭部側もしくは脚部側に副葬されている事例が多いという点である。志段味大塚古墳・どうまん塚古墳はともに鏡にかなり近しい位置から馬具が出土している。また、大谷古墳・三昧塚古墳の場合は、棺内ではないが、副葬品箱内に馬具が納められている（図92）。こうした点は、先の剣菱形杏葉付着木質を理解する上での参考となろう（検証レベルD）。

こうした点を踏まえるならば、大須二子山古墳の馬具は少なくともその一部が棺内の被葬者の頭部・脚部周辺に副葬、もしくは副葬品箱などの施設に副葬されていたと考えることができる。ただし、すべての馬具がそうであるかは現状では判断できない。

一方で剣菱形杏葉に近接して木を用いた製品が存在した場合を考える。木を用いる馬具としては鞍や鐙などがある。こうした製品に近接して馬具一式が副葬される場合は少なからず存在するが、

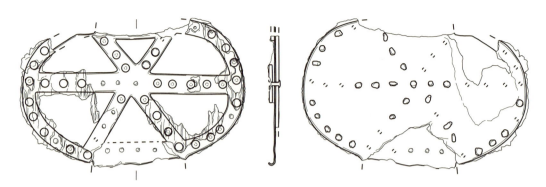

図 97　木片の付着する大須二子山古墳出土剣菱形杏葉

　同時期の竪穴系埋葬施設の場合、鞍の副葬位置から判断できないものも多い。かろうじて鞍の存在から位置が推定できる程度であるが、鞍が出土していなければその位置はわからない。ただし、馬具の棺外副葬を推定する場合、石室と木棺の間に相応の空間が必要となる。

　鈴付銅器の副葬状況　鈴付銅器については、大須二子山古墳のもので副葬位置を考える材料が皆無である。そのため、他の出土事例を参考にしよう。詳細については本書第Ⅲ部第 12 章で触れるが、出土位置の明瞭なものは石川県和田山 2 号墳、埼玉県諏訪山 1 号墳の 2 例（本書第 12 章の図 204）、伝聞情報として出土位置が推定できるものが 1 例、合計 3 例のみである。その結果、被葬者の頭部付近から出土するものが 2 例、被葬者左腕側の大刀・鉄鏃と重なって出土したものが 1 例ある。

　大須二子山古墳の場合、このいずれに近しいのか、はたまた別の副葬状況であったのか、確定するための決め手がない（検証レベル D）。ただし、現状で大須二子山古墳の鈴付銅器には鉄錆等の付着は認められないため、鉄製品に近接して副葬されていたという状況は見られない。当然、表面のクリーニング等が行われている可能性があるが、そうした情報がないことから被葬者頭部の付近に鏡とともに置かれていた可能性を考えておきたい。

　その他の副葬品の出土状況　大須二子山古墳の副葬品としては、これまで挙げてきた品目以外に、刀剣類・玉類の存在が明確になっている。しかし、記録等はなく、遺物本体も遺存していない。そのため、出土位置を考えるには他の事例を参考にせざるを得ない（検証レベル D）。ただし、刀剣類・玉類の詳細な品目および点数は不明である点は明示しておかなくてはならない。

　また、刀剣類・玉類以外にも、現在知られていない副葬品が当然ながら存在していたはずである。しかし、それについては考える材料もないため、ここでは取り上げない。

　大須二子山古墳の出土品については、錆の情報から、他の副葬品との密着関係がわかるものがある一方、そういった情報がないものもある。そのため、確定情報と類推情報が混じる状態とせざるを得ない。しかし、日本列島内の古墳副葬品については、少なからず副葬位置に関して類型化が可能であるように、一定のルールが存在した可能性も検討されている（光本 2001 など）。その点からみれば、本章での検討も全くの的外れとなるものではなく、一定程度参考にすることはできよう。

5．過去の聞き取り時に得られた情報に基づく埋葬施設の様相

　埋葬施設の復元に関しては、これまで検討してきた錆の情報に着目することでその一端を明らかにできたものと思われる。しかし、これでは当然不十分であり、埋葬施設の全容を復元するには至らない。埋葬施設に関する情報としては、過去の聞き取り調査により少なからず情報が得られていることは第1章で既に述べたところであるが、ここで改めて過去の聞き取りにより得られた埋葬施設の情報について取り上げ、埋葬施設および副葬品配列復元のための一助としたい。

　山田吉昭の調査　山田吉昭の 1949 年刊行の「名古屋大須二子山古墳」に記されたものである。伝聞調で記されているところもあり、関係者への聞き取りを基に執筆されたものと思われる。

　「竪穴式石室が後円部のほゞ中央に封土の下約五尺の位置に存在して居た。石室の床には河原石が敷かれ、其の下に全面にわたつて粘土があつたと云ふ。天井石は見受けられなかつた。石室は約六尺四方で、側壁は板状の閃緑岩で隙間に粘土をつめてあつた。但し閃緑岩は風化して壁としての原形を留めていなかつた。されば板状をなすことも自然のものか人工によるのか明らかでない。石室内部には木棺・鎧・兜・鏡・杏葉・刀・玉類が存して居たが、或る事情のため其の多くは紛失してしまつた事を残念に思ふ…（略）」。

　この情報を基に考えると、大須二子山古墳の副葬品を出土した埋葬施設は、約 1.8m 四方の竪穴式石室であり、その内部に刳抜式の木棺が存在したともものとみられる。

　伊藤秋男による調査　1978 年に刊行された伊藤秋男の報告に掲載された調査結果である。墳丘破壊時から 20 年程度経過しているが、柚木和夫が墳丘破壊当時に見聞きした知見が、伊藤へ宛てた手紙に記されており（図98）、こうした情報を基に伊藤が検討を加えたものである。

　この手紙によると、柚木は墳丘破壊現場で石材は確認していないとのことである。ただしこれは墳丘破壊・副葬品出土から柚木が現地に赴くまでに時間差があったことに拠る可能性もあり、埋葬施設の石材の有無は不明とされる。大須二子山古墳の木棺遺存状況の良さに着目した伊藤は、竪穴式石室は梅昌院の墓室であり、大須二子山古墳の真の埋葬施設を粘土槨とする見解を記している。

　犬塚康博による調査　犬塚康博が墳丘の工事に立ち会った人物から得た証言である。

　「墳丘北の崖端から 3m ほど南の東西中央部分、現況地表下から 2m 程の位置から、主軸を北西―南東に有する石室が現れた。数枚の天井石があり、それを開けて中にはいった。石室は長さが約 2.5m、幅が大人 2 人が並列して立って窮屈な程度の平面長方形で、深さ 1m 前後であった。中には、細長い腐った木片があり、円周が一抱えくらいの大きな陶製の皿があった。」

　この証言は、山田の得た埋葬施設の情報とは異なり、長方形プランの竪穴式石室に木棺が納められていたとする。埋葬施設に関する具体的な数字とともに木棺や大型の須恵器の存在を伺わせる点は興味深い。犬塚は、地表 2m 下という深さから、石室が横穴式石室であった可能性も否定できないとする。

図98　柚木和夫氏から伊藤秋男氏への大須二子山古墳に関する手紙

6．錆情報・接合関係・伝聞情報により推定される大須二子山古墳の副葬品配列

　それでは、各氏が伝えてきた情報を、副葬品に残された錆の痕跡を合わせて考えてみたい。

　研究史上では、具体的な数字が出ている二つの形の石室がある。山田の紹介した約1.8m×1.8mの正方形プランと、犬塚が紹介した全長約2.5m×大人が二人入って窮屈な程度幅をもつ長方形プランである（図99）。この他、伊藤が提示した粘土槨の埋葬施設案があるが、具体的な法量は不明であるため、ひとまず山田・犬塚のプランに対して検討する。

　この山田・犬塚のそれぞれのプランに対して、人が入る木棺を入れる。木棺は、当然ながら被葬者の身体より大きく、なおかつ石室・槨よりも小さい必要がある。これに加えて、先の検討から少なくとも甲冑類一式が棺内に副葬されることが確実であることから、被葬者の身長（ここでは仮に160cmとしておく）に加えて副葬品を入れる場所が必要となる。確実に木棺内に副葬されていた札甲のみで、全長が40cm程度であることから、被葬者の身長と合わせて内寸2m程度と木棺なるものと推定される。実際に札甲を被葬者の脚部側に副葬した三昧塚古墳は石棺の長軸内寸は概ね2mである。

　全長2mの木棺となると、正方形プランの石室には木棺を納めること自体が難しい。被葬者頭部側に鏡や鈴付銅器を収める空間も限られる。棺内の空間が限られているので、馬具の副葬は棺外の可能性が高くなろう。

　一方で、長方形プランの場合、石室全長が2.5mあるため、被葬者と甲冑類を入れても空間的には余裕がある。この空間に馬具・鏡・鈴付銅器を含めたとしても副葬することが可能だろう。また、棺の幅については、現状では不明であるが、木棺を用いた事例では、幅50～80cm程度の幅が確認されている。この数値は、札甲の短辺＋αとなるので、概ね大須二子山古墳でも採用可能な数値であろう。石室の幅は厳密な数値が不明であるが、大人二人が並列して立って窮屈な程度とされており、80～100cmといった数値が妥当だろう。ここから、木棺と石室壁面との間に鞍のような大型の副葬品を納めるには、やや難しいように思われる。仮に木棺幅を50cm、石室幅を100cmとしても、木棺は石室の中央軸上に納められる可能性が高いので、左右に存在する空間は50cm÷2となり左右に各25cmの幅しかない。鞍については棺と石室の短辺の空間に副葬は可能であろう。

　副葬品の配置と類例からは、長方形プランの方が可能性が高いと思われ、図100のようになると推定できる。

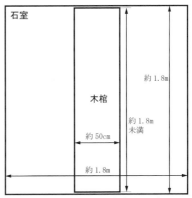

1　正方形プランの石室（山田1949）

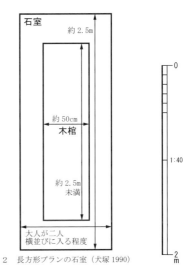

2　長方形プランの石室（犬塚1990）

図99　研究史上で考えられている
大須二子山古墳の埋葬施設形状

7. 同時代の類例との比較検証

それでは、この埋葬施設の形状・副葬品配置は、同時代の事例と比較し妥当なものと位置づけられるだろうか。

竪穴系の埋葬施設採用の妥当性 大須二子山古墳の場合、棺については札甲に遺存する木質の断片より刳抜式の木棺であると考えらえる。また、札甲の棺内副葬から、竪穴系の埋葬施設が妥当であろうことを推測した。

同時代においては、既に横穴式石室が埋葬施設の主流をなしはじめており、各地に導入されている。ただし、この横穴式石室に納める棺としては、箱形の石棺・木棺が採用される。これらは、基本的に底材を平坦な棺であり、底面が曲面となる棺ではなかった。一方で大須二子山古墳の事例は札甲底面の湾曲は、札甲が置かれた床の形状を反映しているとみられる。また、小口板に関しては木棺身部とは木目方向が異なり別造の小口板が存在したものと思われる。これを横穴式石室に採用される箱形の棺とするのは難しい。

また、札甲を棺内に副葬する事例は、類例からすれば竪穴系埋葬施設である可能性が高い。ただし、埋葬施設の石材の有無を導き出すことは難しい。

棺・槨の構造と規模 大須二子山古墳が築造される時代は、横穴式石室が埋葬施設の主流となりつつも竪穴系埋葬施設を採用する事例は少なからず存在した。この事例のうち、札甲を棺内から出土した竪穴系埋葬施設をまとめたものが表12である。

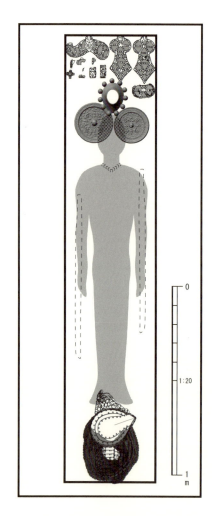

図100 大須二子山古墳の副葬品配置
推定図（長方形プラン）

まず目につくのは、これらの中には竪穴式石室を埋葬施設とする事例が含まれていない点である。しかし、同時代には岡山県天狗山古墳や同勝負砂古墳などの事例も存在する事を考えると、必ずしもその存在は否定できない。

表12のうち、大須二子山古墳の棺と同様に、棺の断面形が円弧を描く事例として存在するのが、奈良県吉備塚古墳および富山県加納9号墳である。この2例は、幅0.5～0.6mの幅の木棺をもつ。全長は加納南9号墳が3.3m、吉備塚古墳が2.5mと、他の事例と比べるとやや小型の木棺を用いる。ただし、この木棺を納める墓壙は、加納南9号墳・吉備塚古墳がともに3.9mとなる。これを大須二子山古墳の石室の全長とされる2.5mと比べると、ひと回り以上大きいものとなる。先にあげた天狗山古墳や勝負砂古墳でも、竪穴式石室の全長はともに3.5m以上あり、2.5mを大きく超える。

小型の事例についてみると、三昧塚古墳や大谷古墳ではともに全長2.0～2.4mの棺である。し

かし、この2例は棺以外に墓壙内に多数の副葬品納めていたり別の副葬品箱とも呼ぶべき施設を有している。大須二子山古墳にこうした副葬品のみを納める施設を推定できるかどうかは現状では判断がつかないが、そうした情報はこれまで一切ない。

表12 札甲を棺内から出土した竪穴系埋葬施設の構造と規模

古墳名	埋葬施設	埋葬施設全長	埋葬施設幅	棺全長	棺幅
茨城 三昧塚	―／組合式石棺	―	―	2.0m	0.72m
埼玉 埼玉稲荷山	―／舟形木棺	6.2m	1.3m	2.8m以上	0.68m
埼玉 どうまん塚	木棺直葬／組合式木棺	―	―	3.2m以上	0.72m
富山 加納南9号	―／割竹形木棺	3.9m	1.2m	3.3m	0.6m
静岡 団子塚9号	―／組合式木棺	4.7m	1.9m	2.9m	0.8m
愛知 志段味大塚	粘土槨／？	―	―	3.1m	―
京都 宇治二子山南	―／組合式木棺	5.1m	1.6m	4.1m	0.8m
奈良 新沢千塚109号	―／？	―	―	3.2m以上	0.48m
奈良 吉備塚	粘土槨／割竹形木棺	3.9m	―	2.5m	0.5m
奈良 額田部狐塚	粘土槨／組合式木棺	―	―	4.5m	0.76m
和歌山 大谷	―／家形石棺	4.8m	3.0m	2.4m	1.2m
宮崎 西都原111号	―／木棺	4.7m	1.0m	3.4m	0.6m

　大須二子山古墳築造前後の尾張地域の古墳と比べても、大須二子山古墳の伝聞により得られた埋葬施設の規模は小規模である。大須二子山古墳前後とされる白鳥古墳の埋葬施設（図101）は、竪穴式石室もしくは竪穴系横口式石室とみられるが、やはり全長3.6〜4.5×幅0.9〜1.5m程度とされる[28]。大須二子山古墳の石室法量と比べると明らかに大きい。

　埋葬施設が竪穴系横口式石室や横穴式石室であったとしても、この伝聞情報による埋葬施設の規模についての違和感は拭えない。またこの情報については、残念ながら錆の情報から検討することは困難とせざるを得ない。今後の検討および新たな知見が得られるのを待ちたい。

　小結　大須二子山古墳の副葬品配列について錆の情報に基づいて検討を試みてきたが、近接した遺物の関係性を明らかにすることに一石を投じることが可能であるように思われた。特に、札式甲冑のように他の遺物の形状をトレースしやすい、もしくは部材が多数存在することからその一部でも遺存してくれていれば情報が復元可能、という遺物の特性に拠るところも大きい。

図101　白鳥塚古墳副葬品出土状況

　大須二子山古墳の埋葬施設については、副葬品の調査から以下の事項が確定できる。

①刳抜式の木棺を用いる。
②甲冑セットが刳抜式木棺内に副葬される。
　という2点が確定できる。
　また、次のものが可能性として挙げられる。
③馬具の一部は木材（棺もしくは木製馬具など）に近接してに副葬される。

　このうち、①・②より類例を探ると、いずれも埋葬施設は竪穴系埋葬施設とするもので、横穴系埋葬施設の可能性は低いとみる。

　ただし、これ以上については類似例や伝聞情報に頼らざるを得ないため不確実である。特に、伝

写真16　大須二子山古墳出土木棺片（出土直後）

聞情報で得られている埋葬施設の情報については、類例からではかなりの小規模と言わざるを得ない状況であり、この情報の採用の可否については見解が分かれるところとなるだろう。これを決定していくためには、新たな記録情報の取得や遺物の観察による新知見の獲得が求められる。

大須二子山古墳の埋葬施設・遺物について振り返ると、特に甲冑類の遺存状況の良さに改めて感嘆するばかりである。その状態は、柚木和夫が撮影した先の写真15にも見えるが、この段階で既に札甲・膝甲の威紐や臑当に付着する布も鮮明に視認できたようである。この状態は、やはり土中に埋まっていた遺物というよりは石室のように保たれた空間内に存在していた遺物のように思われる。また、木棺についても非常に良好に遺存していたようで、剖抜式木棺側辺の立ち上がりも良く残っていたようである（写真16）。

この状況から考えるに、大須二子山古墳の埋葬施設は粘土槨や木棺直葬ではなく、竪穴式石室であったものと考えたい。ただし、近年発掘された富雄丸山古墳の棺のように、石室をもたずとも棺が良好に遺存し、かつ棺の内部空間も保たれていた事例も存在する。そのため、石室の有無についても未だ検討の余地を残している。今後の進展は、聞き取りや資料の熟覧などより得られた新たな知見を要するところとしておきたい。

8．大須二子山古墳の甲冑セットとその意義

以上述べてきたように、大須二子山古墳出土甲冑は、横矧板鋲留衝角付冑（札頬当・錣を伴う）・札甲・膝甲・臑当という甲冑セットで構成されていた可能性が高い。特に、裲襠式札甲と考えられてきた札の一群を膝甲としたことにより、充実した1つの甲冑セットとして認識するに至った。

このような充実した甲冑セットは、日本列島の中でも稀であり、当時の甲冑セットとして突出したものであると理解できる。それでは大須二子山古墳の被葬者がこのような突出した甲冑セットの特性と年代観、および入手する背景にについて、考えていくことにしたい。

（1）大須二子山古墳出土副葬品の特性と年代観

出土した副葬品より、大須二子山古墳の特性と年代観を考えていく。

横矧板鋲留衝角付冑　通常の衝角付冑では、その大部分が伏板・衝角底板によって衝角部が形成される。しかし、大須二子山古墳出土の横矧板鋲留衝角付冑は、先に述べたように伏板・腰巻板・衝角底板によって衝角部が構成されるという特徴を有する。このような構造の違いは、冑の板取りの違いともなりうる（図102）。そのため、大須二子山古墳出土横矧板鋲留衝角付冑は通常の横矧板鋲留衝角付冑とは別の系譜として捉えられる。

大須二子山古墳出土横矧板鋲留衝角付冑と類似する衝角付冑としては、茨城県三昧塚古墳例が

挙げられる。この2例は、川畑によりいずれも一連式の横矧板鋲留衝角付冑として位置付けられる[29)]（川畑 2011）。三昧塚古墳例では、伏板と腰巻板の明瞭な境界線は見られなかったため、一枚により作り出されている可能性もある。これに対して、大須二子山古墳例では腰巻板に伏板を連結する鋲の存在が見られた。つまり、伏板・腰巻板のつくりから考えて、三昧塚古墳例の腰巻板・伏板が一体造であったものを、大須二子山古墳例では別造化したものと考えられる。

大須二子山古墳出土横矧板鋲留衝角付冑は、大部分が補填であり、その構造を完全に遺しているわけではない。特に、衝角部を構成する腰巻板の構造がほとんど失われてしまっている。しかし、構造の酷似する三昧塚古墳出土横矧板鋲留衝角付冑を参考にすると、腰巻板の合わせ目は背面側に求められるようであり、製作上合理的な腰巻板端部の処理をしているものと判断される。胴巻板幅や伏板の湾曲度、その他副葬品の検討からも三昧塚古墳はに続いて大須二子山古墳に先行する可能性が高く、両古墳の年代観はおおむね5世紀末〜6世紀初頭頃とみられよう。

この三昧塚古墳・大須二子山古墳出土横矧板鋲留衝角付冑に類似する可能性がある冑が、継体天皇陵とみられる大阪府今城塚古墳から出土している（図103）。今城塚古墳から出土した冑は破片化したものであり、到底全体像をうかがえるものではない。しかし、遺存する破片にみられる鋲の間隔や鋲頭径、腰巻板幅などから、三昧塚古墳・大須二子山古墳出土冑に近しいものと考えられる。三昧塚古墳・大須二子山古墳でそれぞれ出土した衝角付冑は、一連式の衝角付冑として位置付けられており、その数はきわめて少ないが、5世紀末から6世紀初頭の限られた時期に製作された一群として捉えられよう。

札甲 大須二子山古墳の札甲は、威技法より埼玉稲荷山古墳同様、札甲全体に通段威技法a類を採用した札甲であり、清水和明の稲荷山型に位置付けられる（清水和明 1993）。ただし、埼玉稲荷山古墳例はワタガミ綴じ付けと

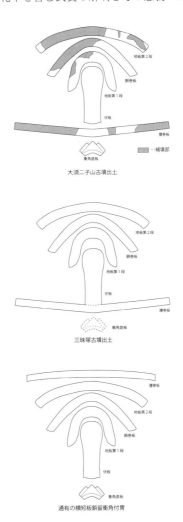

図102 横矧板鋲留衝角付冑 板取りの違い

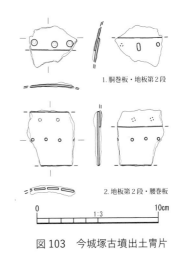

図103 今城塚古墳出土冑片

威を同じ威孔を用いて行っているのに対し、大須二子山古墳出土札甲では、竪上最上段のみ第3威孔を穿って威技法とワタガミ綴じ付けを別の孔によってそれぞれ行っている。

　竪上最上段における第3威孔を使用したものは、大須二子山古墳などにより使用され始めるものであり、5世紀代の札甲では認められない。第3威孔の使用は、大須二子山古墳で認められるように竪上最上段に限定されるもの→竪上・長側に使用されるものへと変化する。これによれば、大須二子山古墳出土札甲の年代もおおむね限定されてくることになり、6世紀前葉頃と考えるのが妥当であろう。同様の事例は、福岡県番塚古墳や奈良県吉備塚古墳より出土した札甲にみられ、大阪府今城塚古墳出土札甲もその可能性がある。

　膝　甲　膝甲は、大阪府長持山古墳出土札甲に伴うものが知られている（塚本1997）が、他例についてこれまで明らかとされた例はきわめて少ない。

　膝甲に使用された札の特徴としては、札甲やその他の札式付属具に使用される札に比べ、法量が明らかに大きいという特徴を有している。特に、古墳時代中期後葉～古墳時代後期初頭頃の札甲については、札の法量に対して規格性を有する可能性があり（初村2011b）、一定程度の法量に限定されているように目される。その他の付属具に使用される札についても、同様に一定の法量の規格性ないしは法量の近しいものとなる。そのため、このような大型の札については、膝甲に使用される札に限定されるものと考えられる可能性が高い。筆者が確認した限りでは、同時代に6世紀初頭頃には、4例が存在するのみであり、非常にその出土数は限定されたものである（図104）。

　膝甲の構造は、長持山古墳・大須二子山古墳例以外は復元し得るものがほとんど存在しない。しかし、札の構成から考えれば、長持山古墳出土例はすべて平札で構成されているのに対し、大須二子山古墳例では裾札にのみΩ字形裾札を使用している。つまり、裾札にΩ字形裾札を用いるかどうかで一つの線を引くことはできる。裾札にΩ字形裾札を用いるかどうかは、札甲においても有効な年代決定の一つの要素であり（塚本1997、清水和・高橋1998、初村2011b、第3章参照）、膝甲にもこの要素は適応できる。しかし、付属具にΩ字形裾札が導入されるのは、札甲のΩ字形裾札の導入時期

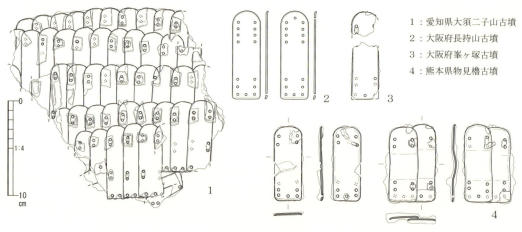

図104　膝甲札各種

よりもやや遅れる。出土例が少なく、厳密には年代決定しがたいが、6世紀初頭の熊本県物見櫓古墳ではすでにΩ字形裾札が導入されている。大須二子山古墳も同様の時期とみられよう。

(2) 大須二子山古墳の副葬甲冑とその意義―遺物からみる古墳間のネットワーク―

膝甲に使用される大型の札が出土した例については、大阪府長持山古墳、大阪府峯ヶ塚古墳、熊本県物見櫓古墳の存在が挙げられ、大阪府今城塚古墳においても、膝甲の可能性がある札が出土していることは先述した。注目されるのが、長持山古墳・峯ヶ塚古墳・今城塚古墳という3基の畿内中枢域に築造された古墳に膝甲が含まれているという点である。これらは、長持山古墳を除いて、6世紀初頭～前葉頃に限定されることも、特徴の一つであると言える。

副葬甲冑にみる大須二子山古墳と今城塚古墳　大須二子山古墳が築造された時代の大王である継体天皇の陵とみられる今城塚古墳より出土した副葬品の一部が復元され、その一部が可視化・具現化されるに至った（高槻市立今城塚古代歴史館2012）。その中でも、今城塚古墳出土札の調査から、12種の札と横矧板鋲留衝角付冑の存在が明らかになった（初村・小村2012、図105）。ここから、今城塚古墳には、札甲、札錣・頬当、膝甲、臑当が少なくとも副葬されていたものとみられるのである。こうした武装は、大須二子山古墳に共通するものである点がひとつの特徴として挙げられる。というのも、古墳時代における膝甲の存在はほとんどその類例がなく、非常に限定されていた武具としての性格が強いためである。特に、大須二子山古墳出土の膝甲の最下段は鉄地金銅装の札を用いており、特にその甲冑の重要性を伺わせる。

更には、札甲にみられる組紐威という共通点がある。組紐を用いた威技法は、古墳時代中期末

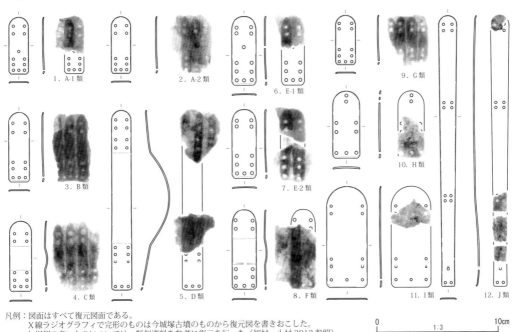

図105　今城塚古墳出土札とその復元推定形状

葉頃に札甲に導入された。それ以前の札甲には革紐威が用いられていたわけであるが、単純に皮革を裁断し孔を穿った革紐威に対し、組紐威は紐を組むことにひと手間・ふた手間をかけることになる。そうした理由もあってか、歴史時代の札甲などをみても、遺跡出土品の多くは革紐を威として使用している一方、正倉院に収められた100領の挂甲・短甲はすべて組紐を用いた甲となっている。こうした特徴から考えれば、威の材質から甲冑の位置付けが異なっていた可能性も指摘することができる。更には共通した大須二子山古墳・今城塚古墳より出土した甲冑セットに共通性が認められることも、大須二子山古墳と今城塚古墳の繋がりを垣間見ることができる。

膝甲出土古墳にみる社会的ネットワーク　今回の再検討により、大須二子山古墳には多彩な武具が副葬されていたことが明らかとなった。特に、膝甲は出土数がこれまで詳細が不明であったが、大須二子山古墳の膝甲は構造が良好に遺存する例として重要視できる。これと加えて、この膝甲を出土した各地の古墳は、その時代における重要な地に立地しているように思われる（図106）。畿内中枢域の大王墓より出土することは言うまでもないが、大須二子山古墳が存在する尾張の地は、畿内からは離れた地域にはなるが、継体天皇の后妃であると記される「尾張連等之祖凡連之妹目子郎女（『古事記』記載名。『日本書紀』記載名は「元妃尾張連草香女日目子媛」）」の出身地なのである。

尾張地域においては、5世紀後半以降、尾張型埴輪（尾張型円筒埴輪、尾張系埴輪）が多くの古墳に樹立されることで知られる。この尾張型埴輪は、濃尾地域を中心とし、越前や近江・摂津などでも存在が確認されている。その分布より、赤塚次郎は継体天皇の擁立基盤との関連性を指摘した（赤塚1997）。一方、この尾張型埴輪は、和田一之輔により小地域を超えて二次的に展開したものが存在する見解が出されている。その地域とは、羽咋地域・東北地方・遠江地域の3地域である（和田2010）。しかし、和田も6世紀前半における尾張型埴輪の尾張地域の中での象徴性を認めており、尾張型埴輪の展開は尾張地域の政治的戦略に基づいたものとされる[30]（図107）。その点から尾張型埴輪に認められるネットワークからも、摂津地域と尾張の結びつきが存在したと考えられる。

一方で、物見櫓古墳などで構成される野津古墳群は、今城塚古墳などで認められる阿蘇凝灰岩製石棺の産出地に比較的近い場所に立地している（図108）。野津古墳群内での大型前方後円墳の系譜においても、物見櫓古墳をはじめとしてその後100mクラスの前方後円墳が継続して築造されるとみられており、6世紀に力を有した「火君」に該当するとみられている（竜北町教育委員会1999）。

つまり、6世紀初頭頃における膝甲出土古墳は、畿内中枢域とのネットワーク上の拠点とでも言うべき地域に立地している傾向がみられるのである。

大須二子山古墳の築造年代については、5世紀末〜6世紀前半代という幅がこれまで設定され、東海地域最大の前方後円墳である断夫山古墳との前後関係が検討されてきた。ここでは大須二子山古墳と断夫山古墳の前後関係について明言することは避けるが、大須二子山古墳の被葬者が、全国的にみても極めて数の限られた甲冑を保有し得た人物であったとして何ら問題はなかろう。つまり、大須二子山古墳の被葬者は、畿内中枢と密接な関わりを持ち、突出した甲冑セットを入手し得た人物と考えるべきなのである。大須二子山古墳の年代観などから勘案すれば、その被葬者は、当時の大王たる継体大王と密接に関係し得た人物を推定することも可能だろう。

第6章　裲襠式札甲を含む武装の解明とその意義　167

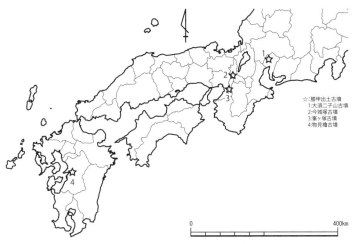

図106　膝甲札出土古墳の分布

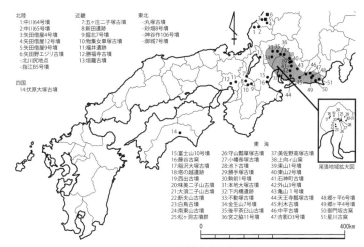

図107　尾張型埴輪出土古墳の分布

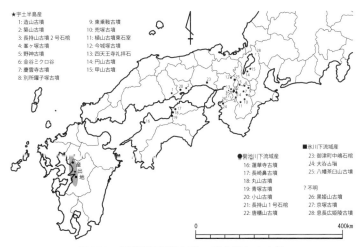

図108　阿蘇凝灰岩性石棺の産出地と出土地

168 第Ⅱ部 古墳時代後期における甲冑の製作・用途とその性格

9. 小 結

研究史上において、大須二子山古墳からは、横矧板鋲留衝角付冑1・胴丸式札甲1・襯襠式札甲1が出土したとされ、古墳時代後期における甲冑多量副葬の典型例として扱われてきた。しかし、つぶさにその甲冑類の用途を検討することで、横矧板鋲留衝角付冑1（札式類当・錣付属）・札甲1を主体とし、これに膝甲・臑当などの付属具が伴う1つの甲冑セットとして認識できる考えた。

末永雅雄の甲冑研究以降、襯襠式札甲は札甲の系統のひとつとして扱われてきた。しかし、大須二子山古墳の検討ではこれを再考し、その認識は修正するべき可能性があることを提示した。他の襯襠式札甲とされる資料が、大須二子山古墳のように膝甲に充てられるのかどうかは今後の課題であるが、そのためのひとつの指標を示すことができたのではないかと考えている。

更には、検討対象が金属製品という特性を生かし、甲冑類の錆着状況、痕跡の遺存状況から副葬状態を一定程度復元することが可能であることを示した。現存しない大須二子山古墳について同様の検討を行うことができたことは、6世紀初頭頃の尾張地域の首長層の墳墓の実態を考えるうえで重要な意味を持っていると言えよう。古墳自体が消滅した中で、こうした検討を行うことができたことは、大須二子山古墳出土品の特殊性なのかもしれない。しかし、こうした検討を行うことで、これまで見過ごされてきた遺物などにも焦点を当てることができる可能性もあろう。

本節の結論をもって、古墳時代に襯襠式札甲が存在しなかったと断言することはできない。結局のところは、研究史上で襯襠式札甲の根拠とされた、椒古墳出土札の検討が残っているためである。今後、この資料を実見し、構造を解明することができれば、古墳時代における札甲の系統を確立することができるものと思われる。今後の課題として、明記しておくこととする。

註

28) 白鳥古墳の埋葬施設については、『尾張名所図会附録』および『尾張国白鳥舊陵中器物略図』に記載されているが、それぞれで法量が異なる。

29) 大須二子山古墳出土横矧板鋲留衝角付冑の類似例として、茨城県三昧塚古墳出土横矧板鋲留衝角付冑が挙げられる。三昧塚古墳例は、伏板と腰巻板が一体となっている可能性もあり、厳密には大須二子山古墳出土横矧板鋲留衝角付冑とは構造は異なる。しかし、腰巻板が衝角部を構成するという点では構造が類似する。腰巻板が衝角部を構成する場合、合わせ目は衝角部で処理できないため、合わせ目が背面側にくる。大須二子山古墳出土横矧板鋲留衝角付冑についても腰巻板の構造に限定して着目すれば、同様の構造であったと可能性が高い。

30) 福永伸哉氏より、伏原大塚古墳出土資料について埴輪ではない可能性もあるとのご指摘をいただいた。

第7章　衝角付冑と札式付属具の連結過程

1. はじめに

　古墳時代後期になると、甲冑の主体は札を用いた札式甲冑へと変化し、短甲や頸甲に代表される帯金式・打延式甲冑といういわゆる "中期型甲冑" の大部分は姿を消すことになる。一方で、冑については帯金式甲冑である衝角付冑が継続して存在する。

　古墳時代後期の衝角付冑としては、横矧板鋲留衝角付冑と、竪矧広板鋲留衝角付冑の2者が存在する。これらは、近年、型式学的検討が精力的に行われている遺物のひとつであり、大きな成果を挙げている（鈴木2010、川畑2011）。この両者は別系譜の冑鉢であると理解され、その変遷観についても、検討がなされてきた。しかし、この両者に装着される札類当や札綴について検討されたことはほとんどなく、製作から組み上げまでのプロセスについては、現状では明らかにされていない。冑の系統と、札類当・綴の系統を併せて考えていくことにより、古墳時代後期における冑鉢と付属具の製作工程、ひいては冑とその付属具を製作する工人たちの関わり合いについて検討を行う。

2. 衝角付冑の研究史

　衝角付冑の研究史は、末永雅雄や後藤守一らによって基礎が構築された。各部位の名称や、地板の形状・連結技法による形式の設定などが行われ、形式による変遷過程が示されることとなった（末永1930、末永1934、後藤1940、大塚1959）。このような視点は、現在の研究の基礎であり、有効性を持っている。

　これに続いて、衝角底板と腰巻板の連結方法による分類がなされ、それが衝角付冑の変遷過程の一要素として取り込まれた（小林1974a、野上1975）。しかし、小林は腰巻板と衝角底板の連結技法を重視したのに対し、野上は地板の変遷過程を重視したことから、この両者の見解は一致することはなかった。しかし、衝角底板の形状と腰巻板との連結方法は、衝角付冑変遷を考える大きな要素として、以後の分析要素の中心となっていく。特に、本節で扱う横矧板鋲留衝角付冑・竪矧広板鋲留衝角付冑に限定すれば、鈴木一有や川畑純により細分類化され、出現順序や変遷過程が提示された（鈴木2009・2010、川畑2011）。

　衝角底板以外についてみれば、冑の前後径に対する冑鉢の高さの比が増大していくとする見解（村井1974）や、新相に位置付けられる資料ほど冑鉢の高さに対して帯金幅が増加するとする視点（鈴木1995）などが提示された。

　これらの要素による冑の変遷過程について、系統分けされた冑鉢は、それぞれ個体ごとに前後関係があるとする意見が出された。この検討により、ひとつの埋葬施設に複数の甲冑が副葬されているケース（甲冑の多量埋納）などについて、甲冑の新旧などを検討することが可能となった（川

畑 2011)。こうした知見は、古墳時代中期において存在した眉庇付冑についても行われており、眉庇部の文様の系列に従ってやはり個々の資料で型式学的配列が可能であると考えられている（川畑 2012)。こうした認識は、札鋲留衝角付冑においても追認されている（鈴木 2012)。

冑鉢の研究においては、各工房内で一つ一つを順次製作していくという工程が復元なされており（川畑 2011・鈴木 2012)、冑鉢製作までプロセスは一定程度復元されていると言えよう。しかし、それはあくまでも冑鉢に限定された議論であり、冑としての形をなすためには、冑鉢に加えて錣や頬当が装着される必要がある。これらの打延式錣や札錣・札頬当など、冑全体として検討を行った研究は行われているものの（古谷 1988、川畑 2011・2012、鈴木 2012)、その中心は冑鉢の変化の過程を探るものであり、札頬当・錣に着目した冑の研究は皆無であった。冑鉢の研究、札頬当・錣の研究、札頬当・錣が冑鉢に取り付けられるプロセスの研究を踏まえて初めて冑の製作過程を検討することができるものと考える。

本章では、まず冑の変遷観を検討し、各型式の冑鉢に装着される付属具の検討、冑製作のプロセスという順序で検討する。

3．冑鉢の変遷過程と連結される付属具

古墳時代後期になると、多くの武具は札を用いた武具へと移り変わっていく。帯金式甲冑の中では、衝角付冑のみが古墳時代後期へと継続することとなる。古墳時代中期に存在した眉庇付冑はやはり古墳時代後期に入ると消滅する。こうした背景には、衝角付冑が有していた倭の武装の象徴たる意味合いが重要視された可能性は高い。

しかし、冑に伴う付属具は、古墳時代中期では打延式の錣が中心であったのに対し、古墳時代後期に入ると札頬当・錣に統一される。このような付属具は、もともと日本列島には存在しなかったものであり、外来系甲冑から導入されたものである（内山 1992)。一方で冑の鉢についても外来系甲冑の影響を大きく受けた眉庇付冑が存在したが、これは古墳時代後期には存続しない。

古墳時代後期においては、倭系の冑鉢（衝角付冑鉢）に外来系の付属具（札頬当・錣）を装着した冑が選択されたものであった。ただし、後期後半頃より札式頬当・錣を伴う竪矧板冑の存在も知ら

1：横矧板鋲留衝角付冑（愛知県大須二子山古墳）
2：竪矧広板鋲留衝角付冑（千葉県金鈴塚古墳）
3：竪矧広板鋲留突起付冑（群馬県綿貫観音山古墳）
4：竪矧広板鋲留冑（愛媛県川上神社古墳）

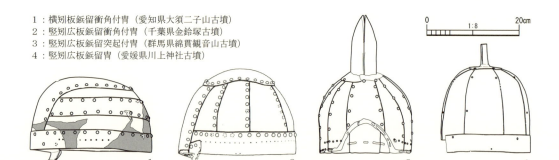

図 109　札頬当・錣を伴う冑

れるようになる（図109）。

横矧板鋲留衝角付冑の系統と変遷　横矧板鋲留衝角付冑は、古墳時代中期より継続する系列の冑である（図110）。こうした横矧板鋲留衝角付冑の系列の変遷観については、いずれも以下の要素について着目されている。

　①衝角底板接合方法の簡略化（小林1974・野上1975・鈴木2009・川畑2011）
　②帯金幅の増加（川畑2011）
　③冑鉢の高さの増加（村井1974・川畑2011）
　④鋲頭径の大型化（滝沢1991・川畑2011・鈴木2012）
　⑤地板の枚数（川畑2011）

　これらの要素のうち、衝角底板の連結方法により設定された系列に基づくと個々の資料について型式学的変遷の過程を追うことが可能である。このうち、横矧板鋲留衝角付冑に認められる衝角底板と腰巻板の接合方法は、内接2式、内接3式、外接式、一連式、非連結式の5系列に分類される（川畑2011）。こうした系列は、冑鉢製作の工人の系列（工房差）を示しているとの理解があり、本章でもこれに従う。上記の系列のうち古墳時代後期まで継続する系列は内接2式、内接3式、外接式、

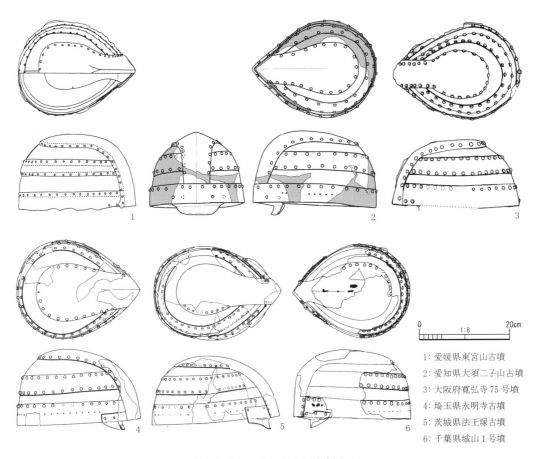

1：愛媛県東宮山古墳
2：愛知県大須二子山古墳
3：大阪府寛弘寺75号墳
4：埼玉県永明寺古墳
5：茨城県法王塚古墳
6：千葉県城山1号墳

図110　横矧板鋲留衝角付冑実測図

一連式がある。

　全体に共通する変遷過程としては、②・③・④などが挙げられる。古墳時代中期の冑では冑の鉢高が低く、帯金幅も非常に細い。古墳時代後期の資料などでは冑鉢高が増し、それに乗じて帯金の幅も広くなる。こうした冑鉢高の増加は、竪矧広板冑・竪矧広板鋲留衝角付冑などのフォルムなどに近しくなるように思われる。

　⑤についてみれば、新式の冑になるほど、地板の枚数が減少する傾向がみられるようである。しかし、他の要素を加味すると、必ずしも合致せず、新式のものでも地板の枚数が多いものが認められる。④についても、同一系列内では大型の鋲のものは新式のものとして位置付けられるが、7世紀代の類例などでも小型鋲を用いるものがある。

　先に記したように、これらの系列に位置付けられる冑鉢は、いずれも個々の冑による型式学的変遷に基づいた前後関係を明らかにすることができると考えられている（川畑2011、鈴木2012）。各系列における冑の製作の差異を個々の工房差とみることができるのであれば、複数の工房により冑の製作がなされていたと考えられよう。

　古墳時代中期の冑の出土数と比べると古墳時代後期の冑の出土数は圧倒的に少ないが、古墳時代中期の資料同様の系統を維持し、製作されていたことがうかがえる。

竪矧広板鋲留衝角付冑の系統と変遷　古墳時代後期における竪矧広板鋲留衝角付冑は、古墳時代後期に出現する冑である（図111）。その出現の背景は、朝鮮半島に存在した冠帽付冑や突起付冑による地板の形状を、衝角付冑に持ち込んだものとして成立したと考えられている（内山1992）。現在14例が知られている。横矧板鋲留衝角付冑とは異なり、腰巻板がなく、地板部は縦長の地板を横方向に連結していくものとなっている。研究史における竪矧広板鋲留衝角付冑の変遷の要素としては、以下のものが挙げられる。

　　Ⓐ伏板と衝角部の別造化（小林1974）
　　Ⓑ伏板と衝角部の連結に使用される鋲数の減少（初村2011a）
　　Ⓒ地板同士の連結に使用される鋲数の減少（内山1992）
　　Ⓓ地板枚数の増加（内山1992）
　　Ⓔ腰巻板の消失（内山1992、横須賀2005）
　　Ⓕ竪眉庇の縮小と有無（小林1974、鈴木2010）

　内山の示した通り、上記の要素のうち、Ⓐ・Ⓒ・Ⓓ・Ⓔを用いて個々の資料毎の変遷過程を追認することが可能である（内山1992）。特に、地板同士の連結に使用される鋲数は、小型鋲・多鋲から大型鋲・少鋲へという過程が見て取れるようになる。鋲留短甲でもみられる過程と共通し、鋲の大型化により固定機能が向上することにより、鋲の数が減少するのである。

　ただし、伏板部および腰巻板片のみが確認された一夜塚古墳出土竪矧広板鋲留衝角付冑はこれらの中に位置付けることができなかった。そのため、上記の要素に加えて、伏板と衝角部の連結に使用される鋲数（Ⓑ）に着目した。小片化した資料についても特定の部位の遺存があれば上記の変遷過程の中に組み込むことを可能とした（初村2011a）。これらを用いて竪矧広板衝角付冑の系列を示

第 7 章　衝角付冑と札式付属具の連結過程　173

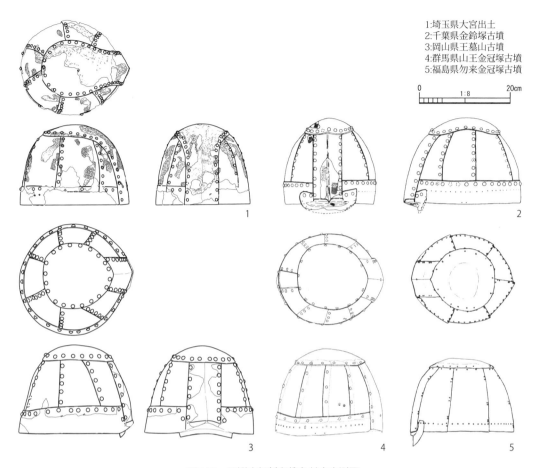

1:埼玉県大宮出土
2:千葉県金鈴塚古墳
3:岡山県王墓山古墳
4:群馬県山王金冠塚古墳
5:福島県勿来金冠塚古墳

図 111　竪矧広板鋲留衝角付冑実測図

したものが表 12 である。多系列の中で理解できる横矧板鋲留衝角付冑とは異なり、竪矧広板鋲留衝角付冑はおおむね一系列の中で理解することが可能である。つまり、製作集団の分化は推定しにくい状態である。

札頬当の構造と技術　前述してきたこれらの冑は、概ね各型式毎の系列が推定されている。つまり、各型式毎に製作集団が異なる可能性が推定されるのである。

表 13　竪矧広板鋲留衝角付冑札頬当と冑鉢の関係性

府県名	古墳名	伏板構造 一体造	伏板構造 別造	伏板・衝角部鋲数	地板枚数	地板連結鋲数	腰巻板 有	腰巻板 無
大阪	南塚古墳	○		—	7枚?	9鋲	○	
埼玉	大宮	○		—	7枚	6鋲	○	
千葉	金鈴塚古墳		○	5鋲	7枚	7鋲	○	
埼玉	一夜塚古墳		○	4鋲	不明	不明	○	
三重	琴平山古墳		○	4鋲	9枚	6鋲	○	
群馬	諏訪神社古墳		○	4鋲	7枚	5鋲	○	
岡山	王墓山古墳		○	4鋲	7枚	5鋲	○	
群馬	山王二子山古墳		○	2鋲	9枚	3鋲	○	
群馬	足利公園山麓古墳		○	2鋲	9枚	2鋲	○	
埼玉	小見真観寺古墳		○	2鋲	11枚	2鋲		○
福島	勿来金冠塚古墳		○	革綴	6枚	革綴		○

これらの冑には、すべて札頬当・札錣が装着される。しかし、札頬当・札錣に関しては検討されたことがほとんどなく、多くの場合は存在が示される程度に過ぎなかった。ここでは、札頬当の検討を行い、冑鉢と札頬当の連結過程、製品組み上げの工程と製作組織の在り方について検討する。

札頬当は、冑前方寄りの左右側面に装着され、頬部を護る防具である。札頬当として全体像が明

らかなものは少ないため、ここでは、個々の部材としての「札」に着目する。札頬当に使用される札は、これまでに知られている限りで、穿孔により以下の３種に分類することが可能である。なお、札頬当の穿孔は綴・覆輪孔であり、威孔は存在しない。札の頭部は円頭形もしくは扁円頭形を呈する。

　　・札頬当Ａ類…頭部に４孔、札足付近に２孔を穿つ札を用いた頬当。
　　・札頬当Ｂ類…頭部に４孔、札足付近に４孔を穿つ札を用いた頬当。
　　・札頬当Ｃ類…頭部に４孔、札足付近に綴孔４孔・下掫孔３孔を穿つ札を用いた頬当。
　　・札頬当Ｄ類…頭部に２孔、中位に４孔、札足付近に３孔を穿つ札を用いた頬当。
　　・札頬当Ｅ類…頭部に４孔、札足付近に綴孔４孔・下掫孔３孔を穿つΩ字形の札頬当。

　札頬当Ａ類は、５世紀代の和歌山県大谷古墳や群馬県井出二子山古墳、６世紀代の栃木県益子天王塚古墳や岡山県王墓山古墳などで出土が確認されている（図112-1 ～ 6）。

　札頬当Ｂ類は、５世紀代の大阪府長持山古墳、６世紀代の愛知県大須二子山古墳や埼玉県埼玉将軍山古墳などで出土が確認されている。群馬県綿貫観音山古墳でも出土しており、衝角付冑のみではなく、突起付冑に付属する札頬当として採用されるものがある（初村2018c、内山2020、図112-9 ～ 13）。

　札頬当Ａ・Ｂ類に使用される札は、法量について多様である。札の全長では、５世紀代の井出二子山古墳出土札頬当が最も短く、６世紀後葉頃のものは、全長が長いものが多い。しかし、札の孔の心々間距離は井出二子山古墳出土札頬当を除くと、13mmとなっている。冑に穿たれた札頬当・札綴垂下孔の孔の心々間距離と札頬当の綴孔の孔の心々間距離を比較すると、やはりきわめて近しい値を示す。これは、冑鉢を製作する際に、札頬当・札綴の孔の心々間距離を考慮したものであると考えられる。

　鳥取県倭文６号墳・福岡県山の神古墳・福島県勿来金冠塚古墳・大阪府寛弘寺75号墳からは、上記の札頬当Ａ・Ｂ類に該当する札が出土していないが、冑鉢の腰巻板もしくはそれに該当する位置に、18 ～ 20mmピッチで孔が穿たれている。これらの冑鉢には札の付属具が伴っていたとみるべきなのである。これらより出土した札をみると、円頭・扁円頭の威孔・綴孔・下掫孔をもつ札が出土しているという共通点をもつ。寛弘寺75号墳出土の札は、冑から離れた位置から出土しており、冑の付属具かどうかは出土状況からは判然としない [31]。しかし、冑腰巻板には札頬当および綴を垂下するための威孔が穿たれている点や、出土した札の枚数が札甲に使用される札の枚数と比べて明らかに少ない点から、これらの冑鉢に札式の付属具が伴っていたことを示している。

　寛弘寺75号墳出土札を観察すると、下掫孔と綴孔を斜行状に繋ぐ綴紐をもつ札が確認できる。つまり、寛弘寺75号墳出土札は、本来下掫孔として使用される孔を綴孔として使用している可能性がある。綴などに使用された札を頬当に転用した可能性が考えられ、札頬当専用の札を使用していない可能性があろう。よって、現段階ではその存在は明瞭にはし得ないが、勿来金冠塚古墳・寛弘寺75号墳出土札のうちの一部を、札頬当Ｃ類として設定する（図112-14）。

　札頬当Ｃ類の出現により札頬当専用の札を使用しなくなると考えれば、先に挙げた札頬当Ａ・Ｂ類からの札製作の簡略化が推定でき、札頬当Ａ・Ｂ類→札頬当Ｃ類という変化が推定される。札頬

第7章　衝角付冑と札式付属具の連結過程　175

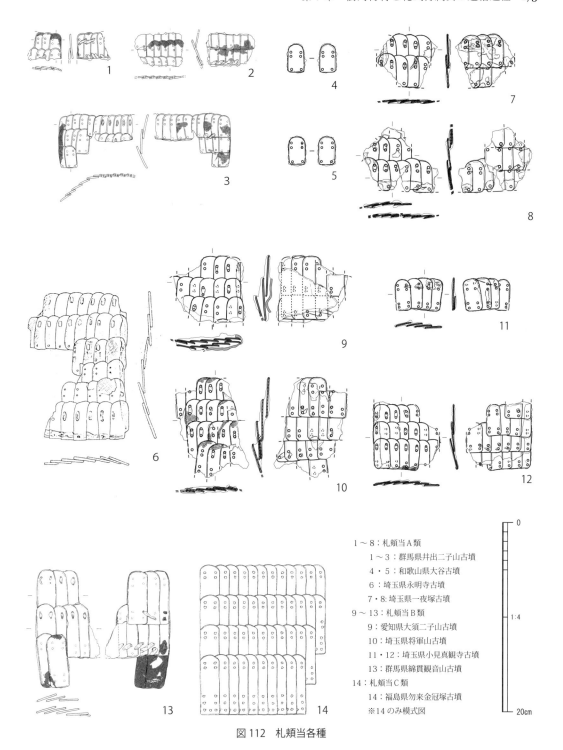

1～8：札頬当A類
　　1～3：群馬県井出二子山古墳
　　4・5：和歌山県大谷古墳
　　6：埼玉県永明寺古墳
　　7・8：埼玉県一夜塚古墳
9～13：札頬当B類
　　9：愛知県大須二子山古墳
　　10：埼玉県将軍山古墳
　　11・12：埼玉県小見真観寺古墳
　　13：群馬県綿貫観音山古墳
14：札頬当C類
　　14：福島県勿来金冠塚古墳
※14のみ模式図

図112　札頬当各種

1. 札頬当A類の綴技法

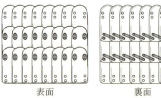
2. 札頬当B類の綴技法

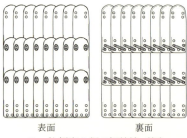
3. 札頬当C類の綴技法（仮）

…綴紐

図113　各札頬当にみる連結の差異

当A・B類で認められた全長の拡大が、次第に札頬当C類への変化を辿る過程で起こったものである可能性があり、札頬当に使用される札の法量の変化は、編年の指標として用いることができる可能性が高い。

札頬当D・Eについては、群馬県金井東裏遺跡出土冑類当に認められたものである。A・Cと併用された形で使用されるが、他の事例では同様のものは確認できていない。

札頬当の分類と綴技法　これらの札を連結していく際、札頬当はいずれも頭部の孔と札足付近の孔を重ねて綴技法によって連結される。いわゆる4枚締めである。綴技法には、斜行状綴技法（塚本1997の綴技法の第1技法）が採用される。

札頬当A類の場合は、上段にくる札の札足付近の綴孔2孔の上に、下段にくる札の頭部の孔のうちの上2つの孔が重ねられ、綴技法によって連結される（図113-1）。その際、綴紐は綴孔間を斜めに伸びるので、裏面から見ると綴紐が札の札足を跨いでらせん状に絡めるように見える。これにより、札の札足が装着者にはふれにくくなる。札頬当A類の綴技法は、「らせん状の下搦技法を模したような構造」となるのである。しかし、裏面にくる札の札足は表側にくる札の裏面に直に接するため、札同士の擦れを防ぐことはできない。つまり、札頬当A類と綴技法の関係は、下搦技法の代替技法と呼べるものではない。

札頬当B・C類の場合は、上段にくる札の札足付近の綴孔4孔の上に、下段の札頭部の綴孔4孔が重ねられ、綴技法により連結される（図113-2・3）。その際、綴紐は綴孔間を斜行状に伸びるため、綴紐は札の札足には被らない。この点が、札頬当A類の綴技法とは異なる。

これらの綴技法は、いずれも札の札足をらせん状に絡めるものではない。しかし、札頬当A類の穿孔と綴技法は、札の札足を装着者に触れにくくするという点では効果的であり、札頬当B・C類の穿孔と綴技法の関係以上に『下搦技法を模した綴技法』として評価できる可能性がある。しかし、札の札足に綴紐が触れる札頬当A類では、綴紐が切れやすくなるという短所も持ち合わせている。つまり、札頬当B類の方が製品としての強度が高い可能性も推定できる。札頬当A類と札頬当B類の差異については、覆輪技法を確認した後に改めて言及する。

覆輪の方法　札頬当は、上記のように綴技法で連結されるという特徴を持ち、一枚のブロックとして冑に装着される。その際、人の頬部と冑・頬当の接点を保護するために、覆輪技法が施される。札頬当に施される覆輪技法は、その他甲冑類で確認できるような"端部のみに革帯を被せ綴付ける"「革包覆輪」とは異なっている。

札頬当に使用される覆輪技法が明瞭に確認できるのが、前章でも触れた大須二子山古墳出土札頬当（図114）である。これを見ると、表面の右側辺では、それぞれ端部のみに革帯が被っている。裏面に目を向けると、表面から伸びてくる革帯は、裏面全体を覆うように被っている。これは、札頬当を組み上げた後にその札頬当のブロックよりもひとまわり大きな革の上に札頬当ブロックを置き、札ブロック

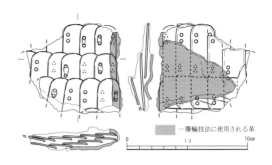

図114　大須二子山古墳出土札頬当

からはみ出した革の端部を表側に折り曲げて覆輪としているため、であると考えられる。同様の覆輪技法は、奈良県藤ノ木古墳出土襟甲などについても存在が確認できるものであり、札式甲冑の中でも上下の可動性のない部位に使用された覆輪と推定される。このような覆輪技法は、覆輪と裏張りを兼ねた技法であると言え、ここでは裏張り覆輪技法と呼ぶ。

　他の古墳より出土した札頬当においても、札頬当裏面で綴紐以外の有機質が確認できるものも多く、裏張り覆輪技法に由来するものと思われる。ただし、覆輪の材質は、革に限られるものではない。益子天王塚古墳出土の札頬当では、裏面に布が付着しており、端部の革包覆輪に巻き込まれる形で裏張りされている（山田・持田2010）。この場合も革と布が裏面に一部面的に付着していることを考えると革帯と大きな布と重ねて覆輪としたものと考えられる。大須二子山古墳出土札頬当と益子天王塚古墳出土札頬当の材質が異なることから、覆輪に使用される材質の変遷を考えられるかもしれないが、現状では資料が希薄なため、言及することはできない。

　このような裏張り覆輪技法は、先に挙げた札頬当A・B類の両者で用いられており、札の種別による違いではない。竪矧広板鋲留衝角付冑に伴う札頬当に限れば、王墓山古墳出土札頬当（山本・間壁1974）や一夜塚古墳出土札頬当（朝霞市教育委員会2011）についてみても、裏面の綴紐以外の有機質が札頬当の裏面の所々で確認できるとともに、綴技法の上に革が面的に乗っている状態も確認された。裏張り覆輪技法は、横矧板鋲留衝角付冑と竪矧広板鋲留衝角付冑の両者に使用された技法だったと推定される。

　前項で提示した札頬当A類と札頬当B類の穿孔の違いは、『下搦を模したかどうか』としたが、裏張り覆輪技法が裏張りと覆輪技法を兼ね、保護材・クッション材として作用する。そのため、綴紐による保護技法としてのメリットはあまりないようにも思われる。むしろ、札頬当A類の綴技法は、札足と綴紐の擦れにより綴紐が切れてしまう可能性が高くなってしまう。札頬当A類と札頬当B・C類の違いは、札の重ね方に由来する「重量」と、「強度」の違いと考えた方が良いであろう。

　なお、裏張り覆輪技法を札に綴じ付ける技法としては、革包覆輪技法と同様の技法が採用される。

　冑鉢と札頬当の関係　以上の札の分類を踏まえて、冑鉢と札頬当の関係についてみていくことにしたい。札頬当が装着された衝角付冑には、横矧板鋲留衝角付冑と竪矧広板鋲留衝角付冑という2形式がある。このうち、横矧板鋲留衝角付冑は、内接式と外接式、一連式という3型式に細分され

178 第Ⅱ部 古墳時代後期における甲冑の製作・用途とその性格

る（川畑2011ほか）。この分類に従って分類したものが表14である。

　これをみると、横矧板鋲留衝角付冑と竪矧広板鋲留角付冑では、ともに札頬当２種がそれぞれ装着されている事例が確認できる。先にみた通り、札頬当Ａ・Ｂ類はそれぞれ構造上相違する要素が認められるため、２つの系統が推定される。これが、冑の系統すべてに連結されているという様相は、少なくとも冑のひとつの系譜に対し、札頬当の系譜が複数存在するものとみられ、冑鉢と札頬当の製作が１：１の関係ではなかった可能性が考えられるのである。これから、①冑鉢が完成した段階で集積され、付属具と連結される可能性、もしくは②札綴・頬当の製作が冑鉢の系統を超えた枠で行われ、供給されている可能性、などが考えられよう。

　しかし、冑と札頬当・札綴の連結には、札頬当・綴に穿たれた孔と同間隔の穿孔を冑腰巻板に穿つ必要がある。つまり、付属具に用いられる札に穿たれる孔のピッチと数を知らなければ、冑腰巻板に孔を穿つことができないのである。このような付属具連結のための情報が、冑鉢製作集団と付属具製作集団の間で共有された情報として伝わっている可能性もあるが、確定することは難しい。これについては、まず古墳時代後期の前段階、つまり古墳時代中期の様相を知る必要があろう。

表14　札頬当と冑鉢の関係性

古墳名	頬当札								冑							
	頭部形状	穿孔・形状					法量(mm)	形式	腰巻板		衝角底板連結方法					
		A	B	C	D	E			有	無	外折	外切	内接3	一体	外被
井出二子山	円頭	○					27 × 13	横鋲衝	○		不明				
大谷	円頭	○					30 × 18	横鋲衝	不明		不明				
永明寺	円頭	○					32 × 18	横鋲衝	○			○			
円山	円頭	○					33 × 20	横鋲衝	○		詳細不明				
一夜塚	円頭	○					36 × 22	**竪広鋲衝**	不明		不明				
金鈴塚	円頭	○					44 × 23	**竪広鋲衝**	○						○
益子天王塚	円頭	○					48 × 18	横鋲衝	○				○		
王墓山	円頭	○					50 × 18	**竪広鋲衝**	○						○
長持山	円頭		○				34 × 16	横鋲衝	○		○				
大須二子山	円頭		○				43 × 17	横鋲衝	○				○		
埼玉将軍山	円頭		○				43 × 20	横鋲衝	○		不明				
綿貫観音山	円頭		○				57 × 22	**突冑**		○	なし				
法皇塚	円頭		○				68 × 21	横鋲衝	○			○			
三昧塚	円頭		○				32 × 14	横鋲衝	○					○	
小見真観寺	円頭		○				34 × 18	**竪広鋲衝**	○						○
珠城山３号	円頭		○				38 × 14	衝?	不明		不明				
山の神	円頭			○			47 × 22	横鋲衝	○			○			
倭文6号	円頭			○			50 × 22	横鋲衝	○			○			
寛弘寺75号	円頭			○			60 × 21	横鋲衝	○				○		
勿来金冠塚	扁円頭			○			63 × 21	**竪広革衝**		○					○
金井東裏	円頭	○					48 × 21	横鋲衝	○			○			
	円頭			○			48 × 21								
	円頭				○		50 × 24								
	円頭					○	48 × 21								

凡例　冑形式
　　　横鋲衝：横矧板鋲留衝角付冑　竪広鋲衝：竪矧広板鋲留角付冑　竪広革衝：竪矧広板革綴衝角付冑　突冑：突起付冑
　　衝角底板分類
　　　外折：外接折曲式（鈴木2009）　外接：外接切断式（鈴木2009）　内接3：内接3式（川畑2015）　一体：一体式（川畑2015）
　　　外被：外接被覆式（川畑2015）

4．古墳時代中期の帯金式・打延式甲冑と札式甲冑の連結

さて、それでは、古墳時代後期の冑と札類当の連結のプロセスを考える一つの指標として、前章で取り上げた古墳時代中期の甲冑と付属具の関係を改めて取り上げることとする。古墳時代中期に札式甲冑が日本列島内に導入され、札式甲冑が打延式甲冑・打延式甲冑に連結されるケースが存在することは、本書第3章において述べた通りである。ここではそれらを再度検討し、帯金式・打延式甲冑と札式甲冑の製作工人により一つの製品が組み上げられる過程を検討する。

古墳時代中期の甲と付属具の関係について　札式甲冑が帯金式甲冑・打延式甲冑に連結される際、その装着方法には2通りの装着方法がある。製作当初より帯金式甲冑・打延式甲冑に札式甲冑を装着することを意図したものと、帯金式甲冑・打延式甲冑に装着されるものが打延式甲冑から札式甲冑に変更されたもの、である。

製作時より札式甲冑を装着することを意図したもの　これには、本書第3章で示した頸甲の直接垂下式A類および間接垂下式に該当する（本書85～87頁）。衝角付冑に札類当・札錣が装着されるものは、長持山古墳例・三昧塚古墳例があり、頸甲に札肩甲が装着されるものには福井県向出山1号墳例・京都府宇治二子山南墳例・和歌山県陵山古墳例・岡山県正崎2号墳例などがある。先にも述べたように、これらの直接連結式A類に該当するものは、札の類当・錣、肩甲を垂下する孔のみが穿たれたものであり、製作時の変更は行われていない。つまりこれらについては当初より札類当・錣を装着していたものと考えられる。

改変により札式甲冑が装着されたもの　これには、本書第3章の直接垂下式B類が該当する。衝角付冑に札類当・札錣が装着されるものは、倭文6号墳例があり、頸甲に札肩甲が装着されるものに福岡県稲童21号墳例がある。この項目に該当するものは、札式甲冑を垂下する孔が穿たれているのと合わせて、打延式甲冑を装着する孔の存在も確認される。つまり、もともとは打延式錣や肩甲を装着していた（しようとしていた）ものが、札式甲冑に改変されたものと位置付けることができる。ただし、そのような改変が甲冑製作時の方針転換なのか、一定期間を経たのちの部材の更新なのかは、現在では明らかにし得ない。

錣・肩甲の装着過程を考える　それでは、このよう類当・錣や肩甲を装着するための孔はどの段階で穿たれたものなのか。

まず直接連結式B類の改変時の穿孔を挙げよう。これを考える鍵となるのが、それぞれの型式学的変遷に基づく前後関係および付属具を装着するために必要な孔のバリエーションである。

直接垂下式A類の衝角付冑・頸甲は、直接垂下式B類のそれに対して後出する資料である。衝角付冑についてみれば、倭文6号墳例（直接垂下式B類）と長持山古墳例（直接垂下式A類）は同一系譜であるが、長持山古墳の方が後出する資料であるとされる（川畑2011）。頸甲では、向出山1号墳・宇治二子山南墳・陵山古墳・正崎2号墳例（直接垂下式A類）が鋲留技法が導入された鋲留・革綴併用の頸甲であるのに対し、稲童21号墳例（直接垂下式B類）は革綴頸甲である。こうした事例を見れば、やはり直接垂下式A類の方が型式学的に新しい要素を含んでいる。

本書第3章に既に記したように、帯金式・打延式甲冑に札式甲冑が直接垂下されるものが出現し

てくるのは、札式甲冑が日本列島内に導入される段階よりも1段階遅れるものと考えられる。これは、札が元々は外来系の甲冑に垂下されたものであり、これが日本列島に導入される段階では、甲冑の構造を少なからず改変する必要があったためである[32]。これを考慮すると、札式甲冑が帯金式・打延式甲冑の付属具となる最初のものは、直接連結式A類の中に求められる。一方で直接連結式B類はそれ以前より存在した甲冑を改変したものであり、元々は別の付属具を装着していたものであった。これをわざわざ改変し、別の付属具を装着するわけであるから、まずは付属具を改変するための必要性が生じなければならない。つまり、直接連結式A類よりもワンクッションおいて製作された可能性が考えられよう。製作時の方向転換により錣・肩甲が改変されたとするよりは、一度他の甲冑とセットとして保有され、若干の時間を経た後に改変されているとみるべきではないだろうか。その改変の際、頬当・錣や肩甲を製作する工人によりそれらを垂下する孔が穿たれたとみられるのである。

これに対して、直接連結式A類における錣、肩甲垂下孔の穿孔工程はどのように考えられるのであろうか。穿孔パターンについてみると、2孔を1組の孔とするもの、4孔を1組とするもの、5孔を1組とするものなどが存在する。これらの穿孔を用いてが冑に錣を、頸甲に肩甲をそれぞれ装着するわけであるが、冑と錣それぞれに穿たれた穿孔は、一致する者が大多数を占める[33]（図115）。つまり、当初より錣・肩甲の穿孔についての情報を情報を共有しているか、もしくは付属具を装着する際に孔を穿っているものとみられよう。

そのようにしてみていくと、もっとも合理的な穿孔は、頬当・錣や肩甲を垂下する際、これらを冑や頸甲と孔を穿つべき位置とその数を確認しながら孔を穿っていくことなのであろう。冑の系統とそれに組み合わせられる錣が1対1で対応しない状況（川畑2011）の中で、冑と錣、頸甲と肩甲を最も合理的に組み合わせていく過程は、それぞれが製品として存在し、その過程で連結のための細工を行い、組み併せていくと考えた方が合理的であろう。

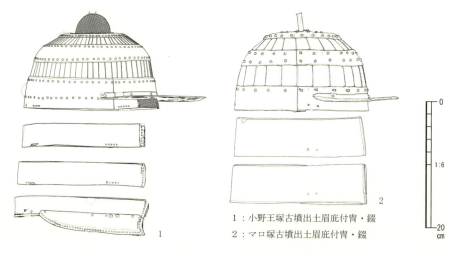

1：小野王塚古墳出土眉庇付冑・錣
2：マロ塚古墳出土眉庇付冑・錣

図115　冑鉢と錣に穿たれた威孔の関係性

5．古墳時代後期の冑と札頬当・錣の連結過程

　以上の古墳時代中期の事例を踏まえて、古墳時代後期の冑と頬当・錣の連結過程について再度検討を行ってみたい。

　古墳時代後期甲冑セットを考えたの場合、古墳時代中期のそれと根本的に異なるものがある。それは、古墳時代後期の場合、錣や肩甲はすべて札に統一されるということである。つまり、古墳時代後期の錣・肩甲は、古墳時代中期のそれに比べればその型式が減少するのである。これに加えて、冑の出土数も古墳時代中期と比べて圧倒的に減少する。この中で、冑と札頬当・錣はどのような過程を経て連結されていたと考えられるのであろうか。

　冑の腰巻板に頬当・錣を連結するための孔を穿つ場合、その孔の心々間の距離は、札の横方向に並んだ孔の心々間の距離とほぼ等しくなる。これについて札頬当をみれば、古墳時代中期の札頬当は、札幅が狭く、孔の心々間の距離が短いものが多く認められる。一方、古墳時代後期になると札幅・札の孔の心々間の距離は一定となり、札の全長が大きくなる傾向がみて取れる。つまり、古墳時代中期の札頬当の変化と古墳時代後期の札頬当の変化は、それぞれ変化の様相が異なっている。つまり、古墳時代中期の冑・頸甲ではそれに穿たれる孔が錣・肩甲に応じてその孔間距離が異なる。一方で、古墳時代後期の冑では、冑に穿たれる孔は孔間距離がおおむね一致しており、札の法量で左右されることがほとんどなくなるものと考えられる。

　冑や頸甲に穿つ孔の孔間距離に変化がないものとなるのであれば、冑や頸甲本体を製作する段階でも一定の基準に基づいて孔を穿つことは可能である。しかし、ひとつひとつのパーツの作成から組み上げまでの段階で、曲げやねじりなどの加工をそれぞれのパーツに行っていく。そのような場合、やはり組み上げ後に穿孔する方が、付属する錣や肩甲などにその孔位置・孔数を合わせることができる。

　そのように考えると、古墳時代後期の冑と錣・頬当の各製作工人の関わりは、古墳時代中期のそれと同様に、冑の製作工人と頬当・錣の製作工人とがそれぞれ複数系統存在し、それらが1対1の関係ではない状況が見て取れるのである（図116）。

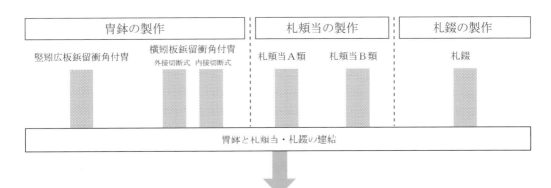

図116　冑と札頬当・錣の連結プロセスモデル

182　第Ⅱ部　古墳時代後期における甲冑の製作・用途とその性格

　ただし、古墳時代中期後葉以降に認められる襟甲と札肩甲については、この限りではない。札式襟甲の場合、札肩甲を垂下する孔が襟甲札１枚１枚の中央に穿たれる。しかし、襟甲札に穿たれた威孔からは、複数本の威紐が出るものも存在するようで、肩甲の１列当たりの威孔の数と襟甲札に穿たれた威孔の数は厳密には一致しない。この点は、打延式頸甲＋札肩甲と襟甲＋札肩甲の大きな相違点と言える。そもそも、札式襟甲自体が札式甲冑の体系の中で創出され、札肩甲を垂下するための武具である。そのため、襟甲＋札肩甲という武具は、打延式頸甲＋札肩甲という異なる系統の武具同士を組み上げたハイブリッド式の武具とは様相を異にしているものと捉えられるだろう。

6．小　結

　本節では古墳時代後期の衝角付冑を中心として、帯金式甲冑と札式付属具の連結の過程について検討を進めてきた。帯金式甲冑と札式付属具の組み合わせは札式甲冑全般が日本列島に導入されて以後しばらくした段階（５世紀後葉頃）に開始され始める。古墳時代後期になると、帯金式甲冑は衝角付冑のみになるが、その関係も継続する。

　しかし、冑と札頬当・錣の関係は、一つの系列の冑に一つの系列の頬当が組み合うというわけではなかった。冑の形式・型式を跨いで札頬当が装着されているのである。こうした状況は、古墳時代中期以降の冑についても見て取れる。古墳時代中期の冑については、衝角付冑および眉庇付冑でひとつひとつの資料について型式学的配列が可能であるとする意見が出されており、それに基づいて冑の製作系統も理解される。その中でも、冑錣はやはり複数の形式・型式を跨いで組合わせられることが確認されている。

　つまり、古墳時代後期の冑の製作は、古墳時代中期のそれを踏襲しているものとみられよう。冑鉢と錣・頬当といった付属具が１：１の関係になることはなかったようである。これからみれば、古墳時代後期になると打延式甲冑と衝角付冑を除く帯金式甲冑が消滅するが、その際にも冑鉢と付属具の関係は改善されなかったようである。

　ただし、すべての札式甲冑についてがそうではないようである。札甲についてみれば、古墳時代後期には複数の系統の製作集団が推定されているように、構造が異なる資料が存在するためである（清水和1993、内山2003）。これらは、本節であげたような札を別の甲冑に装着するというものではなく、札のみを用いて組み上げられるという特徴をもっているためであろう。

　冑錣・頬当についても、こうした札甲との関係を切って離せるものではない。札甲と札錣・頬当については、技術や構造など大部分が共通するものであるため、製作集団自体は同一の可能性もある。古墳時代中期の資料についても冑鉢と錣の関係が１：１ではなかったことがうかがえるが、古墳時代後期についても複数の甲冑生産組織は併存し、冑鉢とそのの付属具たる札錣・頬当の製作を行っていたものとみられよう。

註

31) 寛弘寺75号墳では、冑と札の出土位置は分かれている。ただし、札の周辺には装着される本体が存在せず、冑周辺には装着されているべき錣・頬当が存在しない。そのため、この冑と札が元々セットであった可能性を推定している。

32) 本書第3章で述べたように、外来系の襟甲は襟が高いが日本列島では襟の高さが低くなっている。朝鮮半島では首回りを襟甲で守るため襟部が高いが、日本列島では首回りの防御は冑錣で守るため、頸甲の襟部は低い。日本列島の冑と襟の高い朝鮮半島の襟甲を同時に装着することは不可能であり、これに対応するために、日本列島内で襟部の低い襟甲が出現したものと考えられる。この他にも、直接垂下式B類の甲冑は、元々打延式の錣・肩甲を装着していたわけであるが、出土時には札の付属具を装着していたものである。

33) これに該当しないものは、筆者が知り得る限り直接連結式B類の事例のみである。

第8章　日本列島における朝鮮半島系札甲副葬古墳とその周辺

1．はじめに

　古墳時代後期における甲冑製作は、第1・3章に述べたような札式甲冑の製作基盤の継続により、円頭・威孔2列札を主に使用した札甲や札式甲冑を、日本列島内に供給されていた。その背景の中で、一部の古墳からはこれらとは性格の異なる札甲の一群が出土する。それは、朝鮮半島での出土例が多い札甲であり、第1章で取り上げた札甲Ⅱ類（初村2011b）である。この札甲の一群は、「外来系」札甲と呼ばれ（清水和・高橋1998）、やはり日本列島内で製作された札甲を保有するものとは一線を画している。古墳被葬者（甲冑保有者）の生前の活動において、朝鮮半島との関わりを彷彿とさせる副葬品として注目される。

　それでは、これらの甲冑は、どのようにして日本列島にもたらされたものなのであろうか。それを知る手掛かりとして、その遺物がもつ技法・構造などがその時代にどの範囲に広がったものだったのか、その遺物と共伴する遺物がどのような性格を有するものなのであったのか。その遺物が副葬された古墳周辺の環境がどのようなものであったのかを考えることが大きな意味をもつものと考えられる。ここではこれら「外来系」札甲と共伴した副葬品や、「外来系」札甲副葬古墳周辺遺跡に着目し、「外来系」札甲副葬古墳被葬者の性格を探る。

2．「外来系」札甲に関する研究史

　「外来系」札甲に関してその特徴は、S字形腰札を使用した札甲であるとみられ、清水和明により祇園大塚山型として設定されたことに端を発する。この型式の札甲は、朝鮮半島との関連性が注目され、舶載品の可能性も示唆された（清水和1993）。ただし、「外来系」とされるものの中には、大陸からもたらされたものと朝鮮半島からもたらされたものの2者が推定されるが、「外来系」という名称ではその故地が不明である。そのため、以下では大陸系および朝鮮半島系の2者に区分することとする。本稿で主に扱うS字形腰札を使用した札甲はこのうち朝鮮半島系札甲に当たる。

　日本列島の札甲との関係性については、Ω字形腰札の成立の背景にS字形腰札が存在する（塚本1997）が、S字形腰札が完全にΩ字形腰札に先行するとみる意見（松崎・美濃口2010）と、S字形腰札はΩ字形腰札に先行するがΩ字形腰札成立後にも継続して存在するとみる意見（清水和・高橋1998）とが存在する。これについては、本書第1章でも触れたように、5世紀末〜6世紀においてもS字形腰札を使用する札甲の存在が確認された（内山2000、初村2011b）こともあり、日本列島におけるΩ字形腰札成立後も、S字形腰札を使用した札甲が存在したことが裏付けられた。

　しかし上記のS字形腰札をもつ札と類似した香川県善通寺王墓山古墳出土札甲では、平札の形状はS字形腰札をもつ札甲の平札と類似するものの、腰札・草摺裾札についてみればいずれもΩ字形

186 第Ⅱ部　古墳時代後期における甲冑の製作・用途とその性格

に湾曲している。つまり、6世紀中頃には、S字形腰札・平裾札というセットが、Ω字形腰札・Ω字形草摺裾札に変化するものと考えられる（初村2011b）。朝鮮半島出土例をみても、同様の腰札・草摺裾札を使用した例も確認されており（釜山市博2010）、日本列島出土朝鮮半島系札甲からも、朝鮮半島出土札甲の変遷過程の一端を見て取れるのである。

　このように、日本列島内には、少なからず朝鮮半島系札甲がもたらされ、副葬されていることが確認されている。しかし、その副葬品を保有（副葬）しえた人物の性格についてはこれまで検討されることが少なかった。本節ではこれらについて取り上げ、日本列島における朝鮮半島系札甲副葬古墳の性格を探っていく。

3．朝鮮半島系札甲の構造と技法

　朝鮮半島では、4～5世紀の墳墓より、札甲の出土が認められる。その出土地域は、概ね朝鮮半島南部全域に広がっている（福泉博物館2010）。

　これらの札を見てみると、その大部分が以下の特徴を有した札甲であることが確認できる。

①円頭・威孔1列で、綴孔は2か所の計8孔を穿つ札を使用する。

②腰札は縦断面形がS字形を呈するS字形腰札を用いる。

③草摺裾札は、縦断面形が平坦な平札を用いる。

　以上の特徴は、本書第1章で挙げた、札甲Ⅱ類に位置付けられるものである。元々、札甲は日本列島で生まれたものではないため、すべての札甲が「外来系」とみるべきとも思われるが、日本列島においては、札甲が導入された後に規格化が進み、定型化した札甲が生み出される。ここではこれを倭系札甲と呼び、朝鮮半島系札甲と対比させる用語として用いる。

　朝鮮半島系の札甲は、日本列島内で山梨県三珠大塚古墳、愛知県おつくり山古墳、大阪府高井田山古墳、奈良県円照寺墓山1号墳、奈良県市尾宮塚古墳、福岡県塚堂古墳、同沖ノ島7号祭祀遺跡、佐賀県潮見古墳、熊本県楢崎山5号墳などでの出土が知られる。その中でも実態の明らかなものについては5例に限られるが、その構成と特徴を以下で列挙する。

　大阪府高井田山古墳出土例　横穴式石室内奥壁付近で、横矧板鋲留短甲周辺に散在する形で出土した。その枚数から、札草摺の可能性を指摘されている（柏原市教育委員会1996）が、清水和明により札甲であるとする見解が示されている（清水和2000）。

　札は、いずれも綴孔が8孔穿たれた円頭・威孔1列札であり、第3威孔の有無により平札が2種に分類できる。このほか、竪断面形がS字形に湾曲するS字形腰札の存在が明らかである。威技法は、各段威技法b類・通段威技法を用いている。

　福岡県塚堂古墳　5世紀後葉の前方後円墳である。2基の横穴式石室より札が出土した。出土後に混在してしまっている状態であり、いずれの石室より出土したものかを厳密に確定することはできない。

　札甲に使用されていたとみられる札は、260枚程度出土している。そのうち、平札は、綴孔が8孔穿たれた円頭・威孔1列札であり、第3威孔の有無により平札が2種に分類できる。このほか、

S字形腰札が確認できる。

　札を用いた付属具として襟甲・札肩甲、籠手の可能性のある篠状鉄札が共伴する。

　佐賀県潮見古墳　6世紀初頭の円墳である。横穴式石室内奥壁付近に設けられた方形区画内より、大刀・鉄鉾・馬具・須恵器とともに札が出土した。

　札の枚数は26枚に留まるが、鉄製平札は、いずれも綴孔が8孔穿たれた円頭・威孔1列札であり、第3威孔の有無により平札が2種に分類できる。このほか、鉄製S字形腰札と鉄製Ω字形腰札がそれぞれ出土している。Ω字形腰札には、漆膜の遺存が認められ、平札に革札を使用していた可能性が高い。つまり、鉄製平札は、S字形腰札と一つの甲冑セットを構成していたものとみられる。威技法は、各段威b類と通段威技法を用いている。ワタガミに使用されたとみられる太い繊維を用いた布の遺存も確認できる。

　奈良県市尾宮塚古墳　6世紀前葉～中葉の前方後円墳である。横穴式石室内より札が出土したが、盗掘などにより厳密な枚数については明らかではない。平札のほか、ワタガミを綴じ付けた平札や腰札、草摺裾札が含まれており、札甲1領を構成していたものと考えられる。使用される札は、鉄製札と革製札を併用する札甲であり、鉄製札と革製札を同じ列に使用していることが明瞭に確認できる。

　使用されている札は、平札は綴孔8孔が穿たれた円頭・威孔1列札であり、すべて札の中心に第3威孔が穿たれている。湾曲のある札も含まれ、腰札の可能性がある。下搦技法についてみれば、らせん状下搦技法と革包覆輪技法とが認められる。威技法は基本的に革紐を用いた通段威b類を行っているが、らせん状下搦技法と革包覆輪技法を施した札では、それぞれ威紐の通し方が異なっている。つまり、草摺裾札での威紐の端部を処理するため、その他の部位と異なる通し方をしているものと推察される。この札甲でみられる威技法は、第3威孔を用いた通段威技法b類である（初村2011b）。

　札甲のほか、大型の札が出土している。この鉄板は、現状で冠帽付冑を構成する部材の可能性があると考えているが、これについては現状で全容を明らかにし得ない。

　熊本県楢崎山5号墳　年代については研究者により見解が異なる。5世紀末とみる見解（松崎・美濃口2010）と6世紀末とみる見解（清水和・高橋1998）とがある。横穴式石室より札が出土したが、盗掘などにより厳密な枚数は明らかではない。

　札甲は、綴孔8孔が穿たれる平札が2種（方頭・威孔1列札と円頭・威孔1列札）に分類できる。この両者には第3威孔がともに穿たれており、直接連結されることが確認されている。このほかにS字形腰札が存在するとされるが、腰札の札足付近には、平坦面が作り出されており、Ω字形に近いともみられる。威技法は、第3威孔を使用した各段威b類である。先述してきた札甲とはやや構造が異なる。この札甲には、竪短細板革綴冑・札錣・頬当、襟甲・札肩甲が伴うようである。

　これらをまとめてみると、いずれも綴孔8孔を穿つ円頭・威孔1列札やS字形腰札を主に用いた札甲であることが確認できる。朝鮮半島出土の札甲についてみてみると、各地域で類似する札が出土しているが、これらは日本列島出土の大半を占める円頭・威孔2列札と比べて非常に大型である

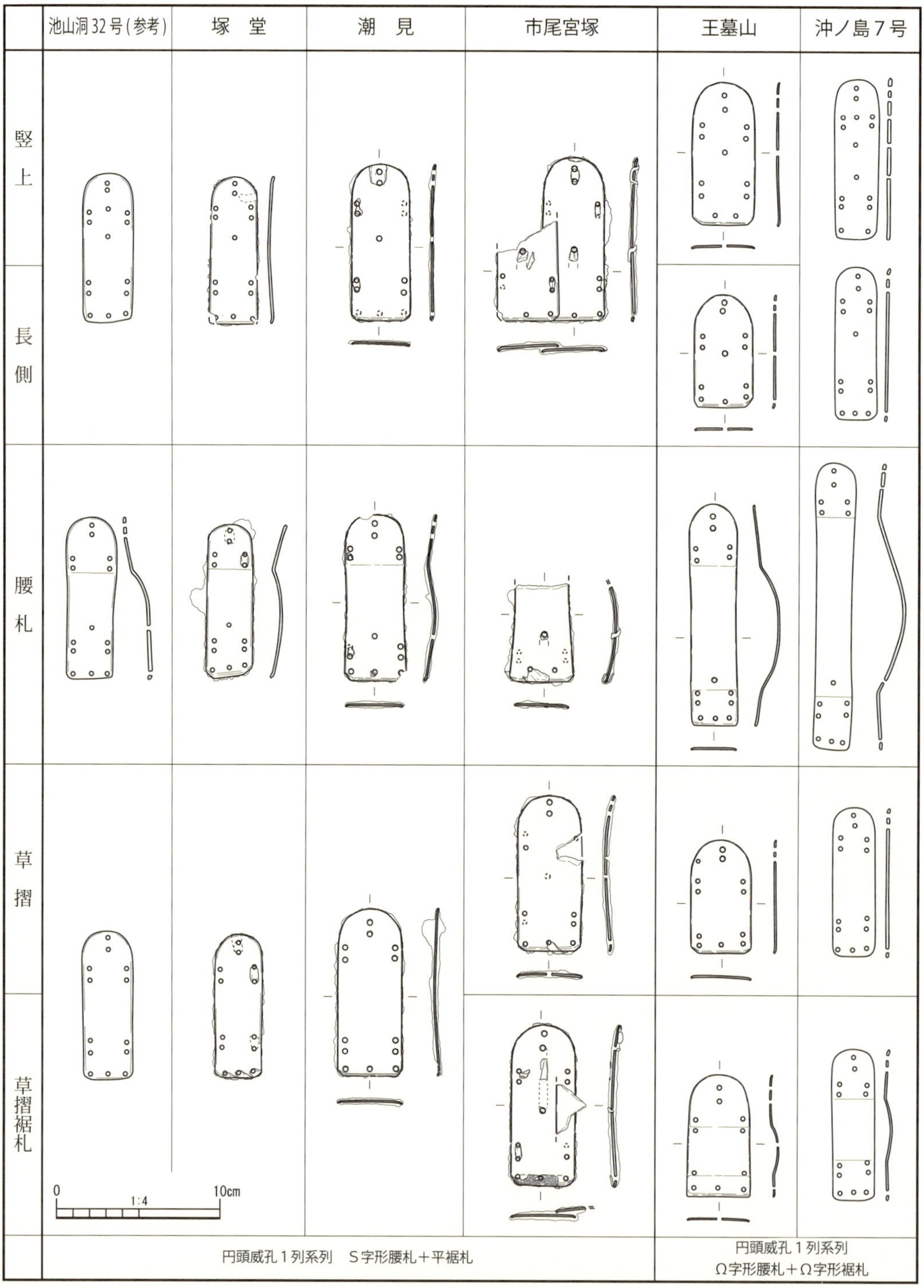

188 第Ⅱ部 古墳時代後期における甲冑の製作・用途とその性格

図117 日本列島出土朝鮮半島系札甲の諸例

という特徴を有している。この特徴は、何を意味するのであろうか。

　札が大型になればなるほど、一つの甲を構成する札の枚数を減らすことが可能である。これは、札に穿たれた横方向の孔間距離が大きくなるためであるが、この孔間距離が大きくなると札同士が重なり合う割合も少なくなり、甲は軽いものとなる。さらには、使用する札の枚数も減るということから、札の製作と組み上げに要する労力を減らすことが可能となるのである。反面、札同士の重なり合う割合が少なくなるということは、札が重なり合わない箇所が多くなるため、外部から受ける力を防ぐ機能は減衰する。こうした特徴は朝鮮半島系札甲に多く認められるものであり、倭系札甲はこれとは対比した特徴を有している。倭系札甲は、札同士の重なりが大きいため、重くはなるが札の重なり合う面積が大きいという特徴を有する。

　香川県王墓山古墳・福岡県沖ノ島7号祭祀遺跡出土例　こうした札甲と類似する札甲が、香川県王墓山古墳や福岡県沖ノ島7号祭祀遺跡などで出土している。ただしこの2例は、先に挙下てきた朝鮮半島系札甲とは異なり、Ω字形の腰札・草摺裾札を使用している。しかし、平札の構成については先に挙げた朝鮮半島系札甲と、綴孔の数や札の大きさなど酷似する点は多い。つまり、Ω字形の腰札・草摺裾札が導入された朝鮮半島系札甲と位置付けることができよう。

　この2例を朝鮮半島製とみるかどうかは断定することは難しいが、同時代における倭系札甲は、法量を揃え、機能と外観を統一する札甲が盛行している（初村2011b）。こうした中で、この王墓山古墳・沖ノ島7号祭祀遺跡の2例の札甲は、日本列島で盛行する倭系札甲とは異なっており、その製作の系統が別に存在したことを推定させる。ただし、Ω字形腰札・草摺裾札を導入している点などから推測すれば、この2例の札甲についても、倭系札甲もしくは藤ノ木型と呼ばれる別系統の札甲の影響を受けた可能性は十分に考えられる。

　これらの札甲は、日本列島では盛行しない系統の札甲に当たる。用いられる札の形状から、朝鮮半島との繋がりが推定されてきたが、市尾宮塚古墳出土札甲において日本列島では稀少な威技法が使用されていることが明らかとなった。つまり、構造と技術の両面からみても、これらの札甲は朝鮮半島由来の系列である可能性が高いと判断される。これらはおおむね札の大型化に伴う札甲組み枚数の減少という省略化（図117の左側から右側への変遷過程）が起こったものとが推定される。

　これらの札甲が古墳に副葬された時代は、先にも述べたように日本列島内で定型化した倭系札甲である円頭・威孔2列札が盛行した時代であった。そうした中で、これらの札甲が入手・副葬された背景はいかなるものだったのであろうか。その背景を探る手段として、札甲と共伴する出土品の構成とその系統、および札甲副葬古墳周辺の遺跡について考えていく。

190 第Ⅱ部 古墳時代後期における甲冑の製作・用途とその性格

4．朝鮮半島系札甲と共伴する副葬品の特徴─馬具について─

こうした札甲は、日本列島では主流とはならない系列であり、外来系の要素が少なからず含まれている可能性がある。そうした要素を、他の副葬品等を挙げて検討を進める。

他の副葬品に着目する場合、朝鮮半島系甲冑を副葬した古墳に共通してみられ、かつその構造が明らかな副葬品を挙げる必要があるだろう。その中で注目されるのが馬具である。朝鮮半島系札甲を副葬した古墳とその周辺でも、特徴的な馬具を確認しえるものがあり、ここで取り上げ、その意義付けを考える。

①塚堂古墳・潮見古墳・王墓山古墳の馬具 （図118）

朝鮮半島系札甲を出土した古墳のうち、まず塚堂古墳・潮見古墳・王墓山古墳より出土した馬具を挙げよう。

塚堂古墳からは、後円部石室内と前方部石室内から馬具の出土があった。後円部石室からはf字形鏡板付轡・剣菱形杏葉・鞍金具・組合式辻金具・木芯鉄板張輪鐙・鉸具・円環が、前方部石室からは鞍金具・木芯鉄板張輪鐙・雲珠・兵庫鎖・鉸具・環状鏡板付轡2がそれぞれ出土した。前方部出土の馬具には新しい製品も含まれるが、両者ともに日本列島で展開する馬具である。

潮見古墳からは、f字形鏡板付轡2・鈴付杏葉・馬鐸・無脚雲珠・兵庫鎖といった馬具の出土があった。f字形鏡板付轡は2個体あるが、鈴付杏葉とのセットおよび馬鐸・無脚雲珠・兵庫鎖とのセットをそれぞれ構成していたものとされる（宮代1994）。

王墓山古墳出土からは、f字形鏡板付轡2・環状鏡板付轡・剣菱形杏葉・十字文楕円形杏葉・鉄製輪鐙・木芯鉄板張壺鐙・辻金具が石屋形内より出土している（片山・初村2014）。これらは、石屋形内に転落した天井石上に置かれていたものも存在するとみられている。このほか、奥壁付近の副葬品集積部より馬鈴および円形雲珠が出土している。鉄製輪鐙については、慶州地域での出土が多いが、日本列島内でも福岡県域に集中して出土している（桃崎2009）。

こうしたf字形鏡板付轡・剣菱形杏葉のセットは、5世紀末～6世紀中頃まで倭の中で広く分布しており、古墳被葬者が倭における活動の中で入手したものとみられよう。

②市尾宮塚古墳出土馬具

市尾宮塚古墳より出土した馬具は、前述した古墳より出土した馬装とは異なり、鐘形杏葉とみられる杏葉を使用した馬装であったと思われる。盗掘の影響によるものであろうか、轡は出土遺物中に確認することができなかった。

杏葉と辻金具　杏葉は下辺部に突起をもつ鉄地金銅装の杏葉である。いずれも破片であり、完形のものは存在しない。しかし、突起の角度などから考えれば、鐘形杏葉の可能性が高い（図119）。杏葉の大きさについては、福井県丸山塚古墳例などを参考に復元しても矛盾はない。

内部の文様についてみれば、曲線を描く忍冬文系列であると理解されるが、既に知られている福井県丸山塚古墳例・群馬県藤岡市出土例などとは文様構成が異なっており、類似例は知られていない。日本列島における鐘形杏葉は、斜格子文系列および忍冬文系列の中で、文様の退化過程を軸に、おおむね型式学的変化を追うことが可能である（図120）が、こうした中でも市尾宮塚古墳出土の

第8章　日本列島における朝鮮半島系札甲副葬古墳とその周辺　191

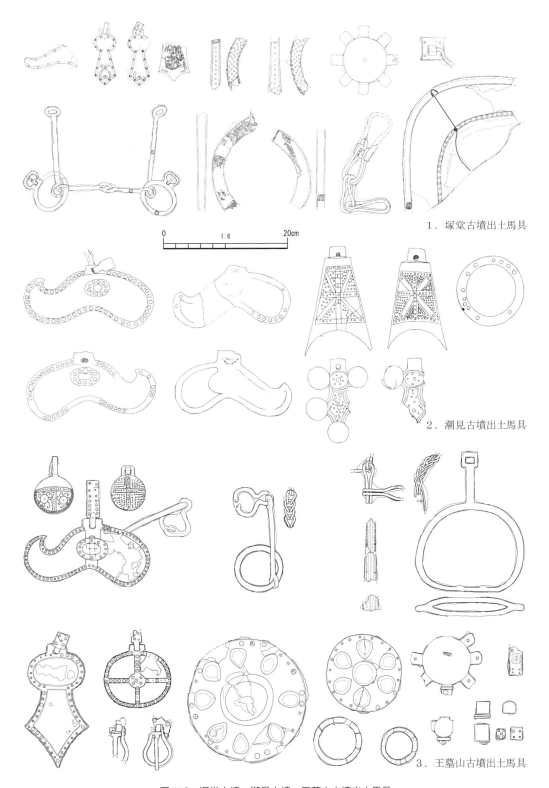

図118　塚堂古墳・潮見古墳・王墓山古墳出土馬具

192　第Ⅱ部　古墳時代後期における甲冑の製作・用途とその性格

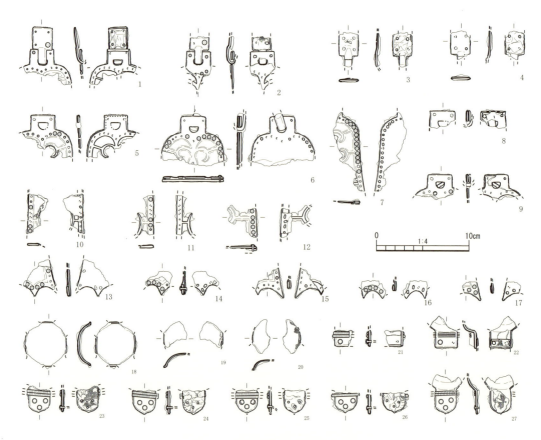

図119　市尾宮塚古墳出土杏葉・辻金具

鐘形杏葉は文様が異なっており、これらとは別の系列になるとみられる。むしろ、棘葉形杏葉の文様に近い印象を受ける。

　この杏葉を垂下するための辻金具は、鉄地金銅装半球状辻金具であり、脚形状は尻繋連結用脚が花弁状脚である。脚には、銀製の貴金具が装着されている。これらは、貴金具に2本の貴金具に斜方向に刻みをいれたものである。脚に打たれた鋲は、鋲頭に銀被せの八弁花形鋲である。杏葉を連結する脚は方形脚で鋲数は2鋲、繋を連結する脚は、花弁形脚で鋲数は3鋲である。

　近年、花弁形脚の雲珠・辻金具が集成され、その年代が示されたが、こうした馬具は大部分が6世紀末～7世紀という年代観が与えられた（堀2012）。市尾宮塚古墳の馬具の場合、貴金具の形状など、他の雲珠・辻金具と比べて古式の年代観を示す要素が含まれている。同様の事例はきわめて少ないが、埼玉県庚申塚古墳出土事例が挙げられる。これらは日本列島における花弁形脚をもつ辻金具の中でも最古相段階の資料とみられよう。

　鞍金具　磯金具・洲浜金具があり、その周辺に縁金具が鋲留される。縁金具には2条の鋲列があり、内側鋲列で磯金具・洲浜金具を縁金具に固定している。外側鋲列は縁金具と磯金具・洲浜金具の固定する役割は果たしておらず、縁金具を直接鞍橋へと固定している（図121-1～12）。このほか、

第 8 章　日本列島における朝鮮半島系札甲副葬古墳とその周辺　193

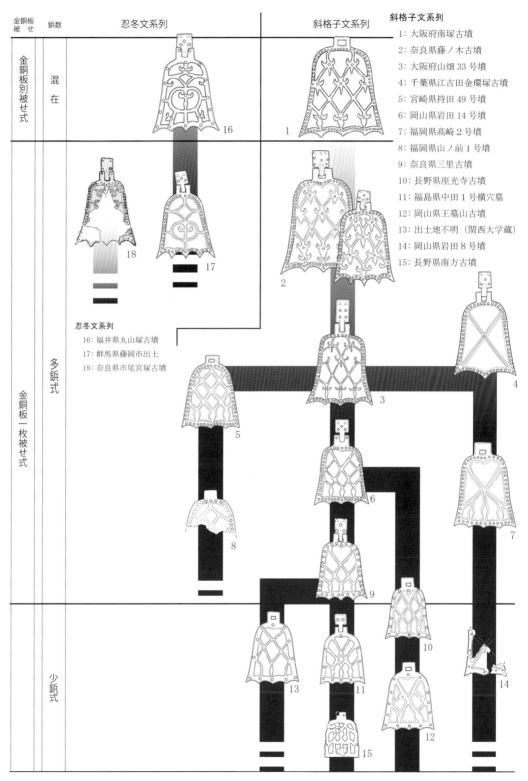

斜格子文系列
1：大阪府南塚古墳
2：奈良県藤ノ木古墳
3：大阪府山畑33号墳
4：千葉県江古田金環塚古墳
5：宮崎県持田49号墳
6：岡山県岩田14号墳
7：福岡県高崎2号墳
8：福岡県山ノ前1号墳
9：奈良県三里古墳
10：長野県座光寺古墳
11：福島県中田1号横穴墓
12：岡山県王墓山古墳
13：出土地不明（関西大学蔵）
14：岡山県岩田8号墳
15：長野県南方古墳

忍冬文系列
16：福井県丸山塚古墳
17：群馬県藤岡市出土
18：奈良県市尾宮塚古墳

図120　鐘形杏葉の変遷試案

縁金具には裏面全体に木質と黒色の塗膜（漆膜？）が遺存するものがあり（図121-13～15）、磯金具・洲浜金具を固定していた痕跡が見られなかった。これについては、内側・外側鋲列がともに縁金具と鞍橋を固定する役割を果たしており、現状では海の周辺に配された縁金具であると推定される。

日本列島においてみられる鞍金具の多くは、1条の鋲列をもつ縁金具により、磯金具・洲浜金具を鞍橋へ固定する。つまり、縁金具の鋲列は1条で事足りるものであり、2条という鋲列は、機能上必要がないものである。それでは、この2条の鋲列をもつ縁金具はどのように理解されるべきなのであろうか。

これについては、その鋲列の存在する方向に着目する必要があろう。磯・洲浜金具周辺に鋲留された縁金具では、内側の鋲列で縁金具と磯金具・洲浜金具を鞍橋に固定する機能を持つが、外側（海側）の鋲列については縁金具と鞍橋を固定しているに過ぎない。この外側の鋲列は何を意図したものなのだろうか。この外側の鋲列の意味について考えてみると、昌寧校洞89號墳・松弦洞7號墳、慶州皇南大塚南墳、慶山林堂2號墳より出土した鞍金具では、いずれも海と洲浜・磯の境界に1条鋲列の縁金具を2本用いている（図122上）。このように、元々は海金具固定用の縁金具と、洲浜・磯金具固定用の縁金具とが存在したのであろう。その2本の縁金具が1本へと統合され（第1段階）、その後、海と洲浜・磯の境界以外の箇所の縁金具についても2本の鋲列をもつ縁金具が採用される（第2段階）と考えられる。そうした第2段階のものが市尾宮塚古墳などの鞍金具と考えるのが最も理解しやすい。市尾宮塚古墳の鞍金具では、2条の鋲列のうち外側の鋲列は存在しなくても機能的には問題ない。そのため、この外側の鋲列は痕跡器官とみられる。

しかし、これら朝鮮半島出土事例と市尾宮塚古墳出土鞍金具では大きな違いがある。それは磯・洲浜金具の構成である。千賀久は、磯・洲浜金具が一体になった鞍金具を「新羅系」鞍金具と呼ぶ（千賀2003・2004）。先述した朝鮮半島出土事例についてはすべてこの「新羅系」鞍金具に対応するものの、

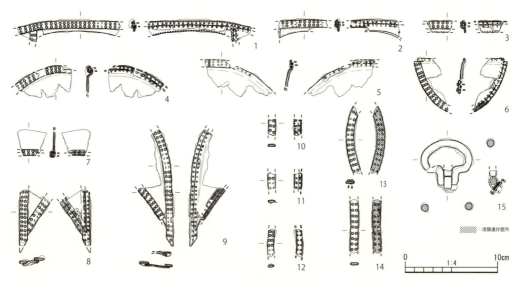

図121　市尾宮塚古墳出土鞍金具

市尾宮塚古墳の鞍金具は磯金具・洲浜金具が別造りであることが遺存資料から確認できており、この千賀の「新羅系」という定義には該当しない。

　市尾宮塚古墳出土鞍金具と同様の鞍金具は、日本列島内で他に8例が確認されている。この中で、市尾宮塚古墳・黒土1号墳例では、磯金具の全周と洲浜金具の上辺のすべてに縁金具を重ねて鞍橋に鋲留されるのに対し、打越稲荷山古墳・山の前1号墳例では磯金具・洲浜金具に突起を作り出し、

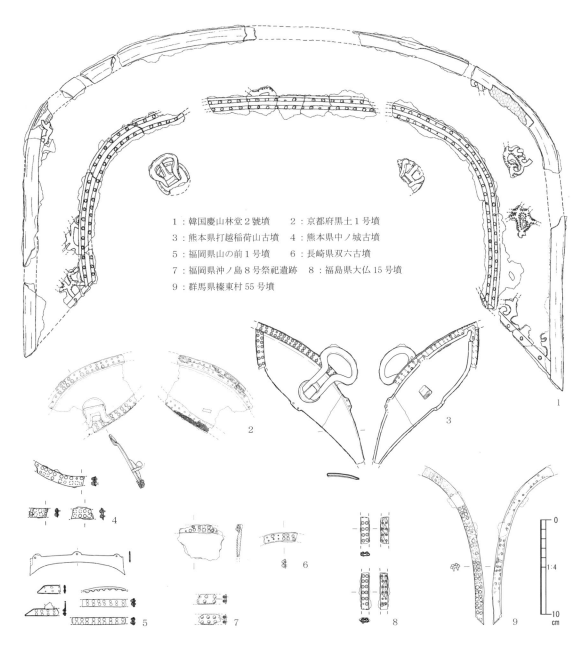

図122　慶山林堂2號墳出土鞍金具（上）と2条鋲列をもつ鞍金具の諸例（下）

196　第Ⅱ部　古墳時代後期における甲冑の製作・用途とその性格

表 15　日本列島より出土した 2 条鋲列縁金具を使用した鞍金具一覧

古墳名	縁金具鋲列	磯金具		洲浜金具		鞍金具		共伴馬具	時期
		突起なし	突起あり	突起なし	突起あり	刺金あり	刺金なし		
奈良県市尾宮塚古墳	2 条鋲列	○		○		○		鐘形杏葉・辻金具・障泥吊金具	TK10
熊本県中ノ城古墳	2 条鋲列	不明		不明		不明		円形雲珠？	TK10
京都府黒土 1 号墳	2 条鋲列	○		○			○	楕円形車文鏡板付轡・楕円形車文杏葉・辻金具・鐙	MT85 ～ TK43
熊本県打越稲荷山古墳	2 条鋲列		○	不明			○	棘葉形杏葉・留金具・飾金具・鉸具	TK43
福岡県山の前 1 号墳	2 条鋲列	不明			○	不明		辻金具・鐙・鉸具	TK43 ～ TK209
福岡県沖ノ島 8 号祭祀遺跡	2 条鋲列	不明		不明		不明		歩揺付雲珠	6 世紀後葉頃
長崎県双六墳	2 条鋲列	不明		不明		不明		楕円十字文鏡板付轡・鞍金具・障泥吊金具・雲珠・辻金具・	6 世紀後葉～7 世紀前葉
福島県大仏 15 号墳	2 条鋲列	不明		不明		不明		飾金具	TK209 ？
群馬県榛東村 55 号墳	2 列鋲列	不明		不明		不明		心葉形杏葉・留金具・鉸具	7 世紀前葉

その突起に縁金具を重ねて鞍橋と固定している。磯金具・洲浜金具の固定方法の簡略化とみられ、市尾宮塚古墳・黒土 1 号墳例が打越稲荷山古墳・山の前 1 号墳例に先行することを示している。さらには、鞍金具についてみれば、市尾宮塚古墳例では刺金が存在するのに対し、黒土 1 号墳・打越稲荷山古墳例では刺金が存在しない。こうした要素を踏まえれば、遺存状況が良好な事例の中では、市尾宮塚古墳出土鞍金具は、2 条鋲列の縁金具を用いた鞍金具のとしては最古段階の事例に位置付けられる可能性が高い（表 15）。

　しかし、これの起源と成り得る資料、つまり海と洲浜・磯の境界に 2 条の縁金具を用いた資料は、現状で日本列島内からは出土していない。市尾宮塚古墳例をはじめとした磯金具の全周に 2 条鋲列をもつ縁金具を使用した鞍金具の一群は、日本列島においてのみ存在する鞍金具とみられ、日本日本列島内に取り込まれた馬具とみられよう。これは、千賀が示した定義において「非新羅系」に位置付けられ、先に示した朝鮮半島出土の鞍金具とは異なっている。

　障泥吊金具　市尾宮塚古墳より出土した障泥吊金具は、円形の座金具の中央に鉸具が取りついたものである。座金具に穿たれた孔を介して、障泥本体と革綴されるものである（円形座金具革綴式）。

　障泥吊金具は、日本列島内では円形座金具鋲留式や、心葉形座金具革綴式などの出土が認められる（尼子 2010、松尾 1999、宮代 1997・2004、図 123、表 16）。一方で、円形座金具革綴式についてはその出土例はほとんど知られていない。この型式の障泥吊金具は、韓国で慶州鷄林路 14 號墓（國立慶州博物館 2010）や陜川玉田 M 11 號墳（慶尙大學校博物館 1995）より出土しており、日本列島内では奈良県市尾宮塚古墳、岡山県八幡大塚古墳などより出土しているのみである。

　これらの座金具についてみれば、法量に大きな差があることがわかる。座金具は、表側に向かって凸部があり、そこに鉸具を装着し、裏面からみた凹部に鉸具の脚を折り曲げ鉸具を固定している。この円形の凸部を打ち出す際に当て具や型に沿って打ち出しているとすれば、法量に近いものについてはその製作に関連性を見出すことができ、工具の共通性も考えられよう。これに従えば、市尾宮塚古墳の障泥吊金具は、鷄林路 14 號墓出土例と座金具凸部の径や構造など酷似している点は、大きな意味を持つと思われる。

　朝鮮半島に目を向ければ、障泥が吊金具を用いて垂下される資料は、新羅地域にきわめて多い。これに対して伽耶や百済地域では障泥吊金具の出土例が少ない。おそらくは障泥吊金具を用いな

第 8 章　日本列島における朝鮮半島系札甲副葬古墳とその周辺　197

い方法で障泥を垂下していたものとみられる。障泥吊金具が存在するという特徴をみれば、市尾宮塚古墳の馬装は、新羅地域の影響を受けた馬装とみられよう。

以上より考えれば、朝鮮半島系札甲と共伴する馬具は、おおむねｆ字形鏡板付轡や剣菱形杏葉という日本列島で展開した馬具を中心としたものが大部分を占める。ただし、市尾宮塚古墳出土馬具のみやや様相が異なる。市尾宮塚古墳の馬具は、

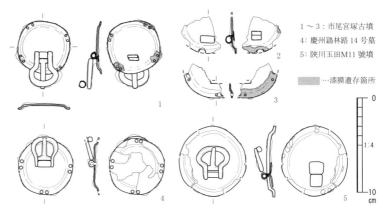

図 123　円形座金具革綴式障泥吊金具の諸例

1〜3：市尾宮塚古墳
4：慶州鶏林路 14 号墓
5：陜川玉田 M11 號墳

▨…漆膜遺存箇所

表 16　障泥吊金具の属性

古墳名	座金具	連結箇所	座金具凸部径	障泥縁金具
奈良県市尾宮塚古墳	円形革綴	4	46〜50mm	なし
岡山県八幡大塚古墳	円形革綴	4	64mm	なし
韓国鶏林路 14 號墓	円形革綴	4	47〜49mm	なし
韓国玉田 M11 號墳	円形革綴	？	62〜65mm	なし
奈良県藤ノ木古墳	円形鋲留	4	52〜54mm	あり
奈良県牧野古墳	円形鋲留	5	54〜56mm	あり
岡山県こうもり塚古墳	円形鋲留	8	40〜42mm	なし
栃木県下石橋愛宕塚古墳	心葉形鋲留	4	46〜54mm	あり
千葉県金鈴塚古墳	心葉形鋲留	4	54mm	なし
奈良県平林古墳	心葉形鋲留	6	50mm	なし
島根県上塩冶築山古墳	心葉形鋲留	4	58mm	なし

新羅地域に源流が求められるものである可能性もある。ただし、それらと完全に同一のものではなく、やや異なった印象をうける。朝鮮半島製馬具の系統にあるものが日本列島の製品に合うようにカスタマイズされたものと考えられよう。

このように、市尾宮塚古墳のみが他の朝鮮半島系札甲出土古墳とは異なる性格を有しているように見受けられる。特に鞍金具に着目すると、市尾宮塚古墳と同様のものは、朝鮮半島に近い長崎県壱岐市の双六古墳や、福岡県沖ノ島 8 号祭祀遺跡があり、やはり朝鮮半島との関係は無視できない。

ここでは馬具のみを取り上げたが、他の副葬品については市尾宮塚古墳をのぞき、札甲以外はおおむね倭系の副葬品で統一されている印象を受ける。ただし、高井田山古墳についてはそうではない。高井田山古墳の馬具は細片化しており不明瞭な点が多いためここでは挙げなかったが、日本列島における初期馬具のひとつである環板轡とみられる破片が出土している。これに加えて、熨斗（図 124）や 5 世紀代としては先

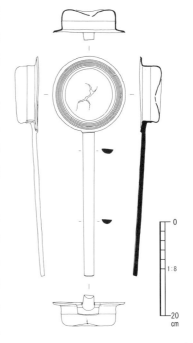

図 124　高井田山古墳出土熨斗

198 第Ⅱ部 古墳時代後期における甲冑の製作・用途とその性格

進的な耳環の副葬など特徴的な事項が確認されており、被葬者は渡来人とみられている（柏原市教育委員会 1996）。

副葬品の検討から、朝鮮半島系札甲出土古墳についてみると大きく 2 類型が存在することがわかる。ひとつは札甲のみが朝鮮半島系で、他の副葬品は倭系のもので構成されるもの、もうひとつは高井田山古墳・市尾宮塚古墳のように朝鮮半島系の副葬品が札甲以外にも存在するものである。被葬者の性格を考える上でひとつの指標となるだろう。

5．朝鮮半島系札甲副葬古墳とその周辺

これまで古墳の副葬品の中でも馬具を中心として朝鮮半島系札甲出土古墳の性格を考えてきたが、それに加えてこれらの古墳の被葬者の性格を考えるうえでもうひとつの指標となるのが、古墳の周辺に展開する遺跡である。古墳が築かれたフィールドは、古墳の被葬者にとって無関係ではなく、縁地と考えるべきであろう。周辺の遺跡に着目することにより、朝鮮半島系札甲副葬古墳被葬者の性格を考えていく。

塚堂古墳と周辺遺跡　塚堂古墳の周辺には、弥生時代の遺跡が多数存在し、青銅器も数多く出土している。塚堂古墳周辺にも塚堂遺跡があるが、古墳時代との繋がりは不明である。

一方で、古墳時代の遺跡では、5 世紀中頃の多数の副葬品を出土した月岡古墳や 6 世紀の壁画古墳である日岡古墳である。特に月岡古墳では古墳時代中期を代表する鉄地金銅装甲冑や装身具・武具などが出土しており、畿内中枢との関連性が推定されている。若宮古墳群の南側には壁画古墳を含む屋形古墳群が築造される。

潮見古墳と周辺遺跡　潮見古墳の周辺に築かれた古墳として、玉島古墳が挙げられる。竪穴系横口式石室を埋葬施設とする古墳であり、短甲・大刀・工具・装身具などが出土している。玉島古墳はこの地域の首長墳とみられており、潮見古墳に先行して築造されたものとされる。

歴史時代の遺跡としては、発掘調査により朝鮮式山城であるとされるおつぼ山神籠石がある。列石や柱穴などが 1800m 以上も連なっている。詳細な年代は不明であるが、7 世紀中頃の白村江の戦いに関連するものともみられている。

王墓山古墳と周辺遺跡　王墓山古墳は、古墳時代前期から後期までの古墳で構成される有岡古墳群内の 1 基である。一部は消滅もしくは盗掘にあうなどにより不明な点も多いが、王墓山古墳は突出して優秀な副葬品が検出されている。その全容の解明にはさらなる調査が必要となるが、倭系の胡籙や馬具に加えて朝鮮半島系の札甲が存在することが確認された（初村・土屋・杉本 2013）。同古墳群中の菊塚古墳からは f 字形鏡板付轡・剣菱形杏葉・貝装辻金具をはじめとした馬具や鉄鏃・装身具・須恵器などが出土した。この 2 基の古墳はともに横穴式石室内に石屋形を納めるものであるが、菊塚古墳の方はその石屋形の配置から肥後との関連性が推定されている。なお、王墓山古墳はこの菊塚古墳に先行して築造される。

弥生時代から古墳時代まで続く集落遺跡としては、旧練兵場遺跡群や九頭神遺跡が確認されている。水田跡や住居跡などが検出されており、大規模な集落が存在したことが知られる。これらの遺

跡の周辺には弥生時代の青銅器が多く出土しており、重要な性格を有していたと思われる。

高井田山古墳と周辺遺跡　高井田山古墳周辺には、西に玉手山古墳群、南に松岳山古墳が築造されている。いずれも4世紀末〜5世紀初頭頃に築造されたもので、高井田山古墳に先行する。

古墳時代の鍛冶関連遺跡として著名な遺跡が、大県遺跡である。鍛冶炉・金床状遺構・鞴・鉄滓などの遺構が出土しており、金属器の一大生産地であったものとみられる。こうした遺跡からは、住居址より朝鮮半島との関わりが推定できる甑や竈などが出土している。つまり、大県遺跡における鍛冶集団は、少なくとも朝鮮半島からの渡来人を含み、その技術を持って金属器生産が行われていたとみられる。大庭寺遺跡や、蔀屋北遺跡、讃良郡条里遺跡、長原遺跡などとともに、大県遺跡も当時の新技術を用いた製品の製作を行ったものとみられ、この地域の発展に寄与したものと考えられる。

6世紀〜7世紀に築造された大県古墳群内からも、ミニチュア炊飯具（図125）や簪・銀製指輪など、朝鮮半島由来の製品が出土している。棺においては組み合わせ式の箱形木棺を用いているが、釘のほかに鎹なども用いている。

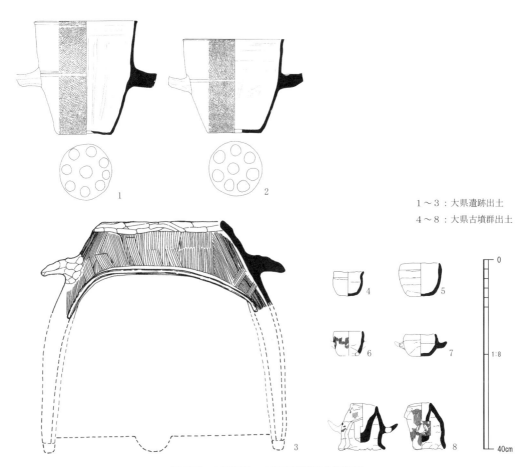

図125　大県遺跡・大県古墳群出土炊飯具

市尾宮塚古墳とその周辺遺跡　市尾宮塚古墳に先行する前方後円墳として、市尾墓山古墳の存在がある。市尾宮塚古墳よりも一代前の首長墓とする見解が強く、馬具や胡籙・武器・須恵器など多彩な副葬品が確認された。馬具は剣菱形杏葉やｆ字形鏡板付轡などが知られている。破片の中に鐘形杏葉の破片とみられる突起が認められるが、破片資料のためその全容は不明である。古墳の立地的にも市尾宮塚古墳とは近接しており、その関係性が推定される。

　これらの前方後円墳２基とはやや離れた位置に築かれたのが与楽古墳群である。この古墳群は６世紀後葉以降に築造された後期群集墳であり、市尾宮塚古墳以降の築造とみられる。ミニチュア炊飯具の出土頻度が高いことから、古墳群の被葬者は渡来系の人々と考えられている（図126）。加えて、古墳群全体として武器の出土が希薄（ほぼ皆無）であること、出土する馬具の中でも鞍金具についてみれば、金属製の磯・洲浜を使用しない（有機質製の磯・洲浜を用いたものと判断される）構成で統一されているという特徴を有している。こうした馬具の特徴は、ミニチュア炊飯具を出土した奈良県桜井市の風呂坊古墳群などでも見られる（桜井市文化財協会2012、初村2016、図127）。

　近年調査された与楽鑵子塚古墳の調査では、金属製の磯・洲浜を使用しない鞍金具とともに、六脚雲珠・辻金具・三葉文楕円形杏葉などといった馬具が出土した（高取町教育委員会2012、図128）。この馬具のうち、六脚雲珠は宮代栄一による『偏在配置六脚雲珠』に該当するものである（宮代1993）。この『偏在配置六脚雲珠』は鉄地金銅装の事例が極めて多く、中には彫金を有する藤ノ木古墳例なども存在する。一方で、与楽鑵子塚古墳より出土した六脚雲珠が、唯一の鉄製である点は異色と言える。これらの六脚雲珠は、責金具数・鋲数などから編年を組み上げることも可能であることを考えると、与楽鑵子塚古墳より出土した六脚雲珠のみが別系統になるとも考え難い。他例ではすべて認められる鉄地金銅装が施されていないという点を考えれば、あえてそうした選択をし、

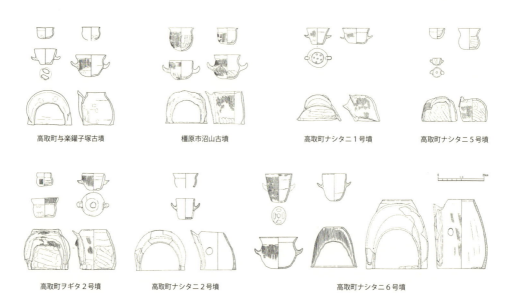

図126　貝吹山周辺古墳より出土したミニチュア炊飯具

第 8 章　日本列島における朝鮮半島系札甲副葬古墳とその周辺　201

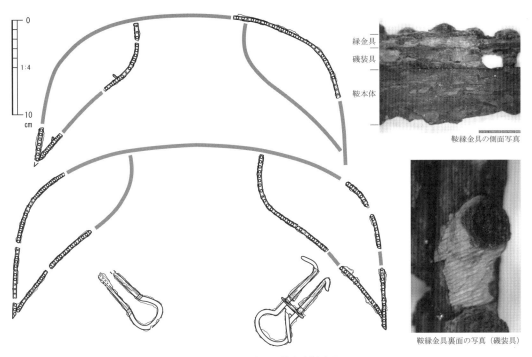

図 127　風呂坊 5 号墳出土鞍金具

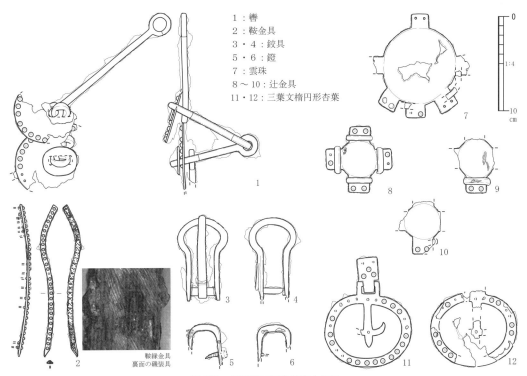

図 128　与楽鑵子塚古墳出土馬具

202　第Ⅱ部　古墳時代後期における甲冑の製作・用途とその性格

製作された背景が事由があったとみられる。

　こうした馬具を多く出土する与楽古墳群は、現在の橿原市・高取町・明日香村の境に位置する貝吹山の南麓に展開する古墳群である。この古墳群に近接するように、貝吹山の東麓には沼山古墳や真弓鑵子塚古墳が築かれている。これらはミニチュア炊飯具を出土するとともに、鉄地金銅装で飾られた馬具が出土するなど、与楽古墳群出土馬具とは様相が異なっている。

　ミニチュア炊飯具の出土からその被葬者を渡来人と推定できるのであれば、この沼山古墳・真弓鑵子塚古墳の両墳の被葬者は、与楽古墳群と同様に渡来人であるとみられるのだろう。しかし、階層性の違いなど異なる要因が存在したためだろうか、馬具には明確な差が見られ、また墓域も明確に区分された可能性が考えられよう（図129）。

　現在の高取町域にみられる古墳時代の渡来系遺物・遺構という特色は、古墳に限定されたものではない。これら古墳の周辺に存在する集落遺跡についてみると、大壁建物やオンドル遺構が検出される遺跡してはと薩摩遺跡・清水谷遺跡・観覚寺遺跡・森カシ谷遺跡などが知られるが、これらは市尾宮塚古墳や与楽古墳群築造時期に併行して存在し、それ以降継続していく遺跡である。これらは与楽古墳群が存在する貝吹山と、市尾墓山古墳・市尾宮塚古墳の間の東側に集中しており、居住域と墓域が明確に区別されていた可能性が高い。

　また、薩摩遺跡の遺構配置図をみると、直線的な区画の中に連続した柱穴が検出される大壁建物が複数重なっていることが確認できる（図129、高取町教育委員会2011）。つまり、建て替えを行いながら、長期にわたって大壁建物が存在したことが推定される。

　以上のように朝鮮半島系札甲副葬古墳の周辺に存在する遺跡を概観していくと、2つに類型化することができるようである。ひとつは、周辺の古墳や遺跡との連続性の中で朝鮮半島系札甲を副葬する古墳が突如出現するもの、そしてもうひとつは朝鮮半島系札甲を副葬する古墳とその周辺に渡来系要素が認められる遺跡が存在するものである。前者の場合は、古墳被葬者が自身のもつネットワークの中で朝鮮半島系の甲のみを入手し、その他の副葬品についてはこれとは関連性が薄い倭系の副葬品である。これに対して後者は、該当する古墳の副葬品のみならずその古墳周辺までもが朝鮮半島の要素を多く含むものであった。

　特にここで中心的に取り上げた高取町市尾宮塚古墳については、周辺に多くの遺跡が存在する。まず、市尾墓山古墳・宮塚古墳の東側に大型建物検出遺跡が展開する。その範囲は断定されていないが、現状で見る限り2km程度の広大な範囲を占める可能性もあろう。つづいて、ミニチュア炊飯具を出土する古墳群は、大壁建物検出遺跡群とは丘陵により隔てられており、墓域と生活空間とが区別されていたようである。ただし、市尾墓山古墳・宮塚古墳についてはこれらの大壁建物検出遺跡群から望める位置に存在する（図130）。市尾宮塚古墳は、市尾墓山古墳に次ぐ首長墓とみられ、墳丘・石室や副葬品の内容などから同時代の中でも突出した内容を持つものと推測される。外来系の副葬品を有する点などからも市尾宮塚古墳とこれら周辺遺跡が無関係だったとは考えにくく、市尾墓山・宮塚の両古墳の存在はこうした大壁建物に住まう人々の象徴であったようにも見える。

第 8 章　日本列島における朝鮮半島系札甲副葬古墳とその周辺　203

図 129　薩摩遺跡　遺構配置図

第Ⅱ部　古墳時代後期における甲冑の製作・用途とその性格

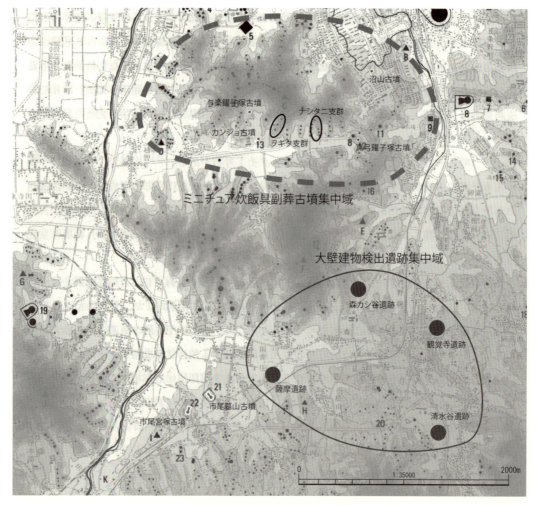

図130　市尾宮塚古墳とその周辺遺跡

　こうした遺跡の配置および副葬品の内容は、おそらく大阪府高井田山古墳も同様であろう。市尾宮塚古墳と高井田山古墳の２古墳は朝鮮半島系の副葬品をもち、その周辺に朝鮮半島系の集落・遺跡が存在した。

　しかし、この２古墳に被葬者は渡来人や朝鮮半島とのネットワークを有していたことに加えて、倭の内部にも同様のネットワークを有していたものとみられる。高井田山古墳には横矧板鋲留衝角付冑・横矧板鋲留短甲、市尾宮塚古墳には捩り環頭大刀といった倭特有の副葬品をも所持していたことが確認でき、倭の中でも相当の地位を有していたことは確実といえよう（図131）。そうした大きなネットワークを有していたからこそ、こうした地域社会を創出することができたのだろう。そうした背景のもと、朝鮮半島系の札甲を保有・副葬できたことは大きな意味を持っているのである。

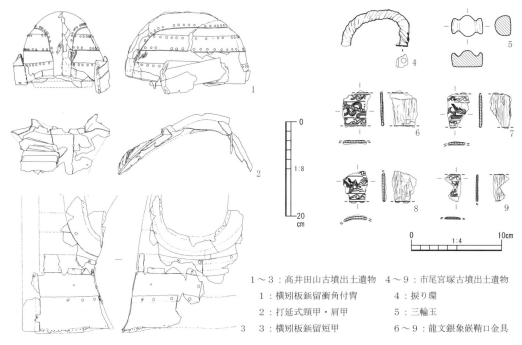

1～3：高井田山古墳出土遺物	4～9：市尾宮塚古墳出土遺物
1：横矧板鋲留衝角付冑	4：捩り環
2：打延式頸甲・肩甲	5：三輪玉
3：横矧板鋲留短甲	6～9：龍文銀象嵌鞘口金具

図131　高井田山古墳・市尾宮塚古墳出土倭系遺物

6．小　結

　日本列島における朝鮮半島系札甲副葬古墳について、出土事例は少ないものの日本列島における札の規格とは異なるものであり、日本列島における甲冑の系統とは異なる組織で製作されたものとみられる。

　特に本節で中心に取り扱った市尾宮塚古墳については、札甲にみえる技法が朝鮮半島出土事例によく見られる威技法を採用していることが確認された。この点は、朝鮮半島との深い関わりを推定させる。副葬品は被葬者の生前の活動を少なからず反映しているものと思われるが、市尾宮塚古墳からは甲冑のみではなく、馬具についても朝鮮半島系出土のものと同じものや類似する資料が存在することが確認された。特に新羅地域における障泥・鞍金具について関連性が推定されるだろう。

　付近に形成された古墳群・遺跡群についても、同様の性格を見出せる。大壁建物遺構や、ミニチュア炊飯具出土の古墳など、日本列島のものとは異なる特色がみられ、現在の奈良県高取町一帯に渡来人が関係したコミュニティが形成されたことを推定させる。当初は、奈良県市尾墓山古墳と市尾宮塚古墳では、副葬品からの繋がりは希薄かと考えていたが、近年調査した際に、市尾墓山古墳から市尾宮塚古墳のものと関連性を推定させる杏葉の破片を確認した。この2古墳はともに盗掘をうけているため不明な点が多いことは致し方ないが、今後こうした破片化した資料について詳細な検討を加えることで、より鮮明な実態が見えるようになるだろう。

　この古墳時代後期という時代に、一部の地域には既に朝鮮半島からの人々を受け入れ、またその人々が有していた技術が生活や風習にも浸透していた可能性が高い。特に、今回重点的に取り上げ

206 第Ⅱ部　古墳時代後期における甲冑の製作・用途とその性格

た市尾宮塚古墳が立地する高取町域のすぐ北東には明日香村が広がる。古墳時代後期にこういった渡来系文化を受け入れ、根付いたことから、のちの時代に飛鳥文化が花開いたと考えることもできるだろう。

第9章　革札を用いた札甲の構造とその意義

1．はじめに

　古墳時代における甲冑研究において、その中心をなしてきたのは古墳時代中期では帯金式・打延式甲冑、古墳時代後期では札式甲冑であった。それらについてはそのほとんどが金属製の部材を用いた甲冑であったと認知されている。

　しかし、古墳時代においては、甲冑のすべてが金属部材を組み上げたものであったとする理解は誤りである。弥生時代には木製短甲などの出土例もあるが、古墳時代においては革製衝角付冑や革製草摺などが知られる。古墳時代の場合は、皮革を用いた甲冑が比較的多く存在したようである。

　こうした有機質製甲冑は、札においても存在する。その嚆矢となったのは、静岡県団子塚9号墳の札甲であった。この事例については、鉄製札（以下、鉄札）と革製札（以下、革札）を併用したものであり、良好な遺存状況であったことから、革札の使用部位も推定することができた貴重な事例と言える。

　こうした成果に導かれながら、近年革札を使用した事例が多く確認されつつある。ここでは革札を使用した札甲の構造と意義について検討を行う。

2．革札の認識

　発掘調査において出土した甲冑においては、皮革は腐朽し、鉄は錆びた状態となっていることは周知の通りである。しかし、こうした状態にあっても革札を認識することは可能である。その革札を用いた事例でみられた点について、ここで触れておく。

　A．**黒色塗膜や非鉄製札痕跡の遺存**　革札といっても、革の札をそのまま使用したものもあれば、表面に塗膜が遺存するものもある。前者は革そのものが遺存するが、後者の場合は革の遺存もしくは革が腐朽し塗膜のみが遺存する場合もある。状況としては後者のケースが多い。この後者の塗膜については黒色の塗膜であるが、科学分析において漆と断定出来ないケースもあるので漆と断定はしない。この黒色の塗膜が、札列の間に挟まれた状態であったり、土・錆を除去していく際にみられることがある。この黒色塗膜の存在をもって、革札が存在した可能性を推定できる。

　B．**札の枚数の不足**　1領の札甲もしくは付属具を構成する場合、多くの札が必要となる。必要とする札の枚数はそれぞれの武具で異なるが、これまでの調査研究によりある程度の必要枚数を知ることができる。しかし、革札を使用する武具では、革札が腐朽した状態となってしまうと、遺存しやすい鉄札が極端に少ない枚数のみ出土することになる。この場合は鉄札のみでは一つの武具を構成できないので、革札により枚数が補われていた可能性を推定することができる。

　この2つの特徴が併存もしくはAの特徴があるならば、鉄札と革札を併用した武具の存在が確実

視できる。Bのみの場合は出土時の状態を勘案する必要があるが、革札の存在を推定することができる。

3．鉄・革併用札甲の諸例

近年で鉄札と革札を併用した事例はその数が増えつつある。その事例と特徴についてここで整理しておきたい。

①静岡県団子塚9号墳（本書9頁　図10参照）

古墳は古墳時代後期前葉頃の直径17mの円墳である。木棺内部より飾金具・捩り環頭大刀・鉄鏃・札甲・馬具などが出土した。

札甲は、多彩な形状の札を使用しているが、大部分は鉄札を用いる。ただし、後胴竪上第2段・右前胴竪上第2段・草摺3段のみすべて革札を用いるようである。古墳時代において革札の存在を知らしめた嚆矢となった資料である。

②栃木県益子天王塚古墳（写真17）

古墳時代後期後葉に築造された全長43mの前方後円墳である。横穴式石室内より、装飾付大刀・馬具・甲冑などの副葬品が出土した。

札は、鉄札の遺存状況は良好であり、一部副葬時の状況に復元することが可能である。とりわけ、草摺裾札列については、接合関係から方形に並んだ形に復元することができるため、木箱など方形の入れ物に札甲が副葬されていた可能性を示す。

この草摺裾札列の内面には、黒色の塗膜が鉄札裏面に錆着していたことから、草摺裾の上段に革札列を用いていた可能性が高い。

写真17　益子天王塚古墳出土札甲
草摺裾札裏面に遺存する黒色塗膜

③奈良県市尾宮塚古墳（図132-1～2）

古墳時代後期中葉頃に築造された全長44mの前方後円墳である。横穴式石室内より装身具・刀剣・馬具・甲冑・盛矢具・鉄鏃・須恵器など多くの副葬品が出土した。ただし、後世の攪乱を受けているため、副葬品についてはいずれも破片であった。

札は、前章で取り上げたような朝鮮半島系の札甲であり、平札・腰札ともに鉄札であった。ただし、鉄札の表面に面的に黒色塗膜が存在しているものがあり、鉄札と革札を使用して同一の札列を組み上げていることが確認された。鉄札と革

札を直接綴じていくため、革札の形状は鉄札の形状に準じる形状であったものと推測され、実際に鉄札と革札の綴孔位置は一致する箇所があった。

札甲は遺存状況が良好ではなく、1枚ないし2枚という単位で遺存しているにすぎないため、厳密に革札を使用していた部位は断定できていない。

④富山県加納南9号墳（本書10頁　写真3参照）

古墳時代中期末に築造された加納南古墳群の1基。墳形は直径19.3mの円墳である。割竹形木棺を直葬した埋葬施設でその棺内より三輪玉付鉄刀・鉄鉾・鉄鏃・鉄斧・札甲などが出土した。

札甲は、保存処理を行う目的で土壌ごと遺構から切り取られて搬入され、札の位置を記録しながら取り上げていく作業が行われた（初村2014）。

この調査において、鉄札を用いた札列は竪上最上段列・腰札列・草摺裾札列が検出されたのみで、他の部位においては、鉄札の表・裏に黒色塗膜が面的に遺存しており、多くの札が革札であったことが確認された。革札の完全な形までは復元困難であったが、革札の頭部が円頭、威孔1列であることがわかる箇所を確認した。

⑤福島県清戸迫8号横穴墓（写真18）

古墳時代後期末頃に築造された清戸迫横穴墓群のうちの1基である。横穴内部より、頭椎大刀・札甲・大刀片・鉄鏃・鉄斧などが出土した。

札甲は竪上最上段・腰札・草摺裾札に鉄札を用いるが、それ以外の部位には鉄札を用いない。鉄札には、黒色塗膜のない革痕跡が面で遺存しており、黒色塗膜のない革札を使用していた可能性がある。詳細については横須賀倫達により検討がなされている（横須賀2017）。

⑥奈良県珠城山3号墳（図132-3～5）

古墳時代後期中葉～後葉に築造された珠城山古墳群の1基。墳形は全長47.5mの前方後円墳で、後円部石室内より捩り環頭大刀を含む倭装大刀・馬具・甲冑等の遺物が出土した。このうち、馬具の忍冬唐草文鏡板や双鳳杏葉などは著名である。

近年行った保存処理に際し、筆者は札甲の接合検討および図化を行った（初村2018a）。鉄札は竪上最上段・腰札・草摺裾札に限定されてた。鉄札表面に革黒色塗膜の遺存しており、鉄札使用部位以外はすべて革札を用いた可能性がきわめて高い。

⑦岡山県八幡大塚古墳（写真19）

古墳時代後期後葉に築造された直径35mの円墳とされていたが、近年の検討により全長64mの前方後円墳であるこ

写真18　清戸迫8号横穴墓出土札甲
　　　　腰札に付着する革札痕跡

210　第Ⅱ部　古墳時代後期における甲冑の製作・用途とその性格

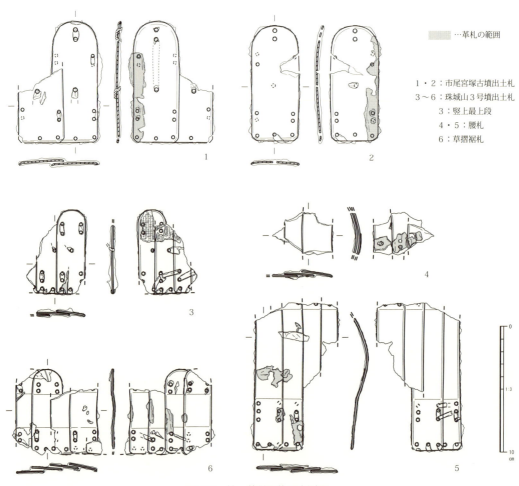

図132　鉄・革併用札甲実測図

写真19　八幡大塚古墳出土札甲
草摺裾札に付着する黒色塗膜

写真20　潮見古墳出土札甲
腰札に付着する黒色塗膜

とが確認された。横穴式石室内に組合式石棺があり、その内外より副葬品が出土した。副葬品としては、垂飾付耳飾・装身具類・捩り環頭大刀・鉄鏃群・靫・刀子などが棺内、障泥が棺上、馬具・札甲・須恵器群などが棺外から出土した。

過去に保存処理が行われており、その際に鉄札としては竪上最上段・腰札・草摺裾札が存在するのみであることが確認されている。鉄札を観察すると部分的に黒色塗膜が遺存する箇所がある点、鉄札を使用する部位が前述の加納南9号墳・珠城山3号墳と類似する点から、鉄・革併用札甲であることが確実視される。

⑧佐賀県潮見古墳（写真20）

古墳時代後期前葉に築造された直径25mの円墳である。横穴式石室内より、装身具・刀剣・馬具・札などが出土した。

札は、朝鮮半島系のⅡ類札甲が大半を占める。これにはS字形腰札も含まれており、札甲1領が存在したものとみられる。これに混じる形で平札・Ω字形腰札が含まれている。平札の裏面頭部には布が遺存しており、いずれも竪上最上段である可能性が考えられた。Ω字形腰札の表面・裏面には、黒色の塗膜とみられる付着物が面で遺存している箇所がある。出土時の状態等は不明ながら、竪上最上段・腰札を鉄札とし、それ以外の部位は革札を使用した札甲であったとみられる。

⑨長野県大室186号墳

古墳時代後期後葉頃に築造された直径12.5mの円墳である。横穴式石室内より、装身具・武器・武具・馬具などが出土した。

札甲は、小林三郎の報告において一部が報告されていたものの、その実態は不明であった。報告書刊行に際して詳細な観察が行われ、科学的に漆膜と推定される塗膜の遺存が確認された（塚本・山田2015）。ただし革札の具体的な使用部位については明らかではない。

⑩福島県八幡23号横穴墓

昭和50年に緊急発掘された八幡横穴墓群のうち、23号横穴墓より出土した札について、横須賀倫達による調査研究により、鉄札と革札を併用する札甲であることが確認された（横須賀2020）。

腰札裏面の湾曲部に明確な革痕跡を見出せる点や、出土札のうち腰札が9割程度を占めることから、札甲に使用された札の大部分が革札である可能性が高いと見られる。

札甲ではないが、いくつか革札の可能性の高い事例が近年報告されている。宮崎県下北方5号地下式横穴墓では札肩甲の枚数が類例と比較すると圧倒的に少ないという点から、肩甲札が鉄札と革製部材の併用であった可能性が示されている（西嶋2020）。三重県琴平山古墳出土竪矧広板鋲留衝角付冑は、冑の左右側面〜背面にかけて有機質痕跡が付着しており、錣・頬当が革札の可能性がある。また、近年整理作業が行われている福岡県船原古墳の周辺土坑より出土した甲冑の中にも黒色塗膜が認められており、甲冑の一部が革製札であった可能性が考えられている（古賀市2024）。

現状で、数は少ないながら、古墳時代中期末〜後期の事例が知られる。今後、各地の出土事例の整理が進むにしたがって、現在以上にその数が増えるものと推測される。

4．鉄・革併用札甲の類型化とその意味

先述の事例を考えていくと、革札の使用部位については、以下のように類型化できる（初村2015・横須賀2017）。

- 団子塚9号型…札甲1領の大部分を鉄札で構成し、草摺の1列のみなど限られた箇所のみ革札を用いる。

　　　　　例）団子塚9号墳、益子天王塚古墳

- 加納南9号型…札甲1領のうち、竪上最上段・腰札・草摺裾札のみを鉄札で構成し、それ以外の部位はすべて革札を用いる。

　　　　　例）八幡23号横穴墓、清戸迫8号横穴墓、加納南9号墳、珠城山3号墳、八幡大塚古墳、潮見古墳

- 市尾宮塚型…鉄札と革札を同一の札列に使用する。各札の使用部位が断定できないので、札甲全体に見た場合の革札の使用部位は断定できない。

　　　　　例）市尾宮塚古墳

設定型式の名称については、発見の契機となった資料名で設定した。また、潮見古墳例については遺存状況等不明な点が多いが、竪上最上段・腰札以外の部位に革札を用いる点は他の加納南9号型の事例と近しく、同類型に含めた。

全国的な悉皆調査を行えたわけではないため、今後も同様の事例は増えるものと推測されるが、現状において最も数が多いように思われるのは、加納南9号型である。

古墳時代において鉄札と革札が存在する意味としては、いかなる理由があるのであろうか。

革札を使用する部位とその意味　革札は、現状において平札として使われる傾向があるようである。腰札・草摺裾札はいずれの事例も鉄札である。腰札や草摺裾札は、古墳時代後期においては大部分で縦断面形がΩ字形に湾曲したものとなるため、金属の方が成形が容易である。型にあわせて曲げれば、同一形状に曲がった腰札や草摺裾札を多量に製作することできる。一方で皮革を用いて湾曲した腰札や草摺裾札を製作することも不可能ではないが、型に革を合わせた上で膠等を用いて硬化させる必要があるため、時間と労力が各段に大きくなる。製作するための時間とコストを考えると、湾曲した部分においては鉄札を用いた方が合理的と言える。

一方で、平札に革札を用いる場合においては、膠で固める必要はあるものの、製作効率はそこまで下がらない。札の大きさへの裁断や穿孔などは、鉄札よりも革札を用いた場合の方がより効率的と言える。また、金属は力が加わると変形するという特徴がある。武器による攻撃で打撃をうけると、鉄札は大きく変形してしまい、甲冑の破損に繋がってしまう。革札の場合は、孔が空いたりはするが、鉄札のように変形したりはしないことも大きな利点といえる。

また、重量の側面からみると、皮革の方が金属よりも軽量である。札甲の場合、大部分が平札で構成されるが、この部分が鉄札である場合と革札である場合では、革札である方が軽量であることは一目瞭然である。

上記のように、湾曲札の成形および強度といった面から、革札を使用する事例が存在したのであ

図133 韓国福泉洞21・22號墳出土札

ろう（塚本ほか2013、初村2011b・2015、横須賀2017・2020）。上記にみた革札の利点からみると、革札使用に際して最も合理的なのは加納南9号型だと思われる。団子塚9号型のような構造であれば、革札を用いる利点が薄れてしまうようにも思われる。塚本は団子塚9号墳の札甲の報告に際し、革札の部分を補修の可能性を考えている（塚本1994）。団子塚9号型については現状でその数が少ないため統計的な裏付けは困難であるが、仮に甲冑が破損していたとするなら、それが団子塚9号墳例と益子天王塚古墳例の複数の甲冑を跨いで同じ部位が破損し、類型化出来るという点には少し違和感がある。

しかし、日本列島における副葬品としてその存在がどの程度広がっていたのであろうか。その実用性が高く認められていたのであればもっと数多く存在しても良いもののように思われるが、現状で見る限り、その数はかなり限られていたようである。

この革札用いた札甲は日本列島に限ったものではない。韓国出土福泉洞21・22號墳出土札甲は鉄製のS字形腰札のみが出土している資料（図133）であるが、これについても資料の再検討が行われており、平札が革札で構成されていた可能性が高いとみられる。

革札の出現以前に、日本列島においては革製甲冑、朝鮮半島においては革札が既に存在していた。革札の起源については現状で断定することは困難であるが、甲冑は鉄のみではなく有機質を用いていたことは確実と言え、その利点においても当時から十分に認識されていたものと思われる。

5．鉄・革併用札甲の分布域と共伴副葬品からみる被葬者の性格

分布域 鉄・革併用札甲出土古墳の分布域をみると、多くは畿外であり、遠方における武装の一端を担っていた可能性も推定したことがある。だが、近年奈良県内の古墳において市尾宮塚古墳と珠城山3号墳の2例から相次いでその存在が認められた。

市尾宮塚古墳においては、札甲に使用されている札の形状から、朝鮮半島との繋がりの強い事例という点は判断されるが、珠城山3号墳については札の形状については明らかに日本列島内で展開してきた札甲の主流型式である札甲Ⅶ類に位置付けられ、忍冬文鏡板付轡や双鳳文杏葉などの優品を副葬した古墳である。そのため、『地方の古墳＝鉄・革併用札甲を保有させ、畿内中枢では鉄札を用いた札甲を保有する』という単純な図式にはならない。また、鉄・革併用札甲は、日本列島内において、東西いずれかへの偏在も認められない。

共伴副葬品 これらの鉄・革併用札甲と共伴する副葬品についてみてると、倭装大刀が含まれる事例が多いことが目につく（図134）。特に須恵器型式MT15型式期以後、古墳時代後期末に至るまで、

214 第Ⅱ部　古墳時代後期における甲冑の製作・用途とその性格

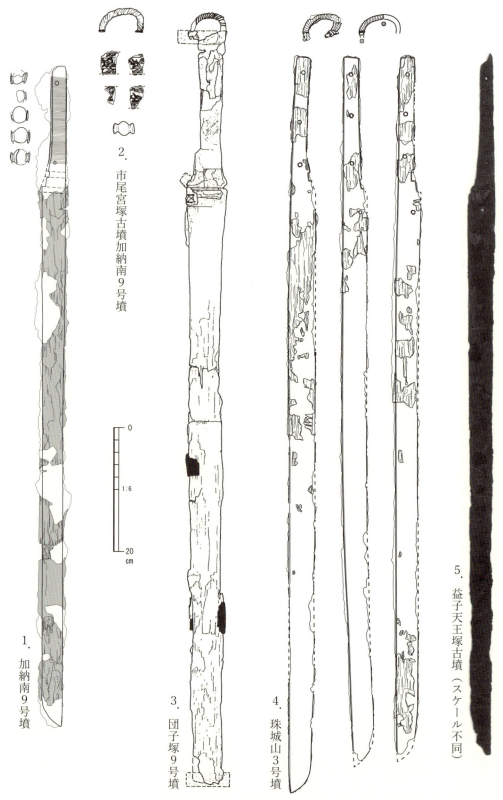

1. 加納南9号墳
2. 市尾宮塚古墳加納南9号墳
3. 団子塚9号墳
4. 珠城山3号墳
5. 益子天王塚古墳（スケール不同）

図134　鉄・革併用札甲と共伴する大刀

多くの事例で捩り環頭大刀がみられる点に注目したい。

捩り環頭大刀の評価については、高松雅文により継体朝との関連性が述べられているが（高松2007）、継体朝以後の古墳時代後期後葉頃に最盛期を迎えることが齊藤大輔により指摘されている（齊藤2018）。地方における捩り環頭大刀も、畿内中枢と地方とのつながりの中で配布された器物とみられる。

加納南9号墳・益子天王塚古墳では捩り環に対する存在は知りえないが、加納南9号墳では三輪玉をもつ長大な大刀、益子天王塚古墳からも全長112cmの長大な大刀が出土しており、両者は少なくとも倭装大刀が副葬されていたとみて問題はないだろう。なお、図は掲載していないが、八幡大塚古墳においても遺存状況の良好な捩り環頭大刀が出土している。

こうした大刀群を保有する鉄・革併用札甲副葬古墳のなかでも、奈良県域―特に倭系札甲をもつ珠城山3号墳の被葬者については、その副葬品は盗掘の影響を受けているものの、忍冬文鏡板付轡・双鳳文杏葉をはじめとした馬具や捩り環頭大刀といった副葬品の内容から、畿内中央政権の一翼を担った人物を推定することもできる。そういった人物が鉄・革併用札甲を保有していたことついては、鉄＞革とする階層的評価は成り立たないものと推測したい。実際に、革札には鉄札に対する先述したような利点を有していることも事実であり、鉄製札甲と鉄・革併用札甲が併存したことに意味があったのだろう。

6．小結

古墳時代における甲冑研究としては、主に金属製の部材を中心とした研究がなされてきた。金属の方が遺存しやすく、比較的構造も理解することができるので、当然と言える。しかし、有機質製の部材についてもその存在が認識されつつあり、次第にその数は増えていくだろう。

古墳時代研究の中では、金属製副葬品が多く検討されるが、それらはあくまで副葬され、千数百年を経た姿に他ならない。使用されていた当時には多くの有機質製の装具が存在したはずで、金属製部材のみでは成り立たないものが多い。近年研究の進展のある刀剣類をはじめとした武器や鉄鏃・馬具・農工具などはその典型と言えるだろう。これについては甲冑についても同様であり、使用当時の姿を推定しながら検討を進めていかなくてはならない。

第10章　古墳時代以後—飛鳥寺・東大寺例にみる札甲の構造—

1．はじめに

　これまで古墳時代における札式甲冑について述べてきたが、札で構成された甲冑は古墳時代に限ったものではない。古代・中世においても札を用いた武具は存在し続け、武具の中心であった。しかし、古墳時代の終わりととも副葬品としての甲冑は姿を消すこととなる。

　古墳時代においては、近年確認された群馬県金井東裏遺跡例のように副葬品以外での甲冑が確認されたが、こういった事例は奇跡的な状態であったという他なく、通常こういった状態で出土することはあり得ない。事実、副葬品としての甲冑が消滅して以降は、甲冑としての構造がわかるものはほぼ皆無となっている。そのため、古墳時代の甲冑から大鎧までの繋がりについても現状で明らかではなく、大きな隔絶が生じている状況である。

　ここでは限られた事例となるが、二つの事例を取り上げ、古代の札甲の構造を考える。

2．飛鳥寺塔心礎出土の札甲

　飛鳥寺の発掘調査の際に塔心礎内から出土した遺物として、遺存状態の良好な札甲がある。塔心礎内の埋納品については、『日本書紀』中に推古天皇元（593）年「以佛舎利置于法興寺刹柱礎中」とあり、心礎上に置かれた遺物はこの時期に埋納されたものと推測される。埼玉県埼玉稲荷山古墳礫槨出土遺物とともに札甲の埋納年代を知りうる、年代の定点となる貴重な資料である。6世紀末の資料であり、古墳時代後期の札甲との関連性を考える上でも重要視できる。

　出土状況としては礎石東端に札甲、南側に砥石と蛇行状鉄器、西端に装身具類が置かれていた。札甲は展開した状態で置かれ、筒状の札腕甲が付属することが知られている（図135）。

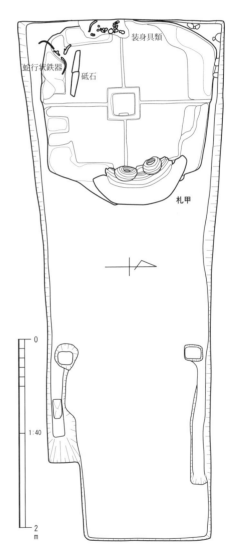

図135　飛鳥寺塔心礎内遺物出土状況

写真21 飛鳥寺塔心礎石内出土札甲（左：原品、右：復元品）

　札甲の構造としては、多くの検討が行われており、復元品が製作されている（写真21）。

　この札甲は、扁円頭威孔1列札を使用したものであり、腰札に「く字形腰札」、草摺裾札に平札を用いる（図136）。草摺裾札を除く札に第3威孔が穿たれており、いずれも各段威b類威技法を用いる。札の構成としては、藤ノ木古墳例などにみられる組成が変化したもので、清水和明による「飛鳥寺型」の代表例である（清水和1993ab）。

　この飛鳥寺の札甲の事例において最も特徴的なのは、筒状に復元できる札腕甲を伴う点である。藤ノ木古墳の事例およびそれ以前の事例においては、襟甲より垂下された、肩上を守る武具である肩甲があったが、飛鳥寺からは筒状になり上腕部を覆う腕甲となっている。また、飛鳥寺からはこの襟甲が出土していない。そのため、復元品を製作に当たっては、札肩甲に布を綴じ付け、その布を装着者の首に襷がけする形で装着している。

　ただし、遺物本体を観察をみると、この札甲は竪上の脇部周辺に大型の札を配する。脇部周辺の大型札には縦方向に2列の穿孔列があり、そのうち外側の穿孔列には革包覆輪が遺存しているので、覆輪孔であることは確実である。しかし、内側の穿孔列についてみると、覆輪が被っているような状態ではなかった（図137）。この内側の穿孔列の用途を考えるならば、腕甲の威孔である可能性が高い。また、長側脇下の札のみ頭部が外反するが、この頭部にも覆輪孔とみられる穿孔に加えて、腕甲威

図136　飛鳥寺出土札模式図

孔の威孔とみられる穿孔がある。これらを総合して考えれば、脇部周辺の札から威紐をのばし、札甲と札腕甲を一体化した構造であったことを推定することができる。上側についてはワタガミより威紐を延ばしていた可能性もあるが、こちらは現状では確定することはできない。

藤ノ木古墳例以降、札肩甲が出土する事例はあるが、それらには襟甲が伴わない。これらは、上記のような構造を採ることで、

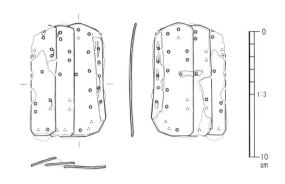

図 137　飛鳥寺札甲の脇部周辺札実測図

襟甲が存在しなくても札肩甲・腕甲を装着することが可能になったものと推測できる。脇部周辺の札の構造が飛鳥寺例と酷似する長野県小丸山古墳例などはこの代表例といえる。

近年、発掘調査により福岡県船原古墳1号土坑から札甲が出土した。この札甲は、扁円頭威孔1列札を用いた札甲であり、くの字形腰札を有するなど飛鳥寺塔心礎出土札甲ときわめて近しい。また、札甲の脇部周辺に特殊な札を有している点も共通する特徴といえる。だが、この札甲には襟甲が共伴していると報告されている（古賀市教育委員会2024）。脇部周辺の特殊な札と襟甲が同一の甲冑を構成する事例は現在ではこの1例が知られるのみであり、襟甲を有する藤ノ木古墳出土甲冑と襟甲を有さない飛鳥寺塔心礎出土札甲などとの関係性をつなぐ事例になりえる可能性を有している。今後の詳細な報告が待たれる。

3．東大寺金堂鎮壇具の札甲

東大寺金堂鎮壇具の発見は、東大寺大仏殿修理工事中の明治四十（1907）年にさかのぼる。発見時の状況については、上田三平の記述および、奥村秀雄による『大佛殿修繕工事ニ付キ發掘物位置見取図（以下「見取図」とする）』の検討に詳しい（上田1927、奥村1976）。それらによると、大仏殿修理工事が進んだ明治四十年九月、修理のための足場を架設するため、支柱を立てる必要が生じ、大仏の蓮座周囲に「七八尺」の柱穴を掘り始めた。その過程で、一部の柱穴において、地下一尺四寸程の位置より、種々の遺物が出土した（表17、図138）。

現在、東大寺金堂鎮壇具に含まれる札については、厳密には出土状況が明確ではないが、大仏の正面蓮座下より出土した鎹断片がこれにあたるとみられる。これらは金鈿荘大刀2振や蟬形鑷子・宝相華透彫座金・漆箱残片とともに出土した。

札甲は、8枚の板に固定された状態で長らく保管されており、津野仁により検討が行われている（津野1998）。この札甲は、平成の保存修理時に調査・接合検討がなされ、札形状が複数に分類可能なことや、重なり関係、有機質による装着装具の連結なども明らかになり、一定の構造を復元することが可能となった（東大寺2015）。構造を復元することに特に必要な事項を整理すると、以下の特徴が挙げられる。

220　第Ⅱ部　古墳時代後期における甲冑の製作・用途とその性格

表17　東大寺金堂鎮壇具発掘物一覧

「大仏殿修繕工事」付「発掘物位置見取図」より作成

		A	B	C	D	F	G	H	I	J	K	L	◉	⊛
		第壱号	仝	仝	仝	第貳号	仝	仝	仝	仝	仝	仝		
		刀	蟬金物	鐔断片	革断片	刀	刀子断片	硝子壺	鏡破片	金属製壺	歯、骨	本殿内陣柱 南京玉及琥珀玉	本殿内陣柱	上屋柱
		貳振	参個	廿三片	三個	二振	一個	三個	七個	二個	各一個	壱袋		

凡例：行の使い方と文字は各資料に基づく。
明朝体表記：黒で記入された文字
ゴシック体表記：赤で記入された文字

「古刀発掘位置之圖」より作成

符號	A	B	C	D	F	G	H	I	J	K	L	M
	第壱号	仝	仝	仝	第貳号	仝	仝	仝	仝	仝	仝	第三号
	以上明治四十年九月二日発掘	蟬金物	鐔断片	革断片	刀	刀子断片	硝子壺	鏡破片	金属製壺	歯、骨	以上明治四十年九月四日発掘 南京玉及琥珀玉	以上明治四十一年一月十四日発掘 刀
	貳振	参個	貳十三片	三個	貳振	壱個	参個	七個	壱個	各壱個	壱袋	貳振

①竪上最上段を含む5段の札（平札）列が続く個体がある。竪上最上段には錦のワタガミが綴じ付けられる。前胴・後胴のいずれかに該当するものとみられるが確定は不可能。竪上・長側で最大計6段以上となる（図139-6）が、腰札列がこの直下につくかどうかは明らかではない。

②腰札よりも上に3段の札（平札）列が錆着する個体が存在する。列の乱れもないため、腰札上に3段以上の平札札列が続くことは確実視できる（図139-8）。

③頭部に革覆輪が被る札（平札）がある。脇下の札の可能性がある。

④腰札は「く」の字形に湾曲する腰札であ

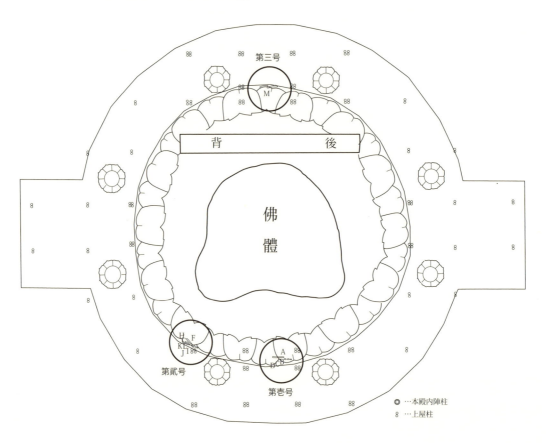

図138　東大寺金堂鎮壇具出土位置

第 10 章 古墳時代以後 221

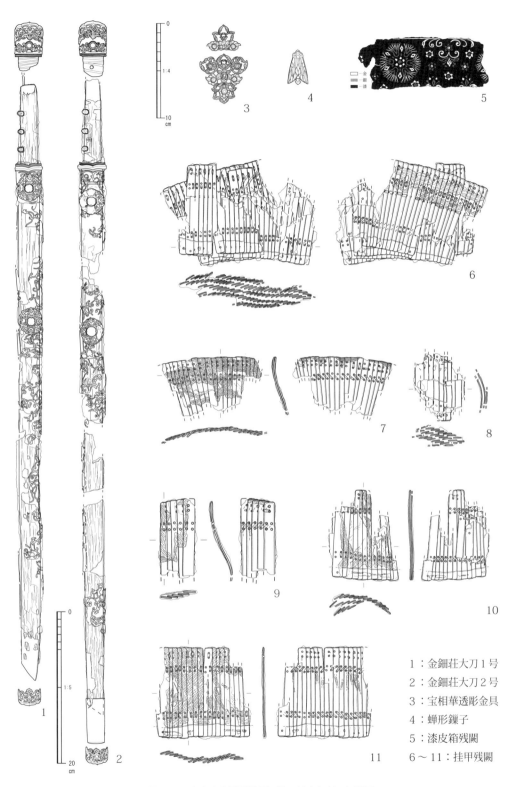

図 139 東大寺金堂鎮壇具（第 1 地点出土）実測図

る（図　139-7〜9）。

⑤草摺は、草摺裾札を含めて3段以上で構成される（図139-10）。

⑥札の側辺には覆輪が認められない。

⑦綴・威・覆輪綴付には組紐を用いる。ただし、覆輪綴紐には革紐を併用する可能性もある。

⑧威技法は各段威b類（清水和1993）、覆輪技法は革包覆輪技法である。

⑨札はすべて札甲を構成するものとみられ、積極的に付属具と判断しうるものは含まれない。また、それを装着していた痕跡も見出せない。

⑩出土した札は一部であり、現状で甲1領には満たない。ただし、甲は竪上から腰札、草摺裾札という一通りを網羅していると考えると、元々甲1領は存在したものとみられる。ただし、これらに付属具の破片は含んでおらず、甲本体以外の付属具が同じ場所に埋納されていた可能性は低い。

⑪札甲本体を布が覆い、更にその上に有機質が重なる。つまり、札甲は埋納時に布の袋に入れられていたか布が被せられた状態で、更に有機質製の入れ物に納められた可能性が高い。

これらからみれば、①・②より甲は竪上・長側で計6段以上（腰札列含む、前胴か後胴かは不明）、⑤より草摺は計3段以上となる甲であることは確実視できる。細片化している個体は多いものの、保存処理のより複数段が錆着した個体を復元することができたことから、札甲本体の一部の構造を推定することが可能となった。

この腰札の位置に着目すると、②より腰札上に3段の平札列が続くことが明らかである。先に掲げた飛鳥寺塔心礎出土札甲では、脇部であれば腰札上に2段の札列が続くのみとなっている。先の札の構造と同様に両者はともに長大な札を用いるため、飛鳥寺塔心礎出土札甲の札列の段数を参考できよう。これから図251-5は脇部におくことはできず、後胴もしくは前胴のいずれかの部位になると思われる。つまり、腰札は、前胴もしくは後胴に存在することが確実視できる。

札甲には胴一連の胴丸式と前後分離型の裲襠式が存在するとされる。裲襠式については、前胴・後胴においては平札のみで構成され、脇部の腋盾にのみ腰札を用いるものとされる。東大寺金堂鎮壇具札甲は前胴・後胴にも腰札を使用する可能性が高く、現状では前後分離型の甲ではなく、胴一連の甲になる可能性が高いとみられる（図140）。

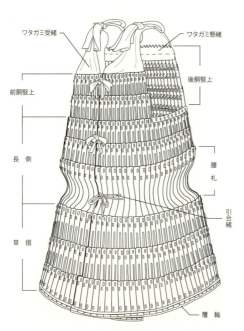

図140　東大寺金堂鎮壇具札復元想定図

4．文献にみえる「短甲」と「挂甲」 と東大寺金堂鎮壇具札甲

それでは、こうした札甲の構造は、歴史上どういった名称が付されてきたのか。『国家珍寶帳』には、正倉院に収められた甲冑として「挂甲」および「短甲」という記載があり、いずれも白磨もしくは金漆塗の部材を威した甲であることが知られている。だが、両者の具体的な差異については『国家珍寶帳』には触れられていない。

「短甲」・「挂甲」と東大寺金堂鎮壇具札甲 『国家珍寶帳』には「短甲」が十領、「挂甲」が九十領記載されている（写真22）。このうち、「短甲」は五具が一つの櫃に納められる。「挂甲」は十領がそれぞれ一つの櫃に納められる。「短甲」には冑・行縢・覆臂が伴うのに対し、「挂甲」は甲のみであるため、付属具の有無が一つの櫃に収めることができる甲の数の差として表れているのだろう。

「短甲」は冑・行縢・覆臂の縁（覆輪）および甲の領（ワタガミ）について材質や文様の記載が個々に記載がある。これに加えて複数の「短甲」に付記される形で威・布袋に関する記載がある。一方で「挂甲」では領と縁に関する記載が個々に記載があり、複数の「挂甲」を纏める形で威・布袋に関する記載があり、それぞれにバリエーションがある（表18）。しかし、「挂甲」と「短甲」の詳細な構造の差異については記載されておらず、これらの史料からは判断することができない。

「短甲」は先にも述べた通り付属具を伴うことが記されている。甲の縁（覆輪）には錦を用いるもの8例と皮を用いるもの2例があるが、基本的に付属具と甲は一つのセットを構成するため、1セットの中で縁の材質・文様は統一されているようである。甲のワタガミは表に錦、裏に絁を用いるもの7例、表裏ともに絁を用いるもの2例がある。札はすべて白磨であり、威紐もすべて白線組で統一されている。さらに、これらはすべて紺布の袋に収められている。

「挂甲」は付属具を伴わないようで、甲のみが記載される。甲の縁（覆輪）には錦を用いるもの62例、皮を用いるもの14例、絁を用いるもの13例、織成を用いるもの1例が存在する。覆輪や札、威では短甲と同様のものが大半を占めるものの、多様化している。

東大寺金堂鎮壇具の札甲については、津野は『国家珍寶帳』の記載と対比させる形で「付属具があり、短甲に相当することから…」という見解を述べている（津野1998）が、先述したように津野が篠状鉄札の破片と考えていた湾曲する札は、札甲の腰札とみた方が妥当である（図139）。よって、現状で確認できる札は胴甲のみであり、付属具は含まれない可能性が高い。付属具を伴わないという点を『国家珍寶帳』記載の甲冑の特徴と照らし合わせるならば、津野のいう「短甲」よりは、むしろ「挂甲」に近い様相を呈していると言える。

「短甲」と「挂甲」の構造に関する議論 近年、古墳時代の甲冑から大鎧成立までの過程を考える中で、「短甲」・「挂甲」の名称とその実資料の構造の対比について検討が行われている。東大寺金堂鎮壇札甲についても、札の形状および威技法については、古墳時代の札甲からの延長上に位置するものともみられる（内山2003）が、名称と構造については検討が必要である。

古墳時代の札甲から大鎧の成立までの甲冑研究において、前後分離型の甲（裲襠式）を「挂甲」、胴一連型の甲（胴丸式）を「短甲」とする見解がある（宮崎2006・橋本2009）。東大寺金堂鎮壇具札甲については、湾曲した札を使用しない前後分離型の裲襠式札甲と認識され（末永ほか1979）、湾曲

224 第Ⅱ部 古墳時代後期における甲冑の製作・用途とその性格

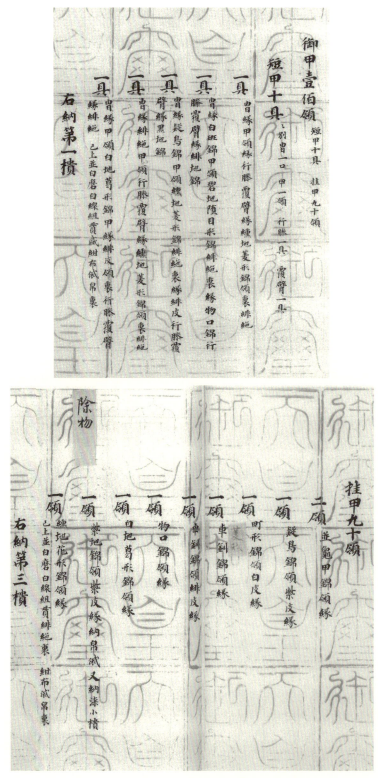

写真22 『国家珍寶帳』にみえる「短甲」と「挂甲」

する札は付属具を構成する篠状鉄札として考えられてきた（津野1998）。だが、東大寺金堂鎮壇具挂甲残闕に含まれる湾曲した札は、他の平札と整然とした状態で銹着していることから、この湾曲した札は腰札の可能性が高いことが指摘できる（図139-8）。

このように、東大寺金堂鎮壇具札甲は付属具を伴わない点についてみれば、『国家珍寶帳』記載の「挂甲」に近いようにと思われる。だが、これからすなわち東大寺金堂鎮壇具札甲＝「挂甲」＝胴一連の構造である

表18　『国家珍寶帳』記載内容にみる短甲と挂甲

短甲十具

	材質	点数
領（領裏）	錦（緜）	7
	緜（緜）	2
縁	錦	4
	緜	5
	皮	2
部材	白磨	10
威	白線組	10
袋（袋裏）	紺布（帛）	10
付属具	冑	10
	行縢	10
	覆臂	10

挂甲九十領

	材質	点数
領	錦	80
	緜	10
縁	錦	62
	緜	13
	皮	14
	織成	1
部材	白磨	65
	金漆塗	25
威	白線組	63
	黄糸組	1
	橡線組	13
	白線縄	13
袋（袋裏）	紺布（帛）	90

ると断定するには慎重を要する。付属具の有無が「挂甲」と「短甲」を分ける唯一の要素になるものとは考えにくいし、過去の研究史上での名称と構造との関係に適合しないためである。

宮崎が「挂甲」＝前後分離型の裲襠式甲を考えている背景には、末永による和歌山県有田市椒古墳[34]出土甲冑の復元資料や文献資料があり、これらは中国南北朝期の騎馬用鉄甲「牌子の裲襠甲」に源流が求められるとする。宮崎はまた、文献資料を参考にしつつ、この当時新造されていた甲は「挂甲」であり、「短甲」は令制以前に製作され、諸国で修理が行われていたのみであったとみている（宮崎2006）。だが、この中で特に慎重を期するべき点は、令制以前の日本列島に裲襠式札甲が存在したのかという点である。

いまだ筆者自身、裲襠式札甲の典型例とされる椒古墳出土甲冑類を実見できていないため断定することはできないが、他古墳出土資料を見る限り裲襠式札甲と確定しうる資料はほとんど認められない。末永がその中で裲襠式札甲とみた資料のひとつである愛知県大須二子山古墳出土札は、その裲襠式札甲ではなく膝甲の可能性が高いとみる（初村2018、本書第6章参照）。近年の古墳時代の札甲の研究は胴丸式札甲を中心としたものであり、いずれの研究者も裲襠式札甲の議論を避けている。

現在の甲冑の構造と名称については、いずれも780年に出された「停鉄甲造革甲事」という太政官符以後の資料を参考として挂甲＝前後分離型の裲襠式札甲としている。だが、筆者はむしろこれ以前の資料により着目するべきと考える。この太政官符では、甲の材質が鉄から革へという変化を促したが、同様の革製札は古墳時代から既に存在していた。近年確認される事例が増加してきた、いわゆる鉄・革併用札甲である[35]。これについては前章で触れたのでここでは詳しくは触れないが、これらはいずれも腰札や草摺裾札といった湾曲した形状の札を鉄で作る一方で、平札の全体もしくは一部を皮革製としたものであった。Ω字形の腰札・草摺裾札などの札には、湾曲した形状の保持や強度が必要であったため、これらは鉄で製作され続けたのだろう。だが、この太政官符により、鉄から革への材質の転換が行われたとするならばどうだろうか。

腰札は甲本体を腰部で締め人体に装着するという役割を果たしていたわけだが、これが製作できないとなると甲の構造はおのずと合理的な構造へ変化せざるをえない。筆者はこの「停鉄甲造革甲

事」の太政官符を、少なからず甲の構造に変化をもたらした要因の一つとして考えている。

　この仮説に基づくならば、この太政官符以後の資料を用いて、古墳時代の甲冑資料について「挂甲」・「短甲」の名称の議論が行われていること自体に問題があるだろう。いずれにしても、「挂甲」・「短甲」の名称が使用されている『国家珍寶帳』作成以前の資料で、襠襟式札甲が存在したという確証を得なくてはならない。古墳時代に襠襟式札甲が存在した根拠とされる椒古墳出土札（末永1934、末永ほか1979）の再検討が不可欠である。この椒古墳出土品については、末永が調査した時には既に関東大震災で資料が崩れた後の状態であるため現状で出土時の状況を知る手段はないが、有田市教育委員会が刊行した報告書に掲載された絵図（有田市教育委員会2012）では、札甲は大須二子山古墳出土札甲などと同様に円弧を描く構造であり、前胴と後胴が一連の構造の甲であるように見える。

　東大寺金堂鎮壇具の札甲の構造が一定程度検討しうる状況となった今、これまで甲の名称の根拠となってきた資料の精査が必要となろう。将来的には「挂甲」なのか「短甲」なのか、といった議論が必要となろうが、現状ではやはり具体的な構造を確定することは難しい。しかし、飛鳥時代・奈良時代において存在する札を用いた甲冑については、古墳時代後期に存在した札甲の発展形式であることには疑いはない。

5．小結

　ここで扱ってきたように、古墳時代の甲冑は、確実に歴史時代の甲冑へ継承されたものであった。札の形状などでは津野仁の述べるようにそれぞれの時代において差はみられる（津野2011）が、甲冑としての基礎構造は継承されており、そこに各時代に改良・変化が加えられ、受け継がれてきたものと言える。ただし、歴史時代になると副葬品としての甲冑資料は姿を消すため、検討可能な事例が極端に少なくなるという資料的な制約がある。この点は古墳時代の甲冑資料が副葬品として確認できる点との大きな相違点であり、古墳時代とそれ以後の資料を比較すると資料の統計に基づく信頼性・正確性に大きな差が生じてしまうこととなる。そういった中で、本章で触れた飛鳥寺塔心礎内出土札甲・東大寺金堂鎮壇具挂甲残闕はきわめて重要な資料と位置付けられる。

　これらの甲冑の具体的な構造および変遷上の位置づけが可能となることにより、古墳時代から歴史時代の甲冑の変化から大鎧などといった中世の武装への変化を見通した研究が可能となる。文献資料で見られる甲冑の名称と実際の資料の対比することにより、その関係性はより具体的なものとなるだろう。甲冑の名称と構造については宮崎隆旨による検討（宮崎2006）があるが、これについては具体的な該当資料からその存在を確定していく必要がある。古墳時代の札式甲冑研究においては、これらを常に念頭に置きながら検討を進めてかなくてはならない。

註

34）ただし椒古墳出土甲冑については、関東大震災時に被災しており、出土時の状況を保っていない。末永雅雄についても、崩壊した資料を参考としており、本来の形状は未だ謎のままである。

35）本書第9章参照。

第Ⅲ部　札式甲冑の導入・展開期における副葬品群の様相

III部扉絵　筆者計測資料をもとに構成。
　　　　　上から　群馬県綿貫観音山古墳鏡：筆者計測、文化庁所蔵。
　　　　　　　　　奈良県都祁白石古墳鏡：筆者計測、福井県立歴史博物館所蔵。
　　　　　　　　　宮崎県持田１号墳鏡：筆者計測、宮崎県立西都原考古博物館所蔵。
　　　　　　　　　埼玉県埼玉稲荷山古墳鏡：筆者計測、文化庁所蔵。
　　　　　　　　　奈良県吉備塚古墳鏡：筆者計測、奈良教育大学図書館所蔵。
　　　　　　　　　石川県和田山２号墳鈴付銅器：筆者計測、京都国立博物館所蔵。

先の第Ⅰ・Ⅱ部は、古墳時代中・後期の札式甲冑を中心として、検討を行ってきた。この中で札甲の変化の様相とその背景などについて触れてきたが、この段階で他の副葬品群の様相はどのようなものであったのだろうか。

　札式甲冑が倭に導入されて以降、同様に倭にもたらされた遺物としては、馬具・装身具・胡籙などがあるが、これらについては先の中国・四国前方後円墳研究会においてその併行関係と画期の連結など議論がなされてきたことも記憶に新しい（中国・四国前方後円墳研究会 2020、図 75（本書 116 ～ 117 頁））。

　こうした資料群以外にも、倭にもたらされた遺物がある。そのひとつが古墳時代中・後期にみられる同型鏡群である。この鏡群は、倭の五王が中国南朝への遣使を契機として入手した鏡群と考えられているものだが、原鏡の製作はもちろん踏み返しにおいてもすべて中国で行われており、製作後に一括して日本列島にもたらされたものと理解されている。

　そしてもうひとつ。同時代において新たに出現した副葬品群は多く存在するが、その中でも鈴付銅器を取り上げたい。この鈴付銅器は鈴付馬具・鈴鏡との関連性からも議論がなされている通り、鋳造技術が盛行した 5 世紀末に集中してみられる遺物である。

　同型鏡群は比較的長期的に、鈴付銅器は比較的短期的に存在するわけであるが、これらを札式甲冑の様相と対比させることにより、同時代における副葬品群の意義を検討することができる。

　この両者はともに鋳造製品であることもあり、検討の方法として 3 Ｄスキャナを用いて取得したデータの比較を行った。特に同型鏡群においてはこれまで検討されてきた傷・面径に基づき、その製作順序についても再考する。

第 11 章　同型鏡群の比較検討からみた副葬品の製作・入手・伝世

1．はじめに

　札式甲冑が日本列島へ導入された後、定型化した札甲が出現し、次第に倭の武装の中核をなして
いく。これと時期を同じく、胡籙や馬具などといったいわゆる鋲留技法導入期に日本列島にもたら
された品々が次第に日本列島内に定着していくこととなる。

　古墳時代中・後期にみられる同型鏡群においても、札式甲冑と時期を同じくして日本列島内でみ
られる遺物の一つである。この同型鏡群は、東晋以来、中国王朝内部で管理・継承されてきた後漢・
西晋鏡などを原鏡とするものと位置付けられるものであり、倭の五王が大陸へ遣使した際に入手し
た器物とされる。

　これらの同型鏡群の研究においては、川西宏幸の傷を中心とした世代間関係の検討（川西 2004）、
辻田淳一郎の鈕孔の検討（辻田 2018）をはじめ、岩本崇・上野祥史・加藤一郎・森下章司ら多く
の鏡研究者による検討が広く認知されているところである（岩本 2017、上野 2013・2015、加藤 2014・
2020、森下 1991・1998・2012 など、多数）。氏らの研究により、多くの意義づけがなされているが、そ
の代表的なものを以下に挙げる。

- ・中国王朝内部で管理・継承されてきた鏡を原鏡とする鏡群。
- ・中国南朝への遣使を契機として倭へもたらされた鏡群。
- ・倭への特鋳鏡であり、踏み返しの末端世代が主体となり、原鏡は含まれない。
- ・同型鏡群と小型倭製鏡を差異化して、倭の内部で各地の上位層へ贈与する戦略が採られた。
- ・倭への舶載ののち、中央での集積を経て各地に配布された。この配布には中央と地方との政治
　的関係を基盤とするもので、「人制」の展開との繋がりも大きい。
- ・中央への集積ののち、早い段階で大部分が配布される。長期伝世する事例のうち大部分は地方
　での伝世であるが、一部中央での伝世が推定される。

　これらの点からでも、同型鏡群を保有することに大きな意味を持つと考えられる。その背景には、
倭の各地の首長層が、畿内中枢との関係を基盤として入手し得た遺物であったとみられる。

　これまで本書内で検討してきた札式甲冑が導入・展開された時代を考える上で、他の副葬品の様
相を考えることは、対比研究として非常に有意義であり、その時代を多面的に捉えることが可能と
なる。ここでは、同型鏡群に着目し、その製作・入手・伝世について、検討を行う。

2．分析手法と対象資料について

　これまで、鏡の報告・研究に際する資料の提示方法については、写真・拓本・３Ｄデータ等が入
り乱れる形となっている。こうした手法については、報告者・研究者の手法に拠るところが大きい

が、様々な手法のものを比較しようとすると、困難な場面にも遭遇するであろうことは想像に難くない。同一の手法によるものが網羅的に存在するのであれば、比較は容易となるし、その手法が客観的なデータであればなお信頼性も高いものとなろう。

　同型鏡群については複数の鏡がもつ傷の存在や、微妙な鏡径の差異などを示す必要がある。ここではこれらの点を客観的に示す方法として、３Ｄデータを用いる。

　本稿で取り扱う同型鏡群は、辻田2018に掲載された各群を取り扱うが、複数の資料を比較するという目的があったため、その中でも１面のみで構成される一群は取り扱わない。また、実見・調査できなかった資料が多々ある場合には同様に取り扱わない。ただし、実見・調査できなかった資料であっても、過去に３Ｄデータが公開されている場合は可能な限り取り扱った。

　３Ｄデータの取得に使用した機器については、下記の機器・設定で行った。

①機　器：コニカミノルタ株式会社　RANGE7

　ソフト：RANGEVIEWER

　レンズ：TELE レンズ

　距　離：450 〜 500mm

②機　器：SHINING 3D Tech Co.,Ltd.　EinScan Pro

　ソフト：EinScan Pro series

　モード：固定計測モード（テクスチャなし）

　当初は①の機器を用いていたが、機器の高額であることから第三者による検証が可能かどうかに疑問を持った。調査に使用する３Ｄ計測機器が高額なものであると当然高精細な３Ｄデータ作成ができるが、機器を持つ一部の組織のみが使用できる手法となってしまい、個人レベルでの第三者が同様の手法で追認・検証することは難しい。考古学的手法として広く第三者が検証可能な状況を作り出す必要性を感じたため、個人レベルで購入可能な機器②を用いた。

　写真撮影については、次の機器を用いた。

　カメラ：ソニー株式会社　α 7R III ILCE-7RM3

　レンズ：ソニー株式会社　SEL24105G FE24-105mm F4 G OSS

　　　　　　　　　　　　　SEL50M28 FE2.8/50 MACRO

　ライト：mcoplus　VIDEO LED Light LE-410B

　写　台：株式会社進光社　A3 S331A

　３Ｄデータの取得〜出力の流れ　３Ｄデータの取得に際しては、データの漏れがないように、現地で資料の計測とデータ合成を繰り返し行った。検討に際しては、鏡全体の厚さや鏡面の情報も必要であると考え、鏡背面のデータ取得後に縁のデータを取得し、可能なものに限っては更に鏡面のデータの取得を行い、一体のデータとして構成した。

　取得した３Ｄデータについては、起動ソフト内で位置合わせを行ったのちに STL データ化し、VGSTUDIO（Volumegraphics GmbH）を用いて角度を調整した。

　２Ｄ画像の出力については、polyworks viewer2017（Innovmetric software）を用いて jpeg 形式で

出力した。この際、ライトの位置を調整することも可能であったが、ライトの位置が異なると表現に差異が生じる。そのため、ライトの位置は初期設定のままとした。

また、鏡背面の文様については、通常の２Ｄ画像では文様が不鮮明なものがあった。そのため、Adobe Photoshop CS5.1（Adobe systems）を用いて画像のコントラスト調整を行い、強調した画像として提示した。これにより、文様の不鮮明なものについても一定程度視認することが可能となった。本稿では同一フォーマット・同一手法により取得した画像の提示を行うため、画像すべてに同様の調整を行った。

断面図については、STL データを VGSTUDIO（VolumeGraphics GmbH）で読み込んで断面画像を jpeg 化し、それを Adobe Illustrator CC（Adobe systems）でトレースした。

傷の抽出　同型鏡群の比較の際に検討されている項目の一つとして傷の検討がある。

傷は、複数面の鏡が共有する傷と、鏡１面のみが有する一過性の傷とが存在することが知られる。本稿では前者を共有傷、後者を固有傷と呼称する。

これらの傷については、PC 上で相違点を抽出することも可能であった。しかし、これらの相違点の中には、錆であったり、出土後についた傷などが含まれる可能性も十分に考えられた。錆や出土後の傷は、製作時の痕跡を留めたものではないため、本検討ではこれらを除外して考える必要があった。そのため、傷の抽出には遺物を実見した際に鋳潰れや傷のメモを作成し、撮影した写真等を参考に、出力した２Ｄ画像を目視で比較しながら検討した。

3．本章での検討対象

古墳時代中〜後期の同型鏡群は、辻田 2018 の段階で 29 群 134 面が存在する。このうち、複数面で構成される群は 19 群あり、これらについて個人レベルで実見可、３Ｄ計測が可のものについて調査を実施した。現在所在不明なものや３Ｄ計測不可の資料もあるが、これらについては補足的に公表済みの写真等を用いて比較した。

ただし、資料調査に際して３Ｄ計測不可であるものや資料調査自体が不可といったケースもあった。これらのうち、過去に３Ｄデータが公表されているものについては既に公表されている図などを援用することとし、調査可能なものに注力した。

なお、鏡種名については、基本的に辻田 2018 に基づくものとした。鈕孔の分類についても基本的に辻田の分類に基づくものとし、下記分類を使用する。

１類…半円方形鈕孔。幅 8 〜 10mm 前後、高さ 6 〜 7mm 以下。

２類…大型の半円形・楕円形の鈕孔。幅 10mm 以上、高さ 8mm 以上のものが多い。

３類…円形鈕孔。幅高さともに 7mm 前後で、円形のものと縦長の楕円形のものがある。

４類…大型の鈕孔で上下もしくは左右に段差をもつもの。仕上げを行わずに鋳放しのままのものが多い。

234 第Ⅲ部　札式甲冑の導入・展開期における副葬品群の様相

4. 浮彫式獣帯鏡A

　これより以下では、古墳時代中・後期における同型鏡群の各種について、実見した知見および３Ｄ計測によるデータを基礎として検討を進める。まずは特徴の捉えやすい本鏡群を取り上げ、検討の基準としたい。

　いわゆる浮彫式獣帯鏡Aとしては、辻田2018の段階で12面が存在する。このうち、藤ノ木古墳鏡については、今尾2017・水野2017、伝沖ノ島鏡については水野2010により既に３Ｄ画像が公表されている。

　文様等については、過去の研究史上で詳細に述べられているため、ここでは特に触れない。川西2004・辻田2018を参照願いたい。

　共有傷と固有傷　同型鏡群は、一つの鏡（オヤ）から複数の笵をつくり、その笵を用いて鏡（コ）を鋳造する、いわゆる同型技法により製作された鏡群である。そのため、笵のもととなった鏡（オヤ）に傷があれば、その傷は複製された鏡（コ）にも継承される。川西宏幸はこの傷について検討を行うことにより、同型鏡群のオヤコ関係や系統を探った（川西2004）。

　このように複数面の鏡に共有される傷をここでは共有傷と呼称する。これとは別に、複数の鏡には共有されない傷—１面の鏡のみが有する傷を固有傷と呼称する。

　鏡の傷については、さまざまな場面で生じる可能性がある。鋳型製作時、鋳造時、保有時などである。この傷が生じた場面については特定することは困難であるが、共有傷を有する一群であれば、オヤコ・キョウダイ・オジオイなど、近しい関係性を推定することができる。一方で、固有傷は次世代に継承されないものして、その鏡のみがもつ特有のものである。もしこの固有傷が存在する鏡から笵をつくり鏡を製作した場合、この固有傷は次世代に継承されて、複数の鏡がもつ共有傷となる。固有傷は、そのような現象が行われていない状態においてのみ存在できる傷であるから、固有傷のある鏡はそこから次世代の鏡が製作されなかった鏡、つまり末端世代の鏡であることが推定できる。

　鏡の笵を製作する際にはこの傷は修繕可能であるが、基本的にこの修繕は行われていないものと考えたい。その根拠としては、複数の鏡に継承される共有傷があるからである。共有傷は修繕されず、固有傷のみが修繕されると考えるのは乱暴であるので、ここでは基本的に傷の修繕は前提としない。以下、この考えに基づき、検討を進める。

　浮彫式獣帯鏡Aの共有傷については、飯島義雄・小池浩平および川西宏幸により、過去に検討がなされている（飯島・小池2000、川西2004）。３Ｄデータ取得後、共有傷の再検討を行った結果、以下の共有傷が存在することを確認した（図141・142）。

　共有傷A…外区の獣文帯の突出。鋭く突出するAaと低い隆起状のAbがある。川西2004の傷a。
　共有傷B…内区櫛歯文帯を斜めに走る傷。
　共有傷C…内区環鈕文隆起帯にある鋳潰れ。
　共有傷D…外区鋸歯文帯にある三角形状の傷。
　共有傷E…鈕の下側にある粒状の傷。

第11章 同型鏡群の比較検討からみた副葬品の製作・入手・伝世　235

藤ノ木古墳鏡

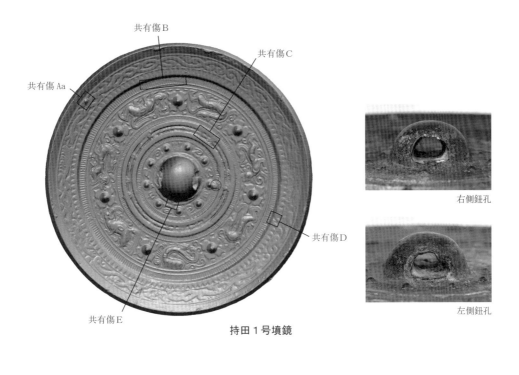

持田1号墳鏡

凡例　□…共有傷
　　　○…固有傷

図 141　浮彫式獣帯鏡Ａの共有傷と固有傷１

236 第Ⅲ部 札式甲冑の導入・展開期における副葬品群の様相

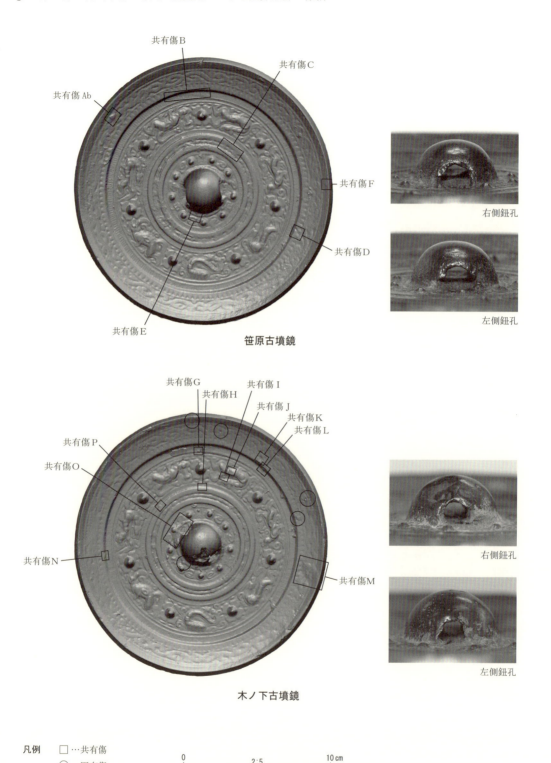

図142 浮彫式獣帯鏡Aの共有傷と固有傷2

共有傷F…外区にある凸状の盛り上がり。

共有傷G…内区櫛歯文帯の粒状の傷。

共有傷H…内区環鈕文隆帯外縁の粒状の傷。

共有傷I…ふりかえった獣像を配した一区の獣像下顎部の粒状の鋳崩れ。川西2004の傷c。

共有傷J…共有傷Iのある獣像の胴体に粒状の傷。

共有傷K…外区鋸歯文帯の一部にある凹み。川西2004の傷d。

共有傷L…内区と外区の境界にある粒状の傷。

共有傷M…外区獣文帯の一部がやや膨らむ。

共有傷N…内区と外区の境界にある粒状の傷。

共有傷O…鈕座が鋳崩れて小乳と一体化する。

共有傷P…環鈕文の隆帯の外縁に粒状の鋳崩れ。川西2004の傷b。

上記の傷の有無により、大きく3つのグループが存在することがわかる。共有傷Aのみを有する1群（藤ノ木古墳鏡・伝沖ノ島21号遺跡鏡）、共有傷A～Eを有する2群（笹原古墳鏡・持田1号墳鏡・伝山ノ坊古墳群鏡①・②）、共有傷G～Pを有する3群（木ノ下古墳鏡・沖ノ島21号遺跡鏡・国越古墳鏡・伝持田古墳群鏡）の計3グループである（表19）。

このうち、2群については、共有傷Fを持たない2A群と共有傷Fをもつ2B群に細分可能である。川西宏幸により指摘された共有傷Abについては、現在のところ2B群に位置付けられる。

今回実見できていない5面の鏡（藤ノ木古墳鏡、沖ノ島21号遺跡鏡、伝沖ノ島21号遺跡鏡、斗洛里32号墳鏡、伝慶尚南道出土鏡）については、過去に撮影された写真等を用いて検討したが、文様の細部まで確認することができなかった。そのため、グルーピングおよびその名称については暫定的なものとして考えておきたい。ただし、この中でも伝慶尚南道出土鏡については、川西宏幸により共有傷Abが存在すると指摘されている（川西2004）。伝慶尚南道出土鏡については全面有機質に覆われているため詳細な共有傷の検討は困難と思われるが、この指摘に基づくのであれば、2B群の鏡は日本列島および朝鮮半島から出土した鏡群として捉えることができる。

表19　浮彫式獣帯鏡Aの共有傷の有無と鈕孔分類

鏡名	鏡径 (cm)	鈕孔形態 (辻田2018)	共有傷															備考
			A	B	C	D	E	F	G	H	I	J	K	L	M	N	O	P	
藤ノ木古墳鏡	18.12※	1類	Aa	−	−	−	−	−	−	−	−	−	−	−	−	−	−	−	公表済の3D画像を参照
伝沖ノ島21号遺跡鏡	17.82※	2類	Aa	−	−	−	−	−	−	−	−	−	−	−	−	−	−	−	公表済の写真を参照
持田1号墳鏡	18.07	2類	Aa	○	○	○	○	−	−	−	−	−	−	−	−	−	−	−	実見、3D計測実施
伝山ノ坊古墳群鏡①	17.77	1類	Aa	○	○	○	○	−	−	−	−	−	−	−	−	−	−	−	実見、3D計測実施
笹原古墳鏡	17.60	2類	Ab	○	○	○	○	−	−	−	−	−	−	−	−	−	−	−	実見、3D計測実施
伝山ノ坊古墳群鏡②	17.63	2類	Ab	欠	不	○	○	○	−	−	−	−	−	−	−	−	−	−	実見、3D計測実施
伝慶尚南道出土鏡	17.53	1類	Ab	?	?	?	?	?	−	−	−	−	−	−	−	−	−	−	公表済の写真を参照
沖ノ島21号遺跡鏡	17.52※	1類	−	−	−	−	−	−	?	○	○	○	○	○	○	○	○	○	公表済の3D画像を参照
木ノ下古墳鏡	17.24	1類	−	−	−	−	−	−	○	○	○	○	○	○	○	○	○	○	公表済の3D画像を参照
国越古墳鏡	17.24	1類	−	−	−	−	−	−	○	○	○	○	○	○	○	○	○	○	実見、3D計測実施
伝持田古墳群鏡	17.27	1類	−						○	○	○	○	○	○	○	○	○	○	実見、3D計測実施
斗洛里32号墳鏡	17.80※	1類	?	?	?	?	?	?	?	?	?	?	?	?	?	?	?	?	公表済の写真を参照

※既公表の数値を参照

238　第Ⅲ部　札式甲冑の導入・展開期における副葬品群の様相

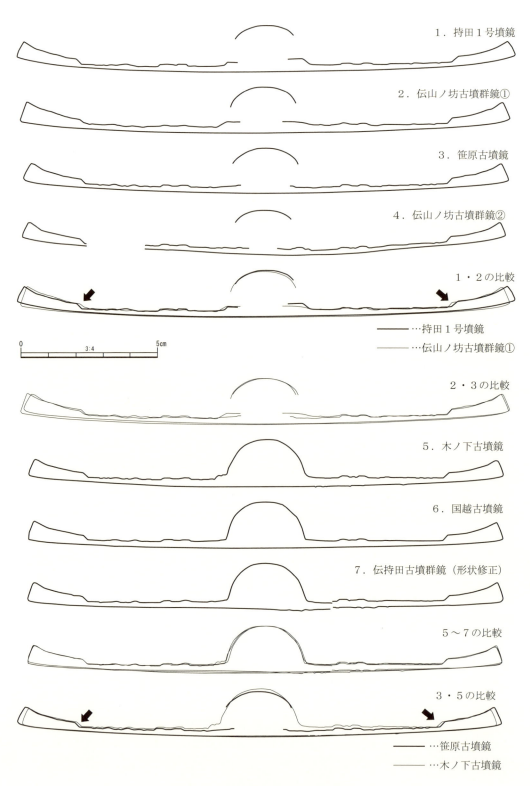

図143　浮彫式獣帯鏡Ａの断面比較

ヤとなる鏡から笵を起こし、鋳造するものと考えられる。その際に鏡の大きさに数％の縮小が起こる。この点に着目し、断面形状の比較から、鏡の世代間関係を考える。言い換えるならば、同一の文様をもつ鏡のうち鏡の径に差があるとすれば、大きな鏡ほど世代が古く、小さい鏡ほど世代が新しいものと考える。

　しかし、鏡の大きさという数値にのみ着目すると、鋳造後の研磨や使用による摩滅等が個々で異なる場合に差異が生じてしまうため、製作時の情報を必ずしも反映しているとは言い難い。そのため、ここではこういった影響を受けにくいと思われる鏡背面の文様の凹凸に着目して比較を行う。

　筆者が３Ｄ計測を行うことができなかった鏡のうち、藤ノ木古墳および沖ノ島21号遺跡鏡・伝沖ノ島21号遺跡鏡の３面については、過去に３Ｄ画像が公開されている。しかし、鏡の向きが異なっていたり、断面図の掲載がないものもある。そのため、厳密に比較することが困難であったため、詳細な断面形の比較については、今回３Ｄ計測を行うことができたものに限った。

　断面形についてみると、藤ノ木古墳鏡は断面位置こそ異なるものの、最も鏡径が大きいことが既に指摘されている（川西2004）。また、筆者が３Ｄ計測を行った鏡の中では持田１号墳鏡はひと回り大きな鏡径を呈し、文様も精緻であった。これと同様の共有傷を有する笹原古墳鏡と伝山ノ坊古墳群鏡①・②の３面については、持田１号墳鏡よりも小さいが、いずれも近い断面形状を呈する。特に持田１号墳と笹原古墳鏡、伝山ノ坊古墳群鏡①・②の差異は、内区と外区の間の段差の位置で顕著にみられる。これより考える限り、共有傷Ａ～Ｅをもつ２群については、持田１号墳鏡が世代としては古く、これに笹原古墳鏡と伝山ノ坊古墳群鏡①・②が続く世代と考えられる。

　また、別の共有傷Ｇ～Ｐを有する３群の木ノ下古墳鏡、国越古墳鏡、伝持田古墳群鏡の３面については、いずれも近い断面形状を呈している。そのため、この３面は、いずれも同じ世代の鏡として捉えることができる。同様の共有傷を有する沖ノ島21号墳鏡は、この３面よりひとまわり大きいため、一世代古い鏡と位置付けられよう。

　笹原古墳鏡と木ノ下古墳鏡の断面形を比較すると、内区と外区の段差では笹原古墳鏡の方がラインが外側を通る。笹原古墳鏡の方が、木ノ下古墳鏡よりも世代が古い鏡とみられるが、差は顕著ではないので、１世代程度の差だろうか。

　鈕孔形態と方向　同型鏡群のように、１面の鏡から複数の鋳型が製作される場合、鏡背面の文様はオヤからコへ引き継がれることとなるが、鈕孔を設けるための中子については、その都度設置する必要がある。この中子については、形や設置位置など、製作された時代・場所により差がある。ことが福永伸哉ら研究により知られている（福永1991）。同型鏡群については、鈕孔の向きについては川西宏幸の研究成果があるが、鈕孔の形態も加えて悉皆的調査の研究成果については、辻田淳一郎によりまとめられた（辻田2018）。本書でもこれらの研究成果を基本とし、参考とする。

　鈕孔方向については、川西宏幸により大きく３つのグループに分けられている（川西2004）。これによると、それぞれの開口方向は、共有傷１類の藤ノ木古墳鏡・伝沖ノ島21号遺跡鏡、共有傷２Ａ類の笹原古墳鏡、共有傷２Ｂ類の伝山ノ坊古墳群鏡①・伝慶尚南道出土鏡は43分—13分、共有傷２Ａの持田１号墳鏡と・共有傷２Ｂの伝山ノ坊古墳群鏡②

240 第Ⅲ部 札式甲冑の導入・展開期における副葬品群の様相

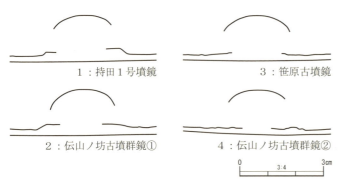

図144 鈕孔設置位置の差異

で46分─16分、斗洛里32号墳鏡と共有傷において3類とした木ノ下古墳鏡・沖ノ島21号遺跡鏡・国越古墳鏡・伝持田古墳群鏡は50分─20分であった。このように大きく3つのグループに分けられる。このグループについては、共有傷の群とは完全には一致しないが、ある程度がまとまりとして共有傷のグルーピングに近しい分類が可能である。特に、1・2群と3群の間には、鈕孔方向に関して明確な差がある。

鈕孔形態については、辻田の分類を参考とすると、共有傷で3類とした笹原古墳鏡・木ノ下古墳鏡・国越古墳鏡・伝持田古墳群鏡はいずれも鈕孔1類である。また、藤ノ木古墳鏡なども鈕孔1類として位置付けられる。

横方向に広い鈕孔をもつものとしては笹原古墳鏡・持田1号墳鏡・伝山ノ坊古墳群鏡①・伝山ノ坊古墳群鏡②があるが、持田1号墳鏡・伝山ノ坊古墳群鏡①の2面については、鈕孔が内区文様から明瞭な段差をもち、1段高く設置されている。笹原古墳鏡では段差が明瞭さを失い、伝山ノ坊古墳群鏡2ではその段差すら失われているようである（図144）。

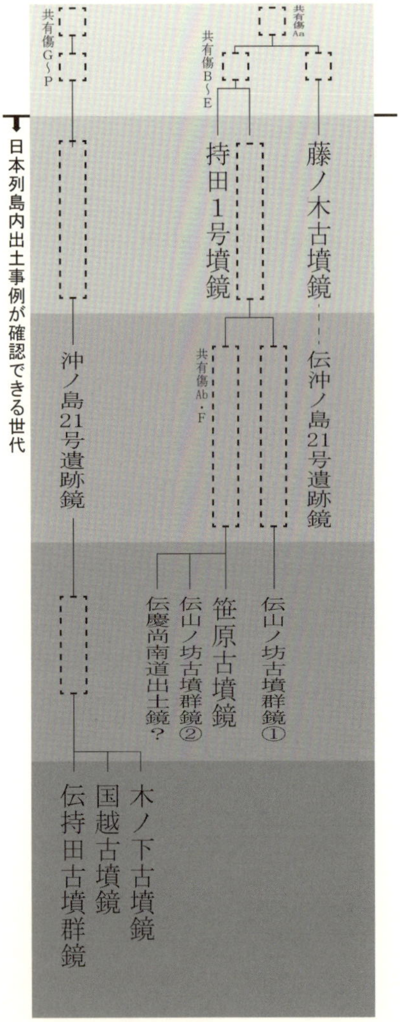

浮彫式獣帯鏡Aの世代間関係試案　以上の共有傷と鏡の断面形状から考えられる浮彫式獣帯鏡Aの世代間関係を図示すると図145となる。以前この世代間関係を考えた際、断面図の相似形よりも鏡径を重視したため、伝山ノ坊古墳群鏡①と笹原古墳鏡・伝山ノ坊古墳群鏡2について世代差を設けていたが、内区・外区の段差にほぼ差がないのでここでは同世代とした。

共有傷Ab・Fが生じ、3面の鏡に継承される過程を考えると、本来であればそれより1世代前にこれらのオヤとなる鏡の存在が推定されるところである。しかし、これらと持田1号墳鏡の関係性は数世代の差があるほど顕著ではない。そのため2B群が形成される過程につい

図145　浮彫式獣帯鏡Aの世代間関係試案

ては再考の余地がある。

製作順序および出土古墳の年代については、他の同型鏡群を検討した上で改めて検討することとし、ほかの同型鏡群について同様の検討を進めていく。

5．画文帯環状乳神獣鏡A

いわゆる画文帯環状乳神獣鏡Aとされる鏡は、辻田2018の段階で10例が存在する。このうち4面の鏡は、古鏡総覧や各報告書等において既に3D画像が公開されている。

計測不可・個人所蔵・所蔵不明・国外所在の各資料を除く3面の鏡について新規に3Dデータを取得した。なお、既報告の山の神古墳出土鏡については、3Dデータ上で比較検討を行うため、再度調査の申請し、3Dデータを取得した。

画文帯環状乳神獣鏡Aについては、これまで清水康二・川西宏幸・辻田淳一郎により検討がなされている（粉川・清水康1991、川西2004、辻田2018）。

共有傷と固有傷（図146・147）　研究史上知られている傷に加え、わずかに共有傷とおぼしき傷を抽出し、以下の7つの傷を挙げる。

共有傷A…右上の獣像の外にある方形帯内部に粒状の盛り上がりがある。

共有傷B…左上の獣像の外にある点文の一部が鋳潰れる。

共有傷C…黄帝像思しき像の右外の画文帯の一部が突出する。清水康の傷B、川西2004の傷b。

共有傷D…東王父と思しき神像外方の方形の一部が突出する。清水康の傷A、川西2004の傷a。

共有傷E…左上の獣像の外にある半円帯の中に粒状の傷がある。

共有傷F…黄帝像右外の半円方形帯の一部が鋳潰れて境界が不明瞭である。

共有傷G…東王父外の半円方形帯の一部が鋳潰れて境界が不明瞭である。

共有傷H…半円方形帯にある粒上の鋳潰れ。

研究史上では、共有傷C・Dを有するか否かで大きく2つのグループが形成されていた。しかし、今回新たに確認した共有傷Aは、これらのグループにまたがって存在することを確認した。この共有傷Aについては、方形部内部の文字「天王日月」が鋳潰れたものである、他の方形部内ではこういった凸部の痕跡は見られなかった。そのためこの凸状の傷について、共有傷とした。

表20　画文帯環状乳神獣鏡Aの共有傷の有無と鈕孔分類

鏡名	鏡径(cm)	鈕孔形態(辻田2018)	A	B	C	D	E	F	G	H	備考
持田20号墳鏡	15.50※	不明	欠	○	○	○	欠	-	-	-	公表済の写真を参照
迎平6号墳鏡	14.89※	1類	○	欠	○	欠	欠	-	-	-	実見、3D計測実施
江田船山古墳鏡	14.78※	1類	○	○	○	○	○	-	-	-	公表済の3D画像を参照
吉備塚古墳鏡	14.75	不明	欠	○	○	○	○	-	-	-	実見、3D計測実施
西郷面古墳鏡	14.87※	1類	○	欠	-	-	-	○	○	-	公表済の3D画像を参照
国越古墳鏡	14.76	2類	○	○	-	-	-	○	○	-	実見、3D計測実施
山の神古墳鏡	14.89	1類	○	?	-	-	-	○	○	?	実見、3D計測実施
津頭西古墳鏡	14.67※	1類	○	○	-	-	-	○	○	?	公表済の3D画像を参照
野木神社周辺古墳鏡	不明	1類?	○	?	-	-	-	-	-	-	公表済の写真を参照
伝開城鏡	15.22	2類	-	-	-	-	-	-	-	-	公表済の写真・実測図を参照

※既公表の数値を参照

242 第Ⅲ部 札式甲冑の導入・展開期における副葬品群の様相

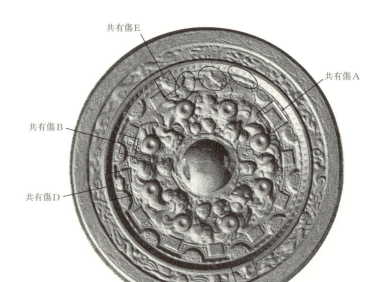

江田船山古墳鏡

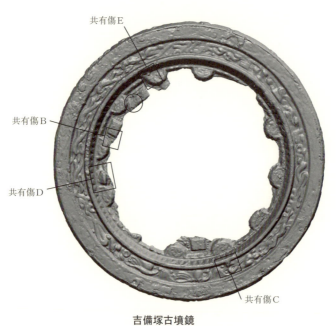

吉備塚古墳鏡

図146 画文帯環状乳神獣鏡Aの共有傷と固有傷1

第 11 章　同型鏡群の比較検討からみた副葬品の製作・入手・伝世　243

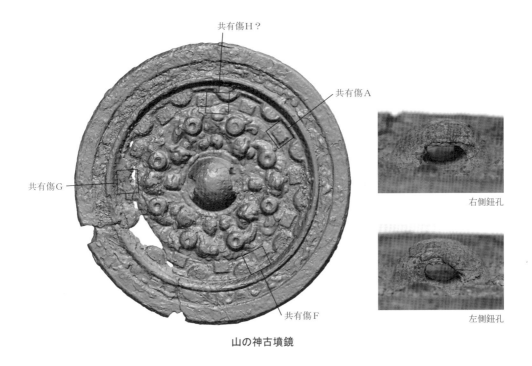

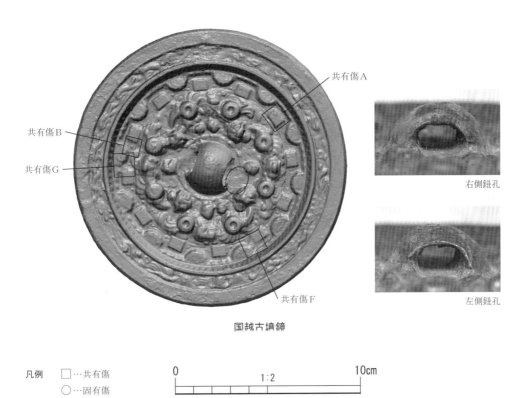

図 147　画文帯環状乳神獣鏡 A の共有傷と固有傷 2

244　第Ⅲ部　札式甲冑の導入・展開期における副葬品群の様相

　この共有傷Ａの認識により、共有傷Ｃ・Ｄの有無により分けられていた２つのグループは、原鏡を同じくする一群であることが確認できるとともに、野木神社鏡がこれら２つのグループとは独立する資料になることが確認できる。

　共有傷Ｃ・Ｅを有する一群は、吉備塚古墳鏡・迎平６号墳鏡・持田20号墳鏡と部分的に欠損のある資料が多いものの、共有傷Ａ～Ｅを有することが確認できる。また一方で、各鏡には他の鏡とは共有されていない傷、すなわち固有傷が存在する。

　共有傷Ｃ～Ｅを有さない一群については、これまで共有傷が知られていなかったが、国越古墳鏡において確認した半円方形帯の一部が鋳潰れる傷（共有傷Ｆ・Ｇ・Ｈ）が山の神古墳鏡や西郷面古墳鏡・津頭西古墳鏡にも存在することを確認した。

　ただし、野木神社周辺古墳鏡及び伝・開城鏡についてはこの共有傷Ｆ・Ｇは確認することができなかったため、この一群とは性格を異にするものとなる可能性がある。この２面については、実見・計測等は行えていないが、写真・図面等で確認する限り、両者ともに同様の傷を有する一群は現状で確認することはできなかった。

　鏡径と断面形状の比較（図148）　鏡全体の断面形をみると、差異があるように見受けられる。

　共有傷Ｃ～Ｅを有する一群についてみると、厚み情報がない、もしくは内区が欠損しているため３面を直接比較することは難しい。しかし、外区の形状のみでみると吉備塚古墳鏡・江田船山古墳鏡は形状が概ね近似しているように見受けられるが、厚みに目を向けると吉備塚古墳鏡と迎平６号墳鏡には大きな差がある。また、鈕の高さについてみると、江田船山古墳鏡と迎平６号墳鏡には同様に差があることがわかる。

　共有傷Ｆ～Ｈを有する一群についてみると、３面のうち２面が今回３Ｄデータを取得できていないので直接的な比較は難しいが、山の神墳鏡・国越古墳鏡は概ね近しい形状を呈するようである。西郷面古墳鏡については、この２面よりもわずかに外区で差が見られるが、内区や鏡径では国越古墳鏡と差がない。津頭西古墳鏡は西郷面古墳鏡に比べて明らかに収縮しており、世代差が想定される。山の神古墳鏡・国越古墳鏡→（西郷面古墳鏡）→津頭西古墳鏡といった関係性が推定できる。

　伝・開城鏡の断面形状については清水康2013からの再トレースであるが、他の鏡の断面形と比較すると鈕の高さ、外区の厚み、鏡面の反りについては他の鏡と大きく差異がある。また、迎平６号墳鏡についても伝開城鏡ほどではないが、他の鏡と比べて厚み・鏡面の反りに差がある。

　鈕孔形態・方向　画文帯環状乳神獣鏡Ａの鈕孔形態については、辻田によれば、国越古墳鏡・伝開城鏡のみ２類であり、それ以外は１類とされる（辻田2018）。

　一方で鈕孔方向についてみると、迎平６号古墳鏡・江田船山古墳鏡・持田20号墳鏡・山の神古墳鏡・西郷面古墳鏡・国越古墳鏡についてはわずかにばらつきはあるものの概ね横方向の鈕孔をもつ。これ対し、津頭西古墳鏡・野木神社周辺古墳鏡は縦方向の鈕孔をもつ。この鈕孔方向の分類は、先に挙げた共有傷での分類とは完全には一致しない。

　画文帯環状乳神獣鏡Ａの世代間関係試案（図149）　画文帯環状乳神獣鏡Ａについては、現在実見可能な資料について限りがある。特に、共有傷の関係から古い世代とみられる野木神社周辺古墳鏡

第 11 章　同型鏡群の比較検討からみた副葬品の製作・入手・伝世　245

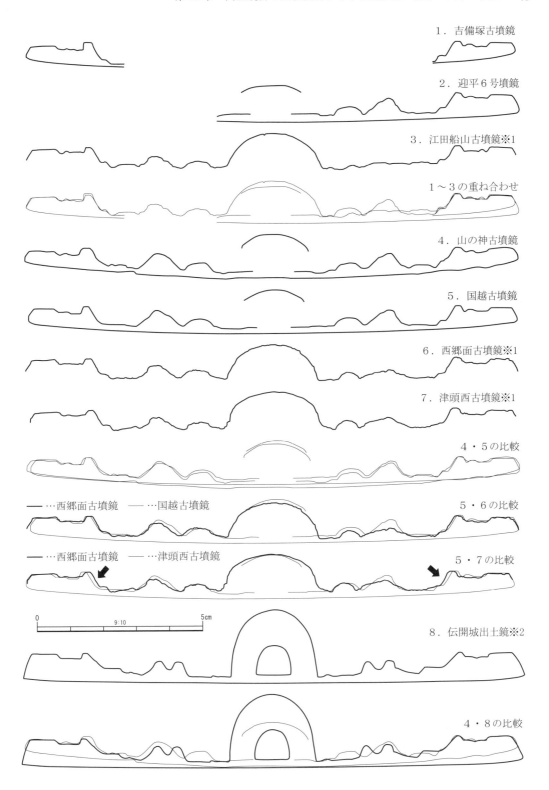

図 148　画文帯環状乳神獣鏡Aの断面比較

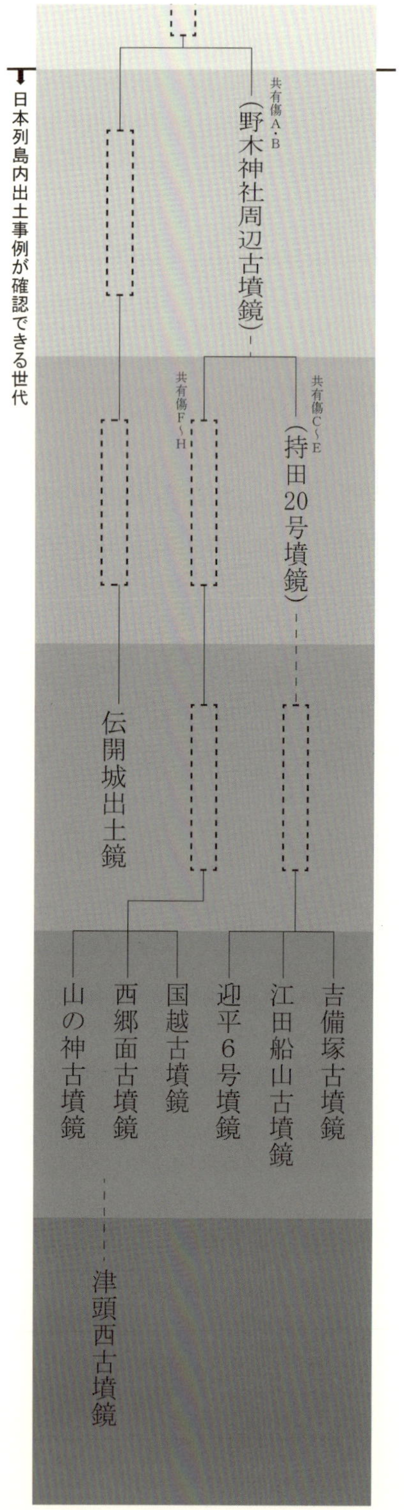

や鏡径が大きい持田20号墳鏡が不明であるため、同鏡群の世代間関係は不透明な点が多い。

　一方で、過去に３Ｄ画像が公開されたもの、もしくは筆者が３Ｄ計測した鏡については、いずれも鏡径が14.9cm未満の資料で、かなり形状の近い一群とみられる。実際、共有傷Ａ〜Ｅを有する一群においては、持田20号墳鏡以外が突出して大きいが、吉備塚古墳鏡・迎平６号墳鏡・江田船山古墳鏡は内区と外区境界の段差の位置に差がみられなかった。

　共有傷Ａ・Ｂ・Ｆ・Ｇ・Ｈを有する一群においては、やや津頭西古墳鏡のみ小さいが、いずれも近い鏡径と断面形をもつ。

　伝開城出土鏡については、これらとの共有傷が見出せないため、全く別の系統とみられる。

　以前は鏡径に着目していたところもあり、迎平６号墳鏡→吉備塚古墳鏡・江田船山古墳鏡、国越古墳鏡・山の神古墳鏡→西郷面古墳鏡・津頭西古墳鏡としていたが、断面形の差異を重要視して修正を加えた。

　これよりも古い世代については、持田20号墳鏡・伝開城出土鏡はともに15cmを超えるもので、古い世代として位置付けられるであろうことが推定できる。野木神社古墳周辺古墳鏡については、鏡径が不明であるため確証はないが、共有傷がＡ・Ｂのみであるため、共有傷Ｃ〜Ｈをもつ鏡の原鏡候補になる可能性も捨てきれない。ただし、これら未実見の鏡の厳密な位置づけについては、原資料の実見・調査が必要であることを明記しておく。

６．画文帯環状乳神獣鏡Ｂ

　いわゆる画文帯環状乳神獣鏡Ｂとしては、辻田2018の段階で６面が存在する。過去に３Ｄ画像が公開されたものはない。筆者は、６面の鏡について３Ｄ計測を行った。なお、八幡観音塚古墳鏡については、展示台に固定された状態で計測を行ったため、鏡面のデータは取得できなかった。

図149　画文帯環状乳神獣鏡Ａの世代間関係試案

第11章　同型鏡群の比較検討からみた副葬品の製作・入手・伝世

共有傷と固有傷（図150）　画文帯環状乳神獣鏡Bについては、これまで川西宏幸により共有傷の抽出と検討がなされている（川西2004）。現状で確認し得る限り、以下の共有傷が存在する。

共有傷A…黄帝像の向かって右外方の半円の外縁と界線の間の鋳潰れ。川西2004の傷a。

共有傷B…方格を隔てた向かって右の半円にも、同じ箇所に鋳潰れがある。川西2004の傷b。

共有傷C…東王父の向かって右外方の半円の外縁と界線の間の鋳潰れ。川西2004の傷c。

共有傷D…半円方形帯内側の界線に途切れがある。石井ほか2024の傷d。

拙稿時は共有傷A～Cの3つが確認できたのみであったが、その後石井らにより共有傷Dが確認された（石井ほか2024、表21）。

共有傷Cについては、川西宏幸により傷の大きさから2群に分類できるとの指摘があるが、やや曖昧であるため、ここでは共有傷Cとして扱う。

鏡径と断面形状の比較（図151）　文様の凹凸についてみてみると、波切塚原古墳鏡・台古墳群鏡・埼玉稲荷山古墳鏡・伝京都郡出土鏡の5面はきわめて近い形状を示す。

一方で、八幡観音塚古墳鏡はこれら5面と比べてわずかに鏡径が大き

表21　画文帯環状乳神獣鏡Bの共有傷の有無

鏡名	鏡径(cm)	鈕孔形態(辻田2018)	共有傷 A	B	C	D	備考
八幡観音塚古墳鏡	15.54	1類	○	○	○	－	実見、3D計測実施
波切塚原古墳鏡	15.39	1類	○	○	○	－	実見、3D計測実施
台古墳群鏡	15.45	3類	○	○	○	○	実見、3D計測実施
埼玉稲荷山古墳鏡	15.45	3類	○	○	○	○	実見、3D計測実施
伝福岡県京都郡出土鏡	15.50	3類	○	○	○	○	実見、3D計測実施
伝山ノ坊古墳群鏡	15.23	1類	○	○	○	○	実見、3D計測実施

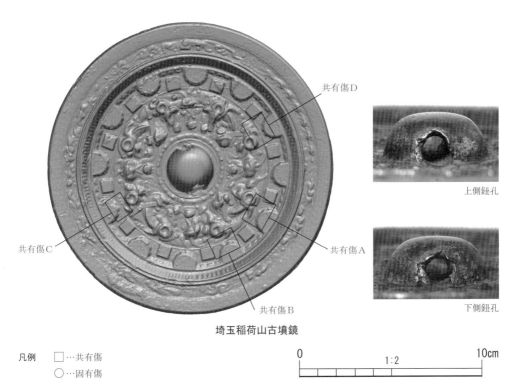

図150　画文帯環状乳神獣鏡Bの共有傷と固有傷

248　第Ⅲ部　札式甲冑の導入・展開期における副葬品群の様相

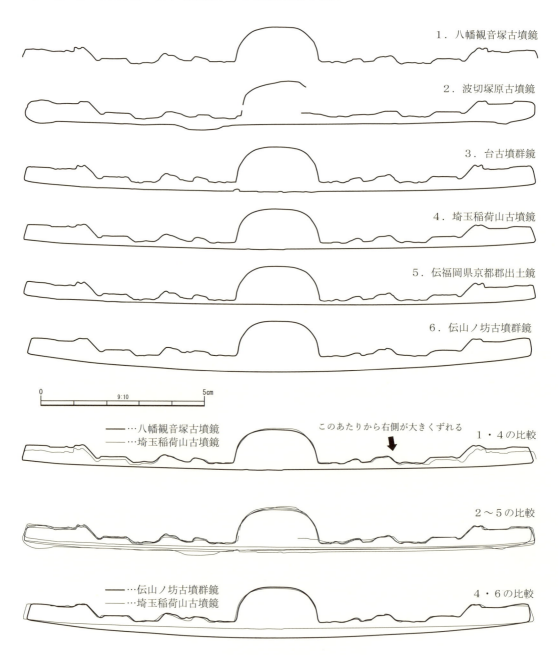

図 151　画文帯環状乳神獣鏡Ｂの断面比較

い。ただし、石井らの検討により、八幡観音塚古墳は過去の接合された際に隙間などが生じ、大きくなっているとの指摘がある（石井ほか 2024）。八幡観音塚古墳鏡と埼玉稲荷山古墳鏡を鈕で位置合わせすると、左半分は差異がないのに対し、右側で大きくずれが生じている。この点は、石井の指摘は妥当であると考えられるため、八幡観音塚古墳鏡も本来は他 5 面と同様の鏡径であったと考える。

伝山ノ坊古墳群鏡はこれらよりも鏡径がわずかに小さいが、文様の凹凸や内区と外区の間の段差については差異がなく、鏡の外縁部の角度が異なることに起因するようである。

鈕孔形態と方向　鈕孔形態については、辻田も確定しかねる状態のようで、1類もしくは3類とするものが多い。その中で、埼玉稲荷山古墳鏡については3類、波切塚原古墳鏡については1類とする（辻田2018）。台古墳群鏡・伝京都郡出土鏡はいずれも3類である。

一方で、鈕孔方向については、埼玉稲荷山古墳鏡・台古墳鏡・伝山ノ坊古墳群鏡・伝福岡県京都郡出土鏡は58分―28分方向、八幡観音塚古墳鏡は59分―29分といずれも近しいのに対し、波切塚原古墳鏡については42分―12分方向と極端に異なる。

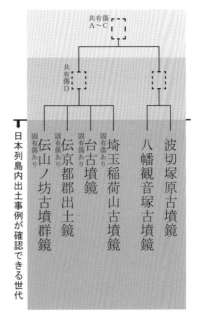

図152　画文帯環状乳神獣鏡Bの世代間関係

画文帯環状乳神獣鏡Bの世代間関係　図152に、現状で考え得る同鏡群の世代間関係を示した。共有傷については、共有傷Dの有無により2つのグループに分かれる。

鏡径については先に述べた通り、波切塚原古墳鏡・台古墳群鏡・埼玉稲荷山古墳鏡・伝京都郡出土鏡の4面はきわめて近しいため、同世代と位置付けられる。鏡径がこれらよりもわずかに大きい八幡観音塚古墳鏡は、過去の保存処理に伴う接合時の影響を受けて鏡径が大きくなっているものとみられるため、八幡観音塚古墳鏡も他4面と同じ世代と考える。

また、僅かに鏡径の小さい伝山ノ坊古墳群鏡については、拙稿では1世代後の鏡として位置づけた（初村2020）が、断面形状の比較を重視し、ここでは他の鏡と同世代の鏡であると修正した。

7．画文帯環状乳神獣鏡C

いわゆる画文帯環状乳神獣鏡Cとされる鏡は、辻田2018の段階で7例が存在する。このうち2面の鏡は、古鏡総覧・報告書においてが既に3D画像が公開されている（奈良県立橿原考古学研究所2005・水野2017）。

今回、新たに国立歴史民俗博物館および京都国立博物館に所蔵されている鏡2面を追加した。これらはいずれも各館の所蔵品データベースに掲載されていたものであり、後者については既に宮川禎一により公表されている（宮川2018）。この京都国立博物館所蔵鏡については、以下では出土地不明鏡（歴博所蔵）と呼称する。国立歴史民俗博物館所所蔵鏡については『宮崎縣史蹟名勝天然記念物調査報告　第11輯』に新田原1号墳出土の鏡として掲載されているものである。ここでは先に挙げた浮彫式獣帯鏡Aと呼称を統一するため、伝山ノ坊古墳群出土鏡と呼称する。

共有傷と固有傷（図153）　研究史上知られている共有傷4つに加え、わずかに共有傷とおぼしき

250　第Ⅲ部　札式甲冑の導入・展開期における副葬品群の様相

傷を抽出した。

　　共有傷A…伯牙の向かって左外方に位置する方形の両側縁がのびて、花文を連ねた斜面に接している。川西2004の傷d。

　　共有傷B…共有傷Aのある方形と内側の圏線の間が鋳潰れる。

　　共有傷C…7時方向の方形帯外の界線状にある粒状鋳潰れ。辻田2018において指摘された傷。

　　共有傷D…8時方向の半円下端部より鋸歯文帯に向かって存在する鋳潰れ。

　　共有傷E…東王父の外方に位置する方形と半円の間の鋳潰れ。川西2004の傷a。

　　共有傷F…9時方向の半円中央より鋸歯文帯に向かって存在する鋳潰れ。

　　共有傷G…鐘子期の向かって右外方に位置する方形の外辺の鋳潰れ。川西2004の傷b。

　　共有傷H…共有傷Fに向かって左に隣接する半円基部の鋳潰れ。川西2004の傷c。

　　共有傷I…鈕座の12時方向に内区文様と接する縦方向の傷がある。

　藤ノ木古墳鏡については錆やひび割れ等の影響から文様の細部は観察し得ない。しかし、公表されたX線画像等を勘案すると、共有傷Cはやや不明瞭だが、これを除く共有傷A〜Hは既に存在するように見受けられる。

　他の鏡についても、概ねこれらの傷は認められるようであり、いずれも藤ノ木古墳鏡およびその派生鏡を原鏡とする鏡群として考えられよう。後続世代のみがもつ共有傷については、共有傷Iがその可能性があるが、藤ノ木古墳鏡はやや不明瞭であり、確実視は出来ない。

　一方で、共有傷D・Fについてみてみると、やや拡大する状況が見て取れる（図154）。共有傷Dは、都祁白石古墳鏡では圏線上の鋳潰れから斜めに延びる傷が認められるのに対し、出土地不明鏡（京都国立博物館所蔵）及び伝山ノ坊古墳群鏡においては圏線上の鋳潰れからのびる傷となっている。

　また共有傷Fは、都祁白石古墳鏡では圏線上の鋳潰れとその上の鋳潰れの二つがあり、その境界を見て取れるのに対し、出土不明鏡（京都国立博物館所蔵）及び伝山ノ坊古墳群鏡においては二つの鋳潰れの境界がなくなっている。この点から、出土地不明鏡（京都国立博物館所蔵）と伝山ノ坊古墳群鏡の関係性の近さを指摘し得る。

　それぞれの鏡のみが有する固有傷については、図153に○で示した。これらの固有傷については、錆や後の付着物等の影響を受けている可能性も考えられる点も考慮しなくてはならないが、鏡本体の状態が確認できかつ付着物等の少ない3面については、それぞれ固有傷の存在を指摘できる。

表22　画文帯環状乳神獣鏡Cの共有傷の有無

鏡名	鏡径 (cm)	鈕孔形態 (辻田2018)	共有傷									備考
---	---	---	A	B	C	D	E	F	G	H	I	---
藤ノ木古墳鏡	21.88※	1類	○	○	○	○	○	○	○	○	?	公表済の3D画像を参照
都祁白石古墳鏡	21.27	1類	○	○		小	○	小	○	○	○	実見、3D計測実施
油津古墳鏡	21.04※	不明	○	○	○	○	○	○	○	○	○	公表済の3D画像を参照
出土地不明鏡（京博蔵）	21.23	1類	○	○	○	大	○	大	○	○	○	実見、3D計測実施
伝山ノ坊古墳群鏡	20.99	2類	○	○	○	大	○	大	○	○	○	実見、3D計測実施
伝京都府内里出土鏡	21.00※	不明	○	○	−	−	−	○	○	○	○	現物不明、公表済の写真参照
釜ヶ原瓢箪塚式塚古墳鏡	21.20※	不明	?	?	?	?	?	?	?	?	?	現物不明、公表済の写真参照
伝奈良県桜井市金ヶ崎出土鏡	21.1 ?※	不明	欠	欠	○	欠	欠	欠	欠	欠	欠	現物不明、公表済の写真参照
出土地不明鏡	不明	不明	?	?	?	?	?	?	?	?	?	現物不明、森下2011に記載あり

※既公表の数値を参照

第11章　同型鏡群の比較検討からみた副葬品の製作・入手・伝世　251

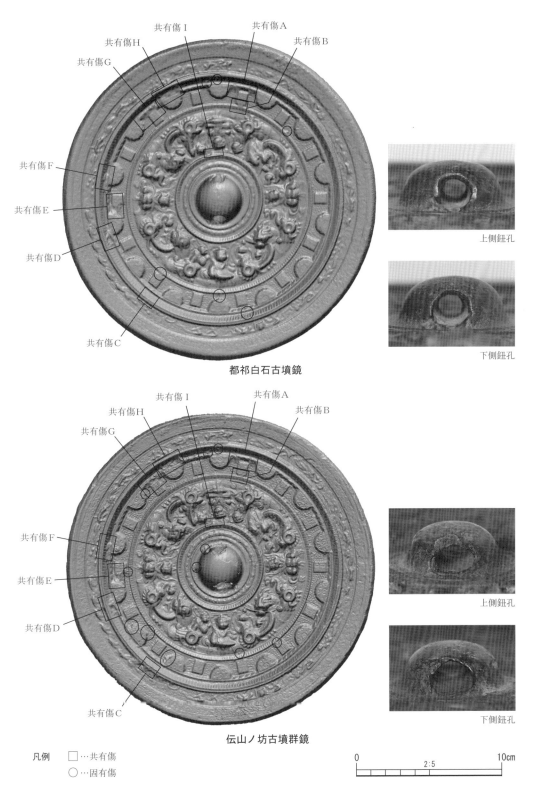

図153　画文帯環状乳神獣鏡Cの共有傷と固有傷

252 第Ⅲ部 札式甲冑の導入・展開期における副葬品群の様相

　　　都祁白石古墳鏡　　　　　　　出土地不明鏡（京博蔵）　　　　　　伝山ノ坊古墳群鏡

図154　画文帯環状乳神獣鏡Cにおける共有傷D・Fの比較

　この固有傷を考慮すると、出土地不明鏡（京都国立博物館所蔵）と伝山ノ坊古墳群鏡の2面はその点で一致しておらず、オヤコ関係と断定することはできない。
　藤ノ木古墳鏡については付着物等のため固有傷を特定しづらい状態であり、また実見できていない鏡についても特に固有傷の抽出は控えた。
　鏡径と断面形状の比較（図155）　鏡の断面形状を比較すると、まず目につくのは、藤ノ木古墳鏡の大きさである。既に先学の指摘のあるように、藤ノ木古墳鏡は他の鏡と比べて明確に大きい。現在知られている一群の中での原鏡となる可能性も考えられる（川西2004・辻田2018）。
　油津古墳鏡・都祁白石出土鏡・出土地不明鏡（京都国立博物館所蔵）の3面は断面形状が一致しており、同世代の鏡として捉えられよう。伝山ノ坊古墳群鏡についてはこの3面よりもやや小さくなっており、これらに後続する世代の鏡とみられる。
　鏡の反りについてみれば、藤ノ木古墳鏡では鏡背面が大きく立ち上がるのに対し、都祁白石古墳鏡・油津古墳鏡・出土地不明鏡（京都国立博物館所蔵）・伝山ノ坊古墳群鏡についてはほぼ一致するようである。
　藤ノ木古墳鏡と都祁白石古墳鏡を比べると、径が約6mm程度の差がある。昨年度実施した同型鏡群の比較においては1世代の間に2～3mm程度の差があるようであったため、藤ノ木古墳鏡と都祁白石古墳鏡の間には1世代以上の世代差が存在した可能性がある。
　鈕孔の方向と形態　鈕孔方向については、いずれも12時―6時方向となっている（油津古墳鏡の鈕は復元のため除外）。
　辻田は藤ノ木古墳鏡の鈕孔については「やや変わった形の半円形であるが、鈕孔底辺が鈕座面

第11章　同型鏡群の比較検討からみた副葬品の製作・入手・伝世　253

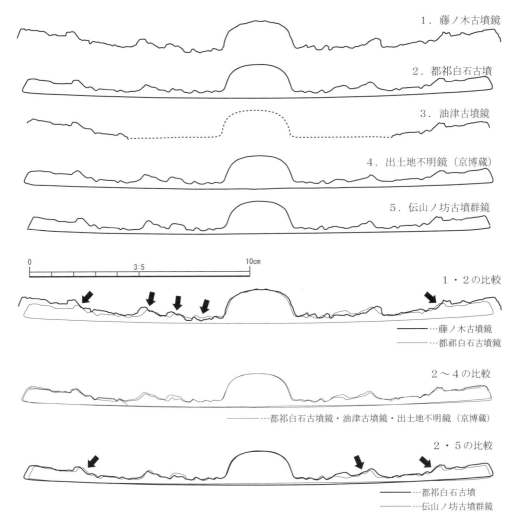

図155　画文帯環状乳神獣鏡Cの断面比較

に一致する点と鈕孔の法量からも、一般的な鈕孔1類の範疇で理解することができる」とみる。他の鏡についてもいずれも鈕孔1類としており、鈕孔方向・形態は共通性の高い一群とみる（辻田2018）。

　筆者が実見した鏡のうち、出土地不明鏡（京都国立博物館所蔵）と都祁白石古墳鏡については、辻田の分類に基づけばいずれも1類であるが、鈕孔の片側は食い込みのある鈕孔であった。都祁白石古墳鏡の鈕孔付近は研磨によるものであろうか、鈕孔周辺が面取りされているような状況のようにもみえるが、上記の食い込みも認められた。この点が複数の鏡に渡って見られたのは、単に鋳造時の湯回り不良ではなく、形状の似た中子が用いられていたものと推測する。

　一方で、伝山ノ坊古墳群鏡については、片側で長方形に近い楕円形、もう片側はやや横に広い円を呈する。形状のみであれば藤ノ木古墳鏡は鈕孔に類似するようにみえるが、大きさは伝山ノ坊古

墳群鏡の方が明らかに大きい。辻田の分類に基づけば、藤ノ木古墳鏡は1類、伝山ノ坊古墳群鏡は2類となる。すべての鏡について実見できたわけではないが、現在推定される3世代のうち、それぞれ世代毎に鈕孔の形態が異なるようである。

画文帯環状乳神獣鏡Cの世代関係試案 以上をもとに、同鏡群の世代間関係を検討したものが図156となる。断面形の比較から、最も世代が古い鏡として藤ノ木古墳鏡があり、それに油津古墳鏡・都祁白石古墳鏡・出土地不明鏡（京都国立博物館所蔵）→伝山ノ坊古墳群鏡が続くと考えられる。

共有傷D・Fの関係性から伝山ノ坊古墳群鏡のオヤ候補としては出土地不明鏡（京都国立博物館所蔵）があるが、こちらは固有傷があるため、伝山ノ坊古墳群鏡のオヤとはできない。未知の鏡がオヤとして存在していた可能性を推定しておきたい。

釜ヶ原瓢箪式塚古墳鏡・伝京都府内里出土鏡・伝奈良県金ヶ崎出土鏡については鏡径から世代を推定することもできるが、先の検討から鏡径での世代間関係を推定するのは危ういところがあるため図156には記載していない。

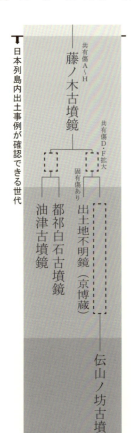

図156 画文帯環状乳神獣鏡Cの世代間関係試案

8．画文帯同向式神獣鏡B

川西2004による「画文帯重列式神獣鏡B」、辻田2018の「画文帯同向式神獣鏡B」の一群である。この中では、出土地不明（クリーブランド博物館所蔵鏡（ブリング氏旧所蔵鏡））、愛知県大須二子山古墳鏡、石川県狐山古墳鏡の3面が知られていたが、森下2011（出土地不明鏡）・辻田2018（伝持田古墳群鏡、渡邉氏拓本鏡）・中司2018（出土地不明（福井県立歴史博物館所蔵鏡））により新たに4面が加えられた。なお、拙稿（初村2018）の後に、傷の状態から出土地不明鏡（福井県立歴史博物館所蔵）と渡邉氏拓本鏡が同一鏡である可能性が高いものと考えた。そのため、現状では、上記のうち、渡邉氏拓本鏡を除く6面が存在するものと考えられる。

表23 画文帯同向式神獣鏡Aの共有傷の有無と鈕孔形態

鏡名	鏡径(cm)	鈕孔形態(辻田2018)	三角縁	共有傷 A	B	C	D	E	F	G	H	I	J	備考
クリーブランド博物館蔵鏡	15.50※	不明	なし	-	-	-	-	-	-	-	-	-	-	公表済の写真参照
大須二子山古墳鏡	14.89※	1類	狭	-	-	-	-	-	-	-	-	-	-	実見、3D計測実施
伝持田古墳群鏡	14.78※	2類	広	○	○	○	○	○	○	○	○	○	○	実見、3D計測実施
狐山古墳鏡	14.75	2類	広	○	○	○	○	○	○	○	○	○	○	公表済の3D画像を参照
出土地不明鏡（福井県博蔵）	14.87※	1類	広	○	○	○	○	○	○	○	○	○	○	実見、3D計測実施
出土地不明鏡	14.76	不明	広	○	○	○	○	○	○	○	○	○	○	森下2011参照

※既公表の数値を参照

第11章 同型鏡群の比較検討からみた副葬品の製作・入手・伝世 255

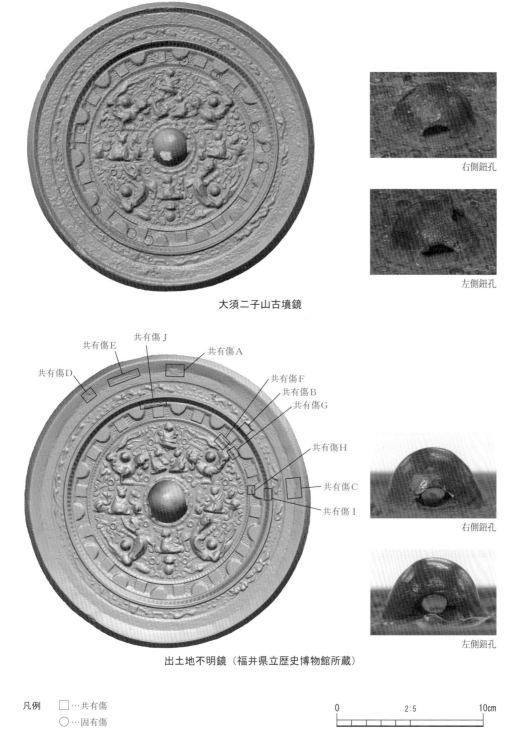

図157 画文帯同向式神獣鏡Bの共有傷と固有傷

共有傷と固有傷（図157）　同鏡群においては、川西2004・辻田2018の段階では共有傷等の抽出は行われておらず、そのような傷が認められなかったようである。しかし、伝持田古墳群鏡・出土地不明鏡（福井県立歴史博物館所蔵）を実見できたことにより、下記の共有傷を確認することができた。

共有傷A…三角縁の凹線に方形のくぼみがある。

共有傷B…圏線上に切れ込み状の傷がある。

共有傷C…三角縁の凹線にズレがある。

共有傷D…三角縁の凹線付近に明瞭なくぼみがある。

共有傷E…三角縁の凹線が2重になる。

共有傷F…鋸歯文帯に粒状の傷がある。

共有傷G…半円方形帯内側の圏線上に粒状の傷がある。

共有傷H…半円先端に粒状の傷がある。

共有傷Ⅰ…半円方形帯外側の鋸歯文帯に斜めの傷がある。

共有傷J…半円方形帯外側に三か所の粒状の傷がある。

これらの傷は、いずれも大須二子山古墳鏡では認められず、かつ狐山古墳鏡・伝持田古墳群鏡・

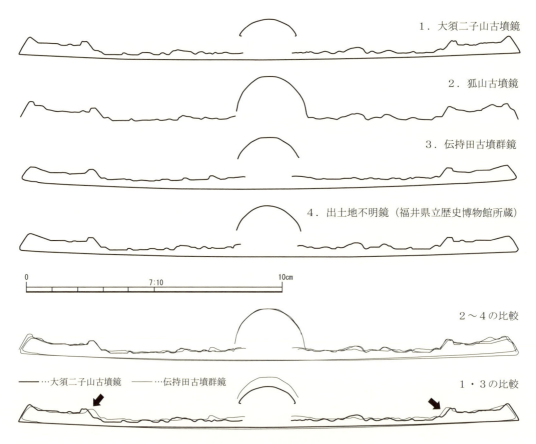

図158　画文帯同向式神獣鏡Bの断面比較

出土地不明鏡（福井県立歴史博物館所蔵）・出土地不明鏡（森下 2011）の4面には共通する傷であった。この点から、この4面の鏡と大須二子山古墳鏡との間に線を引くことができる（表23）。

鏡径と断面形状の比較　図158に、現在確認し得る資料の断面図を示した。この図をみると、先の共有傷でグルーピングされた狐山古墳鏡・伝持田古墳群鏡・出土地不明鏡（福井県立歴史博物館所蔵）の3面は酷似しており、鏡の収縮等も認められないようである。これに対して大須二子山古墳鏡は、この3面とは確実な差がある。特に、内区と外区の境界においてその差は顕著に認められる。この点からみれば、大須二子山古墳鏡は狐山古墳鏡等に比べ古い世代に位置付けられよう。ただし、鏡径に目をやると、これらには大きな差が見られない。これは何を意味するのであろうか。

この鏡群のうち、中国出土のクリーブランド博物館所蔵鏡については縁が平縁であるのに対し、大須二子山古墳鏡など日本列島出土鏡についてはすべて三角縁が付与されている。原鏡に三角縁が付与されたものと理解される（辻田 2018）。ただし、三角縁の幅に着目すると、狐山古墳などの一群が有する三角縁は、大須二子山古墳鏡のそれに比べると、幅が明らかに広くなっている点に違いがある。つまり狐山古墳鏡等4面の鏡は、大須二子山古墳鏡等から鏡を踏み返した際に鏡径が小さくなったため、三角縁を拡大することで鏡径を大きくした可能性がある。その際に三角縁の凹部に傷が多く発生し（共有傷A～E）、多くの鏡にその傷が継承されたものと考えられよう。

断面形状をみると、鈕の高さにも大須二子山古墳鏡と狐山古墳鏡等3面との違いが顕著にみられる。大須二子山古墳鏡の鈕は低いが、狐山古墳鏡等3面の鈕は高くなっている。この点は、伊藤雅文により指摘されていたものである（伊藤雅 2001）が、縁の形状改変とともに鈕の高さも変更したものとみられる。大須二子山古墳鏡には鈕の上面に大きな欠けがあるが、この欠けが原因で鈕の高さが変更されたものなのであろうか。現状では確定は難しいが、鈕の高さを変更する事例は限られており、明記しておきたい。

鈕孔方向と形態　鈕孔の方向からみると、大須二子山古墳鏡・出土地不明鏡（福井県立歴史博物館所蔵）については45分—15分、石川県狐山古墳鏡・伝持田古墳群鏡は40分—10分となっている。またこれらよりも世代が古いとみられるクリーブランド博物館鏡については、34分—4分とこれらとは異なる向きの鈕孔をもつ。

鈕孔は、大須二子山古墳鏡・出土地不明鏡（福井県立歴史博物館所蔵）ではやや横に伸びた楕円形を呈するのに対し、狐山古墳化鏡はやや大型となる。辻田は大須二子山古墳鏡のみ小型の鈕孔とし、狐山古墳鏡を2類鈕孔とする（辻田 2018）が、大須二子山古墳・出土地不明鏡（福井県立歴史博物館所蔵）が小型、狐山古墳鏡・伝持田古墳群鏡がやや大型となるようである。鈕孔方向と形状についてみると、グルーピングが可能であるように思われる。

画文帯同向式神獣鏡Dの世代間関係（図159）　先の断面形状の比較から、同鏡群のうち、大須二子山古墳鏡に続く世代の鏡として、狐山古墳鏡・伝持田古墳群鏡・出土地不明鏡（福井県立歴史博物館所蔵）・出土地不明鏡が存在するものと思われる。大須二子山古墳鏡においても三角縁が存在するが、狐山古墳等では面径を拡大するためであろうか、三角縁を広げる改変を行っている。その際に多数の傷が生じたようで、その傷は狐山古墳鏡・伝持田古墳群鏡・出土地不明鏡（福井県立歴史博物

館所蔵)・出土地不明鏡のすべてに見られる。

クリーブランド博物館所蔵鏡については未実見であるが、面径・文様の状態から研究史上でも大須二子山古墳鏡より古い世代の鏡と捉えられており（川西2004）、ここでもその考えを継承する。

このようにみると、最も古い世代としてクリーブランド博物館所蔵鏡があり、これに大須二子山古墳鏡→狐山古墳鏡・伝持田古墳群鏡・出土地不明鏡（福井県立歴史博物館所蔵）・出土地不明鏡がつづく。ただし、狐山古墳鏡等4面の一群にはすべて同様の三角縁および共有傷が存在するため、これよりも古い世代で三角縁の改変および多数の傷が生じた現象が起こっているものと推定される。すなわち、大須二子山古墳鏡はこれら狐山古墳鏡等4面のオヤとはなりえないので、オヤとなりえる未知の鏡がそこに存在する可能性が高い。

なお、出土地不明鏡（森下2011）については断面形状が不明であるため、世代関係試案には含めていない。

9．画文帯同向式神獣鏡C

川西2004の画文帯重列式神獣鏡C、辻田2018の画文帯同向式神獣鏡Cである。同鏡群には、辻田2018の段階で29面が含まれる。同型鏡群の中では最も数が多い一群として知られる。

このうち、7面の鏡については既に3D画像が公表されており、検討が加えられている（川西2004、奈良県立橿原考古学研究所2005、辻田2018）。ここでは16面の3D計測を行った。

共有傷と固有傷（図160・161）　画文帯同向式神獣鏡Cについては、川西2004の段階で8つの共有傷が存在することが知られる（川西2004）。本稿でもこの傷について踏襲するが、このうち、川西の傷d・e・gについては判断が付きづらいものが多かったため除外した。

共有傷A…外区の菱雲文帯の一画が途切れる。川西2004の傷a。
共有傷B…東王父に伴う龍虎座の龍頭の上部に、鋳型の剥離した形跡がある。川西2004の傷c。
共有傷C…内区主文部の外縁をめぐる鋸歯文界圏の外周が鋳崩れる。川西2004の傷b。
共有傷D…菱雲文帯の9時方向の部分に、五角形状の凹みが見られる。
共有傷E…獣像の頭部に角状の傷がある。
共有傷F…半円の一個で頂面の下縁部に点状の突起がつく。川西2004の傷h。
共有傷G…下段の黄帝像の向かって右下からのびた蛇頭から方形の向かって右の縁辺を通り、菱

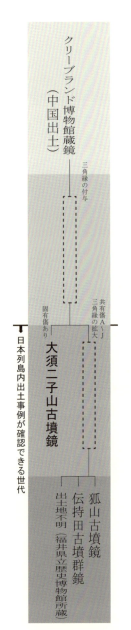

図159　画文帯同向式神獣鏡Bの世代間関係試案

雲文の鋳崩れに繋がる一連の傷。川西 2004 の傷 g。

　共有傷H…8時方向の半円の頂面の中央に点状の突起がつく。川西 2004 の傷 f の一つ。

　共有傷I…8時方向の半円の頂面の上縁に点状の突起がつく。川西 2004 の傷 f の一つ。

　このうち、共有傷A～Cについては、対象となる鏡すべてがもつ傷である。共有傷Dについては、新沢千塚 109 号墳鏡および古海原前 1 号墳鏡の 2 面を除く鏡でその存在を確認された。また、共有傷F～Iについては更に限定された資料にのみ見られた。つまり、これらの共有傷の関係性から、大きく以下の 3 グループに細分可能であるものとみられる。

①群…共有傷A～Cをもつ一群
　・群馬県古海原前 1 号墳鏡
　・奈良県新沢千塚 109 号墳鏡

②群…共有傷A～Dをもつ一群
　・栃木県雀宮牛塚古墳鏡
　・静岡県奥ノ山古墳鏡
　・福井県丸山塚古墳鏡
　・三重県井田川茶臼山古墳鏡①
　・三重県神前山 1 号墳鏡①
　・三重県神前山 1 号墳鏡②★
　・兵庫県勝福寺古墳鏡
　・兵庫県里古墳鏡★
　・熊本県江田船山古墳鏡
　・宮崎県持田 25 号墳鏡
　・出土地不明鏡（黒川古文化研究所所蔵）

③群…共有傷A～D、F～Iをもつ一群
　・三重県井田川茶臼山古墳鏡②
　・岡山県牛文茶臼山古墳鏡
　・広島県西酒屋高塚古墳鏡
　・宮崎県持田 24 号墳鏡
　・伝長野県飯田市出土鏡
　・伝三重県神島出土鏡★
　・出土地不明鏡（奈良国立博物館所蔵）★

判断つかず
　・福岡県勝浦峯ノ畑古墳鏡①　　　・福岡県勝浦峯ノ畑古墳鏡②
　△大阪府郡川東塚古墳鏡　　　　　△伝福岡県沖ノ島 21 号遺跡出土鏡
　△出土地不明鏡（五島美術館所蔵）　×京都府天塚古墳鏡

　これらのうち、鏡の前に・を付けたものは既存の 3 Ｄ画像を参照、もしくは今回取得した 3 Ｄ画像から判断したものである。△を付けたものは既に公表されている写真から判断したものである。×は現状で鏡の情報を持ち得ていない。

　また、②群・③群の中に獣像の前肢と乳が鋳潰れにより繋がったものが共通してみられる。これについては上記の名称の後に★を付したが、いずれも鋳潰れ具合は異なっている。そのためこの鋳潰れは共有傷とはせず、固有傷とした。

　それぞれの群の出現の前後関係については、共有傷が増えるという点から、①群→②群→③群と考えることができる。なお、亀山 2 号墳鏡および出土地不明鏡（五島美術館所蔵）については、共有傷は概ね 2 群と同様であるが、新たに共有傷Eが生じており、②群から派生した一群と捉えられる。

260 第Ⅲ部 札式甲冑の導入・展開期における副葬品群の様相

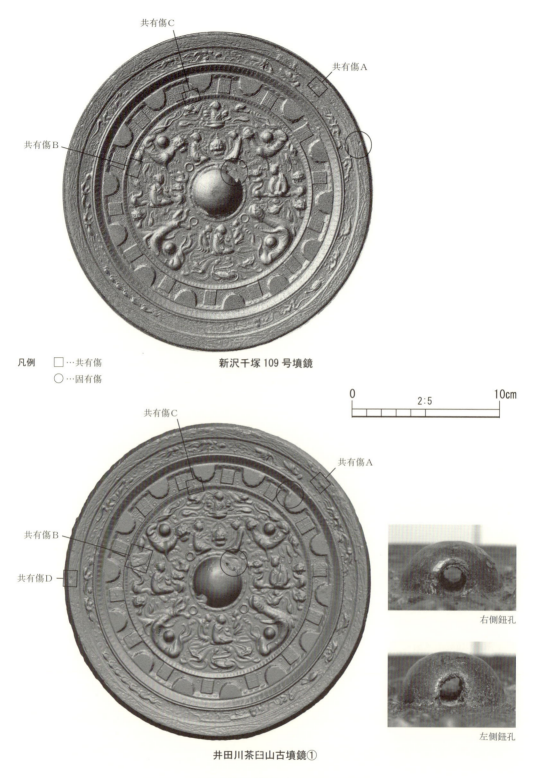

図160 画文帯同向式神獣鏡Cの共有傷と固有傷1

第 11 章 同型鏡群の比較検討からみた副葬品の製作・入手・伝世 261

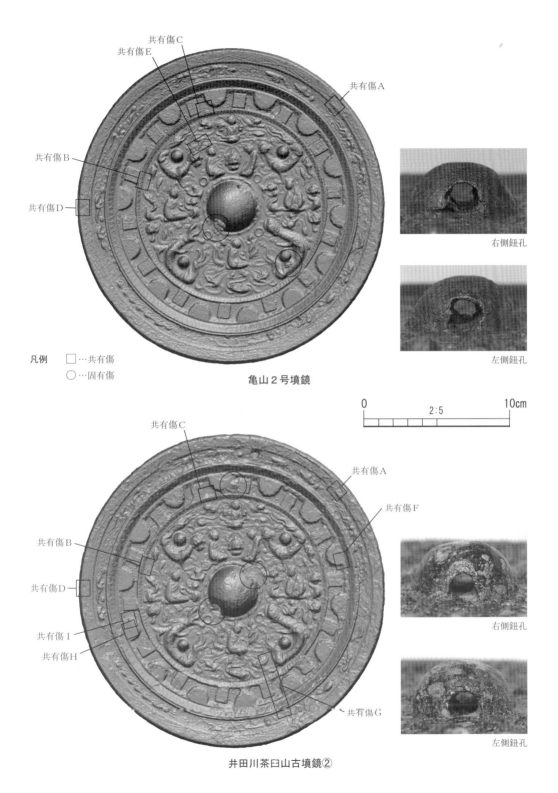

図 161 画文帯同向式神獣鏡 C の共有傷と固有傷 2

鏡径と断面形状の比較（図 162 〜 164）　上記の①〜③の群に分けて法量・断面形状を比較する。

　①群に含まれる 2 面について、図 162 上に断面図およびその重ね合わせ比較図を提示した。重ね合わせ比較図では鈕で位置合わせをしたが、鏡の径および反りについて、古海原前 1 号墳鏡は収縮していると判断できる。そのため、前後関係としては新沢千塚 109 号墳鏡→古海原前 1 号墳鏡とみられる。

　ただし、新沢千塚 109 号墳鏡でみられる 2 時方向の鈕座が平坦になっているのに対し、古海原前 1 号墳鏡では同部分に鈕座が見られる。この点から、上記の 2 面は直接的なオヤコ関係にはなく、古海原前 1 号墳鏡には別のオヤが存在した可能性がある。

　次に、②群に含まれる鏡のうち、断面形状が既に公表されているものと今回 3 D データを取得できた 12 面について比較する。図 162 において鈕で位置合わせをして比較したものであるが、鏡の径としては丸山塚古墳鏡がやや突出している。ただし、丸山塚古墳鏡については、画文帯環状乳神獣鏡 B で取り上げた八幡観音塚古墳鏡のように、過去の保存処理の際に破片を接合して完形になっているものである点には注意を要する。特に、図 164 上のように、他縁と比較すると右半分は一致するものの、左半分のみがやや大きくなっている点は不自然である。そのため、本来の丸山塚古墳鏡は、雀宮牛塚古墳鏡などと同様の法量であったものと考えておく。

　雀宮牛塚古墳鏡など図 163-12 〜 18 の 7 面については、収縮も見られず、キョウダイ鏡であったと思われる。これらより一回り小型となる一群として、神前山 1 号墳鏡②など図 163-19 〜 22 の 4 面がある（図 164 中）。

表 24　画文帯同向式神獣鏡 C の共有傷の有無

鏡名	鏡径 (cm)	鈕孔形態 (辻田 2018)	A	B	C	D	E	F	G	H	I	備考
新沢千塚 109 号墳鏡	20.9※	1 類	○	○	○	−	−	−	−	−	−	公表済の 3 D 画像を参照
古海原前 1 号墳鏡	20.9	2 類	○	○	○	−	−	−	−	−	−	実見、3 D 計測実施
丸山塚古墳鏡	21.2	2 類	○	○	○	○	−	−	−	−	−	実見、3 D 計測実施
雀宮牛塚古墳鏡	21.1※	1 類	○	○	○	○	−	−	−	−	−	公表済の 3 D 画像を参照
神前山 1 号墳鏡①（京博蔵）	21.0	2 類	○	○	○	○	−	−	−	−	−	実見、3 D 計測実施
勝福寺古墳鏡	21.1	2 類	○	○	○	○	−	−	−	−	−	実見、3 D 計測実施
持田 25 号墳鏡	21.0	1 類	○	○	○	○	−	−	−	−	−	実見、3 D 計測実施
出土地不明鏡（黒川蔵）	21.0	1 類	○	○	○	○	−	−	−	−	−	実見、3 D 計測実施
奥ノ原古墳鏡	20.9※	1 類	○	○	○	○	−	−	−	−	−	公表済の 3 D 画像を参照
江田船山古墳鏡	20.9※	1 類	○	○	○	○	−	−	−	−	−	公表済の 3 D 画像を参照
神前山 1 号墳鏡②（黒川蔵）	21.0	1 類	○	○	○	○	−	−	−	−	−	実見、3 D 計測実施
井田川茶臼山古墳鏡①	21.0	1 類	○	○	○	○	−	−	−	−	−	実見、3 D 計測実施
亀山 2 号墳鏡	20.8	1 類	○	○	○	○	−	−	−	−	−	実見、3 D 計測実施
出土地不明鏡（五島美術館蔵）	20.8	1 類	○	○	○	○	−	−	−	−	−	実見、3 D 計測実施
西酒屋高塚古墳鏡	20.8※	—	○	○	○	○	−	○	○	○	○	公表済の 3 D 画像を参照
井田川茶臼山古墳鏡②	20.8	1 類	○	○	○	○	−	○	○	−	−	実見、3 D 計測実施
里古墳鏡	21.0	3 類？	○	○	○	○	−	−	−	−	−	実見、3 D 計測実施
牛文茶臼山古墳鏡	20.9※	1 類	○	○	○	○	−	−	−	−	−	公表済の 3 D 画像を参照
持田 24 号墳鏡	20.8	1 類	○	○	○	○	−	−	−	−	−	実見、3 D 計測実施
伝長野県飯田市出土鏡	20.5※	1 類	○	○	○	○	−	−	−	−	−	公表済の 3 D 画像を参照
伝三重県神島出土鏡	20.7	—	○	○	○	○	−	−	−	−	−	実見、3 D 計測実施
出土地不明鏡（奈良博蔵）	20.8	—	○	○	○	○	−	−	−	−	−	実見、3 D 計測実施
天塚古墳鏡	不明	不明	?	?	?	?	?	?	?	?	?	未実見
郡川東塚古墳鏡	21.0※	不明										未実見
勝浦峯ノ畑古墳鏡①	不明	不明	?	?	?	?	?	?	?	?	?	実見したが大部分を欠く
勝浦峯ノ畑古墳鏡②	不明	不明	?	?	?	?	?	?	?	?	?	実見したが大部分を欠く
伝沖ノ島 21 号遺跡鏡	20.8※	不明										未実見

※既公表の数値を参照

第 11 章　同型鏡群の比較検討からみた副葬品の製作・入手・伝世　263

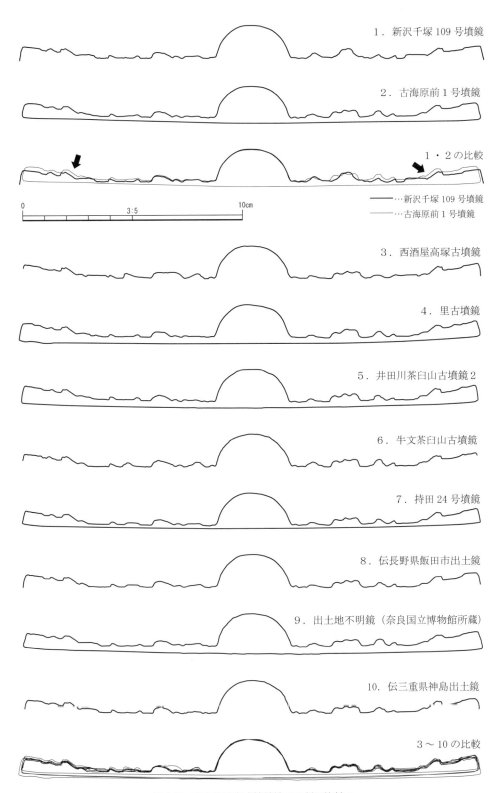

図 162　画文帯同向式神獣鏡 C の断面比較 1

264　第Ⅲ部　札式甲冑の導入・展開期における副葬品群の様相

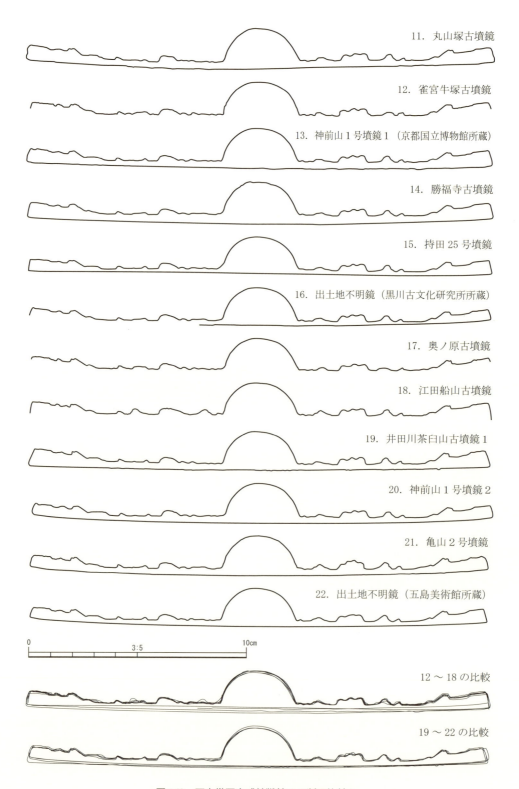

図 163　画文帯同向式神獣鏡Ｃの断面比較 2

第11章　同型鏡群の比較検討からみた副葬品の製作・入手・伝世　265

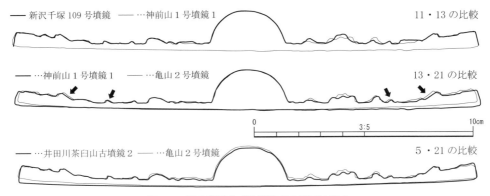

図164　画文帯同向式神獣鏡Cの断面比較2

　鏡の反りについては、持田25号墳鏡のみやや反りが緩くなっている。また鏡の厚みに着目すると、同様の厚みのものが多いが、出土地不明鏡（黒川古文化研究所所蔵）は極端に薄手である。

　③群に含まれる鏡7面については、全体的に同様の法量を示すようである（図162下）。現状知られているものについては、概ねキョウダイ鏡であると推測される。厚みについては鏡面の外形が公表されていないものが多いので全体の傾向を示すことはできないが、出土地不明鏡（奈良国立博物館所蔵）が最も厚いようである。

　また、各群において最も古い世代の鏡と考えられるものが、①群では新沢千塚109号墳鏡、②群では丸山塚古墳鏡など8面である。これについて断面形状の比較を行ったものを図164に示した。これをみると、新沢千塚109号墳鏡と神前山古墳鏡1では、鏡背の断面形は重なり、同一世代の鏡であ

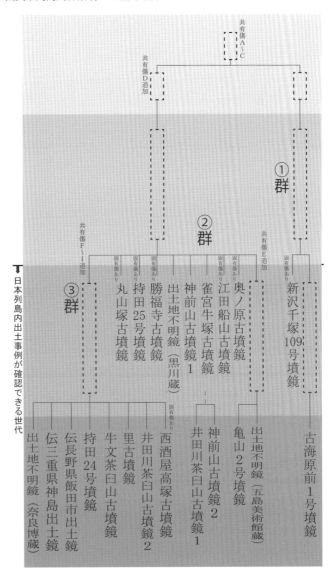

図165　画文帯同向式神獣鏡Cの世代間関係試案

ると考えられる（図164上）。②群においては丸山塚古墳鏡などの鏡8面と、収縮した亀山2号墳鏡など4面という2世代の鏡群が存在することを確認できる（図164中）。この②群の第2世代の鏡は、③群の鏡と比べると、収縮は見られず、同世代の鏡群であることが確認できる（図164下）。

　鈕孔の形態と方向　鈕孔の形態は辻田の観察の結果、以下の2点が指摘されている（辻田2018）。1点目として、鈕孔の方向は、37分―7分前後の方向を基本とする点である。鈕孔の方向がずれるものについてもそのずれはわずかで、統一性がある。

　2点目として、鈕孔形態は辻田の鈕孔分類のうち1類を基本とする点である。鈕孔の痕跡を見出せる資料から、原鏡については縦長楕円形であったか、やや鈕座からは高い位置に設置されていた可能性がある。

　画文帯同向式神獣鏡Cの世代間関係（図165）　研究史上において、いわゆる画文帯神獣鏡Cは同型鏡群の中でも最も数が多く、検討の中心をなしてきた。特に、川西宏幸による傷の確認から、本稿における共有傷①・②の一群をX群、共有傷③の一群をY群とし、比較を行っている（川西2004）。その中でX群・Y群をキョウダイもしくはオジオイの可能性を考えている。

　この川西の分類は、辻田が鈕孔の検討より、群の共通性の高さを裏付された（辻田2017）。辻田の検討は、出土枚数の多い画文帯同向式神獣鏡Cの製作のプロセスを考える上で非常に重要な視点と言えるが、ここでの検討においては、従来の共有傷の検討により、共有傷Dの有無から①群と②群を設定し、更に共有傷F～Iの追加をもって③群を設定した。

　これらは群内においても鏡の収縮具合に差が認められるので、①群においては現状で確認できる資料で2世代、②群では2世代、③群では1世代を設定することが可能であった。ただし、傷の鏡の収縮を考えていく上で未知の資料が存在する可能性は高く、今後資料数が増える可能性がある。

10. 画文帯対置式神獣鏡

　川西2004による「画文帯周列式神獣鏡」、辻田2018による「画文帯対置式神獣鏡」の一群である。兵庫県よせわ1号墳鏡、愛媛県金子山古墳鏡、熊本県江田船山古墳出土鏡、出土地不明鏡の4面が知られているが、このうち江田船山古墳鏡について3D画像が公表されている（和水町2007）。今回、よせわ1号墳鏡と新出資料である出土地不明鏡（天理参考館所蔵）について実見した。

　共有傷と固有傷（図166・表25）　先行研究において、2つの傷の存在が指摘されている。今回1つの傷を確認し、合計3つの共有傷を挙げる。

　共有傷A…東王父の下からのびる渦文の向かって右の巻きこみ部が隆起。川西2004の傷a

　共有傷B…建木の下からのびる渦文の向かって右の一部の巻きこみ部が隆起。川西2004の傷b。

　共有傷C…半円と方形の間の鋳潰れ。

　共有傷A・Bは、5面の鏡ですべてが共有する傷であり、これら5面の原鏡ともいえる鏡にその傷が存在したものと推測される。一方で、共有傷Cは、3D画像の確認できるものに限るが、江田船山古墳鏡と出土地不明鏡（天理参考館所蔵）に認められる。

　一方で5面すべてに鋳潰れなどを確認し得るが、これらは他鏡と共有されていない固有傷であっ

第 11 章　同型鏡群の比較検討からみた副葬品の製作・入手・伝世　267

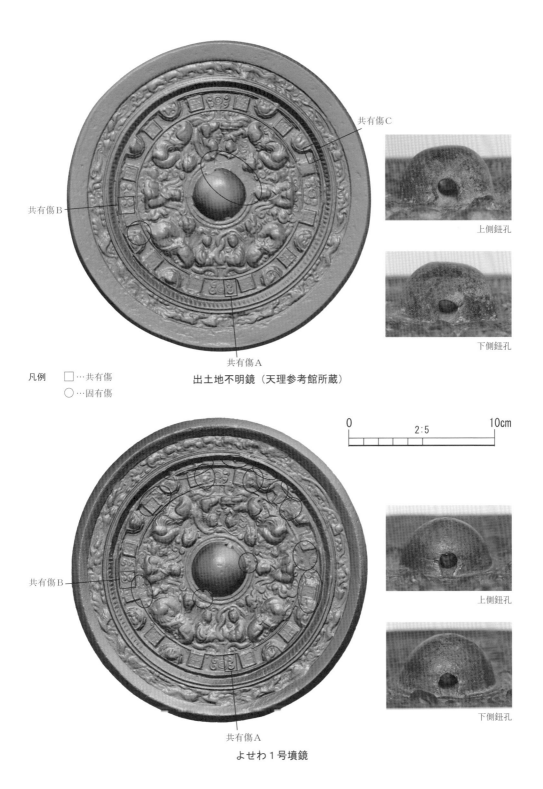

図 166　画文帯対置式神獣鏡の共有傷と固有傷

表25　画文帯対置式神獣鏡の共有傷の有無

鏡名	鏡径(cm)	鈕孔形態(辻田2018)	共有傷A	共有傷B	共有傷C	備考
よせわ1号墳鏡	20.1	3類	○	○	-	縁部を三角形に改変
金子山古墳鏡	20.7※	不明	○	○	?	縁部を拡大
出土地不明鏡	不明	3類	○	○	?	縁部を拡大
江田船山古墳鏡	19.9	3類	○	○	○	
出土地不明鏡（天理参考館所蔵）	20.6	3類	○	○	○	縁部を拡大

※既公表の数値を参照

た。現状ではこれら5面の鏡でオヤコ関係を推定できるものは皆無ということになる。

鏡径と断面形状の比較　既に3D画像が公開されている江田船山古墳鏡と、実見したよせわ1号墳鏡・出土地不明鏡（天理参考館所蔵）を比較する。

よせわ1号墳鏡は縁部を三角縁に改変していることが既に知られているが、江田船山古墳鏡と比べると鏡径には大差ない。しかし、断面形状を比べると、差異を認めうる（図168）。よせわ1号墳鏡に対して江田船山古墳鏡が収縮しており、両鏡には世代差が存在するもの考えられる。

また、よせわ1号墳鏡と出土地不明鏡（天理参考館所蔵）についてみると、断面形の一部では出土地不明鏡（天理参考館所蔵）に収縮していると推定される箇所が見られるが、図示した箇所では、外区の形状に違いこそあるが、内区では大きな差異は認められなかった。

実見できていない金子山古墳鏡・出土地不明鏡については詳細は不明であるが、出土地不明鏡（天理参考館所蔵）を実見することができたため、これらの形状を推定することが可能となった。金子山古墳鏡については鏡径20.7cmと公表されているが、この数値は出土地不明鏡（天理参考館所蔵）と

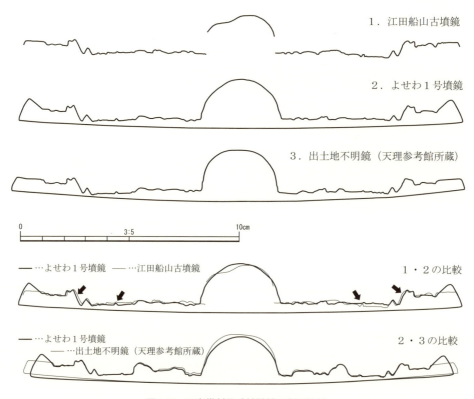

図167　画文帯対置式神獣鏡の断面比較

かなり近しく、同世代の鏡である可能性が高いとみられる。

出土地不明鏡については実見できておらず不明な点は多いが、金子山古墳鏡同様に縁部を拡大していることを考えると、現状では金子山古墳鏡と近しい関係性を推定するほかない。今後資料の詳細が公表されるのが待たれる。

鈕孔の形態と方向　鈕孔方向については、よせわ1号墳のみ35分—5分と大きく振れているが、ほかの3面は59分—29分と近い。また、鈕孔については、いずれも3類と近しく、鏡群全体の中での共通性の高さを示している（辻田2018）。鈕孔底辺が鈕座面と高さが等しい点も共通する。

画文帯対置式神獣鏡の世代間関係　現状で、金子山古墳鏡と出土地不明鏡については詳細が不明であるため、世代間関係の推定についても躊躇する点も多い。しかし、今回新たに出土地不明鏡(天理参考館所蔵)を実見できたことにより推定できる点が増えた。

先の面径の検討から、よせわ1号墳鏡は江田船山古墳鏡に対して世代的に古く位置づけられる。出土地不明鏡（天理参考館所蔵）は内区の形状でよせわ1号墳鏡と大差ない状態であり、この2面は同世代の鏡である可能性が高いとみられる。

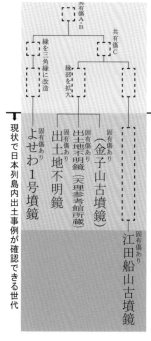

図168　画文帯対置式神獣鏡の世代間関係試案

出土地不明鏡（天理参考館所蔵）と金子山古墳鏡は、ともに外区を拡大した事例として知られるが、この2者は面径もほぼ等しく、同世代の鏡である可能性が高いと判断した。以上より、画文帯対置式神獣鏡は、図168のような関係性になるものと推定される。

ただし、金子山古墳鏡と出土地不明鏡の2面については今後の調査検討が必須である。

11．細線式獣帯鏡A

川西2004による細線獣文鏡、辻田2018による細線式獣帯鏡Aがこれにあたる。辻田2018の段階で奈良県今井1号墳鏡、大阪府土室石塚古墳鏡、大阪府桜塚古墳鏡、福岡県勝浦峯ノ畑古墳鏡、大分県日隈1号墳鏡、伝奈良県大安寺古墳鏡、伝福岡県八女市吉田出土鏡の計7面が該当する。このうち、3D画像が既に公表されているものはなかった。

共有傷と固有傷（図169・170、表26）　研究史上知られている共有傷に加え、共有傷とおぼしき傷を抽出した。ただし、川西2004における傷の一部は不明瞭な箇所があったため、再考した箇所がある。

共有傷A…櫛歯文帯外に粒状の傷がある。

共有傷B…櫛歯文帯内に粒状の傷がある。

共有傷C…「銅」と隆帯の間が鋳潰れる。

共有傷D…「胡」と隆帯の間が鋳潰れる。

共有傷E…櫛歯文帯外に粒状の傷がある。

共有傷F…朱雀の脚付近から櫛歯文帯におよぶ鋳型の剥離の傷。川西2004の傷a。

共有傷G…櫛歯文帯の一部が鋳潰れる。

共有傷H…「楽」と隆帯の間が鋳潰れる。

共有傷I…鋸歯文帯の一部が鋳潰れる。

共有傷J…櫛歯文帯に凹状の傷がある。

共有傷K…櫛歯文帯の一部が鋳潰れる。

共有傷L…櫛歯文帯外に粒状の傷がある。

共有傷M…櫛歯文帯外が大きく鋳潰れる。川西2004の傷f。

共有傷N…櫛歯文帯に粒状の傷がある。川西2004の傷b。

共有傷O…鋸歯文帯の一部が鋳潰れる。

共有傷P…鋸歯文帯にある円形の鋳潰れ。川西2004の傷c。

共有傷Q…乳座と周辺の文様が鋳潰れにより一体化している。

共有傷R…銘文帯外にある鋳潰れ。

日隈1号墳鏡については共有傷が不明で、確実に他の鏡に継承されている傷は存在しない。

今井1号墳鏡・土室石塚古墳鏡については、共有傷A～Rをもち、類似性はきわめて高い。伝奈良県大安寺古墳出土鏡は共有傷A～H、伝福岡県八女市吉田出土鏡は共有傷A～Bをもつ。これらはいずれも原鏡を同じくする一群であり、世代差・系統差が存在するものと目される。

勝浦峯ノ畑古墳鏡については、一部が遺存するのみであるため共有傷の大部分は不明である。しかし、共有傷Nをもつことから、今井1号墳鏡・土室石塚古墳鏡との関連性が考えられる。ただし、この近くにある共有傷Gについては不明瞭である。

桜塚古墳鏡は写真のみの確認であるため不明瞭であったが、写真からの確認によると、共有傷A～HのうちCとGは不明瞭であるが、その他は確認できるようである。不明瞭ながら、伝大安寺古墳鏡と近いように思われる。

鏡径と断面形状の比較（図171）　通常は横方向の断面で比較を行っているが、横方向の断面では欠損部の多い日隈1号墳鏡について内区と外区の関係性を厳密に示すことは困難である。そのため日隈1号墳鏡の内区と外区の関係性を比較的示しやすい縦方向の断面形で比較したい。

研究史上の指摘によると、日隈1号墳鏡が最も大型で、それに土室石塚古墳鏡・今井1号墳鏡・

表26　細線式獣帯鏡Aの共有傷の有無

鏡名	鏡径(cm)	鈕孔形態(辻田2018)	A	B	C	D	E	F	G	H	I	J	K	L	M	N	O	P	Q	R	備考
日隈1号墳鏡	23.3	3類？	－	－	－	－	－	－	－	－	－	－	－	－	－	－	－	－	－	－	実見、3D計測実施
伝福岡県八女市吉田出土鏡	22.6	2類	○	○	－	－	－	－	－	－	－	－	－	－	－	－	－	－	－	－	実見、3D計測実施
伝大安寺古墳鏡	22.3	1類	○	○	○	○	○	○	○	○	－	－	－	－	－	－	－	－	－	－	実見、3D計測実施
今井1号墳鏡	22.7	4類	○	○	○	○	○	○	○	○	○	○	○	○	○	○	○	○	○	○	実見、3D計測実施
土室石塚古墳鏡	22.8	2類	○	○	○	○	○	○	○	○	○	○	○	○	○	○	○	○	○	○	実見、3D計測実施
勝浦峯ノ畑古墳鏡	不明	不明	欠	欠	欠	欠	欠	欠	欠	欠	欠	欠	欠	欠	欠	○	欠	欠	欠	欠	岩本2021参照。
桜塚古墳鏡	不明	不明	○	○	？	○	○	○	？	○	－	－	－	－	－	－	－	－	－	－	写真での確認

第11章　同型鏡群の比較検討からみた副葬品の製作・入手・伝世　271

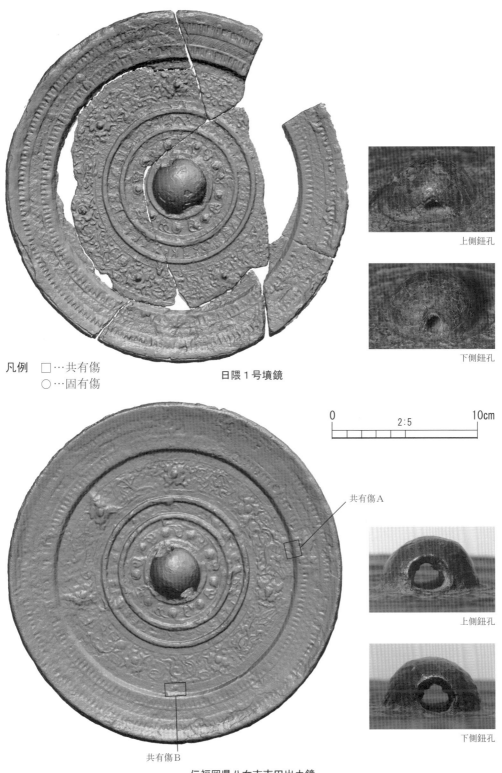

図169　細線式獣帯鏡Aの共有傷と固有傷1

272　第Ⅲ部　札式甲冑の導入・展開期における副葬品群の様相

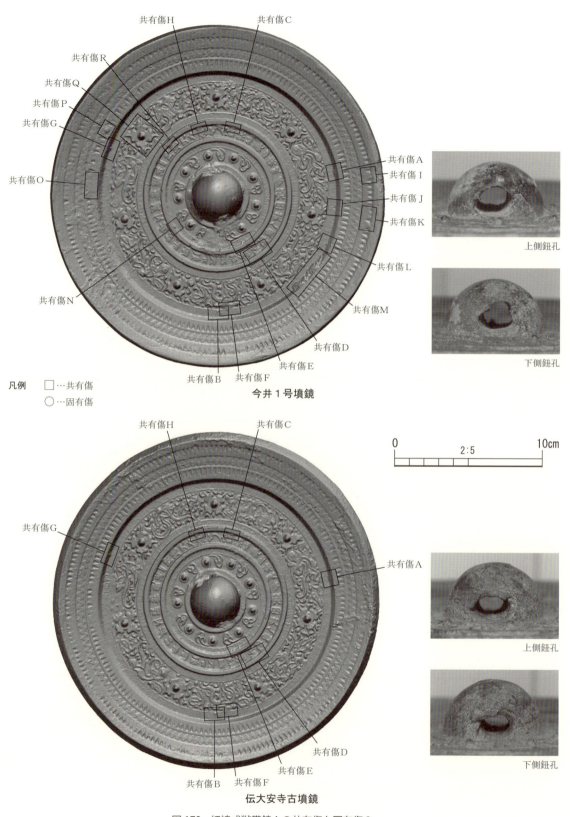

図170　細線式獣帯鏡Aの共有傷と固有傷2

第 11 章　同型鏡群の比較検討からみた副葬品の製作・入手・伝世　273

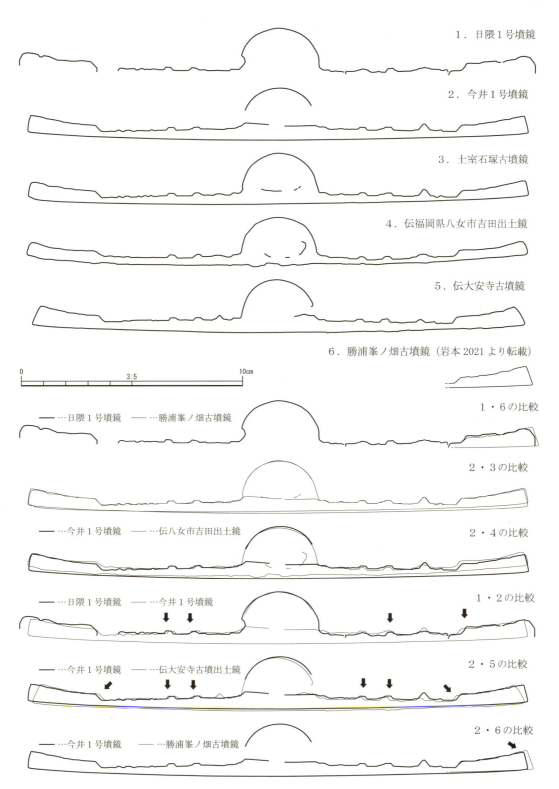

図 171　細線式獣帯鏡 A の断面形状の比較

伝福岡県八女市吉田出土鏡の３面、さらに伝大安寺古墳鏡が続くとされる（川西 2004、辻田 2018）。実際に断面形を比較すると、概ね研究史上の指摘通りの形状差を追認できる。土室石塚古墳鏡・今井１号墳鏡については厚みにこそ若干の差があるが、隆帯などの位置は等しく、同世代の鏡と認識し得る。伝福岡県八女市吉田出土鏡についても、今井１号墳鏡と比べるとやや形状にゆがみが存在するが、凹凸の位置は今井１号墳鏡と同等であることがわかる。

　縁部の形状に着目すると、日隈１号墳鏡・土室石塚古墳鏡・今井１号墳鏡・伝福岡県八女市吉田出土鏡については縁部が方形に近いが、伝大安寺古墳鏡については、縁部を斜めに整形している。

鏡背面を上に向けて上面から見た際に、縁の稜線の位置が明確に異なっている。

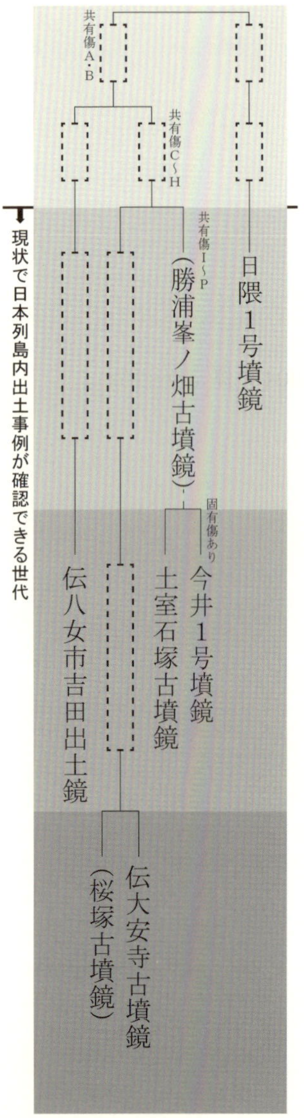

　勝浦峯ノ畑古墳鏡については、破片資料のため確定しづらい点も多い。ただし、既に公表されている断面形状について他鏡と比較を行うと、日隈１号墳鏡とは縁の形状こそ異なるものの、凹凸はかなり近い。一方で今井１号墳鏡・土室石塚古墳鏡と比較すると、勝浦峯ノ畑古墳鏡の方が大型であることがわかる。

　上記の点からみると、日隈１号墳鏡と勝浦峯ノ畑古墳鏡の２面、今井１号墳鏡・土室石塚古墳鏡・伝福岡県八女市吉田出土鏡の３面、伝大安寺古墳鏡の１面という世代差が存在すると考えられる。

　鈕孔方向と形態　鈕孔の方向からみると、桜塚古墳鏡・土室石塚古墳鏡・日隈１号墳鏡は 55 分—25 分で開口する。一方で、伝大安寺古墳鏡・伝福岡県八女吉田出土鏡は 57 分—27 分とやや時計回りにふれた方向に開口する。今井１号墳鏡は更に時計回りにふれた 58 分—28 分の方向に開口する。

　鈕孔形態については、土室石塚古墳鏡が２類、今井１号墳鏡が２類 or ４類、日隈古墳鏡は３類、伝大安寺古墳鏡が１類、伝福岡県八女市吉田出土鏡が２類とされる（辻田 2018）。日隈１号墳鏡の鈕孔は極端に小型の円形を呈するが、他のものはいずれも円形もしくは楕円形の鈕孔をもつ。

　細線式獣帯鏡Ａの世代間関係　日隈１号墳鏡については共有傷が不明で、確実に他の鏡に継承されている傷は存在しないが、鏡径が最も大きく、世代としては最も古い世代と位置付けることができる。ただし、他の鏡との共有傷を持たない点を考えると、系列の異なる鏡である可能性が考えられる。

　現状の共有傷を関係性を考えると、共有傷Ａ・Ｂを有する原鏡から数世代おいて伝福岡県八女市吉田出土鏡が存在する。これに共有傷Ｃ～Ｈが含まれた原鏡から伝大安寺古墳鏡が続く。また、

図 172　細線式獣帯鏡Ａの
世代間関係試案

更に共有傷Ｉ〜Ｐが加えられた原鏡に勝浦峯ノ畑古墳鏡・今井１号鏡・土室石塚古墳鏡が続く。ただし、勝浦峯ノ畑古墳鏡が今井１号墳鏡・土室石塚古墳鏡のオヤになるかどうかはわからない。

　これに基づく細線式獣帯鏡Ａの世代間関係の試案を図172に提示した。共有傷の関係性から日隈１号墳鏡よりも古い世代の鏡が存在が推定されることもあり、現在は知られていない鏡が多く存在する可能性がある。

12. 浮彫式獣帯鏡Ｂ

　川西2004による半肉刻獣帯鏡Ｂ、辻田2018による浮彫式獣帯鏡Ｂである。辻田2018の段階で、韓国武寧王陵鏡、群馬県綿貫観音山古墳鏡、伝滋賀県三上山下古墳鏡１，伝滋賀県三上山下古墳鏡２の計４面が存在する。このうち、伝三上山下古墳の鏡２面については、３Ｄ画像が既に公表されている（岸本2015）が、３Ｄデータ上での比較を行う目的で、再度計測を行った。

　共有傷と固有傷（図173・表27）　各鏡の共有傷・固有傷については、すでに各氏により検討がなされている。今回、これらの傷について再整理し、以下の共有傷Ａ〜Ｅを設定した。

　共有傷Ａ…朱雀区左の獣像区外の銘帯や櫛歯文帯に剥離や割れがある。川西2004の傷ａ。

　共有傷Ｂ…朱雀区左の向かって左内側の有節重弧文帯が一部鋳潰れる。川西2004の傷ｂ。

　共有傷Ｃ…獣像区で、隆帯が一部鋳潰れて突出する。川西2004の傷ｃ。

　共有傷Ｄ…鏡左側の四葉座乳の外側で、Ｌ字状の傷がある。川西2004の傷ａの一部か。

　共有傷Ｅ…朱雀区外の銘帯・櫛歯文帯に斜めの傷がある。

　このうち、共有傷Ａ〜Ｄについては、綿貫観音山古墳鏡・伝三上山下古墳鏡１・２に共に認められる傷であった。武寧王陵出土鏡については未実見であるが、公表されている写真等を見る限り同様と理解して良い。しかし、共有傷Ｅについてみると、綿貫観音山古墳鏡および伝三上山下古墳鏡２のみに認められた。伝三上山下古墳鏡１ではこの部分には錆が被るため詳細は不明であるが、周辺のほかの文様が見えているところを考えると、伝三上山下古墳鏡１にこの傷は存在しない可能性が考えられる。すなわち、この傷に着目すれば、綿貫観音山古墳鏡は伝三上山下古墳鏡２と関係性が注目されるところとなろう。

　しかし、綿貫観音山古墳鏡に存在するすべての傷が、伝三上山下古墳鏡２へ継承されているわけではない。先学にも多く指摘があるように、綿貫観音山古墳鏡には多くの傷が認められる。しかし、これらの傷のほとんどは継承されない固有傷であると判断される。同型鏡群の共有傷の存在から、鏡背面に存在する傷が積極的に修復された可能性は低いものと推定される。この固有傷の存在から、

表27　浮彫式獣帯鏡Ｂの共有傷の有無

鏡名	鏡径(cm)	鈕孔形態(辻田2018)	共有傷					備考
			A	B	C	D	E	
武寧王陵鏡	23.20※	2類？	○	○	○	○	－	公表済の写真を参照
伝三上山下古墳鏡１	23.14	2類	○	○	○	○	－	実見、３Ｄ計測実施、鏡面に魚佩が錆着
綿貫観音山古墳鏡	23.22	1類	○	○	○	○	○	実見、３Ｄ計測実施
伝三上山下古墳鏡２	22.72	4類	○	○	○	○	○	実見、３Ｄ計測実施

※既公表の数値を参照

276　第Ⅲ部　札式甲冑の導入・展開期における副葬品群の様相

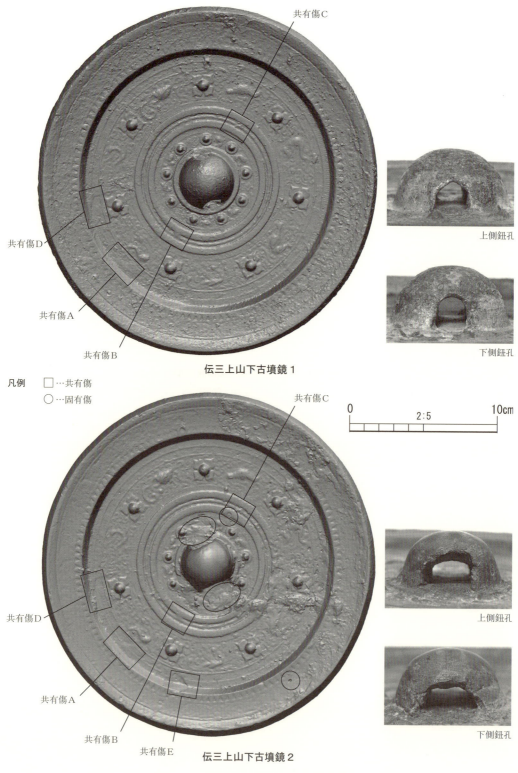

図173　浮彫式獣帯鏡Bの共有傷と固有傷

第 11 章　同型鏡群の比較検討からみた副葬品の製作・入手・伝世　277

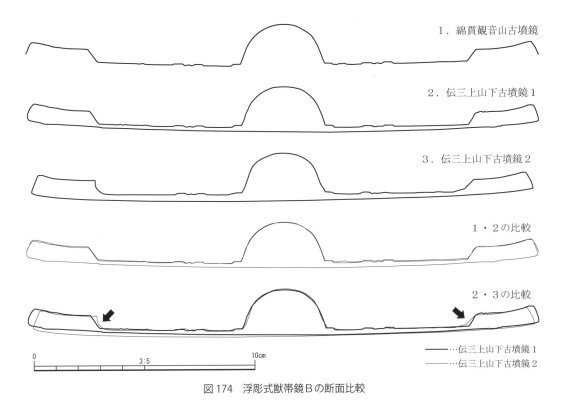

図 174　浮彫式獣帯鏡 B の断面比較

綿貫観音山古墳鏡と伝三上山下古墳鏡 2 は直接的なオヤコ関係にはないものと位置づけられる。

鏡径と断面形の比較（図 174）　3 面の鏡の断面形を比較すると、目につくのは綿貫観音山古墳鏡と伝三上山下古墳鏡 1 の形状がかなり近似したラインをなすことである。これに対して、伝三上山下古墳鏡 2 については、両端の縁部で顕著にみられるが、上記の 2 面に対して鏡径が小さいことが確認できる。また、鈕の立ち上がりについても、伝三上山下古墳鏡 2 はわずかに内抉りになるのに対し、綿貫観音山古墳鏡・伝三上山下古墳鏡 1 は丸みをもって立ち上がる。わずかながらこの点でも差異が確認できる。

武寧王陵鏡については現状で未実見であるが、鏡径などが綿貫観音山古墳鏡・伝三上山下古墳鏡 1 と等しい点は世代間関係を考える上で重要視できる。

鈕孔の方向と形態　鈕孔方向については、いずれも 58 分─28 分の方向に開口する点で近しい。

一方で鈕孔の形状に着目すると、綿貫観音山古墳鏡・伝三上山下古墳鏡 1 はいずれも半円形の鈕孔であり、1・2 類となるが、伝三上山下古墳鏡 2 については、横方向に広くなる 4 類である（辻田 2018）。

浮彫式獣帯鏡 B の世代間関係試案（図 175）　先の検討により、武寧王陵鏡・伝三上山下古墳鏡 1・綿貫観音山古墳鏡の 3 面については、鏡径がほぼ等しい。武寧王陵鏡については未実見だが、伝三上山下古墳鏡 1・綿貫観音山古墳鏡の 2 面は断面形もほぼ一致する。このことから、この 3 面については同世代の鏡である可能性が高い。一方で、伝三上山下古墳鏡 2 については鏡径が他の 3 面よ

り小さく、かつ断面形でも収縮が認められた。このことから、武寧王陵鏡・伝三上山下古墳鏡1・綿貫観音山古墳鏡の3面が同世代で、これに伝三上山下古墳鏡2がつづく。

共有傷Eの存在から、武寧王陵鏡・伝三上山下古墳鏡1がキョウダイであり、綿貫観音山古墳鏡はこれとはオヤが異なる鏡と考えられる。綿貫観音山古墳鏡と伝三上山下古墳鏡2は同様の共有傷をもつが、一方で綿貫観音山古墳鏡は多くの固有傷を有している。そのため、綿貫観音山古墳鏡と伝三上山下古墳鏡2を直接的なオヤコ関係とはできない。伝三上山下古墳鏡2のオヤとなる鏡は、綿貫観音山古墳鏡とは異なる未知の鏡が存在するものと推定される。

13. 神人車馬画象鏡

同型鏡群における『神人車馬画象鏡』には、辻田2018段階で3面が該当する。

過去には、トヅカ古墳鏡及び江田船山古墳鏡の2面の3D画像が公表されている。また、川西宏幸・辻田淳一郎・水野敏典により分析が行われた（川西2004・辻田2018・水野2019）。本群においてはトヅカ古墳鏡・伝京都郡出土鏡について、観察・3D計測を行った。

図175　浮彫式獣帯鏡Bの世代間関係試案

共有傷と固有傷（図177・表28）　同鏡群については、川西により7個の傷が抽出されているが、ここではこれを再検討し、以下の10個の傷を挙げる。

共有傷A…西王母の向かって右裾に添えた鳥文と銘文との間に発生した鋳型の剥離による傷。川西2004の傷e。

共有傷B…「節」のあたりに発生した鋳型の剥離による傷。川西2004の傷f。

共有傷C…外区の鋸歯文帯にみられる傷。

共有傷D…西王母の向かって左の乳で、座をめぐる珠文の一個が欠ける。川西2004の傷g。

共有傷E…騎馬区から外区へ達する鋳型の割れによる傷。川西2004の傷h。

共有傷F…東王父の向かって右の乳で、座をめぐる珠文の一個が欠ける。川西2004の傷a。

共有傷G…東王父の向かって右の乳で、共有傷Fとは異なる珠文の一個が不鮮明となっている。

共有傷H…銘文帯から鈕座に至る鋳型の割れによる傷。川西2004の傷b。

共有傷I…内区外周の櫛歯文帯で「息」の外方に発生した鋳型の剥離による傷。川西2004の

表28　神人車馬画象鏡の共有傷の有無

鏡名	鏡径(cm)	鈕孔形態(辻田2018)	A	B	C	D	E	F	G	H	I	J	K	備考
トヅカ古墳鏡	22.5	不明	○	○	○	○	○	○	○	○	-	-	-	実見、3D計測実施
江田船山古墳鏡	22.2※	1類	○	○	○	○	○	○	○	○	○			公表済の写真・3D画像を参照
伝福岡県京都郡出土鏡	22.2	1類	○	○	○	○	○	○	○	○	○			実見、3D計測実施

※既公表の数値を参照

第 11 章 同型鏡群の比較検討からみた副葬品の製作・入手・伝世 279

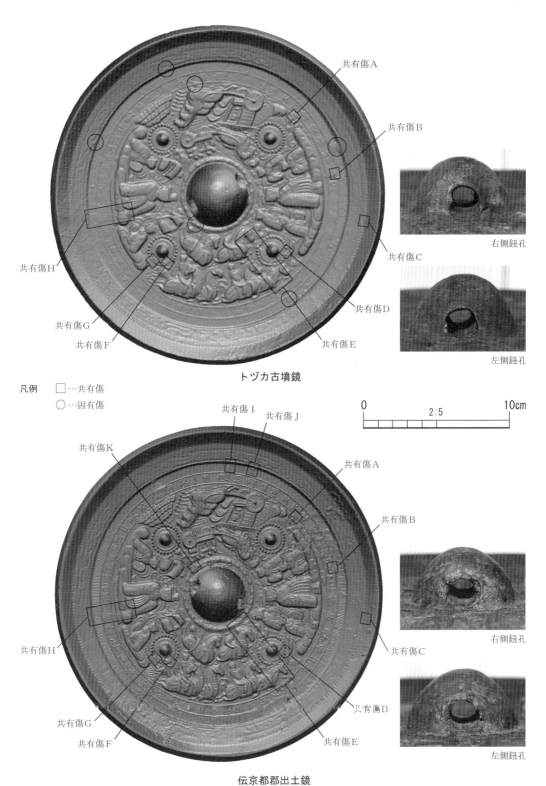

図 176 神人車馬画象鏡の共有傷と固有傷

280　第Ⅲ部　札式甲冑の導入・展開期における副葬品群の様相

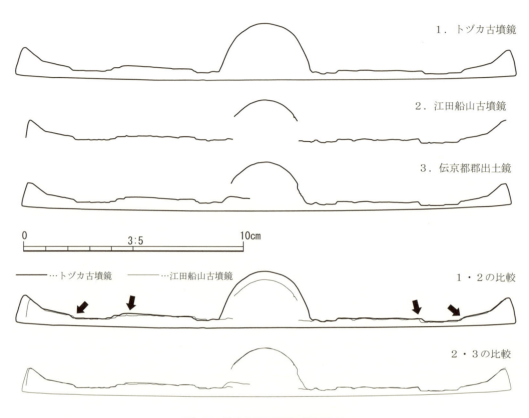

図 177　神人車馬画象鏡の断面比較

　　　　　傷 d の一部。
　共有傷 J …内区外周の櫛歯文帯で「虜」の外方にに発生した鋳型の剥離による傷。川西 2004
　　　　　の傷 d の一部。
　共有傷 K …10 時方向の鈕座の一部が欠ける。川西 2004 の傷 c 。
　共有傷 A ～ H については 3 面の鏡に共有する傷として存在するが、共有傷 I ～ K については江田船山古墳鏡および伝京都郡出土鏡に認められる傷で、トヅカ古墳鏡には存在しない。
　一方で、共有傷 B ・ E ・ H の広がりと関係性から、3 面の鏡の世代間関係がやや煩雑となっているが、共有傷 E の示す結果には目を瞑って川西はトヅカ古墳鏡と江田船山古墳鏡・伝京都郡出土鏡の 2 グループに分ける関係性を提示した（川西 2004）。
　この点については、水野は、鏡の収縮からトヅカ古墳鏡と江田船山古墳鏡・伝京都郡出土鏡の間には世代差があり、江田船山古墳鏡・伝京都郡出土鏡のオヤにはトヅカ古墳鏡ではない別の鏡が存在していたものと推測している（水野 2019）。
　筆者もこの 3 面の関係性については、①収縮の具合からトヅカ古墳鏡が古い世代の鏡と位置付けられる、②共有傷 E の拡大についてはトヅカ古墳の鏡の含まれる系列のみ生じた事象で、江田船山古墳鏡・伝京都郡出土鏡の含まれる系列では生じていない、③共有傷 I ～ K は江田船山古墳鏡・

伝福岡県京都郡出土鏡において生じた傷として考える。これは先行研究の成果を追認するものではあるが、トヅカ古墳鏡と江田船山古墳鏡・伝京都郡出土鏡は途中で枝分かれした系列として捉えておきたい。

鏡径と断面形状の比較（図177）　先行研究において指摘があるように、法量についてみれば、この3面の中でトヅカ古墳鏡が最も大きく、江田船山古墳鏡・伝京都郡出土鏡はこれに次ぐ法量である（川西2004）。断面形について比較をすると、縁の部分をみると、鋳造後の研磨等の影響であろうか、トヅカ古墳鏡と江田船山古墳鏡では縁の傾斜が異なっていることがわかる。そのため、単純に鏡径で世代間関係を考えることには注意を要するが、トヅカ古墳鏡と江田船山古墳鏡では内区・外区文様ともに差があり、トヅカ古墳鏡の方がひと回り大きい鏡であることがわかる。この点から、トヅカ古墳鏡は他の2面と比べて古い世代の鏡であるものとみられる。

また、トヅカ古墳鏡と江田船山古墳鏡の断面形状比較で最も差異が認められる箇所として、鈕の高さがある。先に検討を行った画文帯同向式神獣鏡Bでは、世代の古い大須二子山古墳鏡は背の低い鈕であったのに対し、世代の新しい狐山古墳鏡等は背の高い鈕であった。本鏡群ではトヅカ古墳鏡の方が江田船山古墳鏡よりも世代が古いと考えられるため、画文帯同向式神獣鏡Bの鈕の高さの変化とは世代間関係が

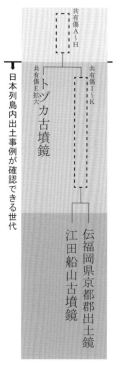

図178　神人車馬画象鏡の世代間関係試案

逆になっている。原鏡から范を製作する際に傷の修正は行わないが、まれにこうした鈕の高さの変更等が行われていたことが窺える。

鈕孔の形態と方向　鈕孔の方向については、トヅカ古墳鏡が40分―10分、江田船山古墳鏡は45分―15分、伝京都郡出土鏡は48分―18分と3者でやや違いがある。

鈕孔形態については、トヅカ古墳鏡は4類、江田船山古墳鏡では2類とされる（辻田2018）。

神人車馬画象鏡の世代間関係試案　共有傷・固有傷と断面形状の比較から、トヅカ古墳鏡と江田船山古墳鏡・伝京都郡出土鏡には明確な世代差が存在する。

同群に含まれる鏡が現状で3面のみであるため、明確な体系図を提示することは困難であるが、トヅカ古墳鏡の系統と江田船山古墳鏡・伝京都郡出土鏡の系統が併存したものと推定できる。

14. 神人歌舞画象鏡

川西2004の神人歌舞画像鏡、辻田2018の神人歌舞画象鏡がこれにあたる。辻田2018の段階で、埼玉県秋山古墳群鏡、東京都狛江亀塚古墳鏡、福井県脇袋西塚古墳鏡、京都府トヅカ古墳鏡、大阪府郡川西塚古墳鏡、岡山県朱千駄古墳鏡、福岡県番塚古墳鏡、伝大阪府長持山古墳鏡、伝大阪府郡川出土鏡、出土地不明鏡①（根津美術館所蔵）、出土地不明鏡②（根津美術館所蔵）、出土地不明鏡③の計12面が該当する。

282　第Ⅲ部　札式甲冑の導入・展開期における副葬品群の様相

　これまで狛江亀塚古墳鏡・脇袋西塚古墳鏡・郡川西塚古墳鏡の３Ｄ画像が公表されている。今回、脇袋西塚古墳鏡・トヅカ古墳鏡・朱千駄古墳鏡・番塚古墳鏡・伝大阪府八尾市郡川出土鏡・出土地不明鏡①・②（根津美術館所蔵）について実見した。

　共有傷と固有傷（図179・表29）　同鏡群については、川西により３つの傷が抽出されている（川西2004）。この３つの傷に加えて計６つの傷を取り上げる。

　共有傷Ａ…鈕の12時方向の箇所に鋳潰れによる盛り上がりがある。

　共有傷Ｂ…櫛歯文帯の一部が鋳潰れる。

　共有傷Ｃ…騎馬像の馬の後足の一部が鋳崩れる。川西2004の傷ｃ。

　共有傷Ｄ…櫛歯文帯の一部に粒状の傷がある。

　共有傷Ｅ…東王父区の執戟像の足元が、鋳型の剥離のせいで盛り上がる。川西2004の傷ｂ。

　共有傷Ｆ…東王父の衣の裾の下部が、鋳型の剥離のせいで盛り上がる。川西2004の傷ａ。

　この６つの傷については、ともに伝大阪府八尾市郡川出土鏡と出土地不明鏡②（根津美術館所蔵）において認められる。番塚古墳鏡については有機質が被るために共有傷Ｂ・Ｄの存在が不明であるが、その他の傷を有していることは確実である。この３面以外の鏡は、共有傷を有さない。

　固有傷についてみると、写真の観察ではあるが伝長持山古墳鏡では西王母の頭部が鈕座周辺の圏線にかかるように見受けられる。このような傷は、他の鏡でも確認できない。また、出土地不明鏡①（根津美術館所蔵）においても外区文様の一部と西王母の持物が鈕座周辺の圏線にかかる箇所があるなど、それぞれの鏡に所々に傷が見られるが、あくまでこれらは一過性の固有傷である。

　鏡径と断面形状の比較（図180）　先行研究において狛江亀塚古墳鏡・郡川西塚古墳鏡・出土地不明鏡①（根津美術館所蔵）の３面が大きく、脇袋西塚古墳鏡・トヅカ古墳鏡・伝長持山古墳鏡・伝大阪府八尾市郡川出土鏡・番塚古墳鏡・出土地不明鏡②（根津美術館所蔵）の６面が先の３面に比べてひと回り小さいことが指摘されている（川西2004）が、今回の３Ｄデータでの比較においても、この見解を裏付けるものとなった。世代間の関係性についても狛江亀塚古墳鏡などの３面と、脇袋西塚古墳鏡などの６面との差が明確に存在することが確認できる。

　朱千駄古墳鏡については、研究史上において狛江亀塚古墳鏡など３面と、脇袋西塚古墳鏡など６

表29　神人歌舞画象鏡の共有傷の有無

鏡名	鏡径(cm)	鈕孔形態(辻田2018)	共有傷						備考
			A	B	C	D	E	F	
狛江亀塚古墳鏡	20.66※	2類	−	−	−	−	−	−	公表済の３Ｄ画像を参照
郡川西塚古墳鏡	20.50※	2類	−	−	−	−	−	−	公表済の３Ｄ画像を参照
出土地不明鏡①（根津美術館所蔵）	20.5	2類	−	−	−	−	−	−	実見、３Ｄ計測実施
トヅカ古墳鏡	20.0	1類	−	−	−	−	−	−	実見、３Ｄ計測実施
脇袋西塚古墳鏡	20.0	2類	−	−	−	−	−	−	実見、３Ｄ計測実施
伝長持山古墳鏡	20.00※	1類	−	−	−	−	−	−	公表済の写真参照
番塚古墳鏡	20.0	1類	○	?	○	?	○	○	実見、３Ｄ計測実施
伝大阪府八尾市郡川出土鏡	19.9	2類	○	○	○	○	○	○	実見、３Ｄ計測実施
出土地不明鏡②（根津美術館所蔵）	20.0	2類	○	○	○	○	○	○	実見、３Ｄ計測実施
朱千駄古墳鏡	20.30※	2類	?	?	−	?	−	−	実見、３Ｄ計測実施
秋山所在古墳鏡	不明	不明	−	−	−	−	−	−	拓本のみ現存（辻田2018）
出土地不明鏡③	不明	不明	−	−	−	−	−	−	現物不明。

※既公表の数値を参照

第 11 章　同型鏡群の比較検討からみた副葬品の製作・入手・伝世　283

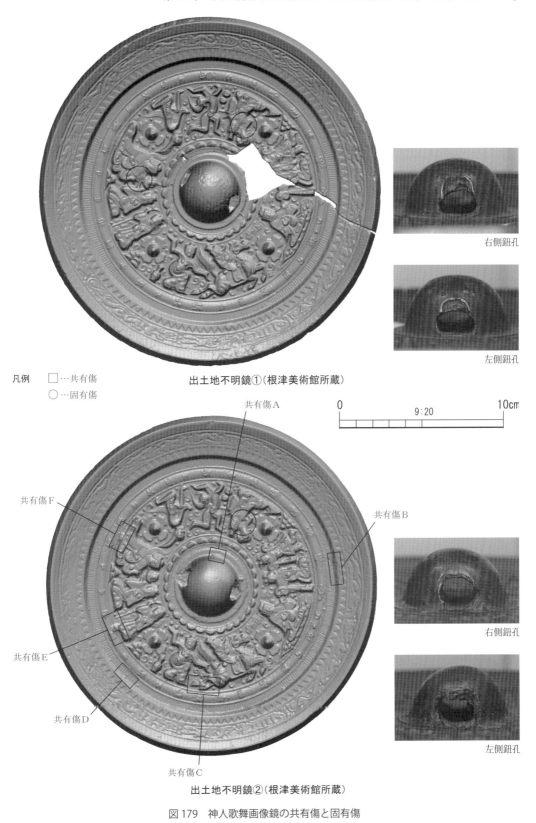

図 179　神人歌舞画像鏡の共有傷と固有傷

284　第Ⅲ部　札式甲冑の導入・展開期における副葬品群の様相

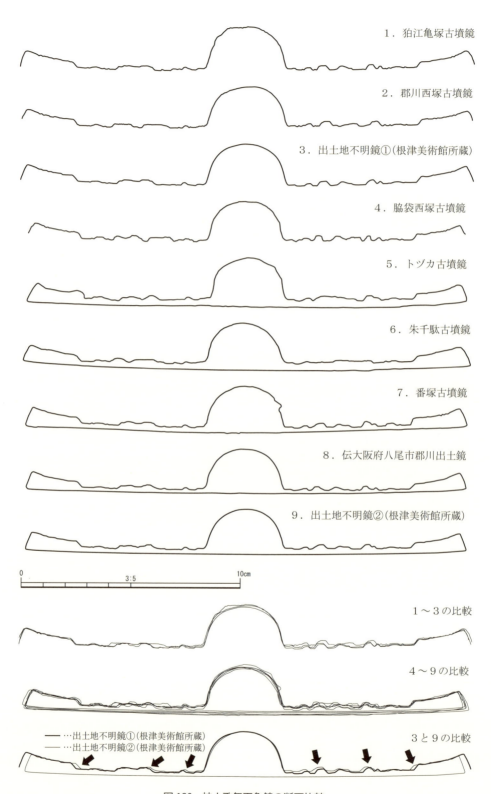

図180　神人歌舞画象鏡の断面比較

面の中間の大きさであることが記されており（川西 2004）、筆者も拙稿においても曖昧な状態ではあったが中間に位置づけた（初村 2023）。狛江亀塚古墳鏡など 3 面と朱千駄古墳鏡は明確な差があるが、脇袋西塚古墳鏡など 6 面との差は僅かである。

鈕孔の形態と方向　鈕孔の方向については、狛江亀塚古墳鏡・脇袋西塚古墳鏡・郡川西塚古墳鏡・朱千駄古墳鏡・出土地不明鏡①（根津美術館所蔵）は 48 分―18 分方向に開口する。番塚古墳鏡・伝大阪府八尾市郡川出土鏡・出土地不明鏡②（根津美術館所蔵）はこれと比べてややずれた 47 分―17 分方向に開口する。また、トヅカ古墳鏡は 52 分―22 分と開口方向が大きく異なる。

鈕孔形態についてみると、狛江亀塚古墳鏡・脇袋西塚古墳鏡・郡川西塚古墳鏡・伝大阪府八尾市郡川出土鏡・朱千駄古墳鏡・出土地不明鏡①（根津美術館所蔵）・出土地不明鏡②（根津美術館所蔵）は 2 類、トヅカ古墳鏡・番塚古墳鏡は 1 類である（辻田 2018）。

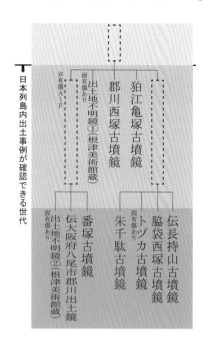

図 181　神人歌舞画象鏡の世代間関係試案

神人歌舞画象鏡の世代間関係試案（図 181）　面径の差異から、狛江亀塚古墳鏡・郡川西塚古墳鏡・出土地不明鏡①（根津美術館所蔵）の 3 面があり、共有傷 A〜F を有する番塚古墳鏡・伝大阪府八尾市郡川出土鏡・出土地不明鏡②（根津美術館所蔵）と、共有傷を有さない脇袋西塚古墳鏡・トヅカ古墳鏡・伝長持山古墳鏡の一群が続く。朱千駄古墳鏡についても共有傷を有さないこの一群に含まれるものと目される。

鏡径の差異からこれらの差は一世代程度と考えられ、狛江亀塚古墳鏡等と同じ世代に共有傷 A〜F を有する未知の鏡が存在したのだろう。この鏡をオヤとして、番塚古墳鏡等の 3 面が製作されたものと推定される。

脇袋西塚古墳鏡等の 3 面については、現状で知られるオヤ候補の鏡がいずれも固有の傷を有しており、これら 3 面のオヤとはなりえない。ここにも未知の鏡が存在していたものと推定される。

15. 神人龍虎画象鏡

川西 2004 における神人龍虎画像鏡、辻田 2018 の神人龍虎画象鏡がこれに当たる。

神人龍虎画象鏡には、辻田 2018 段階で 5 面が該当する。

過去には、米山古墳鏡について 3D 画像が公表されている。また、川西宏幸・辻田淳一郎により分析が行われた（川西 2004・辻田 2018・水野 2019）。今回は鏡塚古墳鏡・高井田山古墳鏡について、観察・3D 計測を行った。

共有傷と固有傷（図 182・表 30）　同鏡群については、川西宏幸により 6 個の傷が抽出されているが、

286 第Ⅲ部 札式甲冑の導入・展開期における副葬品群の様相

ここではこれを再検討し、以下の 11 個の傷を挙げる。

　共有傷 A…櫛歯文の一部が盛り上がる。川西 2004 の傷 e 。

　共有傷 B…連環唐草文が鋳潰れる。

　共有傷 C…乳座に粒状の傷がある。

　共有傷 D…東王父区右の銘文帯と櫛歯文帯の間が鋳潰れる。

　共有傷 E…櫛歯文の一部に凹の傷がある。川西 2004 の傷 f 。

　共有傷 F…連環唐草文が鋳潰れる。

　共有傷 G…櫛歯文の 2 本が鋳潰れて接する。川西 2004 の傷 b 。

　共有傷 H…龍の角あたりで珠文圏外周の突線が鋳潰れる。川西 2004 の傷 a 。

　共有傷 I…連環唐草文が鋳潰れる。川西 2004 の傷 c 。

　共有傷 J…連珠文区外側に粒状の傷がある。

　共有傷 K…鳥文の体部〜銘帯にかけて鋳型の剥離による鋳崩れがある。川西 2004 の傷 d 。

　共有傷 L…銘帯に粒状の傷がある。

　共有傷 M…櫛歯文帯の一部が盛り上がる。

　これらの共有傷については、現状で確認し得る限り、概ねすべての鏡で認められる。伝馬ヶ岳鏡においては不明なものもあるが、拓本資料からの抽出に基づくものであるので、共有傷がないものと断定することは難しい。そのため、共有傷についてはすべての鏡で共有されているものと考えておきたい。

　ただし、共有傷 K についてみるとわずかに差異が認められる（図 183）。米山古墳鏡・鏡塚古墳鏡については、鳥文が銘文帯に接する箇所が広く、銘文帯の内側の境界線も完全に鋳潰れている。これに対し、高井田山古墳鏡については先の 2 面と比べると鳥文と銘文帯の接する箇所が狭い。また銘文帯の内側の境界線も広く遺存しているようにみえる。築山古墳鏡は未計測ながら水野 2010 により公表された画像をみると、高井田山古墳鏡に近い形状での鋳潰れとなっている。現物資料が不明である伝馬ヶ岳古墳鏡の拓本をみると、不鮮明ながら高井田山古墳鏡・築山古墳鏡と近いようにみえる。共有傷 K の大小により、2 つの群が存在するものと推測される。

　固有傷についてみると、米山古墳鏡では虎像区に大きな鋳潰れ、鏡塚古墳鏡では龍像区左右の乳の周辺の鋳潰れが確認された。

　鏡径と断面形状の比較（図 184）　先行研究において指摘があるように、法量についてみれば、米山古墳鏡・鏡塚古墳鏡・高井田山古墳鏡・伝馬ヶ岳古墳出土鏡は法量が近しく、築山古墳鏡はこれ

表 30　神人龍虎画象鏡の共有傷の有無

鏡名	鏡径 (cm)	鈕孔形態 (辻田 2018)	共有傷												備考
			A	B	C	D	E	F	G	H	I	J	K	L	
米山古墳鏡	20.7 ※	2類	○	○	○	○	○	○	○	○	○	○	大	○	公表済の 3 D 画像を参照
鏡塚古墳鏡	20.7	2類	○	○	○	○	○	○	○	○	○	○	大	○	実見、3 D 計測実施
高井田山古墳鏡	20.6	2類	○	○	○	○	○	○	○	○	○	○	小	○	実見、3 D 計測実施
築山古墳鏡	20.3 ※	4類	○	○	○	○	○	○	○	○	○	○	小	○	公表済の 3 D 画像を参照
伝馬ヶ岳古墳鏡	20.6 ※	不明	○	○	？	○	？	○	？	○	○	○	小	？	公表済の拓本を参照

※既公表の数値を参照

第11章　同型鏡群の比較検討からみた副葬品の製作・入手・伝世　287

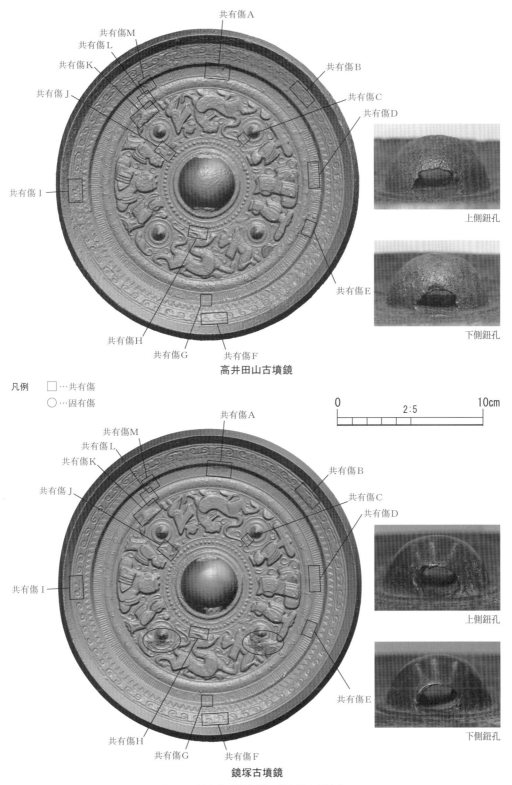

図182　神人龍虎画象鏡の共有傷と固有傷

288　第Ⅲ部　札式甲冑の導入・展開期における副葬品群の様相

米山古墳鏡　　　　　　鏡塚古墳鏡　　　　　　高井田山古墳鏡　　　　　築山古墳鏡

図183　神人龍虎画象鏡の各鏡における共有傷K

ら4面に比べてひと回り小さい。この点は、3Dデータでの断面比較を行っても追認することができる。

　鈕孔の形態と方向　鈕孔の方向については、高井田山古墳鏡・米山古墳鏡・が31分－1分の方向に開口する。鏡塚古墳鏡・築山古墳鏡は59分－29分の方向に開口する。伝馬ヶ岳古墳鏡について、辻田は前者に近い鈕孔方向を推定している（辻田2018）。

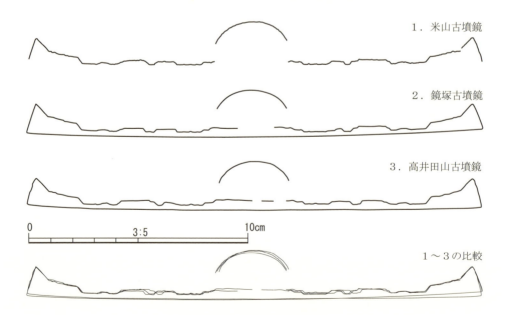

図184　神人車馬画象鏡の断面比較

鈕孔形態については、鏡塚古墳鏡・高井田山古墳鏡が2類、米山古墳鏡・築山古墳鏡が4類とされる（辻田2018）。

神人龍虎画象鏡の世代間関係試案（図185）　現状で確認し得る限り、鏡塚古墳鏡・高井田山古墳鏡・米山古墳鏡の鏡径および断面に差はみられない。同世代の鏡とみてよいだろう。築山古墳鏡についてはやや小型である点から、これら3面よりも一世代後の鏡と位置付けることができる。

築山古墳鏡については、先の共有傷Kについてどの鏡よりも鳥の腹部が表現されている。この表現に近いのは高井田山古墳鏡であり、高井田山古墳鏡が築山古墳鏡のオヤとなる可能性も捨てきれないが、高井田山古墳鏡はこの部分が錆により覆われており不明瞭である。そのため、築山古墳鏡のオヤについては、従来の見解通り未知の鏡とした。

伝福岡県馬ヶ岳古墳出土鏡については、詳細は不明であるものの、鏡径が六寸八分とされており、20.6cmとなる。この数値は鏡塚古墳鏡・高井田山古墳化鏡・米山古墳鏡と近いため、古い世代の鏡とした。

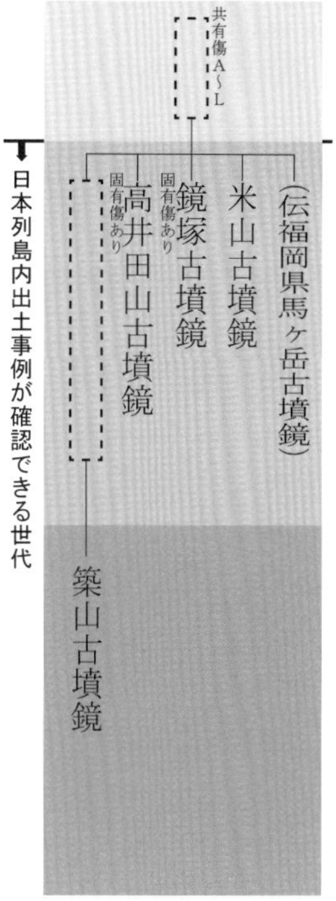

16．画文帯仏獣鏡A

川西2004による「画文帯周列式仏獣鏡A」、辻田2018の「画文帯仏獣鏡A」の一群である。同群には、愛知県大須二子山古墳鏡・千葉県鶴巻塚古墳鏡・岡山県王墓山古墳鏡・北京故宮博物館所蔵鏡の4面がある。このうち、王墓山古墳古墳鏡・大須二子山古墳鏡については過去に3D画像が公開されている。

共有傷と固有傷（図186・表31）　川西2004・辻田2018によると、これらはいずれも半円方形帯の点文に共有傷を有する点が指摘されているが、このほかにもう1点、同様の傷を確認した。

共有傷A…6時方向の点文の一部が鋳崩れる。川西の傷a。

共有傷B…7〜8時方向の点文の一部が鋳崩れる。

このふたつの傷は、大須二子山古墳鏡・鶴巻塚古墳鏡・王墓山古墳鏡の3面が有する傷である。この点から、北京故宮博物館所蔵鏡はこの3面とは分けて考えることができる。

固有傷については、鶴巻塚古墳鏡・大須二子山古墳鏡とに確認することができる。

鏡径と断面形状の比較（図187）　鏡径についてみると、鶴巻塚古墳鏡が大須二子山古墳鏡・王墓山古墳鏡に対して大きいという指摘は、既に川西によりなされている（川西2004）。この点について、断面形から比較を行ってみると、大須二子山古墳鏡と王墓山古墳鏡は、断面位置がややズレているとはいえ、内区と外区の間の段差に差異がない。一方で、大須二子山

図185　神人龍虎画象鏡の
世代間関係試案

表31　画文帯仏獣鏡Aの共有傷の有無

鏡名	鏡径(cm)	鈕孔形態(辻田2018)	共有傷		備考
			A	B	
鶴巻塚古墳鏡	15.50※	不明	○	○	実見、3D計測実施
大須二子山古墳鏡	14.89※	1類	○	○	実見、3D計測実施
王墓山古墳鏡	14.75	不明	○	○	公表済の3D画像を参照

※既公表の数値を参照

290 第Ⅲ部 札式甲冑の導入・展開期における副葬品群の様相

大須二子山古墳鏡

図 186　画文帯仏獣鏡Ａの共有傷と固有傷

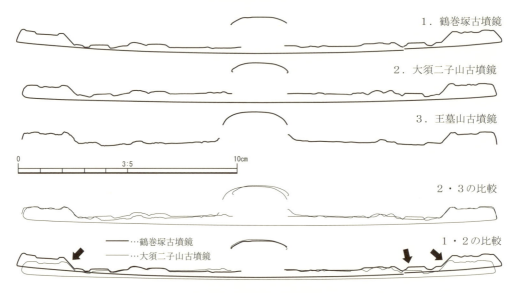

図 187　画文帯仏獣鏡Ａの断面形の比較

古墳鏡と鶴巻塚古墳鏡を比較すると、内区と外区の段差に大きな差が認められ、先学の指摘の通り、鶴巻塚古墳鏡の方が大きい。

鈕孔の方向と形態　鈕孔の方向については、鶴巻塚古墳鏡・大須二子山古墳鏡・王墓山古墳鏡・

北京故宮博物館所蔵鏡の4面ともに43分—13分と同じ方向となっている。鈕孔の形状については、北京故宮博物館所蔵鏡は不明ながら、他の3面はいずれも鈕孔形態2類となり、共通性は高い（辻田2018）。

画文帯仏獣鏡Aの世代間関係（図188） 画文帯仏獣鏡Aについては、共有傷が少なく、3面の鏡の関係性について細分は難しいが、断面形状から考える限り、鶴巻塚古墳鏡は大須二子山古墳鏡・王墓山古墳鏡の2面より古い世代として位置付けることができる。大須二子山古墳鏡・王墓山古墳鏡は断面の位置や鏡面の反り具合も一致しており、同世代として考えてよい。大須二子山古墳鏡・王墓山古墳鏡のオヤとして鶴巻塚古墳鏡も候補として挙がるが、継承されない固有傷を有しているためオヤ鏡とはなり得ない。大須二子山古墳鏡・王墓山古墳鏡のオヤとなる未知の鏡が存在した可能性が高い。

鶴巻塚古墳鏡のオヤ候補として、中国北京故宮博物館所蔵の画文帯仏獣鏡が挙げられる。この北京故宮博物館所蔵鏡については鏡径が鶴巻塚古墳鏡よりも大きく、鋳上がりも良いことが根拠となる。ただしこの考えについては裏付けとなる調査が必須であることは明記しておきたい。

17．画文帯仏獣鏡B

川西2004の画文帯重列式仏獣鏡B、辻田2018の画文帯仏獣鏡Bである。辻田2018の段階で千葉県祇園大塚山古墳鏡、長野県御猿堂古墳鏡、福井県国分古墳鏡、伝大阪府駒ヶ谷出土鏡、出土地不明鏡①（ジェノヴァ博物館所蔵）、出土地不明鏡②（旧ベルリン民俗博物館所蔵）、出土地不明鏡③（古鏡今照所収）の7面が存在する。このうち、過去には千葉県祇園大塚山古墳鏡・伝大阪府駒ヶ谷出土鏡の2面について3D画像が公開されている。

図188 画文帯仏獣鏡Aの世代間関係試案

共有傷と固有傷（図190・表32） 研究史上共有傷10箇所が知られる。改めて観察すると、半円方形帯の地文の鋳潰れが著しく、研究史上で指摘されている以上に共有傷が存在する。

共有傷A…半円方形帯で地文に鋳潰れが生じ、横方向の筋が入る。

共有傷B…半円方形帯で地文に鋳潰れが生じ、横方向の筋が入る。

表32　画文帯仏獣鏡Bの共有傷の有無

鏡名	鏡径(cm)	鈕孔形態(辻田2018)	A	B	C	D	E	F	G	H	I	J	K	L	M	N	O	P	Q	備考
伝大阪府駒ヶ谷出土鏡	24.18	2類	○	○	○	○	○	○	○	○	○	○	○	○	○	○	○	○	-	実見、3D計測実施
出土地不明鏡①（ジェノヴァ博物館）	24.19※	2類	○	○	○	○	○	○	○	○	○	○	○	○	○	○	○	○	-	未実見
国分古墳鏡	(23.7)	2類	○	○	○	○	○	○	○	○	○	○	○	○	○	○	○	○	○	実見、3D計測実施
出土地不明鏡③（古鏡今照所収）	23.50※	2類？	○	○	○	○	○	○	○	○	○	○	○	○	○	○	○	○	-	未実見
御猿堂古墳鏡	23.69	2類	○	○	○	○	○	○	○	○	○	○	○	○	○	○	○	○	○	実見、3D計測実施
祇園大塚山古墳鏡	30.45	2類？	○	○	○	○	○	○	○	○	○	○	○	○	○	○	○	○	○	実見、3D計測実施
出土不明鏡②（旧ベルリン民博）	33.60※	2類 or 4類	?	?	?	?	?	?	?	?	?	?	?	?	?	?	?	?	?	未実見

※既公表の数値を参照

292 第Ⅲ部 札式甲冑の導入・展開期における副葬品群の様相

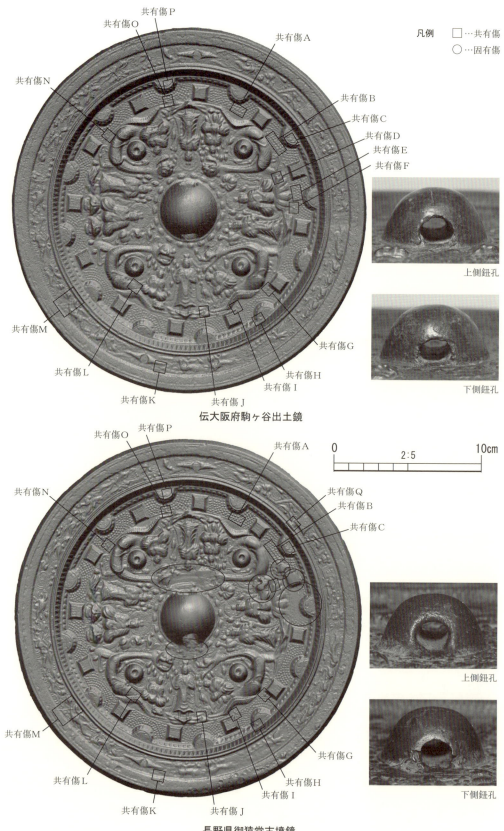

図189 画文帯仏獣鏡Bの共有傷と固有傷1

第11章　同型鏡群の比較検討からみた副葬品の製作・入手・伝世　293

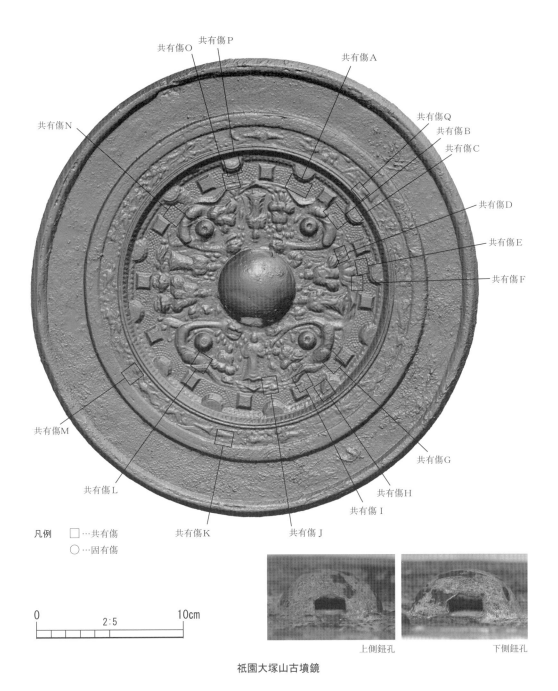

祇園大塚山古墳鏡

図190　画文帯仏獣鏡Dの共有傷と固有傷2

共有傷C…半円頂部に残る突粒状の傷。川西 2004 の傷 i。

共有傷D…二体区の坐像がのる蓮華座の一部に残る突粒状の傷。川西 2004 の傷 f。

共有傷E…半円方形帯で地文に鋳潰れが生じ、横方向の筋が入る。

共有傷F…半円方形帯で地文の一部が鋳潰れる。

共有傷G…龍像下の半円方形帯の地文の一部が潰れる。

共有傷H…三体区の右外方に位置する半円の頂部に残る突粒状の傷。川西 2004 の傷 g。

共有傷I…獣足から長く密にのびた体毛の中に残る突粒状の傷。川西 2004 の傷 h。

共有傷J…三体区中央立像蓮華座の一部にある突粒状の傷。

共有傷K…紡錘形図文から派生する四足様図形のひとつに残る突粒状の傷。川西 2004 の傷 a。

共有傷L…虎像の脚付近にある突粒状の傷。

共有傷M…共有傷K…画文帯中の獣の首を貫く鋳型の割れによる傷。川西 2004 の傷 b。

共有傷N…半円方形帯で地文の一部が鋳潰れる。川西 2004 の傷 c。

共有傷O…半円方形帯で地文の一部が鋳潰れる。川西 2004 の傷 d。

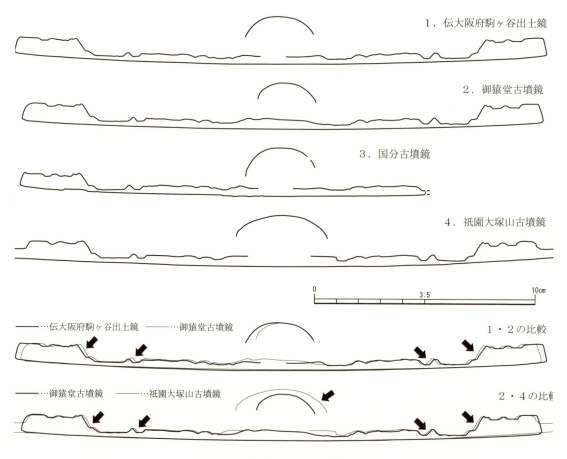

図 191　画文帯仏獣鏡 B の断面比較

共有傷P…共有傷M外方の半円頂面に残る突粒状の傷。川西2004の傷e。

共有傷Q…画文帯中の車駕の屋根の一部が鋳型の剥離によって鋳潰れる。川西2004の傷j。

共有傷A～Pについてはすべての鏡にみられる。だが、共有傷Qについては祇園大塚山古墳鏡および御猿堂古墳鏡にのみ認められる。

鏡1面にのみ限定される固有傷についてみると、祇園大塚山古墳鏡・御猿堂古墳鏡・出土地不明鏡③（古鏡今照所収）には半円方形帯の地文でそれぞれ広い範囲で鋳潰れが認められる。また、伝大阪府駒ヶ谷出土鏡は、内区と外区の境界となる圏線上に固有傷を確認できる。

祇園大塚山古墳鏡・出土地不明鏡②（旧ベルリン民俗博物館所蔵）外区の拡大の鈕孔の修正が知られる事例であるが、祇園大塚山古墳鏡は拡大外区部は無文であるのに対し、出土地不明鏡②（旧ベルリン民俗博物館所蔵）は「唐草様の文様（梅原1931）」もしくは「華文様（辻田2018）」を施す。これらはそれぞれの鏡の固有のものであり、複数の鏡間で共有されていない。

鏡径と断面形状の比較（図191）　鏡径についてみると、外区が拡大された祇園大塚山古墳鏡・出土地不明鏡②（旧ベルリン民俗博物館所蔵）が大型となっている。そのため、単純に鏡径のみで比較するのではなく、拡大された外区を除く箇所の収縮具合に着目することで、それぞれの鏡の関係性を検討することが可能となる。

実見可能な鏡のうち、最も古い世代に位置付けられるのは伝大阪府駒ヶ谷出土鏡である。未実見であるが、出土地不明鏡①（ジェノヴァ博物館所蔵）は伝大阪府駒ヶ谷出土鏡と近しい鏡径を有しており、同世代の鏡に位置付けられる可能性が高い。

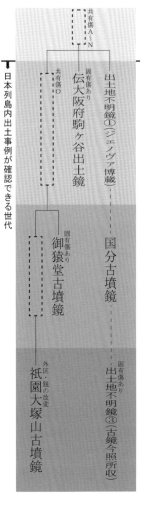

図192　画文帯仏獣鏡Bの世代間関係試案

これに次ぐ世代の鏡としては、御猿堂古墳鏡・国分古墳鏡の2面があり、さらにこれに祇園大塚山古墳鏡が続く。出土地不明鏡③（古鏡今照所収）については、鏡面径が国分古墳鏡よりも小型であるので、祇園大塚山古墳鏡と近しい可能性がある。出土地不明鏡②（旧ベルリン民俗博物館所蔵）については、拓本資料現存しているのみであり、これらとの直接的な比較は難しい。

鈕孔の方向と形態　鈕孔方向については、いずれも60分─30分方向に近い。ただし、出土地不明鏡①（ジェノヴァ博所蔵）は58～59分─28～29分、御猿堂古墳鏡が60分─29分、祇園大塚山古墳鏡が1分─31分、国分古墳鏡が2分─31分、出土地不明鏡②（旧ベルリン民俗博物館所蔵）が54分─24分と、わずかに異なるものも多い。

鈕孔の形態については、基本的に鈕孔2類で統一されている（辻田2018）。祇園大塚山古墳鏡・

出土地不明鏡③（旧ベルリン民俗博物館所蔵）については鈕全体が拡大改変されているにもかかわらず、他のものと鈕孔形態が類似している点は興味深い。

画文帯仏獣鏡Bの世代関係試案（図192）　鏡群でもっとも古い第1世代の鏡として推定されるのが、伝大阪府駒ヶ谷出土鏡・出土地不明鏡①（ジェノヴァ博物館所蔵）である。

つづく第2世代の鏡としては、共有傷Oを有するか否かにより、大きく二つの系列に分かれる。共有傷Oを有する一群のオヤ候補として挙げられるのは、出土地不明鏡①（ジェノヴァ博物館所蔵）である。共有傷Oを有さない一群については、御猿堂古墳鏡が固有傷を有することから、御猿堂古墳鏡を祇園大塚山古墳鏡のオヤとすることはできない。御猿堂古墳鏡のキョウダイとして未知の鏡を推定する必要があることから、御猿堂古墳鏡についても共有傷Oを有するオヤとなる鏡を第1世代の鏡として推定しておかなくてはならない。

共有傷Oを有さない一群に関しては、出土地不明鏡①（ジェノヴァ博物館所蔵）を第1世代とし、第2世代に国分古墳鏡、第3世代に出土地不明鏡③（古鏡今照所収）が続く関係性が推定される。ただし、これらが直接的なオヤコ関係を有するかどうかは明らかではない。

共有傷Oを有する一群としては、先述したように第1世代に未知の鏡が推定される。第2世代には固有傷のある御猿堂古墳鏡と、固有傷を持たない未知の鏡が推定され、この未知の鏡とオヤコ関係となる鏡として祇園大塚山古墳鏡が推定される。

出土地不明鏡②（旧ベルリン民俗博物館所蔵）については拓本資料であり、特に共有傷に関しては不明な点が多い。外区・鈕の拡大を行っている点では、祇園大塚山古墳鏡との関連性が推定されるところであるが、この2面の関係性を判断するための材料については、筆者は持ち合わせていない。

18.　同型鏡群の比較検討からみた副葬品の製作・配布・伝世

これまで各同型鏡群について3Dデータの比較検討を主として検討を行ってきた。同型鏡群の製作工程をみると、原鏡となる鏡から複数の鋳型を作り、その鋳型を使って新たな鏡を製作するという工程が推定されているが、その工程の中で鋳型や鏡に収縮が起こることで各世代の鏡の法量に差異が生じる。その差はわずか数ミリメートル程度であるが、これを手ばかりの実測で行うことは容易ではないし、実測図のズレや誤認が生じる可能性も捨てきれない。そういった意味で、3Dデータを用いた調査研究は、そういった誤差を排除しての分析が可能であり、また第三者による検証・再現も可能である。

ここでは、同型鏡群については共有傷・固有傷・断面形状に着目することで、世代間関係の試案を提示した。これについては川西宏幸・辻田淳一郎のよる分析から得たものが多いが、3Dデータを用いることで従来よりも細かい関係性も朧気ながら見えてきたものと思われる。この関係性を改めてまとめたものが表33となる。表中には存在が推定されるが現状で知られていない「未知の鏡」が多く存在しており、同型鏡群の数は今後も新たに確認される可能性を大いに残している。この点は考慮すべきであるが、ひとまず現状で知られる事例のみの検討において、各鏡を出土した古墳の年代観に着目する。

表33　日本列島で出土同型鏡群の世代間関係試案

鏡種名	第1世代鏡	第2世代鏡	第3世代鏡	第4世代鏡	第5世代鏡
画文帯環状乳神獣鏡A	▲野木神社周辺古墳鏡	持田20号墳鏡	(未知の鏡)	吉備塚古墳鏡 江田船山古墳鏡 迎平6号墳鏡	
	(未知の鏡)	(未知の鏡)	(未知の鏡)	国越古墳鏡 西郷面古墳鏡 山の神古墳鏡	津頭西古墳鏡
画文帯環状乳神獣鏡B	八幡観音塚古墳鏡 波切塚原古墳鏡 台古墳群鏡 埼玉稲荷山古墳鏡 伝福岡県京都郡出土鏡 伝山ノ坊古墳群鏡				
画文帯環状乳神獣鏡C	藤ノ木古墳鏡	(未知の鏡) 出土地不明鏡（京博蔵） 都祁白石古墳鏡 油津古墳鏡	伝山ノ坊古墳群鏡		
画文帯同向式神獣鏡B	(未知の鏡)	狐山古墳鏡 伝持田古墳群鏡 出土地不明鏡（福井県博蔵） 出土地不明			
	大須二子山古墳鏡				
画文帯同向式神獣鏡C	(未知の鏡)	古海原前1号墳鏡			
	新沢千塚109号墳鏡				
	(未知の鏡)	出土地不明鏡（五島美術館蔵） ▲亀山2号墳鏡			
	(未知の鏡)	神前山1号墳鏡② 井田川茶臼山古墳鏡①			
	奥ノ原古墳鏡 江田船山古墳鏡 雀宮牛塚古墳鏡 神前山1号墳鏡① 出土地不明鏡（黒川蔵） 勝福寺古墳鏡 持田25号墳鏡 丸山塚古墳鏡				
	(未知の鏡)	西酒屋高塚古墳鏡 井田川茶臼山古墳鏡② 里古墳鏡 牛文茶臼山古墳鏡 持田24号墳鏡 伝長野県飯田市出土鏡 伝三重県神島出土鏡 出土地不明鏡（奈良博蔵）			
画文帯対置式神獣鏡	(未知の鏡) 金子山古墳鏡 出土地不明鏡（天理参考館蔵） 出土地不明 よせわ1号墳鏡	江田船山古墳鏡			
細線式獣帯鏡A	日隈1号墳鏡				
	勝浦峯ノ畑古墳鏡	今井1号墳鏡 土室石塚古墳鏡			
	(未知の鏡)	(未知の鏡)	伝大安寺古墳鏡 桜塚古墳鏡		
	(未知の鏡)	伝八女市吉田出土鏡			
浮彫式獣帯鏡A	藤ノ木古墳鏡	伝沖ノ島21号遺跡鏡			
	持田1号墳鏡	(未知の鏡)	伝山ノ坊古墳群鏡① 笹原古墳鏡 伝山ノ坊古墳群鏡②		
	(未知の鏡)	沖ノ島21号遺跡鏡	(未知の鏡)	木ノ下古墳鏡 国越古墳鏡 伝持田古墳群鏡	
浮彫式獣帯鏡B	綿貫観音山古墳鏡				
	(未知の鏡)	伝三上山下古墳鏡②			
	伝三上山下古墳鏡①				
	武寧王陵鏡				
画文帯仏獣鏡A	(未知の鏡)	大須二子山古墳鏡 王墓山古墳鏡			
	鶴巻塚古墳鏡				
画文帯仏獣鏡B	出土地不明鏡①（ジェノヴァ博蔵）	国分古墳鏡	出土地不明鏡③（古鏡今照所収）		
	▲伝大阪府駒ヶ谷出土鏡				
	(未知の鏡)	御猿堂古墳鏡			
		未知の鏡	▲祇園大塚山古墳鏡		
神人車馬画象鏡	トヅカ古墳鏡				
	(未知の鏡)	江田船山古墳鏡 伝福岡県京都郡出土鏡			
神人龍虎画象鏡	伝福岡県馬ヶ岳古墳鏡 米山古墳鏡 鏡塚古墳鏡 高井田山古墳鏡				
	(未知の鏡)	築山古墳鏡			
神人歌舞画象鏡	(未知の鏡)	伝長持山古墳鏡 脇袋西塚古墳鏡 トヅカ古墳鏡			
	(未知の鏡)	番塚古墳鏡 伝大阪府八尾市郡川出土鏡 出土地不明鏡②（根津美術館蔵）			
	狛江亀塚古墳鏡 郡川西塚古墳鏡 出土地不明鏡①（根津美術館蔵）				

凡例
ゴシック体表記…6世紀中頃以降出土事例
▲表記…詳細は不明だが、6世紀中頃以降の可能性があるもの

298　第Ⅲ部　札式甲冑の導入・展開期における副葬品群の様相

　鏡を出土した古墳の年代観は、主に他の副葬品群や墳丘出土品などにより決定されることが多い。これにより求められた年代観でみると、これらの鏡は須恵器型式 ON46 型式併行期（川西2004、辻田2018ほか）ないしは TK208 〜 TK23 型式併行期（加藤2014・2020、岩本2021）に日本列島内にもたらされたもので、副葬時のピークは世紀末〜6世紀初頭頃とみられている。

　同型鏡群の製作　同型鏡群は中国南朝で製作されたものであり、鏡「群」として日本列島内にもたらされたものとされる。この根拠となるのが同型鏡群を跨いで認められる鈕孔形態の統一性である。鏡を踏み返す場合、内区・外区の文様は鋳型に転写されることになるが、鈕孔については鋳型1点1点につき個別に設置する必要がある。同型鏡群内では辻田が述べたように高い共通性が見いだせるわけであるが、古墳時代中・後期における倭製鏡にみられる鈕孔形態は林正憲・加藤一郎らによる研究から、方形鈕孔を基本とする点が指摘されている（林2002・加藤2014）。このため、同型鏡群と古墳時代中期後半以降の倭製鏡は製作地が異なると理解される。

　また、川西宏幸は、原鏡の候補となる鏡が日本列島内で出土していないのに対し、中国より原鏡の候補が出土していることに着目し、中国内での踏み返しを推定している（川西2004）。

　従来の研究史上においても既に同型鏡群の世代間関係が検討されてきたことは周知のとおりであるが、もし同型鏡群が古墳被葬者個人が大陸との関係を得て入手した製品群であったならば、本章で挙げたように同型鏡群を体系的に整理を進めていくことは難しいだろう。そういった側面からも、同型鏡群は大枠として一括製作・一括入手による品々であったと考えてよいだろう。これに研究史上で着目された点を加味すると、同型鏡群入手の背景には倭の五王の存在（小林行1961・1962、川西2004、辻田2018他多数）をみることは妥当と言える。

　ただし、その中の一部の製品についてはやや疑問が生じる資料も存在する。写真23には上段に同型鏡のうち画文帯仏獣鏡2面、下段には倭製鏡2面の鈕孔の写真をそれぞれ示した。このうち上段についてみると、伝大阪府駒ヶ谷出土鏡は、横長の楕円形鈕孔を呈しており、やはり倭製鏡の鈕孔とは異なっている。しかし、祇園大塚山古墳鏡については、方形の鈕孔を呈しており、下段の倭製鏡の特徴であった方形鈕孔と酷似する。

　祇園大塚山古墳鏡については、先に挙げたように、鈕の拡大と外区拡大が行われた改変事例であることが知られているが、鈕孔の形状に示されているように倭で踏み返しが行われた可能性は考えられないだろうか。

　同型鏡群のうち他にも外区の拡大事例（画文帯同向式神獣鏡Ｂ、画文帯対置式神獣鏡）などはあるが、これらの場合鈕孔は楕円形・円形鈕孔が目立っており、倭製鏡の鈕孔とは一線を画する。この点からみても、同型鏡群内において祇園大塚山古墳鏡の鈕孔は異質といえる。すべての改変事例が日本列島内で行われたわけではないのだろうが、その一部については日本列島で行われた可能性も捨てきれない。過去にも同型鏡群の一部が倭の中で踏み返しされていた可能性は考えられており（田中琢1979、粉川・清水康1991、河上2005）、祇園大塚山古墳鏡はその可能性を示唆するものと考えておきたい。

　同型鏡群の配布と保有　それでは、日本列島内にもたらされた同型鏡群は、どのようにして日本

第 11 章　同型鏡群の比較検討からみた副葬品の製作・入手・伝世　299

伝大阪府駒ヶ谷出土鏡（画文帯仏獣鏡B）

祇園大塚山古墳鏡（画文帯仏獣鏡B）

持田25号墳鏡（四獣鏡）

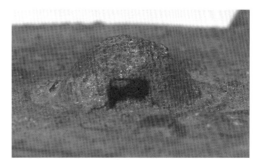
和田山1号墳鏡（鈴付乳脚文鏡）

写真23　同型鏡群と倭製鏡の鈕孔

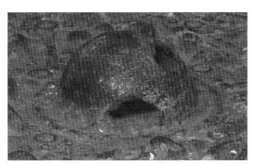
大須二子山古墳鏡（画文帯同向式神獣鏡B、外区三角縁付与）

出土地不明鏡（画文帯同向式神獣鏡B、外区三角縁付与）

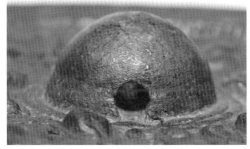
よせわ1号墳鏡（画文帯対置式神獣鏡、外区三角縁付与）

天理参考館蔵鏡（画文帯対置式神獣鏡、外区拡大）

写真24　同型鏡における改変事例の鈕孔の一例

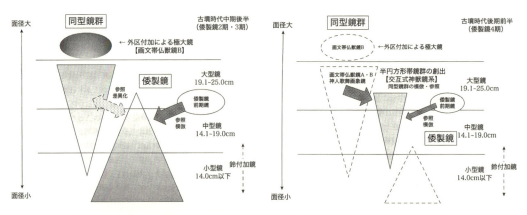

図193　辻田淳一郎による古墳時代中期末（左）～後期初頭（右）の鏡秩序概念図

図194　面径に基づく同型鏡群の序列

列島内で流通し、保有されたのであろうか。

　同型鏡出土古墳のうち、出土地不明もしくは共伴遺物不明の事例は半数近くを占める。そのため、統計的にはかなり不安定な状況にあることには違いないが、その中で垣間見える状況について、ここで取り上げて検討したい。

　同型鏡群については、鏡種を跨いで鏡径による序列化が検討されているところである（上野2004、辻田2018）。古墳時代中～後期においては、同型鏡群は相対的に大型鏡もしくは中型鏡に位置しており、小型倭製鏡などに対して優位であったと理解される（辻田2018、図193・194）。一定の階層の者もしくは一定の功績のあった者へ、相応の鏡が配布されたものなのだろう。

　古墳時代中期では、これと似た性格をもつ遺物として甲冑の存在が知られる。甲冑の中でも特に帯金式・打延式甲冑においては、古墳時代前期の三角縁神獣鏡がそうであったように、日本列島内での画一性・広域性・一括性・細分安定性に基づき、古墳時代中期における副葬品編年の中軸をも担うことができる遺物として扱うことができる（岩本2020、阪口2017）。

　この甲冑については、胴甲のみを副葬する場合と冑や頸甲・襟甲・籠手・臑当・膝甲・草摺などの付属具を伴う場合、または複数の甲冑（セット）を副葬する場合とがあり、これらも鏡と同じく古墳被葬者に相応の甲冑が与えられたのであろう。野中古墳や黒姫山古墳などでは、付属具を伴う甲冑セットを複数副葬した古墳に対して「政権中枢にあって甲冑生産・配布を管掌した主体者（橋本2014d）」と表現されるなど、甲冑のセット関係と副葬数によって優劣が存在することも認識され

ている。

　この鏡と甲冑に関してみれば、相関関係が認められる点は重要視できる。すなわち、板甲のみを副葬する古墳では小型鏡が共伴する事例も多く認められるが、稀少な甲冑を副葬する古墳もしくは付属具を伴う甲冑セットを副葬する古墳からは中型～大型鏡の出土が目立つ。この中型・大型鏡には同型鏡群も含まれており、表象として大きな役割を果たしたものと思われる。しかし、すべての資料がこの関係性に合致するわけではない。福岡県稲童21号墳や宮崎県下北方5号地下式横穴墓などは帯金式甲冑を主体とした甲冑セットを副葬するにもかかわらず、共伴鏡は小型倭製鏡であった。また、古墳時代中期で傑出した付属具を伴う札式甲冑セットが出土した愛知県志段味大塚古墳においても、共伴した鏡は鈴付の小型鏡であった。逆に、同型鏡群出土古墳の中でも甲冑を出土がない事例が多く存在することも挙げておかなくてはならない。

　こうした現象は、副葬品が功績等により入手した品々の集合体であるか、もしくは副葬品を入手する背景が品目により異なっていたことを示しているように思われる。副葬品の階層性については単一のピラミッド状の階層性により図示されがちであるが、そう単純なものでもないのだろう。出自・階層・功績などを背景として集積された品々が、現在私たちが目にすることのできる副葬品群なのであるから、ピラミッドが重複する階層性の中で人々が息づいていたものと考えたい。

　伝世鏡とその保有主体　同型鏡群の配布時期については、古墳の副葬時期からするとピークは5世紀後葉から6世紀初頭頃に存在する。だが、同型鏡群の中には6世紀中頃から6世紀後葉頃の古墳から出土する事例もある。副葬のピークから考えると、最大1世紀程度の間、鏡が伝世したものと推測される。

　具体的な事例を挙げると、以下の事例が該当する。

・藤ノ木古墳出土鏡（画文帯環状乳神獣鏡C・浮彫式獣帯鏡A）

・綿貫観音山古墳出土鏡（浮彫式獣帯鏡B）

・八幡観音塚古墳出土鏡（画文帯環状乳神獣鏡B）

・丸山塚古墳鏡（画文帯同向式神獣鏡C）

・井田川茶臼山古墳鏡（画文帯同向式神獣鏡C）

・亀山2号墳鏡（画文帯同向式神獣鏡C）

・鶴巻塚古墳出土鏡（画文帯仏獣鏡A）

・王墓山古墳鏡（画文帯仏獣鏡A）

　伝世鏡については、研究史上で既に検討されているように、鏡の製作時期と副葬古墳年代が大きく乖離した事例を示すもので、長期保有が指摘されるものである。古くは梅原末治・小林行雄らによって検討がなされてきた（梅原1933、小林1955）。

　森下章司は地域首長墓系列の古墳より出土する鏡群について、副葬状況を整理することで、保有の主体が地域集団にあることを示した（森下1998）。この指摘は下垣仁志・上野祥史らによりさらに議論が深められている（下垣2011、上野2012ab）。

　一方で、鏡の長期保有の主体を配布主体側にあるとする見解もなされている。田中晋作は、帯金

式甲冑と三角縁神獣鏡が共伴する事例から、両者の管理が中央政権によりなされていたことを述べた（田中 1993・2009）。同型鏡群については、川西宏幸により隅田八幡神社の「癸未年」銘鏡が同型鏡群を模倣したとみるて、製作主体側での同型鏡群の伝世の可能性を示した。ただし、川西は、同型鏡群の配布は6世紀初頭頃までにはほぼ終了し、在庫が尽きかかっていたとする見解をとっており、中央での伝世を推定するにしても一部に限るようである（川西 2004）。辻田淳一郎は、藤ノ木古墳より出土した同型鏡群の存在から、王族による同型鏡群の管理の可能性を示した（辻田 2012）。岩本崇・加藤一郎は、古相の鏡を模倣した後期倭鏡の存在から、模倣対象鏡は後期倭鏡製作段階まで保有されていた蓋然性が高く、その保有主体は倭王権であったとみる（岩本 2017・加藤 2020）。

　これまでは製作後まもなく配布され、各地域で伝世していたと考えられることが多かったが、近年では製作主体・中央での伝世したとする見解も多く認められる状況である。

　これらについて、本章で検討を行ってきた世代関係に基づき、検討を行ってみたい。

　先に挙げた伝世鏡の事例は、世代間関係の図の中でみると「日本列島出土事例の中で第1世代の鏡に位置付けられる事例」が多いという特徴がある。第1世代の鏡は、その鏡群の中で最も文様も鮮明であり、かつ面径も収縮していない。その「第1世代の鏡が伝世する事例」が多いという共通点は、鏡が各々の地方でに配布された後に起こり得る現象なのだろうか。こういった状況は、通常であれば不自然であると言わざるを得ない。同型鏡群が配布された後に各地で伝世しているとするならば、副葬時期は各地域の事情に因るところとなるので、一定の法則に基づかない方が自然と言える。そのため、この「日本列島出土事例の中で第1世代に位置付けられる鏡」に長期伝世事例が集中するという点には、何らかのメカニズムが働いていると言わざるを得ない。

　これについて、もっとも自然に理解できるのは、どのような状態であろうか。

　製作・管理主体たる中央で鏡が伝世したとすればどのように理解できるだろうか。この場合、各鏡群の第1世代のうち1枚を中央に保管し、それ以外を選択的に地方に配布したものとする。そして、ある時期に中央に残された第1世代の鏡1枚を配布する。このように考えれば、遠隔地を跨いで同様の現象が起こり得る者と考えられ、説明もしやすい。

　地方において鏡が伝世する場合はどうだろうか。例えば、各地方間が情報のやり取りを行っており、示し合わせて第1世代の鏡を同じタイミングで副葬する。もしくは第1世代の鏡について、地方へ配布する際に長期伝世するように申しつけておき、時期がきたら副葬する。これらの場合であれば各地方間もしくは中央・地方間の情報共有がなされていれば「第1世代の鏡が伝世する事例」が多いことも説明することができる。しかし、情報の伝達が1世紀を跨いで語り継ぐことができるか、もしくは遠隔地間で情報共有が可能なのだろうか。

　近年の鏡研究においては、中央での伝世が述べられているところであることは先述したが、その中には鏡を製作する側において鏡の伝世がなければ説明できない事項も含まれる。この状況下において、先の「第1世代の鏡が伝世する事例」が多いことを説明しやすいのはやはり中央での鏡の伝世ではないだろうか。

　この最後の1枚の鏡を配布する時期については、鏡種により異なるようである。画文帯同向式神

獣鏡Bについては、古墳築造年代を押さえられる事例は少ないが、現状で世代の古い大須二子山古墳は6世紀初頭頃の年代とみられる。先に掲げた伝世鏡出土古墳よりは明らかに年代が古い。ただし、この画文帯同向式神獣鏡Bについても、年代差こそあるが配布のメカニズム自体は他の鏡種と共通している。

また、浮彫式獣帯鏡Bは、武寧王陵鏡を初現とし、6世紀中頃の伝三上山下古墳鏡、6世紀後葉の綿貫観音山古墳鏡で構成されており、5世紀代の副葬事例は現在確認できない。同型鏡群副葬のピークは5世紀後葉〜6世紀初頭頃に求められるのは事実であるとしても、各鏡の副葬のタイミングは、若干のずれが存在する鏡種も存在するのであろう。

以上の点に基づき、筆者は日本列島内出土の同型鏡のうち第1世代の鏡の一部については、中央において伝世が行われていた可能性が高い点を考えておきたい。画文帯環状乳神獣鏡Aや画文帯同向式神獣鏡Cについては、古墳年代が不明な事例も多く検討が難しい点も残るが、可能性が完全に否定されるものではないだろう。先学でも既に述べられている指摘と併せて、筆者は中央における鏡の伝世が存在したとする立場を採りたい。

ただし、筆者は、同型鏡群のすべての鏡について、地方での伝世を否定する立場は取らない。上記の「第1世代の鏡が伝世する」という法則には該当しない事例が存在するからである。画文帯同向式神獣鏡Cの第4世代鏡を出土した愛知県亀山2号墳は、副葬品が開発に伴う不時発見されたものであるため明確な出土状況・共伴遺物が知られているわけではないが、幅広の倭装大刀および両関の鉄刀の存在が知られる。この大刀の年代観については、概ね6世紀後葉頃とみられ、従来考えられてきた5世紀末頃とする年代観からは大きく下る可能性がある。また、画文帯仏獣鏡Aについて、第1世代の鶴巻塚古墳鏡と第2世代の王墓山古墳鏡はそれぞれ6世紀末〜7世紀初頭頃の年代が与えられる。同鏡群には6世紀初頭頃の大須二子山古墳鏡も含まれているため、鶴巻塚古墳鏡・王墓山古墳鏡の2面に対してみると明らかな伝世鏡である。ただし、上記の先の「第1世代鏡の限られた1枚のみの中央での伝世」とした定義からみれば、鶴巻塚古墳鏡は該当するが、王墓山古墳鏡についてはこの限りではない。これについては、筆者は中央・地方のどちらで伝世が行われたか判断する材料が筆者にはない。

画文帯同向式神獣鏡Bについては、第1世代の大須二子山古墳が6世紀初頭、第2世代の狐山古墳等が5世紀後葉頃と見られている。他の伝世鏡の事例と比べると大きな年代幅を持たない事例とも言える。このように、長期伝世せず、短期間に副葬が終了した鏡種が存在した可能性がある点も併せて明記しておきたい。

副葬されなかった鏡？　本章では、同型鏡のうち複数面の鏡が出土している事例を挙げた。その数は相当数に及んだ。その中で各鏡の世代間関係図を検討・作成したわけであるが、その中で、一度も登場することがなかった鏡が存在する。それは、オヤとなる鏡である。同型技法において製作される鏡のコとなる鏡は多数確認される一方、それよりも古い世代の鏡で、完全に傷の一致するオヤ（固有傷を有さないオヤ）は1面も登場していないのである。川西宏幸による検討の中では一部の鏡群でオヤコ関係の可能性を持つ一群が存在したが、少なくとも倭にもたらされた鏡群の中から、

明確なオヤとなった鏡を抽出することはできなかった。

オヤとなった鏡（オヤ鏡）が存在しなければ、そのコピーとなるコとなる鏡（コ鏡）を製作することはできない。もしオヤ鏡とコ鏡のすべてが副葬に供され、その中から無作為に抽出したとするならば、統計的にみてもオヤ鏡が含まれる可能性は高い。しかし、今回そのオヤ鏡を1面も確認することはできなかった。そのため、オヤ鏡に対してなんらかの作為が働いていた可能性は高いと思われる。その作為とは、『オヤ鏡が副葬品には含まれていない』ものである。オヤ鏡は、コ鏡を生み出すために使われた、ある特別な意味を有する鏡である。そのため、特別な扱いを受けた可能性は十分に考えられるところである。

これを解釈するならば、以下の3点が考えられる。

①同型鏡群の製作がすべて大陸で行われていたならば、オヤ鏡は倭にもたらされていなかった可能性がある。

②同型鏡群の製作が大陸で行われオヤ鏡も倭にもたらされていたならば、オヤ鏡は選択的に副葬の対象、すなわち各地への配布対象から外された可能性がある。

③画文帯仏獣鏡Bの祇園大塚山古墳鏡が倭の中で踏み返しされた鏡であったならば、オヤ鏡の一部は倭の中で保管され続けていた可能性がある。

現状では①の可能性は高いと思われるが、画文帯仏獣鏡Bの祇園大塚山古墳鏡の位置づけ次第では③の可能性も完全には排除できない。今後の新出資料も合わせて検討を要するところである。

19. 小結

実見と3Dデータを用いて同型鏡群の比較検討を進めてきた。ここでは3Dデータでの比較を主眼としたため、辻田が設定した同型鏡群の鏡種の中で1枚のみで構成される鏡種および実見不可の資料については取り上げることができなかった。

しかし、検討を行った鏡種においては悉皆的に調査を実施した結果、研究史上考えられてきた以上に世代間関係が明瞭となったことに加え、伝世鏡について一定の副葬パターンに基づいて中央での伝世の可能性を提示した。研究史上の近年の見解と同型鏡群の世代間関係に見られた副葬パターンから、同型鏡の中央における副葬品製作・保有のあり方を示したものであるが、このような特徴は他の副葬品では見出すことが難しいかもしれない。鏡がもつ特性といえよう。

ここで使用した3D計測機器については、個人レベルで使用可能な機器を用いたが、そうした機器においても共有傷の抽出や客観的断面図の作成が可能であった。現在は写真測量の方が手法としてより浸透しているが、調査現場で取得データを見ながら3Dデータを作っていくという点では3D計測機器は安心感がある。広くこうした手法が進展していくことにより、第3者による追認・検証も可能となってくるものと思われる。こうした新しい手法が広く浸透し、調査手法に選択肢が生まれることは良いことであると思われる。ここでの調査データの公表は限られたものではあるが、こうした広がりに寄与できるのであれば幸いである。

第12章　鈴付銅器の変遷と用途

1．はじめに

　古墳時代中期後葉頃より鈴を伴う鏡や馬具が数多くみられるようになるが、それらと併せて釧に鈴が取りつく、「鈴釧」も認められる。この鈴釧の中には、環状の釧に鈴が付けられたものと、貝輪をモデルとしたとされる基部に鈴が取りつけられたものとが存在する。前者が比較的数が認められるのに対し、後者はこれまで数例程度が確認されているのみで稀少な事例と言える。ただし、その後者を副葬する古墳については、傑出した副葬品をもつものが認められるようである。さらに、その副葬古墳の時期はきわめて限定的であり、限られた時間の中で製作された品々と捉えられる。

　筆者は、幸いなことに、この貝輪をモデルとした鈴釧について、実見可能なものすべてについて実見し、３Ｄデータの取得もしくは提供をいただくことができた。本稿ではこれらの３Ｄデータの提示と併せて、製作技法、構造からみた変遷過程、用途等について検討を加える。

　なお、本稿ではこの鈴釧について、その用途を検討する目的から、鈴「釧」と断定することは避けたい。以下では鈴付銅器と呼称する。

2．鈴付銅器の研究史

　この鈴付銅器については、古くは高橋健自（高橋1920）、西郷藤八（西郷1925）、斎藤忠（斎藤1963）らにより言及・報告がなされていたが、集成や検討は大川磨希・大谷宏治・渡辺みどりによりなされている（大川1999、大谷1999、渡辺2001）。現在では、9例が知られ、これらについて、形状や出土状況、用途について検討がなされてきた。

　近年では、加藤一郎による研究がある（加藤2018・2021）。加藤は、鈴鏡の変遷を参考に、鈴付銅器の鈴の断面形が縦長の楕円形→ほぼ正円形となる変化を想定する。これに基づくと、基部形状の高さが高いもの→低いものへとなる変化がみられるという。さらに加藤は、その鈴付銅器の保有者について、水上交通の要所地の人物への副葬が想定されるとし、いずれも雄略朝期に認められるものとした。

　出土地域にみると、茨城県1例、埼玉県2例、静岡県1例、山梨県1例、石川県1例、愛知県1例、大阪府1例、福岡県1例といった具合であり、関東に集中する傾向がみられる。渡辺は畿内での出土が認められない点を挙に注目している（渡辺2001）が、伝大阪府古市出土の鈴付銅器があり、少なからずその意味を検討する必要がある。

3. 鈴付銅器の部分名称と諸例

　鈴付銅器は、「ハ」の字形の裾開きになる立体的な基部とそれに取り付いた複数の鈴部よりなる。これまで各部位の詳細な部分名称がなかったことから、便宜上図195の名称で呼称する。

　基部は、正面に向かってすぼまっていき、平面形では水滴形を呈する。基部上端には凸部がある個体などがあり、特徴的な形状を呈する。

　基部下端には複数の鈴が取りつく形状となるが、鈴の数は遺物によって異なる。

　それでは、これらの名称に基づき、各資料の出土古墳の概略と鈴付銅器の形状をみていく。

　茨城県上野古墳　墳丘は既に失われており、畑地の耕作中に偶然地下から発見された石棺内より多くの遺物が出土した。箱式石棺内部に納められていた副葬品は、記録が取られる以前に石棺内から取り出されてしまったため詳細な情報は不明であるが、鈴付銅器は被葬者の頭部周辺より出土したとされる。

　鈴付銅器は基部が長径157mm、短径133mm、高さ70mmで、基部上端は帯状の凸部をもつ。基部正面の突出は弱く、稜線もかなりにぶい。この基部正面の突出部にのみ、表面裏面ともに幅6mmの紐状の有機質が面的に遺存している。この有機質で正面凸部を強調したのだろうか。基部下端では面取りを2回行っている。

　基部下端には12個の鈴が取りつく。鈴は直径27mm、高さ30mmで、他の事例に比べて鈴が大型であり、側面からみると縦方向に間延びしているように見受けられる。

　埼玉県諏訪山1号墳　墳形は、東西16m、南北19m、高さ4mの円墳である。埋葬施設は2基の粘土槨であり、このうち2号槨より鈴付銅器が裏面を上にし大刀・鉄鏃と接するようにして出土した。また、内湾楕円形鏡板付轡・鉸具・板状辻金具・金銅製歩揺の出土も知られる。鉄鏃に混じって両頭金具と思われる破片があり、弓も副葬されていた可能性がある。

　鈴付銅器は、基部が長径131.5mm、短径109mm、高さ39.5mm。基部上端の中央部がわずかに突出している。基部正面の突出は弱く、稜線もかなりにぶいように見受けられる。

　鈴は12個の鈴が取りつく。鈴は直径19mm。鈴が1つ破損しているが、この内部をみると鈴を別鋳し接合したような痕跡は見当たらない。基部と鈴部を一体鋳造したものであると考えられる。

　伝埼玉県大里郡岡部　東京国立博物館に所蔵されている資料である。馬鐸とともに購入された資料であるが、出土古墳や共伴遺物などについては不明である。

　鈴付銅器は基部が長径153mm、短径110mm、高さ38.5mm。基部上端の中央部がわずかに突出している。

　基部下端には10個の鈴が取りつく。鈴は直径22〜23mm。鈴部表面や基

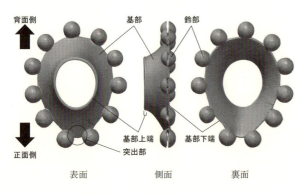

図195　鈴付銅器の部分名称

第12章　鈴付銅器の変遷と用途　307

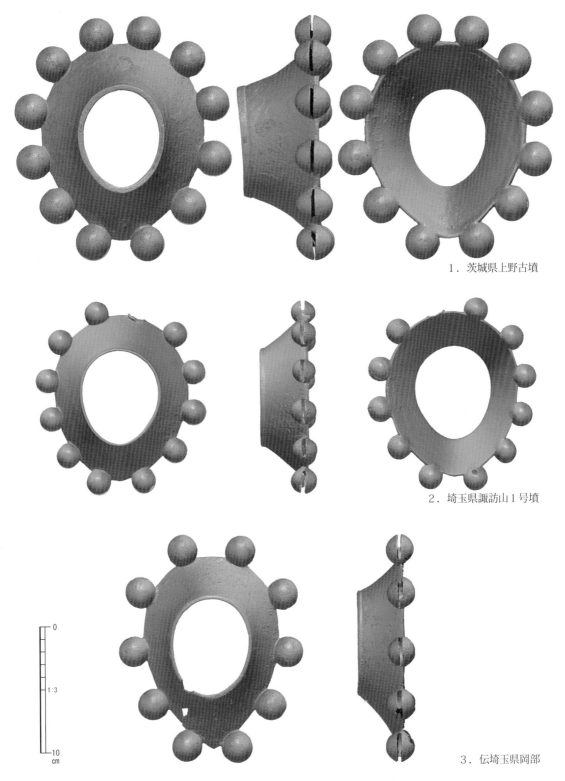

1．茨城県上野古墳

2．埼玉県諏訪山1号墳

3．伝埼玉県岡部

図196　鈴付銅器各種1

308　第Ⅲ部　札式甲冑の導入・展開期における副葬品群の様相

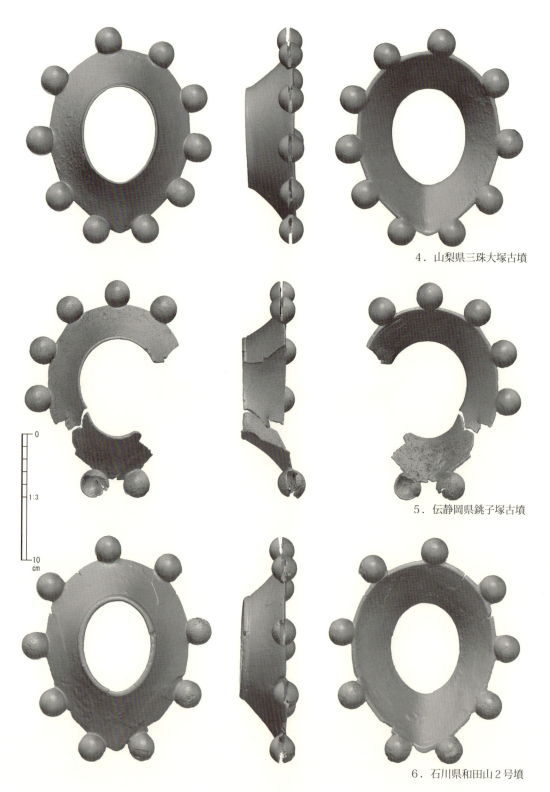

4．山梨県三珠大塚古墳

5．伝静岡県銚子塚古墳

6．石川県和田山2号墳

図197　鈴付銅器各種2

第 12 章　鈴付銅器の変遷と用途　309

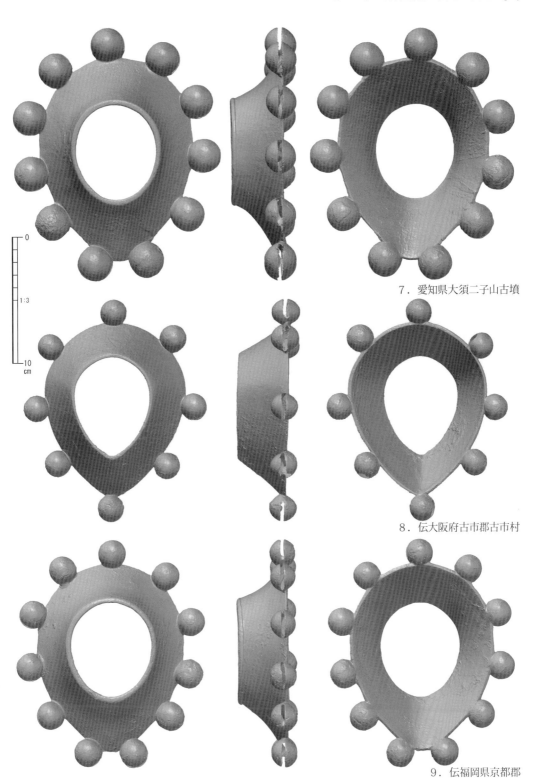

7．愛知県大須二子山古墳

8．伝大阪府古市郡古市村

9．伝福岡県京都郡

図 198　鈴付銅器各種 3

部内面に布の痕跡を認めうるが、全体を通して明瞭に遺存しているわけではない。

山梨県三珠大塚古墳　墳形は帆立貝形古墳で、墳丘は全長46m。鈴付銅器の正確な出土位置は不明であるが、墳頂部中央部付近より他の副葬品とともに掘り出されたようである。

鈴付銅器は基部が長径146.5mm、短径116mm、高さ40mm。基部上端には突出部がなく、基部の立ち上がりも直線的である。基部正面の突出は弱く、稜線もかなりにぶいように見受けられる。

基部下端には10個の鈴が取りつく。鈴は直径22mm。左右対称は意識されていないようで、左右で大きく鈴の間隔が異なっている。

伝静岡県銚子塚古墳　静岡県磐田市銚子塚古墳の周辺より出土したとされる資料であるが、出土古墳は厳密には確定されていない。

基部は長径132mm、短径は欠損のため不明、高さ36mm。基部上端の凸部は中央部がわずかに突出している。基部正面の突出は弱く、稜線もかなりにぶいように見受けられる。

基部下端には鈴が11個取りつく。鈴は直径21mm。

石川県和田山２号墳　墳形は直径20m強、高さ４mと推定される円墳である。鈴付銅器は埋葬施設内の被葬者頭部付近より、四神四獣鏡と鈴付銅器が重なって出土した。鈴付銅器は表側を上、鏡は鏡面を上にし、鈴付銅器の上に鏡が重なった状態であった。

鈴付銅器は基部が長径152.5mm、短径117.5mm、高さ35mm。基部上端の中央部はわずかに突出している。

基部下端には左右対称性が意識されたように９個の鈴が取りつく。鈴は直径22mm。

現状で錆の上から研磨された痕跡があるため、出土後に表面が全体的に錆取り・研磨されているものと思われる。そのため、鈴付銅器の表面・裏面ともに良好な有機質の遺存は認められなかったが、わずかに遺存する粒状の有機質痕跡と思われるものがあった。これは供出した四神四獣鏡にも認められるものであり、これを有機質痕跡として認めうるのであれば、鈴付銅器と四神四獣鏡が同一の有機質で包まれていた可能性も想定することができる。

愛知県大須二子山古墳　古くより墳丘の改変が行われ、戦後の大須球場のスタンド改築工事の際に副葬品が出土した。埋葬施設等の記録はなく、聞き取りによる情報が残る程度で、墳丘の規模や副葬品の全容・出土状況等は不明である。詳細は本書第６章参照。

基部は長径162mm、短径125.5mm、高さ42.5mm。基部上端は中央部が突出している。

基部下端には11個の鈴が取りつく。鈴は直径27mmと他資料と比較して大型である。

内面には布が鈴部を避けるように放射状に遺存している。この布は、装着装具であるのかどうかは不明だが、用途や外観を考える上で重要視できる。ただし、鈴の一部にも布の付着が認められる。糸の太さから考えれば、先の布とは異なるようにも思われる。

伝大阪府古市郡古市村出土　『東京人類学会報告』で神田孝平により報告されたもの（神田1887）で、現在は白鶴美術館に所蔵されている。大阪府古市郡古市村の小墳より出土したとされるが、詳細は不明である。高橋健自が河内国南河内郡古市出土品とした事例（高橋1920）及び斎藤忠が大阪府南河内郡美陵町出土品とした事例（斎藤1963）がこれに当たるだろうか。

基部は長径 138mm、短径 114.5mm、高さ 41mm。基部上端に凸部がなく、基部の立ち上がりも直線的である。

基部下端には鈴が8個取りつくが、基部先端に鈴を取り付けるのはこれのみである。鈴は直径21mm。

裏面を中心に布の付着が認められる。ただし、大須二子山古墳例のように布が鈴を避けるような動きは見られない。一部の布は、鈴にも被っている。

伝福岡県京都郡出土　福島コレクションとして九州国立博物館に所蔵されている。福岡県京都郡出土とされる。鈴付銅器とともに三環鈴・鈴杏葉が同じ木板に取り付けられて保管されていたとのことであるが、共伴遺物かどうかは断定できない。前出の高橋による豊前出土品（高橋1920）及び斎藤による福岡県行橋市大字竹並横穴出土品（斎藤1963）がこれに該当するのだろうか。

基部は長径 153mm、短径 121mm、高さ 42mm。基部上端は中央部がわずかに突出している。

基部下端には左右対称性が意識されたように11個の鈴が取りつく。鈴は直径 22mm。

裏面には布目の細かい布が面的に遺存している。伝大阪府出土例のように鈴の有無にかかわらず布が面的に広がる。その布の一部は鈴にも被る。

4．鈴付銅器の諸属性と変遷

これら鈴付銅器は、鈴鏡のように鈴を好んだ結果生じたものとみられ（高橋1911）、元来は鈴のない基部のみの形状であるものと考えられる。その背景には、鈴付の馬具や鈴鏡などの製作の盛行に裏付けられた鋳造技術の向上が存在したように思われる。

これらについては、形状や鈴の数なども思った以上に多彩で、個体毎の差異が大きい。これらの編年については、基部側面形や鈴の形状といった変遷過程の検討がなされているが、これらの背景にあるのは共伴遺物からの検討（大谷1999）や後期倭鏡による鈴の断面形状の変遷（加藤2014）であり、鈴付銅器自体に基づいたものとは言い難い。ここでは鈴付銅器の形状に着目し、検討を行う。

基部の平面形状と鈴の数　鈴付銅器の基部は、先端部が突出する水滴状とでもいうべき形状を呈することを特徴とする。また、前面には緩やかながら稜線をもつ。こうした点は、鈴付銅器のモデルの形状を反映しているものと思われる。

こうした基部の形状は、先端の突出部を除き、大きく曲面で構成される。この形状は、鈴の数が少ない伝大阪府出土例や和田山2号墳例で顕著にみられるが、鈴の数が多くなると基部の形状が曖昧になり、直線的なラインで構成されるようになっていく傾向がある。図199は、鈴と鈴の間にみえる基部のラインに直線を補ったものであるが、伝大阪府出土例・和田山2号墳例では基部の曲線が直線よりも外側に突出しており基部の形状がしっかりと作り出されている。三珠大塚古墳例などになると曲線がわずかに認められるものの概ね直線化しており、その他の事例ではいずれも直線化していることが見て取れる。

鈴の数が増えることにより、鈴と鈴の間にみえる基部のラインが短くなるため、多角形化して外形ラインが直線的になっていく。鈴の数の増加に伴う基部のラインの直線化はモデルとなった製品

1．伝大阪府出土　2．石川県和田山2号墳　3．山梨県三珠大塚古墳
4．伝福岡県京都郡出土　5．埼玉県諏訪山1号墳出土　6．愛知県大須二子山古墳

図199　基部外形の形状比較

の形状から逸脱していくことにつながる。モデルからの形状の逸脱が型式学的変化として捉えられるのであれば、概ね鈴の数の少ないものから多いものへ変化してくとみてよいだろう。

鈴の大きさ　一方で、鈴の大きさについてもわずかであるが各個体において差異が認められる。その中でもほとんどの事例は19〜23mm前後に落ち着く。しかし、大須二子山古墳・上野古墳の2例のみ大型の鈴で平面形で直径27mm程度となっている。さらに上野古墳の鈴は高さ30mmとなっており、平面形による径の拡大から高さ方向の拡大へとつながるものと思われる。鈴の大型化は鈴の数が同じであっても印象が大きく異なるように見え、鈴の数と同様に編年の指標とできよう。

鈴の食い込み　鈴付銅器は、先に掲げたように基部のモデルとなった製品が存在し、それに鈴が付与されたものとみてよいだろう。鈴付銅器の裏面にみえる底面ラインが鈴が取りつく部分にも丁寧に作り出されているものがある点は、この点を裏付ける。だが、鈴が内部に食い込み、鈴部が基部底面ラインを完全に切るものや、内面に鈴の曲面が突出するものも存在する。これは、次第に基部と鈴部を区別するという意識が失われ、次第に鈴が基部に食い込むようになったものと思われる。

基部への鈴の食い込み具合については、図200のように①浅い・②深い・③突出という三段階

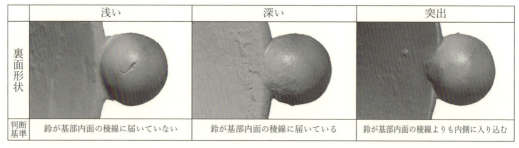

図200　鈴の食い込み具合の分類

で評価でき、①が古く、③が新しいと考えたい。鈴付銅器一個体の中で複数の段階が併存する場合があるが、製作時に意識されている属性とみられるので、新しい段階のものに着目する。

このようにみると、伝大阪府出土例と和田山2号墳例においては、鈴の食い込みが浅く、基部と鈴部を分ける意識があるようである。上野古墳例・諏訪山1号墳例・大須二子山古墳例については、鈴が基部の輪郭に干渉するほど入り込んで突出している。

基部上端の形状　鈴付銅器の大半の事例は基部上端に凸部をもつ。この部分はオーバーハングしているため、鋳型の抜け勾配を確保することができなくなる。この口縁部の凸部が鋳造後の研磨により作り出されていないとするならば、この凸部は鋳型に刻まれていることとなるので、製品取り出し時に鋳型を壊す必要がある。つまり、他の鈴付銅器製作へ鋳型を流用することはできないことになる。鈴付銅器全体をみると、基部の法量や鈴の位置・数が同一のものがなく、また基部形状がいずれも異なることから、基本的には鋳型の流用はなかったものと考えることができる。

この口縁部の凸部のないものとしては伝大阪府例と山梨県三珠大塚古墳例が該当し、この2例以外はすべて凸部を有している。大部分は口縁部が半円形に膨らむ形状を呈するが、上野古墳のみ方形の突帯状の口縁となる。

鈴付銅器のモデルとなったものがどういった形状を呈していたかに拠るところは大きいが、これまで言われているようにモデルとみられる貝輪や、群馬県白石稲荷山古墳出土滑石製釧などではこのような基部上端の凸部は持たないため、凸部なしから凸部ありへ変化した可能性を想定しておきたい。

基部の断面形状　基部の断面形をみる限り、すべての鈴付銅器は底部から上部に向かって台形状になる。この立ち上がりのラインが直線形をなすものと曲線形をなすものとがある（図201）。直線形の断面をもつものとして、基部上端に凸部をもたない伝大阪府出土例や諏訪山1号墳例が該当す

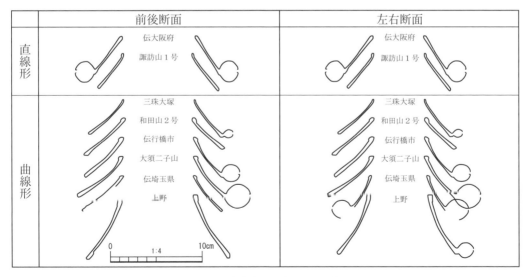

図201　基部断面形状による分類

る。それ以外の事例についてはいずれも曲線的なラインをなす基部をもっており、こちらが数的には主流と言える。両者の基部形状をみても明確な作り分けを行っているようで、系譜の違いとして認識することが可能であるように思われる。ただし、直線的に立ち上がる一群として認識可能な伝大阪府出土例と諏訪山１号墳例については、先にみてきたように時期的に差があるように思われ、直接的には連続しない。未知の資料がこの間を埋める可能性も捨てきれない。

　曲線形の断面をもつ資料としては６例が該当する。基本的には全体的に類似した形状をなしているが、上野古墳のもののみ極端に基部高が高いため、断面の角度が急となる。また、これに近い角度をもつものとして、埼玉県伝岡部出土例がある。この断面形状のみで新旧を判断することは難しいが、伝埼玉県岡部出土例の鈴付銅器は鈴の数こそ少ないものの鈴の基部への突出がみられるこや鈴径も大きく比較的新しい属性を有している。基部断面形の角度が上野古墳に近しい点もこれを裏付けるものと考えるならば、伝埼玉県岡部出土例→上野古墳例といった流れが想定される。

　鈴付銅器の変遷と系統　鈴の食い込み具合を参考に、基部の形状を最も明瞭に製作した資料として伝大阪府出土例・和田山２号墳例を抽出できる。これに続いて伝行橋市出土例〜大須二子山古墳例の一群が形成される。三珠大塚古墳例も伝大阪府例出土例に続く資料とみられるが、全体的な形状は和田山２号墳例に似ており、影響を受けたものとみられる。

　この流れから派生するように、諏訪山１号墳例・伝埼玉県岡部出土例の系列が形成される。諏訪山１号墳の鈴付銅器の基部は、伝大阪府に似た基部形状を有しており、復古的な動きが存在した可能性も否定できない。ただし、鈴の食い込みや法量などからみれば両者には大きな差異があるように思われ、この２者が直接的につながるとは考え難い。

　また、諏訪山１号墳・伝埼玉県岡部・上野古墳の３例は、いずれも偶数の鈴を有するもので、基部の中央軸上には鈴を配置しない点で共通する。この３例以外の事例はいずれも基部の中央軸上背面側に鈴を必ず配置している点とは異なり、意図的に鈴の配置を行っているようである。

　以上をまとめたものが、表34・図202である。

　変遷の検証　上記の変遷過程を検証するために、共伴遺物からの検討を行いたいが、残念ながら鈴付銅器の大半が出土古墳や共伴副葬品など不明瞭な点が多いので、全点を通じての検証は難しい。しかし、いくつかの資料で共通した共伴遺物を持つものがあるため、それらを用いて大まかな変遷

表34　鈴付銅器の諸属性

府県名	古墳名	基部											鈴部					
		長さ(mm)	幅(mm)	高さ(mm)	内長径(mm)	内短径(mm)	断面形状		上端形状			鈴数(個)	径(mm)	高さ(mm)	食込		
							直線	曲線	平坦	半円	突帯				浅	深	突
大阪	伝大阪府	138.0	114.5	41.0	78.5	60.5	○		○			8	21	21	8		
山梨	三珠大塚	146.5	116.0	40.0	76.0	59.0		○				10	22	21		10	
石川	和田山2号	152.5	117.5	35.0	72.5	56.0		○		○		9	22	20	6	3	
福岡	伝行橋市	153.0	121.0	42.0	76.0	66.0		○		○		11	22	21	1	10	
静岡	伝銚子塚	132.0	−	36.0	70.0	−		○		○		7(11)	21	19.5		7	
埼玉	諏訪山1号	131.5	109.0	39.5	74.5	62.5	○			○		12	19	19		7	5
埼玉	伝岡部	153.0	110.0	38.5	76.0	61.0		○		○		10	24	24		6	4
愛知	大須二子山	162.0	125.5	42.5	75.5	65.5		○		○		11	27	25		5	6
茨城	上野	157.0	133.0	70.0	78.0	68.0		○			○	12	27	30		6	6

第12章　鈴付銅器の変遷と用途　315

の方向性について検証する。

　鉄鏃についてみれば、鈴木一有は和田山2号墳および上野古墳を中期Ⅳb様式として位置付ける（鈴木2017）。この基準でみると、諏訪山1号墳のものは細片が多いが、鏃身長が10cmを切るものが確認できる。また、諏訪山1号墳では両刃短小有頸鏃は確認できないため、同様に中期Ⅳb様式に位置付けられる。和田山2号墳・諏訪山1号墳には、明瞭な時期差は見られない。

　加藤一郎による乳脚紋鏡の研究（加藤2017）では、上野古墳例が乳脚紋鏡A系c式、三珠大塚古墳が乳脚紋鏡B系a式古相と位置付けられ、概ね併行する時期に存在すると推定できる。

　馬具については、田中由理による剣菱形杏葉の規格性（田中2005）によると、和田山2号墳はIB1型式、大須二子山古墳・上野古墳はともにIIB型式となる。和田山2号墳は大須二子山古墳・上野古墳に先行するとみられる。

　また、内山敏行の馬具全体の変遷（内山2013）についてみれば、和田山2号墳は中期6段階、諏訪山1号墳は中期7段階として挙げられる。馬具ではないが、甲冑では大須二子山古墳は後期1段階として捉えている（内山2006）。

　三珠大塚古墳からは胡籙金具の出土があり、土屋隆史の変遷（土屋2018）の中では山形突起付帯形金具を伴うのでⅢ段階に位置付けられる。

　上記の点からみると、共伴遺物の中では明確な時期差を見出すことは難しいが、剣菱形杏葉と馬具のセットにおいて、わずかな時期差を認めうる。これらから見ると、鈴付銅器は5世紀後葉〜6世紀初頭頃といった、きわめて限られた時間の中で製作・配布・副葬が行われた遺物であるとみられよう。

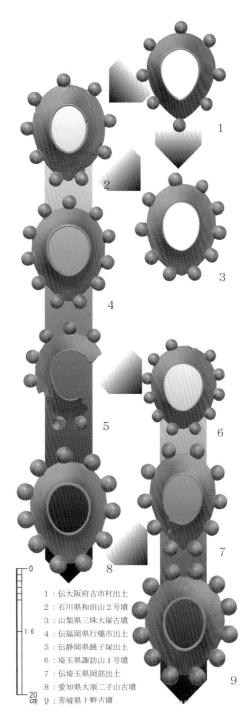

1：伝大阪府古市村出土
2：石川県和田山2号墳
3：山梨県三珠大塚古墳
4：伝福岡県行橋市出土
5：伝静岡県銚子塚出土
6：埼玉県諏訪山1号墳
7：伝埼玉県岡部出土
8：愛知県大須二子山古墳
9：茨城県上野古墳

図202　鈴付銅器の変遷と系統

316 第Ⅲ部 札式甲冑の導入・展開期における副葬品群の様相

表35 鈴付銅器の共伴遺物と研究史上の位置づけ

府県名	古墳名	鉄鏃 (鈴木2017)	乳脚文鏡 (加藤2017)	剣菱形杏葉 (田中2005)	その他馬具 (内山2006・2013)	胡籙金具 (土屋2000)	甲冑 胴甲	甲冑 冑	甲冑 その他
大阪	伝大阪府	―	―	―	―	―	―	―	―
山梨	三珠大塚	○	C系／a古	―	―	Ⅲ段階	横矧板	―	―
石川	和田山2号	中期Ⅳb	―	IB1	鉄金f字轡	―	横矧板	―	―
福岡	伝行橋市	―	―	―	（鈴付馬具）	―	―	―	―
静岡	伝銚子塚	―	―	―	―	―	―	―	―
埼玉	諏訪山1号	中期Ⅳb	―	―	鉄内楕轡	―	―	―	―
埼玉	伝岡部	―	―	―	―	―	―	―	―
愛知	大須二子山	―	―	IIB	鉄金f字轡・鉄金辻金具ほか	―	札甲	横矧衝	頬当・錣・籠手・膝当
茨城	上野	中期Ⅳb	A系／c	IIB	鉄内楕轡・鐙	―	横矧板札甲	―	籠手

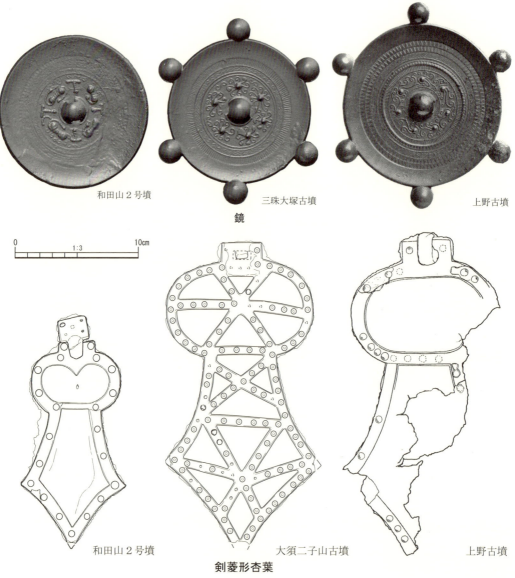

鏡　和田山2号墳／三珠大塚古墳／上野古墳

剣菱形杏葉　和田山2号墳／大須二子山古墳／上野古墳

図203 鈴付銅器の共伴遺物

5．鈴付銅器の用途とその保有者

鈴付銅器の出土状況と用途　鈴付銅器については、これまで釧や冠、鐸、馬具の雲珠など、多様な用途が想定されてきた。その背景には、形状や出土状況、類似した表現の埴輪がある。

出土状況として特に注目されてきたのが、和田山2号墳出土鈴付銅器である（図204左）。この鈴付銅器は、鏡とともに被葬者頭部付近に副葬されていたため、冠の用途が想定された（大川1999）。上野古墳では記録等が残されていないが、聞き取りにより被葬者頭部右側より鈴付銅器が出土したとされる（塙1933）。和田山2号墳の事例と似た状態を示している。

ところが、諏訪山1号墳では被葬者の頭部付近ではなく、被葬者の右腕側に添えるように副葬された大刀および鉄鏃束と重なって出土した（図204右）。この状況は先の2例とは状況が異なっており、ここから冠と断定するにはやや難しい。

馬具との関連性はどうであろうか。近年、伝福岡県行橋市出土例について西幸子により他の馬具との関連性も指摘されたが、馬具とのセット関係には確証が得られないとする（西2020）。

先に挙げた諏訪山1号墳と和田山2号墳については、馬具の出土があるが、いずれも馬具の一群からは出土位置が離れている。鈴付銅器が雲珠として使われていたのであれば、尻繋を構成する馬具が鈴付銅器の周辺から出土してもよいように思えるが、現状では確認できない。また、鈴付銅器

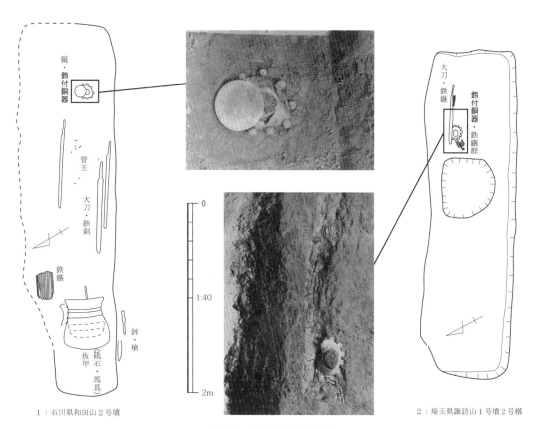

図204　鈴付銅器の出土状況

318　第Ⅲ部　札式甲冑の導入・展開期における副葬品群の様相

に遺存する有機質はいずれも布のみであり、馬具の繋を構成した革帯はみられない。

　そうした状況において、用途を検討するならば、鍔や雲珠などのように他の製品と組み合ったり、身体の特定部位に装着することを想定することは難しく、独立して使用されるものと考えたい。そのように考えうるのであれば、和田山2号墳と諏訪山1号墳で出土状況に違いが見られる点を説明することができる。釧・腕輪よりは鳴器・宝器の範疇で捉えてよいのかもしれない。これはあくまで鈴付銅器の用途であって、その成立過程に存在した品々の用途を否定しない。

　鈴付銅器の源流と出現の意義　それでは、この鈴付銅器は元々どのようなものであったのか。安藤広道は、これについて貝製品をモデルとする考え方を提示しており（安藤2003）、また、渡辺も「南海のゴホウラ製貝輪を模した石製品の外縁に鈴が付された」ものとする（渡辺2001）。ゴホウラのほかにもサラサバテイラ（加藤2021）やオオツタノハなども候補として挙がってくるであろうが、いずれにしてもそういった貝製品がモデルと言えるだろう。

　しかし、古墳時代中期中葉～後期初頭頃にこのような製品が数多く存在していたわけではなかった。なぜこういった製品がごく限られた時期に出現したのであろうか。

　貝製品が古墳副葬品として見られた時代は、古墳時代前期であった。それからやや時期を隔てて古墳時代中期後葉頃にこうした鈴付銅器副葬古墳が出現する。鈴付銅器≒貝製品とみるのであれば、古墳時代中期後葉に、古墳時代前期的な復古政策が進められていることになる。

　これと同様の動きとみられるのが、先に検討した同型鏡群を中心とした鏡群である。古墳時代前期においては鏡が副葬品の中核をなしていたが、古墳時代後期においても同型鏡群の舶載と倭製鏡の生産も活発化する動きから、古墳時代前期的な鏡秩序の再興が図られたと理解されている（辻田2017）。古墳時代中期後葉の動きの中で鈴付銅器も創出・副葬された可能性も考えられる。

　鈴付銅器を保有した被葬者像　鈴付銅器はどういった人物に保有・副葬されたのであろうか。

　そもそも鈴付銅器自体の数が限られており、この時代に一般的に流通・認識されていた製品と考えられない特殊な遺物であったとみられる。さらに、東日本へ偏在的に分布するという特徴もあるため、特定の集団へ向けた役割を与える意味合いが含まれていたのだろう。

　加藤一郎は円環形鈴釧と貝輪系鈴釧（ここでいう鈴付銅器）について「沿岸地域という海上交通の要所に分布する」点に着目しており、出土古墳の年代観から雄略朝における「水界民」にまつわる遺物と位置づけた（加藤2021）。加藤の述べるように、出土古墳の立地も沿岸地域ないしは河川周辺に集中することも疑いなく、十分に想定されるものと思われる。

6．小結

　これまであまり着目されてこなかった鈴付銅器について、悉皆的な3D計測を通してその構造差や変遷過程も検討することが可能となった。用途については未だ不明な点も多いが、馬具の繋となる革帯などは遺存している事例は確認できなかった。むしろ大須二子山古墳例のように布が密に付着するものもあることは注意すべき点と言える。謎の多い遺物ではあるが、ごく限られた時間の中で製作・保有・副葬されたこの遺物をもつ被葬者の性格も、また特殊なものであったと推定される。

終章　日本列島における渡来系技術の受容とその背景

　本書においては、古墳時代中期に日本列島にもたらされた札式甲冑の検討を中心に、その展開の様相および札式甲冑と併行する副葬品の一部を比較対象として取り上げた。

　古墳時代中期という時代は、甲冑研究において帯金式・打延式甲冑が盛行する時代である一方、札式甲冑や胡籙といった新たな武具や、初期装飾付大刀、装身具類、馬具や馬匹生産を含む馬にかかわる風習、須恵器生産などといった多様な渡来系文物が受容された時代でもあった。日本列島においては新しい文物が大陸・半島からもたらされてきたのが常であったが、この時代においての渡来系文化の波は非常に大きなものであり、日本列島へ大きなインパクトを与えることとなった。

　時代は異なるが、諸外国からの文化の波は、現在の私たちの生活にも大きな影響を与えている。特に現在はメディアが発達した情報化社会であるため、簡単に他国の情報を知ることができる。この中で私たちは自分たちの社会に吸収するものと、そうでないものとに取捨選択を行うこととなる。この背景には、当然ながら政治的バイアスがかかっているものも多々存在するが、少なからず自分たちの文化に適合する形へと変化させるもの（もしくはその逆）として社会全体で共有の価値観としている。現在と比べると情報の量や伝達速度、範囲には大きな違いがあるが、古墳時代においてもこうした動きは同様であったと思われる。墳墓・埴輪・副葬品に含まれる表象としての真の価値は、社会の中で共通の価値観の中ではじめてその認識されると考えるためである。本書の中で取り扱ってきた札式甲冑などが倭へもたらされたのちの様相について取り上げ、本書のまとめとしたい。

　導入期札式甲冑とその源流　日本列島における札式甲冑の導入は、奈良県五條猫塚古墳・兵庫県宮山古墳などの事例を初現とするとみられ、以後継続して存在する。この時期の札式甲冑の副葬事例をみると、胴甲である札甲とほかの札式付属具がセットとなる事例が存在する一方、板甲や冑とセットとなる札式付属具が存在することも確認されている。

　導入期の札甲にみられる特徴は、方頭威孔２列札と円頭威孔１列札を併用する点、湾曲した腰札を用いない点にある。こういった甲冑の特徴は、朝鮮半島南部の事例とも様相を異にする。現状では、日本列島における札式甲冑の源流が朝鮮半島南部とは断定できない状況にあると考える。

　しかし、札甲以外の付属具についてみると、様相が異なる。導入期札式甲冑の時代に存在する板籠手が滋賀県新開１号墳・兵庫県宮山古墳・福岡県月岡古墳などから出土しているが、これらは朝鮮半島南部の事例との共通点が多いことで知られる。また、篠臑当についても朝鮮半島南部での出土例があり、こちらを参照している可能性が高い。襟甲・札肩甲、冑頬当・錣についても同様と言えよう。この点から見ると、札式付属具についてみると、朝鮮半島南部との繋がりは十分に想定されるところである。

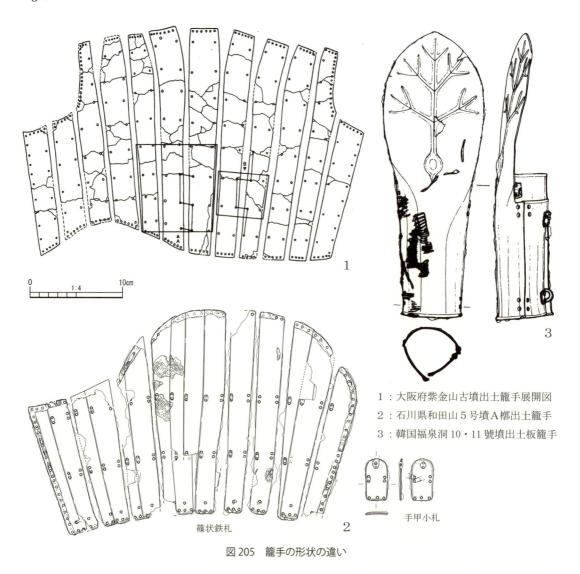

1：大阪府紫金山古墳出土籠手展開図
2：石川県和田山5号墳A槨出土籠手
3：韓国福泉洞10・11號墳出土板籠手

図205　籠手の形状の違い

　ただし付属具についても例外がある。篠籠手は兵庫県宮山古墳や石川県和田山5号墳A槨など、導入期札式甲冑に位置付けられる資料群において存在するが、この篠籠手については現在朝鮮半島南部では出土例が知られていない。石川県和田山5号墳A槨出土篠籠手の調査において篠状鉄札の構造が明らかとなったが、その構造は古墳時代前期の籠手にも類似する。つまり、この篠籠手に関しては、朝鮮半島南部の板籠手・篠臑当と、古墳時代前期の籠手を参照し、倭の内部で新たに創作された可能性も考えられる。
　先の札式付属具においても、朝鮮半島南部の製品を倭の武装体系の中に導入するにあたって、構造を改変する必要があったものも存在するようである。同様の事例として第3章でも取り上げた襟甲が挙げられる。少なくとも倭の人々は、自身の武装体系を保持しつつ、これに適合可能なものを導入し、適合できないものについては改良を施すことで導入を可能としたのであろう。

終章　日本列島における渡来系技術の受容とその背景　321

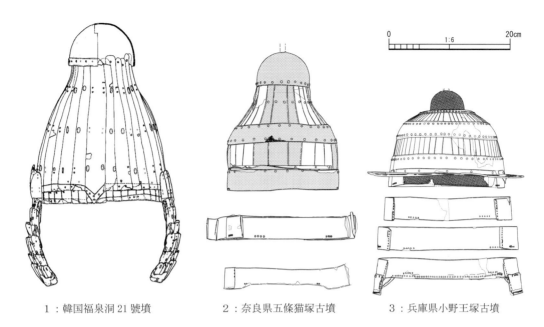

1：韓国福泉洞21號墳　　　2：奈良県五條猫塚古墳　　　3：兵庫県小野王塚古墳

図206　縦矧板冑（1）と眉庇付冑（2・3）

　このように、札式甲冑導入期の資料においては、大陸・半島からもたらされたものを導入した可能性が高い。しかし、導入に際しては自身らがもつ倭の武装体系を中核に据えた上で、札式甲冑をそれらに適合させた形で導入がなされたものと推測される。

　札式甲冑と同時期に倭の武装体系へ導入されたものとしては眉庇付冑が存在する。この眉庇付冑についても、その起源は半島の竪矧板冑（いわゆる蒙古鉢形冑）と推測されるが、その構造は出現当初より伏板・胴巻板・腰巻板・庇部をもち、打延式多段鋲を伴う。札頬当・鋲を伴う竪矧板冑についても日本列島内で数例が出土しているが、これらはやはり伏板・胴巻板・腰巻板・庇部を持たない。眉庇付冑と竪矧板冑は構造など類似点も多いが、その違いも明確であり、両者の違いは視認することは可能である（図206）。

　武装というのは戦時・平時においてその装着者の所属を示す手段となりうる。そのため、自身らが持つ武装体系を維持することは大きな意味を持つと言える。札式甲冑などが倭の武装へと導入された時代は、倭の五王の時代であり、大陸を中心とした東アジア情勢の中で自国を顕示することが求められた。前時代から続く伝統的倭の武装を発展・維持させる必要があった。そうした背景の中で、新式の甲冑類は倭の武装の中へ徐々に導入されていったものと考えられる。

副葬品の多量副葬と札式甲冑　古墳時代中期における副葬品群の特徴としては、一つの墳墓・埋葬施設において多量に副葬される事例が多いことが挙げられる。この品目は刀剣槍鉾・甲冑・矢鏃・農工具など多岐にわたる。こうした事象は、同時代の階層システムを表象するものと言える。具体的には、川畑純による量差システム、田中晋作の述べる常備軍のように、同時代の社会・軍事シス

テムを反映したものと言えよう。

ただし、札甲についてはこの限りではないようである。札式甲冑の導入期の事例である奈良県五條猫塚古墳においては、石槨内外に副葬された札甲は計3領が想定されており、多量副葬の事例と言える。しかし、他の事例では単数副葬の事例が圧倒的に多い。

こうした状況については、札式甲冑は保有に制限が加えられていたため、とみられている（清水和1988）。札式甲冑は、帯金式・打延式甲冑に比べて部材の製作とその連結に多くの時間を費やすことになる。製作においては手間がかかる製品である。しかし、札の製作日本列島への導入段階となる事例に限らず、定型化した段階においてもなお古墳への単数副葬が継続する。札式甲冑においては定型化して生産数を増やしてはいるが、その増産分は1古墳への多量副葬（≒1被葬者への多量保有）ではなく、副葬古墳数（≒保有者層）を増やすことに費やされた。

札式甲冑導入と時期を同じく出現した眉庇付冑は、他の帯金式・打延式甲冑同様に多量副葬されるようになることを考えると、この時期に導入された武装がすべて冷遇されたような状況とは言えない。むしろ、胴甲である板甲を主体とし、それに組み合わせることのできる武装は積極的に導入するような動きもみられる。その一端となるのが、石川県和田山5号墳A槨・兵庫県亀山古墳の篠籠手・篠臑当、滋賀県岡山県正崎2号墳・福岡県稲童21号墳・宮崎県下北方5号地下式横穴墓の打延式頸甲・札肩甲などであったのであろう。

札式甲冑と渡来系文化の受容・定着　古墳時代において、渡来系文化は波状的に、幾度も日本列島にもたらされた。その中の大きな波のひとつが、須恵器型式TK73型式期に位置づけられる、いわゆる『鋲留技法導入期』である（阪口2019）。その名の通り、新規の製品のみならず既存資料への鋲留技法の導入、金銅装ないし金銅製品（鍍金技術）の導入、捩り製品の出現、乗馬風習の導入など、多岐にわたる。札式甲冑が導入されたのもこの段階と言える。

そしてもう一つの大きな波が、いれゆる須恵器型式MT85〜TK43型式期に位置づけられる、いわゆる『舶載品ラッシュ』である（内山2012）。この際には単龍鳳環頭大刀や鐘形・心葉形馬具、など倭で定着するものと、縦長板冑、三累・獅嚙環頭大刀、棘葉形杏葉など、倭で定着しないものとが存在する。

札式甲冑は、この前者の段階で導入されたのちに定着・量産化が進められた（TK208〜TK23型式期頃）。この定型化により円頭威孔2列札に統一された札甲や付属具が出現し、広く展開した。後者の段階では、札式甲冑の新型式となる藤ノ木型（偏円頭威孔1列の札を使用）が導入され、その後この流れを汲む飛鳥寺型が導入されることになる。

このように、倭においては波状的にもたらされた渡来系文化・技術を、自身らの文化に適合させる形で受容し、定着させている。その中には、構造を改変し導入された襟甲も含まれる（本書第3章参照）。

こうした既存遺物と渡来系遺物の併存という図式は、帯金式・打延式甲冑と札式甲冑に限ったものではない。厳密な用途には違いがあるが、冑（衝角付冑と眉庇付冑）、盛矢具（靫と胡籙）、大刀（倭

装大刀と初期装飾大刀 [36]）、鏡（倭製鏡と中国鏡）、装身具（ガラス・石製装身具と金属製装身具 [37]）、器（土師器と須恵器）などがそれに当たる。これらはいずれも一方に統一されるのではなく、併存する関係が築かれることもまた特徴的と言える。

　渡来系遺物が倭の中での定型化についてみると、札式甲冑は長持山古墳を起点とすると筆者は考えるが、馬具についても長持山古墳の段階で f 字形鏡板付轡・剣菱形杏葉の出現、装飾馬具のあり方を規定する動きがあったとみられる（片山 2020）。胡籙は導入後は舶載品もしくは渡来系工人の手による製品も多いようであるが、TK23 ～ 47 型式期頃には倭の中で本格的な製作が開始されたとみられる（土屋 2018・2020）。同型鏡群については現状で倭の中での製作・踏み返しは想定されていないが、副葬のピークは TK47 型式期～ MT15 型式期となる（川西 2004、辻田 2018）。

　このように、倭の中に導入されたものは多々あるが、以後定着したものと定着しなかったものとが存在する。既に倭の中に存在したものと、用途が重複するものについては、自身らがもつ品々に構造を適応させる形での導入し併存させる点は、甲冑で見られた大きな特徴の一つと言える。自身らがもつ武装体系は、周辺国のそれと比べても一線を画する表象的なものであったことは改めて述べるまでもないが、新しい製品の導入・新技術の採用に際しても大枠を維持することは、組織的武装として必要なところであったと考える。その後 5 世紀末まで、帯金式甲冑・打延式甲冑と札式甲冑は併存するが、そうすることで、国内外に対して倭の武装のあり方を視覚的に示す必要があったものと推察したい。

　帯金式・打延式甲冑と札式甲冑の併存　帯金式甲冑・打延式甲冑は、5 世紀代を通じて存在し、広く日本列島内に分布する。当時の社会においても倭の武装＝帯金式甲冑・打延式甲冑という認識は少なからず存在したものと推測される。その認識は、古墳時代中期においては副葬品のみならず埴輪の表現からも考えることができる。一方で、札式甲冑については帯金式甲冑・打延式甲冑消滅前後にその数を増し、次第に倭の武装の中核を担うまでに成長する。

　しかし、単純に帯金式甲冑・打延式甲冑の消滅した結果として札式甲冑が盛行しはじめたわけではない。札式甲冑の定型化と出土数の増加は、本書内でも示してきた通り、5 世紀後葉頃には既に認められるのである。

　第 3 章で述べたように、筆者は倭における札式甲冑の定型化は、長持山古墳の時期とみる。長持山古墳から出土した札式甲冑（写真 25）は、円頭威 2 孔列札に統一された甲冑"セット"であり、それ以前の札式甲冑とは明らかに一線を画する、象徴的な武装であったとみてよいだろう。当時の倭の中心たる墳墓群である古市古墳群内の長持山古墳からこういった武装が出土している点は、円頭威孔 2 列札に統一された札式甲冑を使用するという中央政権内の意図が反映されていた可能性も十分に想定されることに加え、これ以後円頭威孔 2 列札を用いた札式甲冑が全国的に展開することもその証左と言える。

　こうした帯金式・打延式甲冑と札式甲冑の関係性・保有（副葬）状況は、各古墳の被葬者の性格を反映されていたものであろうことは想像に難くないが、この時代においてはこの両者の併存関係

写真 25　長持山古墳出土甲冑

が生じた。戦闘用武装として認証性を重視するのであればその形状等は統一されているべきではあるが、当時の倭では板甲と札甲の併存現象が認められるのである。5世紀代では伝統的な衝角付冑と新たに導入された眉庇付冑の併存が認められる点もこれに類似する。

『杖刀人』銘鉄剣が出土した埼玉県埼玉稲荷山古墳からは札甲が単体で出土しているのに対し、『典曹人』銘大刀が出土した熊本県江田船山古墳からは板甲・衝角付冑・頸甲のセットが出土している。このあたりの評価については恣意的にはなるが、階層性という観点からみると、倭の武装の中核をなす衝角付冑・錣や打延式頸甲・肩甲を出土している点で江田船山古墳の武装の方がより上位とみたい。江田船山古墳出土甲冑セットに相当する札式甲冑セットを挙げるとするならば、和歌山県大谷古墳石棺内より出土した札式甲冑のセットがふさわしいと考える。

　武装のセット関係の優劣が即ち同時代の倭の社会の中での階層性の上下関係に結びつく可能性もある。この点は愛知県志段味大塚古墳の武装を検討した鈴木一有の論考に詳しいが、同時代には非常に整った札式甲冑のセットを有する古墳があるが、さらに上位層と位置付けられる古墳からは札式甲冑セットとともに帯金式甲冑セットが出土する。こうした複数の甲冑セットを有する古墳が地域首長階層であり、単数の甲冑セット出土した古墳はそれに次ぐ階層と位置付けられる。これには他の副葬品や副葬古墳の形状・規模なども勘案する必要もあるが、甲冑のセット関係もこうした古墳被葬者の階層性を考える上での一つの指標となりうる（鈴木2017）。ただし、甲冑の副葬が多い地域と少ない地域が存在することなども勘案する必要はあろう。

　古墳副葬品は、被葬者の生前の活動を反映した品々もしくは後継者らが葬送祭祀に際して献納した品々であろうし、古墳の墳形・規模も同様と言える。古墳被葬者の社会的地位についてはそれらを総合して検討するべきという指摘は改めて確認しておくべき点である。

　帯金式甲冑・打延式甲冑と札式甲冑の併存は、どちらが優位かを語る指標にはできない。倭の武装の移行期であるがゆえに生じた現象として捉えておきたい。ただし古墳時代中期において札式甲冑を副葬した古墳は、外来系遺物の共伴が多いという指摘がある。

　帯金式甲冑と札式甲冑はそれぞれ甲冑の構造は大きく異なる。札式甲冑は可動性を有することから乗馬時の武装として適合性は高いが、札同士の重なり面積が大きくなるため重量は重くなる。一方で帯金式甲冑は乗馬時の武装としての適合性は札式甲冑には劣るが、重量は軽い。これから

みると、やはり札式甲冑の方が乗馬時の武装としては適合するように思われるが、実際の出土状況からみると、帯金式甲冑・打延式甲冑が馬具と共伴する事例がある傍ら、札甲に馬具が伴わない事例も多く認められる。必ずしも乗馬時の武装＝札式甲冑という図式ではなかった可能性がある。

さて、先に述べたように、倭における札式甲冑の基盤の形成の画期となったのは、筆者は長持山古墳の時期と考える。この段階において円頭威孔2列札で統一された甲冑セットが形成され、副葬され

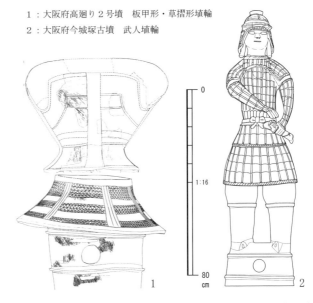

1：大阪府高廻り2号墳　板甲形・草摺形埴輪
2：大阪府今城塚古墳　武人埴輪

図207　板甲・草摺形埴輪（左）と札式甲冑を着た武人埴輪（右）

始めたためである。長持山古墳より出土した札式甲冑セットは、それ以前の札式甲冑とは外観も異なり、また甲冑製作においても組織的に効率よく製作できるようになった点も大きい。

しかし、この時期は帯金式甲冑・打延式甲冑の盛行した時代であり、倭の武装としてもこれらが中心をなしてきた。出土甲冑の分布や点数などからみても、この時期においては、やはりも帯金式甲冑・打延式甲冑の方が広く認知されていたと考えてよいだろう。古墳墳丘に樹立された甲冑形埴輪においても、同様のことが言える。形象埴輪として古墳時代中期にみられる甲冑形埴輪は、基本的に帯金式甲冑・打延式甲冑が表現される。付属具についても打延式頸甲・肩甲、打延式草摺もしくは革草摺などの表現をもつものばかりであった。

これに対して札式甲冑は、基本的に古墳時代後期に人物埴輪が装着する甲冑として認められるようになる。この点の嚆矢となったのは今城塚古墳などであろうか。こののち、人物埴輪に装着される武具として、札式甲冑が中核をなしていくことになる。こうした甲冑表現の変化は、当時の武具の中核に対する認識の変化を示している可能性があり、大きな変換点ともいえるだろう。

ただし、札式甲冑と同時期に倭の武装に導入された眉庇付冑については、5世紀代に多く埴輪に表現される事例が見て取れる。札式甲冑に比べて早い段階で倭の武装とする認識が広まっていたようである。伝統的に存在した武装表現だけが継続的に用いられたわけではなかったのであろう。少なくとも、古墳時代中期においては、古墳被葬者や葬送祭祀の主催者、埴輪工人は当時の武装としての中核を担った甲冑類が何であったかを把握することは可能であったのだろう。そうした武装を埴輪として造形し古墳墳丘に樹立することにより、葬送儀礼参列者に古墳被葬者の地位や人となりを知らしめた。そこに表現された甲冑の表現が、帯金式・打延式甲冑から次第に札式甲冑に変化したものと推定されるが、そこには大きなインパクトが存在したに違いない。

札式甲冑と同型鏡群　札式甲冑が倭の中で定型化・展開していく過程の中で、同様に倭の中で広がった遺物として同型鏡群がある。既に先行研究において述べられているように、同型鏡も倭の中央との関係性（中央政権への上番・奉仕等）から入手し得たものであり、地方での上位層もしくは中央政権の構成人物等が入手しえた器物とみられる（川西 2004、上野 2013、辻田 2018 など）。甲冑についても、中央での一元生産・配布が想定されているところである。甲冑の中でも札式甲冑については、初期の事例こそ個々の事例の差異が大きいが、長持山古墳などにみられる円頭威孔 2 列札で統一された札甲の出現以降、個々の差異が減少し、統一された外観と構造を有するものとなった。これはいわゆる札式甲冑の定型化とも評される。

　甲冑と同型鏡は、職掌などによりそれぞれ保有の制限がなされていたものと推測される。両者は併存し、きわめて限られた地位ないしは役割をもつ者のみが同型鏡と甲冑を副葬し得たのだろう。同型鏡については、倭製鏡と併せて面径の大小に基づく身分表象システムが構築されており、保有する鏡により階層差が存在したとされる（辻田 2018）。甲冑では地域により偏在する傾向があるが、保有数・保有セット関係に基づき、階層差が存在したとされる（鈴木 2017）。特に札式甲冑については、1 古墳から複数領出土する事例が少なかったため、保有に制限がかけられていたものと推測される（清水 1988）。

　ここでは札式甲冑と同型鏡群の副葬状況の相関性に着目し、両者のもつ意義を検討する。表 36 は、5 世紀代の札式甲冑・同型鏡群出土古墳より出土した副葬品をまとめたものである。年代観については、最近とりまとめられた中国・四国前方後円墳研究会編年（中国・四国前方後円墳研究会 2024）を踏襲した。各時期の年代観については下記の通りである。

　Ⅷ期…TK73 〜 TK216 型式期

　Ⅸ期…TK216 〜 ON46 型式期

　Ⅹ期…TK208 型式期

　Ⅺ期…TK208 〜 23 型式期

　Ⅻ期…TK23 〜 47 型式期

　また、同型鏡群については、法量により階層性が存在することが示されている（辻田 2018、図193 本書 11 章参照）が、その階層性を明確にするため、図 208 のように法量で細分しておきたい。

　これらの年代観・細分に基づいて札式甲冑・同型鏡群出土古墳をまとめたものが表 36 である。これをみると、札式甲冑の定型化と同型鏡群の副葬の開始はⅪ期[38]となる。この時期においては、長持山古墳という札式甲冑をフルセットで副葬した事例が含まれていることは特に注目に値しよう。また、同型鏡群の共伴率は、馬具よりも甲冑の方が高いことも注目できる。ただし、甲冑がフルセットに近い志段味大塚古墳や、稀少な鉄地金銅装札を用いるどうまん塚古墳などでは同型鏡群ではなく小型倭製鏡が共伴する。甲冑と同型鏡群は必ずしも相関関係にあるわけではなかった[39]。また、この段階の同型鏡群で副葬されているのはいずれも中型鏡であり、小型鏡や大型鏡は含まれていない。

　Ⅻ期になると、f 字形鏡板付轡・剣菱形杏葉の出土数が増加し、甲冑や同型鏡群と共伴する事例

終章　日本列島における渡来系技術の受容とその背景　327

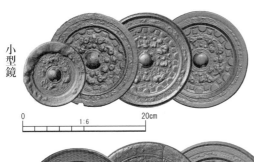

小型鏡

鏡径:16cm 以下
盤龍鏡
鍍金求心式神獣鏡
画文帯同向式神獣鏡A
画文帯環状乳神獣鏡A
画文帯同向式神獣鏡A
画文帯環状乳神獣鏡B

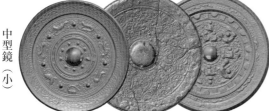

中型鏡（小）

鏡径:17cm 以上〜20cm 未満
浮彫式獣帯鏡A
八鳳鏡
画文帯同向式神獣鏡B

中型鏡（中）

鏡径:20cm 以上〜21cm 未満
神獣車馬画象鏡
細線式獣帯鏡E
画文帯対置式神獣鏡
神人龍虎画象鏡
神人歌舞画象鏡
細線式獣帯鏡C

中型鏡（大）

鏡径:21cm 以上〜22cm 未満
画文帯同向式神獣鏡C
画文帯環状乳神獣鏡C
画文帯仏獣鏡A

大型鏡

鏡径:22cm 以上
神人車馬画象鏡
浮彫式獣帯鏡B
細線式獣帯鏡A
画文帯仏獣鏡B

図 208　鏡径に基づく同型鏡群の細分

表36　古墳時代中期の札式甲冑と同型鏡群出土古墳の共伴副葬品

鏡欄は「同型鏡／同型鏡以外の鏡」、馬具欄は「f轡／楕轡／ほか轡／剣杏／鐙／雲珠／辻金具／その他」に区分される。

時期	古墳名	甲冑	同型鏡	同型鏡以外の鏡	f轡	楕轡	ほか轡	剣杏	鐙	雲珠	辻金具	その他	その他副葬品
VIII期	奈良 五條猫塚古墳	棺内：小鋲眉2・三革板2 / 棺外：小鋲蒙眉・札甲I	—	珠文鏡									
IX期	滋賀 新開1号墳（南遺構）	小鋲眉・打鋲・長革板 / 竪板・打鋲・打頸・打肩・三革板 / 竪板・打鋲・三鋲板 / 三革板・打鋲・打頸・打肩・矢板板・板籠・篠籠 / 小鋲眉・打鋲	—	変形五獣鏡 / 盤龍鏡 / 神獣画象鏡			龍透		木鉄輪	環	環	馬鐸	三環鈴,刀剣鉾鏃,盾
	大阪 西小山古墳	小鋲眉・三横鋲板 / 革製衝・打鋲・打頸・打肩・三鋲板・篠籠	—	—									刀鉾,鏃
	宮崎 下北方5号地下式横穴墓	小鋲眉・打鋲・札肩・三鋲板 / 横鋲板	—	盤龍鏡 / 四獣形鏡									三環鈴
X期	石川 和田山5号墳（A槨）	竪板眉・打鋲・打頸・打肩・三鋲板・板籠・篠籠	—	画文帯神獣鏡									刀剣槍鉾鏃,鈴,貨泉
	福井 向出山1号墳（1号石室）	小鋲眉2・打鋲2・打頸・札肩・札甲III・三鋲板	—	四神四獣鏡,不明鏡									銀装環頭大刀,刀剣鉾鏃
	京都 坊主塚古墳	横鋲衝・打鋲・打頸・打肩・横鋲板・篠籠	—	神獣鏡									刀剣鉾鏃
	兵庫 宮山古墳（2号主体）	眉?・札甲I・打頸3・打肩・札肩・打肩札甲・板籠・篠籠・篠籠	—	鼉龍文鏡					鐙				金錯貼金環頭大刀,刀剣槍鉾鏃,胡籙,垂耳,鏃,鉄鋌
	岡山 正崎2号墳	小鋲眉・打鋲・打頸・打札肩・横鋲板	—	画象鏡	鉄I						組		三環鈴,鏃
XI期	栃木 雀宮牛塚古墳	三鋲板	画同神C（中大）	櫛歯文鏡3 / 旋回式神獣鏡 / 八獣鏡				鈴					鈴銅,鈴鋼,鏃
	埼玉 どうまん塚古墳	札甲IV	—	乳文鏡		鉄I			環			鞍	刀剣鉾鏃,斧,砥石
	石川 狐山古墳	横鋲衝・横鋲板・札甲II・篠籠	画同神B（中小）	—									刀剣鉾鏃,帯金具
	愛知 志段味大塚古墳	鋲衝・札煩・札綴・札甲V・篠籠・篠籬	—	鈴付乳脚文鏡			鈴楕	鈴	木鉄輪		組		三環鈴,刀剣,帯金具
	三重 神前山1号墳	—	画同神C（中大）	?									三環鈴
	京都 よせわ1号墳	—	画対神C（中小）	—			鈴	鈴					三環鈴
	京都 宇治二子山南墳	打頸・札肩・三鋲板 / 横鋲板・打頸・打肩・横鋲板・篠籠・篠籬	—	四葉文鏡	鉄I	鉄I			木鉄輪	環	組		三環鈴,刀剣槍鉾,鏃,胡籙
	大阪 長持山古墳	横鋲衝・札煩・札綴・札襟・札肩・札甲IV・篠籠・篠籬・札膝	神歌画（中中）	—	別I		別		木鉄輪			鞍	刀剣鉾鏃,帯金具
	大阪 高井田山古墳	横鋲衝・板鋲・打頸・打肩・横鋲板 / 札甲II	神龍画（中中）	—				環板	木鉄輪				刀剣槍鉾鏃,釘,鉇,鑿
	兵庫 亀山古墳	打鋲・打頸・横鋲板2・札草・篠籠		半円方形帯神獣鏡									刀剣槍鉾鏃,胡籙
	鳥取 倭文6号墳	横鋲衝・札煩・札綴・三鋲板	画対神（中中）	鈴付珠文鏡	別II		別		木鉄輪		組	鞍	刀剣,鏃
	愛媛 金子山古墳		画対神（中中）	鈴付珠文鏡									刀剣,垂耳
	福岡 稲童21号墳	横鋲眉・打鋲・打頸・札肩・三鋲板・篠籬 / 横鋲板	—	方格規矩鏡					鏃・内楕	環	環		三環鈴,三輪玉,刀剣鉾鏃
	福岡 勝浦峯ノ畑古墳		画同神C（中中） / 細獣（中小）	内行花文鏡2 / 乳文鏡 / 獣象鏡 / 旋回式獣象鏡									
XII期	茨城 三昧塚古墳	札甲 / 横鋲衝・札煩・札綴・札襟・札肩・横鋲板・篠籠・篠籬	—	四神四獣鏡 / 乳文鏡	一体II								刀剣鞍鏡,冠,垂飾付耳飾
	茨城 上野古墳	横鋲板・篠籠	—	鈴付乳文鏡		一体						馬鐸	鈴付銅器
	群馬 古海原前1号墳（第2主体）	—	画同神C（中中）	—									刀
	群馬 下芝谷ツ古墳	眉・札・篠籠	—	—	○	○							捩り環,三環鈴,履
	群馬 井出二子山古墳	横鋲板・札煩・札綴・札甲V	—	—									
	群馬 天の宮古墳	札甲類	—	—		一体					組	馬鈴	剣
	埼玉 埼玉稲荷山古墳	札甲V	画環神B（小）	—			別III		木鉄壺		組	鈴杏葉,鞍	刀剣鉾鏃,帯金具
	東京 亀塚古墳	—	神歌画（中中）	—	一体II			○			組		鈴銅,毛彫飾板,刀剣鉾鏃
	富山 加納南9号墳	鉄革札	—	あり（詳細不明）				○					三輪玉,刀剣鉾鏃
	石川 吸坂丸山5号墳	横鋲板・打鋲・小肩?	—	—									刀剣鉾鏃,工具,金環
	愛知 笹塚古墳	?	浮獣A（中小）	?	一体		一体						銀鋺,刀剣,鏃
	愛知 大須二子山古墳（第2主体）	横鋲衝・札煩・札綴・札甲VI・(篠籠)・篠籬・札膝	画同神C（中中） / 画仏A（中小）	—	別II								鈴付銅器
	三重 木ノ下古墳（第2主体）	—	浮獣A（中小）	—									刀,鏃,農工,玉類
	京都 飯岡トヅカ古墳	—	神歌画（中中） / 神車画（大）	四獣鏡	一体II	鉄楕		○				花弁形杏葉	剣
	奈良 今井1号墳（第1主体）	—	細獣A（中中）	—									刀,玉類
	奈良 新沢千塚173号墳	横鋲板	浮獣E（大）	獣形鏡									刀鉾,鏃
	奈良 新沢千塚109号墳	横鋲板・札	画同神C（中大）	獣形鏡 / 珠文鏡									刀剣槍鉾,鏃,三環鈴,垂飾付耳飾,履
	和歌山 大谷古墳	棺内：横鋲衝・札煩・札綴・札襟・札肩・札甲V / 棺外：横鋲板・馬冑・馬冑	?	素文鏡（鈴付含む）	鈴付変形		鈴付		木鉄輪・木鉄壺	透鉢	鉢	馬鐸・鞍	棺内：刀剣鉾鏃,飾金具,垂飾付耳飾,銅鈴 / 棺外：刀剣
	岡山 牛文茶臼山古墳	鋲冑・札甲	画同神C（中大）	—				○					刀,帯金具,貝釧
	岡山 築山古墳	冑・横鋲板・札甲	神龍画（中中）	—				○					刀剣槍鉾鏃
	岡山 天狗山古墳（初葬）	札甲V・筒籠	—	浮獣	別			○					
	福岡 山の神古墳	横鋲衝・札煩・札綴・札襟・札肩・札甲・篠籠	画環神A（小）	—	別II			○					
	福岡 番塚古墳	札甲VI	神歌画（中中）	—	別 / 一体II			○					
	熊本 江田船山古墳	横鋲衝・打鋲・打頸・打肩・横鋲板・横革板	画環神A（小） / 浮獣C（中小） / 画対神（中中） / 画同神C（中中） / 神車画（大）	斜縁四獣鏡	鈴付変形			素	鉄輪		板		刀剣鉾鏃,三環鈴,冠,垂飾付耳飾,帯金具,履

凡例

札煩…札式煩当　札綴…札式綴　札襟…札式襟甲　札肩…札式肩甲　板籠…板籠手　篠籠…篠籠手　筒籠…筒籠手　篠籬…篠籬甲　札膝…札式膝甲　小鋲眉…小札鋲留眉庇付冑　横鋲眉…横矧板鋲留眉庇付冑　三革板…三角板革綴衝角付冑
横鋲衝…横矧板鋲留衝角付冑　打頸…打延式頸甲　打延…打延式肩甲　長革板…長方板革綴短甲　三革板…三角板革綴短甲　三鋲板…三角板鋲留短甲　横鋲板…横矧板鋲留短甲　横革板…横矧板革綴短甲
画同神…画文帯同向式神獣鏡　画対神…画文帯対置式神獣鏡　神歌画…神人歌舞画象鏡　神龍画…神人龍虎画象鏡　神車画…神人車馬画象鏡　細獣…細線式獣帯鏡　浮獣…浮彫式獣形鏡　画仏…画文帯仏獣鏡
f字形鏡板付轡の分類は：●に従う
龍透…龍文透彫輪鏡板付轡　鑣…鑣轡　木鉄輪…木芯鉄板張輪鐙　木鉄壺…木芯鉄板張壺鐙　鏃…鉄製輪鐙　透鉢…透彫鉢状雲珠　鉢…鉢状雲珠　環…環状雲珠・環状辻金具　組…組合式辻金具　板…板状辻金具

が多くなる。そうした中でも、古海原前1号墳（第2主体）や木ノ下古墳など、甲冑・馬具を共伴しない同型鏡群出土古墳が存在する。一方で、三昧塚古墳など、甲冑・馬具などを含めた傑出した副葬品を出土した古墳においても同型鏡群の出土が見られない事例も存在する。また、同型鏡群においては小型鏡や大型鏡の副葬も開始されており、XI期と比べると同型鏡群で示される鏡径での階層差がより顕著に示されるようになった。

この時期には"杖刀人"銘鉄剣を出土した埼玉稲荷山古墳と、"典曹人"銘鉄刀を出土した江田船山古墳も含まれる。それぞれの古墳被葬者を"杖刀人"、"典曹人"と仮定し、副葬品のセット関係を比較すると、同型鏡・甲冑セットともに、江田船山古墳の方が明らかに優位である。ただしこれは江田船山古墳は副葬品の出土状況が不明である点に注意を要するとともに、あくまで埼玉稲荷山古墳と江田船山古墳の差を示しているに過ぎないもので、"杖刀人"と"典曹人"の関係性には必ずしも直結しない。

埼玉稲荷山古墳の被葬者は、鉄剣に刻まれた銘文から見れば、"杖刀人首"と称しており、この時期の"杖刀人"においては埼玉稲荷山古墳より出土した以上の武装を保有・副葬できないような印象を与える。だが、同時期の古墳としては、同じ札式甲冑で構成された武具セットを有する志段味大塚古墳、大谷古墳などが存在する。また、札式甲冑と帯金式・打延式甲冑を共伴した三昧塚古墳・大谷古墳などがあり、埼玉稲荷山古墳に副葬された以上の武装を保有・副葬する古墳は皆無ではなかった。

一方で、埼玉稲荷山古墳礫槨から出土した札甲は、組紐威の札甲であった。組紐威の札甲は、製作コストの面からみると革紐威よりも手間と時間をかけたものであり、上位の武装であった（内山2015）。同様の札甲は、今城塚古墳、金井東裏遺跡、大須二子山古墳、円山古墳、丸山塚古墳、珠城山1号墳、藤ノ木古墳、飛鳥寺などで出土しているが、非常に限定されたものであった。このように、組紐威札甲は革紐威の札甲と比べると外観も異なり、その保有・副葬し得た者が特別な地位にあったことを示していよう。

古墳時代中期以降、札式甲冑は武具としての中心をなしていくことになるため、古墳時代後期末まで出土数を増しながら存在する。一方で同型鏡群については、5世紀末〜6世紀初頭をピークとし、その後は数を減らしていく。これについて川西宏幸は、中国南朝より舶載された鏡群が配布により在庫が尽きたためと捉えられている（川西2004）。同時代には倭製鏡も存在したが、これらの生産も継体朝後には終焉を迎えるものと指摘されている（加藤2020）。鏡による身分表象システムは、装飾大刀などといった他の副葬品に引き継がれた。しかし、その後も中央ないしは地方での伝世を経て古墳時代後期後葉に副葬される事例も存在しており、一部では鏡を保有し続ける意義は少なからず存在したものと推定される。

出土甲冑にみる古墳時代の戦闘の有無　5世紀代の東アジア情勢において、倭では、大陸・半島・列島のパワーバランスが重要視されたようである。文献によると、倭による南朝への諸国の遣使は幾度も行われており、南朝により除正された地位が重要視されたことがわかる。この時代、東

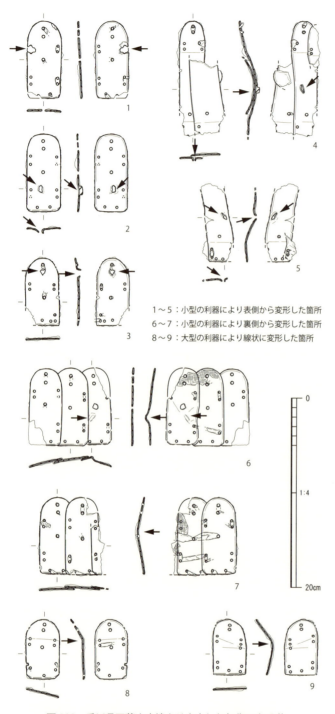

1～5：小型の利器により表側から変形した箇所
6～7：小型の利器により裏側から変形した箇所
8～9：大型の利器により線状に変形した箇所

図209　香川県王墓山古墳より出土した矢傷のある札

アジア諸国においては戦闘が行われたことも文献資料にみられる。この戦闘への倭の関与は明らかにはしえないが、倭もまた、武器・武具・馬具といった品々を副葬するように、は少なくとも一定以上の軍備が平時（ただし一定以上の緊張状態であったと推測される）より存在したのだろう。

それでは、古墳副葬品の観察によって、当時の戦闘の有無については判断できるのであろうか。結論を急げば、これは正直なところは難しいと判断したい。それは、今私たちが目にする甲冑が、古墳副葬品であるが故に実際に使用した製品であったか否か、もしくは使用されたが副葬に際して修理されたか否かを判断することが困難だからである。実際、倭国大乱の記述のある弥生時代において、第16回古代武器研究会において、副葬品から戦闘の痕跡を見出すのは困難という結論に達した（古代武器研究会2020）。

古墳時代においてはそういった甲冑の実用性、戦闘の有無の情報は皆無であるのか。これについては、やや検討の余地がある。

まず甲冑の実用性についてであるが、こちらは近年発掘されて話題となった群馬県金井東裏遺跡出土の甲冑がある（公益財団法人埋蔵文化財調査事業団2017・2019）。同遺跡からは衝角付冑と札甲を装着した古墳時代人が発掘されたことが知られるが、この

写真 26　新沢千塚 109 号墳出土板甲にみえる変形（上記写真 2 点は同部分を角度を変えて撮影）

　甲冑は古墳副葬品と比べても遜色ない。むしろ、使用している札が小型であるため大量に札を使用しており、製作により多くの時間を要する上位層の札甲とみられる。この札甲は、古墳副葬品と同等の物が実際に装着可能であることを示した。こういった甲冑の装着例は古墳時代の事例では初めてであり、極めて重要な事例と言える。ただしこちらの甲冑については戦時ではなく榛名山の噴火を鎮める祭祀の際に着用されたものと推測されており、戦闘の痕跡は確認されていない。

　一方で破壊の痕跡を伴う甲冑も少数ながら確認されている。このうち最も著名であるのは香川県王墓山古墳出土札甲であろう。この札甲は、1992 年に刊行された保存整備事業報告書の際に既に札に矢傷が存在することが指摘されており、その後その実測図等が示された（善通寺市教育委員会 1992、初村・土屋・杉本 2015）。

　この矢傷は、札の表側から力が加えられたものと、札の裏側から力が加えられたものとが存在する。傷の形状については、先端の尖ったもので力が加えられたものによる凹みや貫通が認められるほか、直線的に札が折れ曲がるものが存在する（図 209）。この傷のうち、先端の尖ったものにより力が加えられたものは、その凹みや貫通の法量が長頸鏃先端に合致しており、いわゆる矢傷として認定可能であるものも含むが、札裏側から力が加えられたものや直線的に札が折れ曲がるものについては別の解釈が必要であると考えられる。戦闘の痕跡のほか、副葬に際して甲冑を破壊した可能性も否定できない。

　同様の痕跡をもつ資料は現状では稀少と言わざるを得ないが、奈良県新沢千塚 109 号墳出土横矧板鋲留板甲にも似たような傷が存在する。新沢千塚 109 号墳の板甲の左脇部には、覆輪と後胴押付板にまたがる箇所で、板甲外側から内側に向かって力が加えられたような痕跡が存在する（写真 26）。この変形は、図 209- 1 〜 5 に示した王墓山古墳出土札甲の傷と類似する。

　板甲の変形は、土中に土圧を受けて変形してしまった事例や、副葬に際して前胴を取り外すなどの事例が知られているが、この新沢千塚 109 号墳の事例のようにピンポイントで力が加えられた事例は稀少である。

　古墳出土武具については戦闘用としての実用性を重視する視点とあくまで副葬品とみるべきと

する視点が存在しているが、日本列島各地から出土する甲冑では上に挙げたような傷の存在が指摘されたことはほとんどない。現状の出土資料に対する認識に基づけば副葬された甲冑から大規模な戦闘行為があったことを裏付けることは困難な状況であるが、今後改めて資料を再検討することにより、一部の資料でこうした痕跡が確認される可能性は高い。

副葬品研究としての札式甲冑　本書では、古墳時代中期に出現する札式甲冑に焦点を当て、その変遷・構造・用途・セット関係・組み上げ上げ過程といった基礎的な研究に従事した。歴史的な意義付けについては十分ではなかったと言わざるを得ないが、札ではなく札で構成された甲冑の研究というスタンスで、可能な限り復元された構造を考えた上での検討であったためであるが、この点はご容赦いただきたい。

　ひと昔まえでは札の出土＝挂甲（本書でいう札甲）の出土と認識されたことも多かった。この時期には多様な付属具の存在が知られていないもしくは判断基準がなかった段階であったためであるが、構造の復元までを考えた研究は末永雅雄や小林健一、神谷正弘といった研究者らによって行われていたが稀薄であった。近年の札式甲冑研究は、内山敏行・清水和明・塚本敏夫・松崎友理・横須賀倫達らが研究を進めていることで、コンスタントに論文が発表され、活発な議論がなされている。札式甲冑に対する認識は近年大きく変わりつつある状況と言える。

　しかし、札式甲冑については、大きな問題がある。資料化および整理作業等に多大な時間・労力を要する点である。近年では副葬時の状況を保った状態である岡山県天狗山古墳や愛知県大須二子山古墳などの資料が正投影の図として複数面が図化された事例はあるが、同様の膨大な数の札が銹着した資料に対する資料化は未だ進んでいない。札が細片化して出土した場合でも、資料の接合検討なども多大な時間と労力を要するところでもある。こういった事情から報告書が刊行されていないもしくは一部の札のみが掲載された報告書というものも多くみられる。

　古墳時代の帯金式甲冑・打延式甲冑については、多くの資料の全体像が図化・認識された上での細部の検討がなされているところである。こうした研究により、古墳時代中期の甲冑研究は帯金式甲冑・打延式甲冑を中心として研究が進展している状況と言える。帯金式甲冑・打延式甲冑と札式甲冑はそれぞれ製作技術・構造が異なるので、同様のことをしても近しい成果を得ることは難しいだろう。しかし、比較研究を行う上では構造・副葬状況を把握しておく必要がある。群馬県金井東裏遺跡での完全な状態で出土した札甲や、良好に遺存した愛知県大須二子山古墳出土札甲の調査から得られた情報の多さは、その証左と言える。

　古墳時代後期になると、札式甲冑は倭の武装の中核を担うこととなる。しかし、研究の中心となっているのは装飾大刀や馬具である。特に装飾付大刀については多くの研究者らによって研究・検証が実施されているなど、多角的に研究が進められている点は大きい。札式甲冑においては、先に挙げた通り、報告に至らない事例も多い。こういった資料を図化・検討できるようになれば、今よりも具体性を持った構造・用途論に基づき、保有者の性格や階層性について検討が可能となると思われる。

終章　日本列島における渡来系技術の受容とその背景　**333**

　「札式甲冑は、出土時に札を繋ぐ威紐・綴紐などが腐朽しているため、全体像の把握が難しい。」と、札の話をする際に枕詞のように聞く機会が多い。しかし、そうであるからといって、そこで思考を止める必要はない。現存する資料にも多くの情報は残っており、私たちはそこに残る情報を抽出して検討を進め、可能な限り構造・用途について検討を行っている。これは他の遺物についても同様のことと言える。そうでなくては、札式甲冑の研究は他の副葬品研究と同じ土俵で話をすることはできない。

　現在筆者も、多くの研究者らと進めている再整理調査・研究を行っているが、こうした場面においても初心を忘れず、検討を進めていきたいとと考えている。

註

36)　初期装飾付大刀については、新羅・百済・大伽耶と古墳被葬者が王権を介さないルートでの入手が想定されており、体系立ての変遷を追うことなどは難しい。また、倭の中での製作は想定されていない（金2017）。

37)　龍文透彫帯金具については、倭での製作（小浜1993、橋本1995、田中史1998、宇野2000）もしくはいずれも舶載品（坂1991、藤井2001、高田2006、早乙女2007、岩本2015）とみる見解に分かれる。冠については、資料数が少なく連続性が不明であるとする（土屋2000）。垂飾付耳飾については、古墳時代中期中葉から倭で長鎖式耳飾の製作が開始され、継続するが、百済・新羅・大伽耶から局所的に舶載品がもたらされたとされる（金2017）。

38)　同型鏡副葬古墳の初現となるのは福岡県勝浦峯ノ畑古墳（細線式獣帯鏡A・画文帯同向式神獣鏡C）・三重県神前山1号墳（画文帯同向式神獣鏡C）・千葉県祇園大塚山古墳（画文帯仏獣鏡B）であり、TK208型式期頃に副葬品としてみられていた（川西2004・辻田2018）。勝浦峯ノ畑古墳鏡については、副葬鏡の中に同型鏡群3面のほか、前期倭鏡と後期倭鏡新段階の鏡が含まれており、年代としてはTK208〜23型式期頃の可能性が高いとみられている（岩本2021）。神前山1号墳については出土時の詳細や共伴副葬品も不明であるため、初現期の資料とするには難がある。祇園大塚山古墳については、遺物の詳細な出土状況が不明であり、内山敏行による後期2段階（MT85〜TK10型式期）からみられる威技法である各段威b類を採用した札甲が出土したとされている（千葉県2004）。祇園大塚山古墳からは、確かに竪矧板鋲留眉庇付冑や金銅製札など、比較的古い甲冑類が存在することも知られている（村井1966）が、各遺物の詳細な出土状況なども明確ではないため、副葬品の帰属やセット関係を証明し難い。そのため、近年祇園大塚山古墳の年代観についてON46型式期とするには慎重な意見も多い（橋本2013、岩本2017b）。これら3古墳を同型鏡出現の基軸とするには慎重にならざるを得ない。

39)　神前山1号墳やよせわ1号墳、金子山古墳については、発掘時の状況が工事や不時発見などであり、必ずしも副葬品全体の様相が解明されているわけではない。そのため、ここでは発掘調査時に副葬品の全容が知られているもののみを取り上げた。

引用文献

会田容弘 1994「『東大寺献物帳（国家珍宝帳）』の初歩的考察―国家珍宝帳の大刀・弓・箭具・甲について―」『山形大学史学論集』第 14 号―仲野浩先生退官記念― 山形大学人文・教養歴史学研究室山形史学会 pp. 13-26

赤塚次郎 1989「断夫山古墳をめぐる諸問題」『第 6 回東海埋蔵文化財研究会 断夫山古墳とその時代』東海埋蔵文化財研究会 pp. 8-17

赤塚次郎 1991「尾張型埴輪について」『池下古墳』 愛知県埋蔵文化財センター pp. 34-50

赤塚次郎 1997「須恵器系埴輪の拡散」『古文化論叢』伊達先生古稀記念論集刊行会 pp. 309-323

朝日新聞社 2002『飛鳥・藤原京展 古代律令国家の創造』奈良文化財研究所創立 50 周年記念

安達厚三 1978「名古屋市大須二子山古墳の遺物をめぐって」『名古屋市博物館研究紀要』第 1 巻 名古屋市博物館 pp. 1-7

尼子奈美枝 2003a『古墳時代後期の階層構造復原に関する研究―金銅装の鏡板の形態に着目して―』平成 13 年度～ 14 年度日本学術振興会科学研究補助金（基盤研究 (C)(2)）研究成果報告書 元興寺文化財研究所

尼子奈美枝 2003b「剣菱形杏葉の形態に関する研究ノート」『元興寺文化財研究所 研究報告 2002』 元興寺文化財研究所 pp. 98-102

尼子奈美枝 2010「奈良国立博物館所蔵 大和二塚古墳出土障泥吊金具について」『鹿園雑集』第 12 号 奈良国立博物館 pp. 79-85

雨宮加代子・長谷部久樹・米田明訓 2011「博物館における青銅鏡作り体験の実際的方法 2 ―三珠大塚古墳出土六鈴鏡の復元と青銅器製作体験プログラムの導入について―」『研究紀要』27 山梨県立考古学博物館・山梨県埋蔵文化財センター pp. 31-43

安藤広道 2003「弥生・古墳時代の各種青銅器」『考古資料大観』第 6 巻弥生・古墳時代 青銅・ガラス製品 小学館 pp. 291-306

飯島義雄・小池浩平 2000「古墳時代銅鏡の製作方法の検討―獣帯鏡のいわゆる「同型鏡」を基にして―」『群馬県立歴史博物館紀要』第 21 号 群馬県立歴史博物館 pp. 61-84

諫早直人 2012『東北アジアにおける騎馬文化の考古学的研究』 雄山閣

諫早直人 2013「平城京若犬養門付近出土の小札甲」『奈良文化財研究所紀要』2013 奈良文化財研究所 pp. 66-67

諫早直人 2014「馬具の有機質―七観古墳出土馬具の分析結果から―」『七観古墳の研究―1947 年・1952 年出土遺物の再検討―』 京都大学大学院文学研究科 pp. 235-250

石橋茂登・初村武寛 2025「研究ノート 飛鳥寺塔跡出土札甲の調査」『奈文研論叢』第 5 号 奈良文化財研究所 近刊予定

伊藤秋男 1978 「名古屋市大須二子山古墳調査報告」『小林知生教授退職記念考古学論文集』 南山大学考古学研究室 pp. 21-68

伊藤秋男 1993 「慶州皇南洞 109 号墳出土の馬冑―馬冑の型式と系譜の問題を中心として―」『日本考古学協会第 59 回（1993 年度）総会研究発表要旨』 日本考古学協会 pp. 46-49

伊藤秋男 1994「韓国陝川磻渓提가A号墳出土の革製馬冑の復元について」『日本考古学協会第 60 回（1994 年度）総会研究発表要旨』 日本考古学協会 pp. 82-85

伊藤雅文 2001 「東京国立博物館蔵 加賀市狐山古墳出土品」『石川県考古資料調査・集成事業報告書』補遺編 石川考古学研究会 pp. 54-62

犬塚康博 1989 「大須二子山古墳の復原的検討」『名古屋市博物館研究紀要』第 13 巻 名古屋市博物館 pp. 91-121

犬塚康博 1997 「断夫山古墳と大須二子山古墳」『新修名古屋市史』第 1 巻 名古屋市 pp. 392-416

今尾文昭 2017『藤ノ木古墳出土品からみた考古系博物館における展示・公開に関する総合的研究』平成 25 年度～平成 28 年度科学研究費補助金基盤研究 (A)(課題番号 25242025) 研究成果報告書 奈良県立橿原考古学研究所

岩本 崇 2015 「製作技術からみた龍文透彫帯金具の成立」『五條猫塚古墳の研究』総括編 奈良国立博物館 pp. 313-340

岩本 崇 2017a 「古墳時代倭鏡様式論」『日本考古学』第 43 号 日本考古学協会 pp. 59-78

岩本 崇 2017b 「古墳時代中期における鏡の変遷―倭鏡を中心として―」『中国四国前方後円墳研究会第 20 回研究集会 中期古墳研究の現状と課題Ⅰ～広域編年と地域編年の齟齬～発表要旨集・資料集』 中国四国前方後円墳研究会 pp. 9-20

上田三平 1927 「東大寺大佛殿須彌壇内に於て發見せる遺寶に就て」『寧楽』8 寧楽發行所 pp. 67-72

上野祥史 2004 「韓半島南部出土鏡について」『国立歴史民俗博物館研究報告』第 110 集 国立歴史民俗博物館 pp. 403-433

上野祥史 2012 「帯金式甲冑と鏡の副葬」『国立歴史民俗博物館研究報告』第 173 集 国立歴史民俗博物館 pp. 477-498

上野祥史 2013 「祇園大塚山古墳の画文帯仏獣鏡 ―同型鏡群と古墳時代中期―」『歴博フォーラム 祇園大塚山古墳と 5 世紀という時代』 六一書房 pp. 107-134

上野祥史 2015 「中期古墳と鏡」『中期古墳とその時代』 雄山閣 pp. 89-98

上野祥史 2018 「古墳時代における鏡の分配と保有」『国立歴史民俗博物館研究報告』第 211 集 国立歴史民俗博物館 pp. 79-110

上野祥史 2019 「朝鮮半島南部の鏡と倭韓の交渉」『国立歴史民俗博物館研究報告』第 217 集 国立歴史民俗博物館 pp. 291-317

内山敏行 1987 「遺物編年の現段階―武具―」『関東・東北地方の群集墳―造営年代と歴史的意義 古墳文化研究会研究発表・討論会 発表要旨』 PHALANX―古墳文化研究会―

内山敏行 1992a 「古墳時代後期の朝鮮半島系冑」『研究紀要』第 1 号 財団法人栃木県文化振興事業団埋

蔵文化財センター　pp. 143-165

内山敏行 1992b「挂甲と付属具について」『観音塚古墳調査報告書』　高崎市教育委員会　pp. 130-135

内山敏行 1996「古墳時代の轡と杏葉の変遷」『黄金に魅せられた倭人たち』　島根県立八雲立つ風土記の
丘資料館　pp. 42-47

内山敏行 2000「東国の甲冑」『大塚初重先生頌寿記念考古学論集』　東京堂出版　pp. 295-316

内山敏行 2001「古墳時代後期の朝鮮半島系冑（2）」『研究紀要』第9号　（財）とちぎ生涯学習文化財
団埋蔵文化財センター　pp. 175-186

内山敏行 2003「古墳時代後期の諸段階と甲冑・馬具」『後期古墳の諸段階』　東北・関東前方後円墳研究
会　pp. 43-58

内山敏行 2004「(11) 武具」『千葉県の歴史』資料編考古4（遺跡・遺構・遺物）　千葉県　pp. 832-843

内山敏行 2006「古墳時代後期の甲冑」『古代武器研究』Vol. 7　古代武器研究会　pp. 19-28

内山敏行 2008a「小札甲の変遷と交流―古墳時代中・後期の縅孔2列小札とΩ字形腰札―」『王権と武具
と信仰』同成社　pp. 708-717

内山敏行 2008b「古墳時代の武具生産―古墳時代中期甲冑の二系統を中心に―」『地域と文化の考古学
II』　明治大学文学部考古学研究室　pp. 379-392

内山敏行 2012「装飾付武器・馬具の受容と展開」『馬越長火塚古墳群』豊橋市埋蔵文化財調査報告書第
120集　豊橋市教育委員会　pp. 313-324

内山敏行 2017「金井東裏遺跡の甲冑とその構造」『金井東裏遺跡　甲装着人骨等詳細調査報告書』　群馬
県教育委員会　pp. 454-456

内山敏行 2019「衝角付冑と2列小札甲―古墳時代甲冑のセット関係―」『和の考古学―藤田和尊さん追
悼論文集―』ナベの会考古学論集第1集　ナベの会　pp. 175-184

内山敏行 2020「綿貫観音山古墳の甲冑と附属具」『国宝決定記念　第101回企画展綿貫観音山古墳のす
べて』　群馬県立歴史博物館　pp. 172-179

内山敏行 2023「古墳時代の外来系武具と倭系武具」『古代武器研究』Vol. 18　古代武器研究会　pp. 37-50

宇野愼敏 2004「龍文鋶帯金具再考」『島根考古学会誌　山本清先生追悼・島根考古学会創立20周年記念
特集号』第20・21集合併号　島根考古学会　pp. 315-326

梅原末治 1925『鑑鏡の研究』　大岡山書店

梅原末治 1932「淡輪村西小山古墳と其の遺物」『大阪府史蹟名勝天然記念物調査報告』第3輯　大阪府
pp. 34-61

梅原末治 1933『讃岐石清尾山石塚の研究』京都帝国大学文学部考古学研究報告第12冊

梅原末治 1946「本邦古墳出十の同笵鏡に就いての一二の考察」『史林』第30巻第3号　史学研究会
pp. 18-39

大川磨希 1999「鈴付銅器に関する一考察」『明治大学博物館研究報告』第4号　明治大学博物館　pp. 21-48

大澤元裕 2005「臑当についての一考察」『稲童古墳群―福岡県行橋市稲童所在の稲童古墳群調査報告―』
行橋市文化財調査報告書第32集　行橋市教育員会　pp. 262-267

小野山節 1979「鐘形装飾付馬具とその分布」『MUSEUM』No.339　東京国立博物館　pp. 4-15

大谷宏治 1999「石ノ形古墳出土の鏡と鈴釧について―研究ノート―」『石ノ形古墳』　静岡県袋井市教育委員会　pp. 293-314

大谷宏治 2004「鉄鉾について」『寺山古墳群　第二東名 No.128 地点　第二東名建設事業に伴う埋蔵文化財発掘調査報告書』静岡県埋蔵文化財調査研究所調査報告第 149 集　静岡県埋蔵文化財調査研究所　pp. 87-91

岡林孝作 2011「②木棺の諸形態」『古墳時代の考古学』3 墳墓構造と葬送祭祀　同成社　pp. 106-117

奥村秀雄 1976「国宝東大寺金堂鎮壇具について―出土地点による埋納時期の考察」『MUSEUM　東京国立博物館美術誌』No.298　東京国立博物館　pp. 4-23

片山健太郎 2016「古墳時代馬具における繋の基礎的研究」『史林』第 99 巻第 6 号　史学研究会　pp. 36-74

片山健太郎・初村武寛 2014「王墓山古墳出土馬具について」『旧練兵場跡・王墓山古墳・岡古墳群・善通寺旧境内』　善通寺市教育委員会　pp. 39-51

加藤一郎 2014「後期倭鏡研究序説―旋回式獣像鏡系を中心に―」『古代文化』66 巻 2 号　公益財団法人古代学協会　pp. 165-184

加藤一郎 2020『古墳時代後期倭鏡考：雄略朝から継体朝の鏡生産』　六一書房

加藤一郎 2021『倭王権の考古学：古墳出土品にみる社会変化』　早稲田大学出版部

神谷正弘 1988「富木車塚古墳出土挂甲の復原製作」『考古学論集』第 2 集　考古学を学ぶ会　pp. 139-165

神谷正弘 1992「日本・韓国出土の馬冑・馬甲」『考古学論集』第 4 集　考古学を学ぶ会　pp. 117-145

神谷正弘 2006「中国・韓国・日本出土の馬冑と馬甲」『東アジア考古学論叢―日中共同研究論文集―』　奈良文化財研究所　pp. 117-152

河上邦彦 2005「中・後期古墳出土のいわゆる舶載鏡について」『三次元デジタルアーカイブを活用した古鏡の総合的研究』橿原考古学研究所研究成果第 8 冊　奈良県立橿原考古学研究所　pp. 474-481

川西宏幸 1983「中期畿内政権論―古墳時代政治史研究―」『考古学雑誌』第 69 巻第 2 号　日本考古学会　pp. 1-35

川西宏幸 1986「後期畿内政権論」『考古学雑誌』第 71 号第 2 号　日本考古学会　pp. 1-42

川西宏幸 2004『同型鏡とワカタケル』　同成社

川畑　純 2011「衝角付冑の型式学的配列」『日木考古学』第 32 号　日本考古学協会　pp. 1-31

川畑　純 2015『武具が語る古代史―古墳時代社会の構造転換』プリミエ・コレクション 60　京都大学学術出版会

川畑　純 2016『甲冑編年の再構築に基づくモノの履歴と扱いの研究』平成 24 ～ 27 年度科学研究費補助金（若手（B））研究成果報告書（課題番号：24720368）　奈良文化財研究所

神田孝平 1887「古鈴圖解」『東京人類學會報告』第十二號　東京人類學會　pp. 112-113

岸本　圭 2015「伝三上山下古墳出土獣帯鏡」『九州国立博物館紀要「東風西声」』第 10 号　九州国立博物館　pp. 43-50

金　宇大 2011「装飾付環頭大刀の技術系譜と伝播」『古文化談叢』第 66 集　九州古代文化研究会　pp. 87-127

金　宇大 2017『金工品から読む古代朝鮮と倭―新しい地域関係史へ』　京都大学学術出版会

高坂捻積 1941「法持寺蔵白鳥陵出土品写生帖模写」『尾張の遺跡と遺物』　愛知県郷土資料刊行

五條猫塚古墳研究会 2010「五條猫塚古墳出土資料の再整理とその新知見」『鹿園雑集』第 12 号　奈良国
　　　立博物館　pp. 61-78

粉川昭平・清水康二 1991「吉備塚古墳表採の鏡について」『青陵』No.77　奈良県立橿原考古学研究所
　　　pp. 1-5

小浜　成 2002「龍文系帯金具からみたに日本出土帯金具の製作と変遷」『究班Ⅱ　埋蔵文化財研究会 25
　　　周年記念論文集』　25 周年記念論文集編集委員会　pp. 287-304

小林謙一 1988「古代の挂甲」『歴史学と考古学』　高井悌三郎先生喜寿記念事業会　pp. 269-284

小林青樹・野崎貴博・横田美香 1997「岡山市八幡大塚 2 号墳の再検討―八幡大塚 2 号墳出土とされる須
　　　恵器の検討から―」『古代吉備』第 19 集　古代吉備研究会　pp. 178-183

小林行雄 1961『古墳時代の研究』　青木書店

小林行雄 1962「古墳文化の形成」『岩波講座日本歴史』 1　岩波書店

小林行雄 1976『古墳文化論考』　平凡社

近藤好和 2000「大鎧の成立」『中世的武具の成立と武士』　吉川弘文館　pp. 11-56

近藤好和 2014a『日本古代の武具『国家珍宝帳』と正倉院の器仗』　思文閣出版

近藤好和 2014b「『国家珍宝帳』と「東大寺金堂鎮壇具」の器仗」『古文書研究』第 78 号　日本古文書学
　　　会　pp. 1-22

齊藤大輔 2018「岩戸山古墳出土の捩り環頭大刀形石製表飾」『古文化談叢』81　九州古文化研究会　pp.
　　　171-186

斎藤　忠 1963「変形鈴釧」『古代の装身具』　塙書房　pp. 260-261

阪口英毅 2001「鉄製甲冑の系譜―基本構造と連接技術の検討を中心に―」『季刊考古学』第 76 号　雄山
　　　閣　pp. 34-38

阪口英毅 2013「甲冑」『古墳時代の考古学』 4 副葬品の型式と編年　同成社　pp. 111-124

阪口英毅 2017「中期古墳編年と甲冑研究」『中期古墳研究の現状と課題Ⅰ～広域編年と地域編年の齟齬
　　　～発表要旨集・資料集～』　中国四国前方後円墳研究会　pp. 47-60

阪口英毅 2019『古墳時代甲冑の技術と生産』　同成社

佐藤小吉・末永雅雄 1930「添上郡帯解町円照寺墓山第 1 号墳発掘調査報告」『奈良県史跡名勝天然記念
　　　物調査報告』第 11 輯　奈良県

清水和明 1988「挂甲の基礎的考察」『関西大学考古学等資料室紀要』第 5 号　関西大学考古学等資料室
　　　pp. 86-99

清水和明 1990「挂甲」『斑鳩藤ノ木古墳第一次調査報告書』　斑鳩町・斑鳩町教育委員会　pp. 362-375

清水和明 1993a「挂甲　製作技法の変遷からみた挂甲の生産」『甲冑出土古墳にみる武器・武具の変遷』
　　　第Ⅰ分冊　埋蔵文化財研究会　pp. 13-27

清水和明 1993b「挂甲の技術」『考古学ジャーナル』No.366　ニューサイエンス社　pp. 27-30

清水和明 1995「古墳時代中期の甲冑製作技術に関する一考察」『考古学の世界』10　学習院考古会　pp. 1-23

清水和明 1996「東アジアの小札甲の展開」『古代文化』Vol. 48-4　古代学協会　pp. 1-18

清水和明 2000「古代の甲冑製作技術について」『古代武器研究』Vol. 1　古代武器研究会　pp. 16-22

清水和明 2009「小札甲の製作技術と系譜の検討」『月刊考古学ジャーナル』No.581　ニューサイエンス社　pp. 22-26

清水和明・高橋工 1998「古墳時代の外来系甲冑資料について―福岡県塚堂古墳と熊本県楢崎山 5 号墳出土甲冑―」『大阪市文化財協会研究紀要』創刊号　大阪市文化財協会　pp. 33-49

清水康二 2013「古墳時代中後期に見られる同型鏡群製作の一様相―大韓民国国立中央博物館所蔵の画文帯環状乳神獣鏡の観察から―」『FUSUS』Vol. 6　アジア鋳造技術史学会　pp. 1-14

正倉院事務所 1995『正倉院宝物』3 北倉Ⅲ　毎日新聞社

末永雅雄 1930「武装具の調査」『奈良県史蹟名勝天然記念物調査報告』第 11 輯　奈良県　pp. 20-75

末永雅雄 1934『日本上代の甲冑』　岡書院

末永雅雄 1981『増補　日本上代の甲冑』　木耳社

末永雅雄・伊藤信雄 1979『挂甲の系譜』　雄山閣出版株式会社

鈴木一有 2010「古墳時代後期の衝角付冑」『待兼山論集Ⅱ―大阪大学考古学研究室 20 周年記念論集―』大阪大学考古学研究室　pp. 503-523

鈴木一有 2017「志段味大塚古墳と 5 世紀後半の倭王権」『埋蔵文化財調査報告書 77　志段味古墳群Ⅲ―志段味大塚古墳の副葬品―』名古屋市文化財調査報告 94　名古屋市教育委員会　pp. 175-186

鈴木康高・小森牧人 2010「同志社大学所蔵堺市城ノ山古墳出土資料調査報告（2）」『同志社大学歴史資料館館報』第 13 号　同志社大学歴史資料館　pp. 1-17

蘇　哲 2008「大須二子山古墳金銅装裲襠式挂甲の持つ意味―五胡十六国・南北朝甲冑との関係を中心に―」『南山大学人類学博物館オープンリサーチセンター東アジア部会シンポジウム資料　大須二子山古墳と東アジア』資料集　南山大学人類学博物館　pp. 25-27

宋　桂鉉 1997「釜山 五倫臺 採集 甲冑類」『博物館研究論集』6　釜山広域市立博物館

高田貫太 1998「古墳副葬鉄鋌の性格」『考古学研究』第 45 巻第 1 号　考古学研究会　pp. 49-70

高田貫太 2013「古墳出土龍文透彫製品の分類と編年」『国立歴史民俗博物館研究紀要』第 178 集　国立歴史民俗博物館　pp. 121-141

高槻市立今城塚古代歴史館 2016『王権儀礼に奉仕する人々』平成 28 年度秋季特別展図録

高橋健自 1911『鏡と剣と玉』　富山房

高橋健自 1920「鈴付銅器」『考古学雑誌』第 10 巻第 10 号　日本考古学会　p. 49

高松雅文 2007「継体大王期の政治的連帯に関する考古学的研究」『ヒストリア』205　大阪歴史学会　pp. 1-27

滝沢　誠 1991「鋲留短甲の編年」『考古学雑誌』第 76 巻第 3 号　日本考古學會　pp. 16-61

田中晋作 1991「武具」『古墳時代の研究』第 8 巻　雄山閣出版　pp. 39-55

田中晋作 2003「鉄製甲冑の変遷」『考古資料大観』第 7 巻弥生・古墳時代鉄・金銅製品　小学館　pp. 187-193

田中史子 1998「古墳出土の帯金具」『考古学研究』第 45 巻第 2 号　考古学研究会　pp. 83-103

田中　稔 1953「前方後円墳の築造方法―名古屋市大須二子山古墳の場合―」『歴史評論』49　丹波書林
　　　　pp. 46-50

田中由理 2004「f 字形鏡板付轡の規格性とその背景」『考古学研究』第 51 巻第 2 号　考古学研究会
　　　　pp. 97-117

田中由理 2005「剣菱形杏葉と 6 世紀前葉の馬具生産」『待兼山考古学論集』　大阪大学考古学研究室
　　　　pp. 641-656

千賀　久 1984「日本出土帯金具の系譜」『橿原考古学研究所論集』第六　吉川弘文館　pp. 299-339

千賀　久 2003「馬具―飾り馬の変遷と系譜―」『考古資料大観』第 7 巻弥生・古墳時代鉄・金銅製品
　　　　小学館　pp. 200-206

千賀久・村上恭通編 2003『考古資料大観』第 7 巻弥生・古墳時代鉄・金銅製品　小学館

中国四国前方後円墳研究会 2024『中期古墳編年を再考する』　六一書房

塚本敏夫 1997「長持山古墳出土挂甲の研究」『王者の武装―5 世紀の金工技術―』　京都大学総合博物館
　　　　pp. 64-87

塚本敏夫 2004「帯板・小札併用肩甲の意義と成立背景」『正崎 2 号墳『正崎 2・4 号墳』復刻　甲冑の整理・
　　　　保存処理報告』山陽町文化財調査報告 1　山陽町教育委員会　pp. 95-101

塚本敏夫 2013「東大寺金堂鎮壇具の保存修理―陰劔・陽劔の発見と鎮壇具の再評価」『国宝・東大寺金
　　　　堂鎮壇具のすべて』　東大寺ミュージアム　pp. 114-119

塚本敏夫 2014「古代・中世における武具埋納祭祀の具体相」『日本考古学協会第 80 回（2014 年）総会
　　　　発表要旨集』　日本考古学協会　pp. 64-65

塚本敏夫 2017「武具祭祀の変遷　三段階の画期」『鎮物としての武器・武具』平成 29 年度夏季企画展
　　　　（宗）元興寺・（公財）元興寺文化財研究所　pp. 44-47

塚本敏夫・植田直見・杉本和江・川本耕三 1994「挂甲について」『団子塚九号墳出土遺物保存処理報告書』
　　　　袋井市教育委員会・財団法人元興寺文化財研究所　pp. 73-112

塚本敏夫・小村眞理・初村武寛・田中由理 2013「武具の変遷と防御性の検証実験」『3rd International
　　　　Symposium on Conservation of Cultural Heritage in East Asia』　The Society for Conservation
　　　　of Cultural Heritage in East Asia

塚本敏夫・山田卓司 2015「大室第 186 号墳の小札甲の理科学的分析とその構造」『信濃大室積石塚古墳群
　　　　の研究Ⅳ 1　大室谷支群ムジナゴーロ単位支群の調査』　明治大学文学部考古学研究室・六一書房

塚本敏夫・山田卓司・初村武寛 2012「長岡京出土小札の再検討」『財団法人向日市埋蔵文化財センター
　　　　年報都城』23　財団法人向日市埋蔵文化財センター　pp. 27-51

辻田淳一郎 2010「北部九州の前期古墳における竪穴式石槨と葬送儀礼」『史淵』147 号　九州大学大学
　　　　院人文科学研究院　pp. 29-57

辻田淳一郎 2018『同型鏡と倭の五王の時代』　同成社

辻田淳一郎 2019『鏡の古代史』角川選書 630　KADOKAWA

土屋隆史 2013「平胡籙の出現過程」『技術と交流の考古学』 同成社　pp. 235-246

土屋隆史 2018『古墳時代の日朝交流と金工品』 雄山閣

津野　仁 1998 「東大寺出土甲と古代小札甲の諸要素」『研究紀要』第 6 号　財団法人栃木県文化振興事業団埋蔵文化財センター　pp. 61-91

津野　仁 2000「八幡 14 号墓の甲冑」『福島考古』第 41 号　福島県考古学会

津野　仁 2011『日本古代の武器・武具と軍事』 吉川弘文館

豊島直博 2013「剣・刀・槍・矛」『副葬品の型式と編年』古墳時代の考古学 4　同成社　pp. 85-94

内藤　栄 2011「宝物献納と蓮華台蔵世界海―「陽剣」・「陰剣」銘大刀をめぐって―」『第 63 回「正倉院展」目録』 財団法人仏教美術協会　pp. 123-126

奈良県立橿原考古学研究所 2005『三次元デジタルアーカイブを活用した古鏡の総合的研究』橿原考古学研究所研究成果第 8 冊

奈良県立橿原考古学研究所附属博物館 2013『5 世紀のヤマト～まほろばの世界～』 2013 年春季特別展図録

奈良国立文化財研究所飛鳥資料館 1987『壬申の乱』飛鳥資料館図録第 18 冊

奈良文化財研究所飛鳥資料館 2012『比羅夫がゆく　飛鳥時代の武器・武具・いくさ』飛鳥資料館図録第 56 冊

西岡千絵 2005「計測値からみた短頸鏃と長頸鏃」『古文化談叢』第 53 集　九州古代文化研究会　pp. 47-62

野上丈助 1970「横矧板形式の短甲と付属小札について」『考古学雑誌』第 56 巻第 2 号

野崎貴博 2014「天狗山古墳出土挂甲の復原」『天狗山古墳』岡山大学考古学研究室・天狗山古墳発掘調査団　pp. 100-104

野尻　忠 2011「そのとき倉から出されたものは、どこへ行ったのか。―雑札 c（木簡）の詳細解説―」『第 63 回「正倉院展」目録』 財団法人仏教美術協会　pp. 132-133

橋本達也 1995「古墳時代中期における金工技術の変革とその意義―眉庇付冑を中心として―」『考古学雑誌』第 80 巻第 4 号　日本考古学会　pp. 1-33

橋本達也 2003「有機質製甲冑・縦・靫・胡籙・弓」『考古資料大観』第 7 巻弥生・古墳時代鉄・金銅製品　小学館　pp. 194-199

橋本達也 2009「古墳時代甲冑の型式名称―「短甲」・「挂甲」について―」『月刊考古学ジャーナル』No.581　ニューサイエンス社　pp. 27-30

橋本達也 2013「祇園大塚山古墳の金銅装眉庇付冑と古墳時代中期の社会」『歴博フォーラム　祇園大塚山と 5 世紀という時代』 六一書房　pp. 57-83

橋本達也 2014a「城ノ山古墳の襟甲」『堺市博物館研究報告』第 33 号　堺市博物館　pp. 74-80

橋本達也 2014b「中期甲冑の表示する同質性と差異性―変形板短甲の意義―」『七観古墳の研究―1947 年・1952 年出土遺物の再検討―』 京都大学大学院文学研究科　pp. 251-272

橋本達也 2014c「古墳時代中期甲冑における朝鮮半島系要素の導入―山の神古墳の甲冑付属具とその評価を中心に―」『山の神古墳と「雄略朝」期をめぐる諸問題　研究発表資料集』 九州大学大学院人文科学研究院考古学研究室　pp. 59-64

橋本達也 2014d「野中古墳における甲冑の大量埋納と倭政権の武装」『野中古墳と「倭の五王」の時代』
　　　　大阪大学出版会　pp. 52-56

橋本達也 2021「三の丸尚蔵館所蔵金銅装衝角付冑とそれに関わる推論―水野忠央と橋本市陵山古墳をめぐっ
　　　　て―」『技と慧眼　塚本敏夫さん還暦記念論集』　塚本敏夫さん還暦記念論集事務局　pp. 125-136

初村武寛 2010「古墳時代中期における小札式付属具の基礎的検討―付属具を構成する小札の用途と装着
　　　　部位―」『洛北史学』第 12 号　洛北史学会　pp. 92-118

初村武寛 2011a「一夜塚古墳出土甲冑の位置付け」『一夜塚古墳出土遺物調査報告書』　朝霞市教育委員
　　　　会　pp. 69-82

初村武寛 2011b「古墳時代中期における小札甲の変遷」『古代学研究』192　古代学研究会　pp. 1-19

初村武寛 2012「古墳時代後期における武装とその意義―愛知県大須二子山古墳出土甲冑類の構造と用途
　　　　から―」『明治大学と大阪大学・京都府立大学との考古学・古代史大学院生研究交流プログラム』
　　　　成果報告書　明治大学大学大学院文学研究科　pp. 95-104

初村武寛 2015a「日本列島における導入期小札甲の構造と副葬の背景」『研究紀要』19 号　由良大和古
　　　　代文化研究協会　pp. 1-36

初村武寛 2015b「東大寺金堂鎮壇具挂甲残闕を再考する」『国宝東大寺金堂鎮壇具保存修理調査報告書』
　　　　東大寺　pp. 263-272

初村武寛 2015c「五條猫塚古墳出土小札甲の構造と甲冑の装飾―小札甲と帯金具の関係性に着目して―」
　　　　『五條猫塚古墳の研究』総括編　奈良国立博物館　pp. 303-312

初村武寛 2016「古墳時代における鞍金具の一様相―磯縁金具のみを出土する事例について―」『元興寺
　　　　文化財研究所研究報告 2015―水野正好所長追悼論文集―』　公益財団法人元興寺文化財研究所
　　　　pp. 157-166

初村武寛 2017「古墳時代の武装と付属具」『月刊考古学ジャーナル』No.701　ニューサイエンス社　pp. 10-14

初村武寛 2018a「奈良国立博物館蔵大和二塚古墳・珠城山三号墳出土遺物の調査―平成二十五～二十六年
　　　　に行った保存処理により得られた知見から―」『鹿園雑集』第 20 号　奈良国立博物館　pp. 51-71

初村武寛 2018b『錆情報に基づく戦後復興期消滅古墳副葬品配列の復元研究』平成 28 ～ 30 年度科学研
　　　　究費補助金（若手研究（Ｂ））研究成果報告書　元興寺文化財研究所

初村武寛 2018c「小札式甲冑における研究史と導入・展開の諸様相」『古代武器研究』Vol. 14　古代武器
　　　　研究会　pp. 47-76

初村武寛 2019「頸甲と小札肩甲」『和の考古学』ナベの会考古学論集第 1 集　ナベの会　pp. 163-174

初村武寛 2020「３Ｄデータを用いた同型鏡群の比較検討Ⅰ」『元興寺文化財研究所研究報告 2019』　公
　　　　益財団法人元興寺文化財研究所　pp. 1-44

初村武寛 2021「３Ｄデータを用いた同型鏡群の比較検討Ⅱ」『元興寺文化財研究所研究報告 2020』　公
　　　　益財団法人元興寺文化財研究所　pp. 9-58

初村武寛 2022「３Ｄデータを用いた同型鏡群の比較検討Ⅲ」『元興寺文化財研究所研究報告 2021』　公
　　　　益財団法人元興寺文化財研究所　pp. 1-46

初村武寛 2023「３Ｄデータを用いた同型鏡群の比較検討―補遺―」『元興寺文化財研究所研究報告
　　　2022』　公益財団法人元興寺文化財研究所　pp. 67-82

初村武寛・小村眞理 2012　「今城塚古墳出土小札の構造と復元」『よみがえる古代の煌き』　高槻市立今
　　　城塚古代歴史館　pp. 70-71

初村武寛・土屋隆史・杉本和江 2013「王墓山古墳出土武具の研究」『香川考古』第 13 号　香川考古会
　　　pp. 1-51

花田勝広 1999「三上山下古墳出土の獣帯鏡―出土地の検討―」『滋賀考古』第 21 号　滋賀考古学研究会
　　　　pp. 107-118

林正憲 2002「古墳時代前期倭鏡における２つの鏡群」『考古学研究』第 49 巻第 2 号　考古学研究会
　　　　pp. 88-107

原久仁子 2008「戦中・戦後の航空写真と大須二子山古墳」『大須二子山古墳と東アジア』南山大学人類
　　　学博物館オープンリサーチセンター東アジア部会シンポジウム資料　南山大学人類学博物館

原久仁子 2011「写真と古地図にみる大須二子山古墳」『南山大学人類学博物館所蔵考古資料の研究　高
　　　蔵遺跡の研究 / 大須二子山古墳と地域史の研究』南山大学人類学博物館オープンリサーチセン
　　　ター研究報告第 4 冊　南山大学人類学博物館　pp. 107-117

深谷　淳 2009「小幡茶臼山古墳の研究―築造時期の再検討と挂甲所有の政治的背景―」『美濃の考古学』
　　　第 10 号　美濃の考古学刊行会　pp. 25-54

藤井章徳 2007「古墳時代鉄鉾の袋部について」『元興寺文化財研究所創立 40 周年記念論文集』　財団法
　　　人元興寺文化財研究所・元興寺文化財研究所民俗文化財保存会　pp. 199-208

藤井康隆 2003「「尾張型埴輪」の諸問題」『埴輪―円筒埴輪製作技法の観察・認識・分析―』第 52 回埋
　　　蔵文化財研究会発表要旨集　埋蔵文化財研究会　pp. 122-133

藤井康隆 2006「尾張における円筒埴輪の変遷と「猿投型円筒埴輪」」『埴輪研究会誌』第 10 号　埴輪研
　　　究会　pp. 82-100

藤井康隆 2008「埴輪からさぐる大須二子山古墳の築造時期・葬祭・階層」『南山大学人類学博物館オー
　　　プンリサーチセンター東アジア部会シンポジウム　大須二子山古墳と東アジア』資料集　南山
　　　大学人類学博物館　pp. 9-14

藤田和尊 1984「頸甲編年とその意義」『関西大学考古学研究紀要』第 4 号　関西大学　pp. 55-72

藤田和尊 1988「古墳時代における武器・武具保有形態の変遷」『橿原考古学研究所論集』第 8　奈良県
　　　立橿原考古学研究所　pp. 425-527

藤田和尊 2002「甲冑と甲冑形埴輪」『古代武器研究』Vol. 3　古代武器研究会　pp. 59-71

藤田和尊 2006『古墳時代の王権と軍事』　学生社

藤原郁代 1995「群馬県天ノ宮古墳出土挂甲の復元」『古墳文化とその伝統　西谷眞治先生古稀記念論文集』
　　　勉誠社　pp. 427-450

藤原郁代 2006「岡山県三門周辺の古墳から出土した甲冑」『天理参考館報』　第 19 号　天理大学付属天
　　　理参考館　pp. 75-91

船山政志・塚田良道 1991「小針鎧塚古墳の挂甲」『行田市郷土博物館研究報告』2　行田市郷土博物館　pp. 1-30

古川匠 2010「古墳時代後・終末期の装飾馬具と装飾付大刀における貴金属の使用について」『京都府埋蔵文化財論集』第 6 集　京都府埋蔵文化財調査研究センター　pp. 183-190

古谷　毅 1988「京都府久津川車塚古墳出土の甲冑―いわゆる "一枚錣" の提起する問題―」『MUSEUM』No.445　東京国立博物館　pp. 4-17

古谷　毅 1991「古墳時代甲冑研究の方法と課題」『考古学雑誌』81 巻第 4 号　日本考古学会　pp. 58-85

복천박물관 1999『古代戰士―고대전사와 무기』

保坂和博 1999「武具」『山梨県史』資料編 2 原始・古代 2　山梨県　pp. 266-274

堀田紫郷 1927「東大寺大佛殿出土鎧残片に就て」『寧楽』8　寧楽發行所　p.66

堀　哲郎 2012「金銅装馬具の系譜と時間的位置づけ」『馬越長火塚古墳群』豊橋市埋蔵文化財調査報告書第 120 集　豊橋市教育委員会・教育部美術博物館　pp. 256-263

埋蔵文化財研究会 1993『甲冑出土古墳にみる武器・武具の変遷』

松尾昌彦 2002『古墳時代東国政治試論』雄山閣

松崎友理 2012「九州出土甲冑から見た対外交渉―胴丸式小札甲を中心に―」『沖ノ島祭祀と九州諸勢力の対外交渉』第 15 回九州前方後円墳研究会北九州大会　九州前方後円墳研究会　pp. 267-281

松崎友理 2014「日韓の挂甲」『武器・武具와　農工具・漁具―韓日三國・古墳時代資料―』「日韓交渉の考古学古墳時代」研究会・國立釜山大学校博物館　pp. 139-148

松崎友理 2015「山の神古墳出土小札甲の復元」『山の神古墳の研究―「雄略朝」期前後における地域社会と人制に関する考古学的研究：北部九州を中心に―』九州大学大学院人文科学研究院考古学研究室　pp. 331-334

松崎友理 2017「志段味大塚古墳における小札甲と付属具の構造」『埋蔵文化財調査報告書 77　志段味大塚古墳Ⅲ－志段味大塚古墳の副葬品―』名古屋市文化財調査報告 94　名古屋市教育委員会　pp. 159-166

松崎友理・美濃口紀子 2010「熊本県内における古墳時代の挂甲に関する研究―熊本市楢崎山 5 号墳出土小札の分析を中心に―」『熊本市立熊本博物館報告』No.22　熊本市立熊本博物館　pp. 52-75

水野敏典 2010『考古資料における三次元デジタルアーカイブの活用と展開』平成 18 年度～平成 21 年度科学研究費補助金基盤研究 (A)(課題番号 18202025) 研究成果報告書　奈良県立橿原考古学研究所

水野敏典 2017『三次元計測を応用した青銅器製作技術からみた三角縁神獣鏡の総合的研究』平成 25 年度～平成 28 年度科学研究費補助金基盤研究 (B)(課題番号 25284161) 研究成果報告書　奈良県立橿原考古学研究所

水野敏典 2021『三次元デジタル・アーカイブを活用した青銅器製作技術解明の総合的研究』平成 29 年～令和 2 年度科学研究費補助金基盤研究 (B)(課題番号 17H02423) 研究成果報告書

光本　順 2001「古墳の副葬品配置における物と身体の分類及びその論理」『考古学研究』第 39 号第 4 巻　考古学研究会　pp. 96-116

光本　順 2014「３．天狗山古墳の副葬品配置―伝聞記録と埋葬に先行する副葬に関する検討―」『天狗山古墳』　岡山大学考古学研究室・天狗山古墳発掘調査団　pp. 119-128

宮川禎一 2018「近年収蔵された考古資料について」『学叢』　京都国立博物館　pp. 73-78

宮崎隆旨 2006「令制下の資料からみた短甲と挂甲の構造」『古代武器研究』Vol. 7　古代武器研究会　pp. 6-18

宮崎隆旨 2010「挂甲と短甲の形態」『奈良甲冑師の研究』　吉川弘文館　pp. 52-74

宮代栄一 1993「中央部に鉢をもつ雲珠・辻金具について」『埼玉考古』第 30 号　埼玉考古学会　pp. 253-290

宮代栄一 1996a「鞍金具と雲珠・辻金具の変遷」『黄金に魅せられた倭人たち』　島根県立八雲立つ風土記の丘資料館　pp. 48-53

宮代栄一 1996b「古墳時代の金属装鞍の研究」『日本考古学』３　日本考古学協会　pp. 53-82

宮代栄一・白木原宜 1994「佐賀県出土の馬具の研究」『九州考古学』第 69 号　九州考古学会　pp. 1-57

村井嵓雄 1966「千葉県木更津市大塚山古墳出土遺物の研究」『MUSEUM』No.189　東京国立博物館　pp. 2-17

村井嵓雄 1972「岡山県天狗山古墳出土の遺物」『MUSEUM』No.250　東京国立博物館　pp. 4-17

桃崎祐輔 2015「山の神古墳出土馬具の検討―２セットの f 字形鏡板付轡・扁円剣菱形杏葉の年代とその意義―」『山の神古墳の研究―「雄略朝」期前後における地域社会と人制に関する考古学的研究：北部九州を中心に―』　日本学術振興会科学研究費基盤研究（Ｂ）成果報告書　九州大学人文科学研究院考古学研究室　pp. 283-308

森川昌和 1986「114. 向出山古墳群」『福井県史』資料編 13 考古 本文編　福井県　pp. 294-295

森川祐輔 2008a「大須二子山古墳の甲冑―小札甲を中心に―」『大須二子山古墳と東アジア』南山大学人類学博物館オープンリサーチセンター東アジア部会シンポジウム　南山大学人類学博物館　pp. 18-24

森川祐輔 2008b「東北アジアにおける小札甲の様相」『朝鮮古代研究』第 9 号　朝鮮古代研究刊行会　pp. 65-83

森川祐輔 2009「シシヨツカ古墳出土小札甲の編年的位置づけ」『加納古墳群・平石古墳群　中山間地域総合整備事業「南河内こごせ地区」に伴う発掘調査』　大阪府教育委員会　pp. 371-382

森下章司 1991「古墳時代仿製鏡の変遷とその特質」『史林』第 74 巻第 6 号　史学研究会　pp. 1-43

森下章司 1998「鏡の伝世」『史林』第 81 巻第 4 号　史学研究会　pp. 1-34

森下章司 2012「伝仁徳陵古墳出土鏡と東アジア」『第 2 回百舌鳥古墳群講演会記録集　徹底分析・仁徳陵古墳―巨大前方後円墳の実像に迫る―』堺市文化財講演会録第 4 集

山田琴子 2012「益子天王塚古墳出土遺物の調査（5）―挂甲―」『早稲田大学会會津八一記念博物館研究紀要』第 13 号　早稲田大学會津八一記念博物館　pp. 135-149

山田琴子・持田大輔 2010「益子天王塚古墳出土遺物の調査（3）―衝角付冑―」『早稲田大学会會津八一記念博物館研究紀要』第 11 号　早稲田大学會津八一記念博物館　pp. 97-111

山田吉昭 1949「名古屋大須二子山古墳」『郷土文化』4-4　pp. 18-20

山本雅靖・間壁忠彦 1974「XVIII. 王墓山古墳（赤井西古墳群 1 号）」『倉敷考古館研究集報』第 10 号　倉敷考古館　pp. 187-198

行橋市史編纂委員会 2006『行橋市史』資料編原始・古代　行橋市

横須賀倫達 1998「挂甲について」『常陸日天月天塚古墳』茨城大学人文学部考古学研究報告第 2 冊　pp. 134-138

横須賀倫達 2005「勿来金冠塚古墳出土遺物の調査（1）」『福島県立博物館紀要』第 19 号　福島県立博物館　pp. 43-76

横須賀倫達 2009「渕の上 1 号墳出土遺物の調査と研究」『福島県立博物館紀要』第 23 号　福島県立博物館　pp. 59-102

横須賀倫達 2011「山崎横穴古墳群出土小札甲の調査と研究」『福島県立博物館紀要』第 25 号　福島県立博物館　pp. 3-23

横須賀倫達 2017「双葉町清戸迫 8 号横穴墓出土遺物の研究 I －小札甲－」『福島考古』第 56 号　福島考古学会　pp. 1-20

横須賀倫達 2020「八幡 23 号横穴出土鉄革併用小札甲の研究」『福島考古』第 62 号　福島考古学会　pp. 19-25

横須賀倫達 2022「後期甲冑研究の現状と課題」『考古学ジャーナル』No.771　ニューサイエンス社　pp. 19-23

米田文孝 1987「群馬県藤岡市出土馬具考－鐘形杏葉を中心に－」『横田健一先生古稀記念　文化史論叢』上　横田健一先生古稀記念会　pp. 490-524

吉澤　悟 2011「「東大寺金堂鎮壇具」の調査研究」『奈良時代の仏教美術と東アジアの文化交流』第二分冊　科学研究費助成金［基盤研究（A）］研究成果報告書（課題番号 20242004）　奈良国立博物館　pp. 47-223

若松良一 1992「埼玉将軍山古墳出土の馬冑」『さきたま資料館調査研究報告』第 4 号　埼玉県立さきたま資料館　pp. 1-12

和田一之輔 2010「尾張系埴輪に展開にみる諸相」『待兼山考古学論集 II －大阪大学考古学研究室 20 周年記念論集』　大阪大学考古学研究室　pp. 525-538

渡辺みどり 2001「鈴付腕輪小考」『栃木県考古学会誌』第 22 集　栃木県考古学会　pp. 47-71

渡辺みどり 2002「鈴釧－象徴的「鈴」の一つとして－」『群馬考古学手帳』12　群馬土器観会　pp. 41-59

各古墳・遺跡の報告書および参考文献（県別、同一県内は五十音順）

福島県清戸迫8号横穴墓　双葉町教育委員会 1985『清戸迫横穴墓群』

福島県中田1号横穴墓　いわき市史編さん委員会 1971『いわき市史別巻　中田装飾横穴』

福島県勿来金冠塚古墳　成田克俊 1954「福島県金冠塚調査」『福島県史学研究』4／成田克俊・梅宮茂
　　1960「勿来金冠塚古墳調査概報」『福島県文化財調査報告書』8　福島県教育委員会／馬目順
　　一 1976「金冠塚古墳」『いわき市史』8　いわき市

福島県八幡23号横穴墓　いわき市教育委員会・財団法人いわき市教育文化事業団 2011『八幡横穴群』
　　いわき市埋蔵文化財調査報告第148冊

茨城県上野古墳　茨城県 1974『茨城県史料』考古資料編古墳時代／松尾昌彦・滝沢誠 1988「上野古墳
　　出土遺物の再検討」『関城町史別冊史料編』

茨城県三昧塚古墳　茨城県教育委員会 1960『三昧塚古墳―茨城県行方郡玉造町所在―』

茨城県日天月天塚古墳　茨城大学人文学部考古学研究室 1998『常陸日天月天塚古墳』　茨城大学人文学
　　部考古学研究報告第2冊

茨城県武具八幡塚古墳　滝沢誠 1986「武具八幡塚古墳」『武者塚古墳‐武者塚古墳・同2号墳・武具八
　　幡塚古墳の調査』　茨城県新治村教育委員会　pp. 56-70

千葉県江古田金環塚古墳　上総江古田金環塚古墳発掘調査団 1985『上総江古田金環塚古墳発掘調査報告
　　書』　市原市教育委員会

千葉県金鈴塚古墳　千葉県教育委員会 1951『上総金鈴塚古墳』／木更津市教育委員会 2020『金鈴塚古
　　墳出土品再整理報告書』

千葉県祇園大塚山古墳　村井嵓雄 1966「千葉県木更津市大塚山古墳出土遺物の研究」『MUSEUM』
　　No.189　東京国立博物館　pp. 2-17／財団法人千葉県史料研究財団 2002『千葉県史編さん資
　　料　千葉県古墳時代関係資料』　千葉県

千葉県城山1号墳　小見川町教育委員会 1978『城山第一号前方後円墳』

千葉県内裏塚古墳　財団法人千葉県史料研究財団 2002『千葉県史編さん資料　千葉県古墳時代関係資料』

千葉県鶴巻塚古墳　財団法人千葉県史料研究財団 2002『千葉県史編さん資料　千葉県古墳時代関係資料』

千葉県法皇塚古墳　小林三郎 1976『法皇塚古墳』市立市川博物館研究調査報告3　市立市川博物館

栃木県雀宮牛塚古墳　大和久震平 1984『雀宮牛塚古墳』宇都宮市教育委員会

栃木県野木神社周辺古墳　山越茂 1979「野木神社周辺発見の画文帯環状乳神獣鏡」『栃木県史』資料編
　　考古二　栃木県　pp. 400-402

栃木県益子天王塚古墳　滝口宏 1976「天王塚古墳」『栃木県史』資料編考古一　栃木県　pp. 649-655／
　　早稲田大学會津八一記念博物館 2005『益子天王塚古墳の時代』

群馬県天ノ宮古墳　藤原郁代 1995「群馬県天ノ宮古墳出土挂甲の復元」『西谷眞治先生古稀記念論文集』
　　西谷眞治先生の古稀をお祝いする会　pp. 427-450

群馬県井出二子山古墳　高崎市教育委員会 2009『史跡保渡田古墳群 井出二子山古墳 史跡整備事業報告

書』高崎市文化財調査報告書第 231 集

群馬県金井東裏遺跡　公益財団法人埋蔵文化財調査事業団 2017『金井東裏遺跡　甲着想人骨詳細調査報告書』　群馬県教育委員会／公益財団法人群馬県埋蔵文化財調査事業団 2019『金井東裏遺跡古墳時代編』公益財団法人群馬県埋蔵文化財調査事業団調査報告書 652

群馬県古海原前 1 号墳　大泉町教育委員会 1986『古海原前古墳群発掘調査概報』／大泉町教育委員会 2016『古海原前 1 号墳　遺構・遺物写真図録』大泉町埋蔵文化財発掘調査報告書第 14 集

群馬県榛東村 55 号墳　群馬県企業局・公益財団法人群馬県埋蔵文化財調査事業団 2014『金井古墳群県一埋蔵文化財調査委託事業に伴う埋蔵文化財発掘調査報告書』公益財団法人群馬県埋蔵文化財調査事業団調査報告書　第 581 集

群馬県八幡観音塚古墳　高崎市教育委員会 1992『観音塚古墳調査報告書』

群馬県綿貫観音山古墳　財団法人群馬県埋蔵文化財調査事業団 1998『綿貫観音山古墳Ⅰ』財団法人群馬県埋蔵文化財調査事業団調査報告書 242 ／財団法人群馬県埋蔵文化財調査事業団 1999『綿貫観音山古墳Ⅱ』財団法人群馬県埋蔵文化財調査事業団調査報告書 255

埼玉県一夜塚古墳　朝霞市教育員会 2011『一夜塚古墳出土遺物調査報告書』

埼玉県小見真観寺古墳　大野延太郎 1899「武蔵北埼玉小見の古墳」『東京人類學會雑誌』第 14 巻（第 156 號）東京人類学会

埼玉県埼玉稲荷山古墳　埼玉県教育委員会 1980『埼玉稲荷山古墳』

埼玉県将軍山古墳　埼玉県立さきたま資料館 1997『将軍山古墳確認調査編・付編』　埼玉県教育委員会

埼玉県諏訪山 1 号墳　金井塚良一 1970『埼玉県東松山市高坂諏訪山古墳群第 1 次発掘調査報告書第 1 次』東松山市文化財調査報告書 7　東松山市教育委員会

埼玉県どうまん塚古墳　小出義治 1963「埼玉県どうまん塚古墳調査の概要」『國學院高等学校紀要』第 5 巻　國學院高等学校　pp. 153-166 ／初村武寛 2018『錆情報に基づく戦後復興期消滅古墳副葬品配列の復元研究』平成 28 〜 30 年度科学研究費補助金（若手研究（Ｂ））研究成果報告書元興寺文化財研究所

埼玉県永明寺古墳　栗原文蔵・塩野博 1969「埼玉県羽生市永明寺古墳について」『上代文化』第 38 輯國學院大學上代文化研究会

東京都狛江亀塚古墳　小出義治 1985「第 5 章　亀塚古墳」『狛江市史』　狛江市　pp. 119-188

山梨県甲斐茶塚古墳　山梨県教育委員会 1979『甲斐茶塚古墳』風土記の丘埋蔵文化財調査報告 1

山梨県豊富王塚古墳　山梨県 1996『山梨県史』資料編 2　原始・古代 2 考古（遺構・遺物）

山梨県三珠大塚古墳　山梨県埋蔵文化財センター 2001『大塚古墳』山梨県埋蔵文化財センター調査報告書 193

長野県大室 186 号墳　明治大学考古学研究室 2015『信濃大室積石塚古墳群の研究 4（大室谷支群ムジナゴーロ単位支群の調査）』

長野県御猿堂古墳　下伊那史編纂会 1955『下伊那史』第二巻

長野県小丸山古墳　日本道路公団名古屋支社他 1973『長野県中央道埋蔵文化財包蔵地発掘調査報告書

諏訪市内その1・その2昭和48年度』　長野県教育委員会

長野県座光寺古墳　長野県 1988『長野県史』考古資料編全1巻（4）遺構・遺物　長野県史刊行会

長野県南方古墳　松本市教育委員会 1990『松本市大塚古墳・南方古墳・南方遺跡―緊急発掘調査報告書―』松本市文化財調査報告 No.74

静岡県団子塚9号墳　袋井市教育委員会・元興寺文化財研究所 1994『団子塚九号墳　出土遺物保存処理報告書』

富山県加納南9号墳　公益財団法人富山県文化振興財団埋蔵文化財調査事務所 2014『加納南古墳群・穂積オオヤチ古墳群発掘調査報告　能越自動車道建設に伴う埋蔵文化財発掘報告 XIII』富山県文化振興財団埋蔵文化財発掘調査報告第 63 集

石川県狐山古墳　上田三平 1935「石川縣 狐山古墳」『史蹟調査報告』第7輯　文部省　pp. 5-11

石川県吸坂丸山5号墳　加賀市教育委員会 1990『吸坂丸山古墳群』加賀市埋蔵文化財報告書 20

石川県和田山2号墳・5号墳　寺井町教育委員会 1997『加賀能美古墳群』石川県寺井町・寺井町教育委員会

石川県八里向山遺跡　小松市教育委員会 2004『八里向山遺跡群―八里台住宅団地造成事業に係る埋蔵文化財発掘調査報告書―』

福井県丸山塚古墳　福井県 1986『福井県史』資料編 13

福井県向出山1号墳　中司照世 1977「向出山古墳群出土の副葬品」『北陸自動車道関係遺跡調査報告書』第 13 集　福井県教育委員会／森川昌和 1985「向出山古墳群」『福井県史』資料編 13／敦賀市教育委員会 2020『市内遺跡発掘調査報告　向出山1号墳資料整理等』

福井県脇袋西塚古墳　清喜裕二 1997「福井県西塚古墳出土品調査報告」『書陵部紀要』第 49 号　宮内庁書陵部　pp. 71-90／清喜裕二 2011「福井県西塚古墳出土遺物の来歴調査について」『書陵部紀要』第 63 号（陵墓編）　宮内庁書陵部　pp. 1-20

愛知県大須二子山古墳　伊藤秋男 1978「名古屋市大須二子山古墳調査報告」『小林知生教授退職記念考古学論文集』　南山大学考古学研究室　pp. 21-68／黒沢浩・西江清高編 2011『南山大学人類学博物館所蔵考古資料の研究　高蔵遺跡の研究／大須二子山古墳と地域史の研究』　南山大学人類学博物館オープンリサーチセンター研究報告第4冊／初村武寛 2018『錆情報に基づく戦後復興期消滅古墳副葬品配列の復元研究』平成 28 ～ 30 年度科学研究費補助金（若手研究（B））研究成果報告書　元興寺文化財研究所

愛知県笹原古墳　愛知県史編さん委員会 2005『愛知県史』資料編 3 考古 3 古墳　愛知県

愛知県志段味大塚古墳　名古屋市教育委員会 2017『埋蔵文化財調査報告書 77　志段味古墳群III―志段味大塚古墳の副葬品―』名古屋市文化財調査報告 94

愛知県亀山2号墳　斎藤嘉彦 1989「亀山2号墳」『新編岡崎市史』　岡崎市　pp. 307-311

三重県井田川茶臼山古墳　三重県教育委員会 1988『井田川茶臼山古墳』三重県埋蔵文化財調査報告 26

三重県神前山1号墳　明和町郷土文化を守る会 1973『三重県多気郡明和町大字上村　神前山1号墳発掘調査報告書』明和町文化財調査報告 2

三重県木ノ下古墳　三重大学歴史研究会原始古代史部会 1981「亀山市木ノ下古墳の発掘調査概要」『考

古学雑誌』第 67 巻第 3 号　日本考古学会

三重県琴平山古墳　門田了三 2010「琴平山古墳」『名張市史』資料編考古　名張市　pp. 156-158

三重県波切塚原古墳　志摩市教育委員会 2018「47　画文帯環状乳神獣鏡」『志摩の文化財』　p.37

滋賀県甲山古墳・円山古墳　野洲市教育委員会 2001『天王山古墳・円山古墳・甲山古墳調査整備報告書：史跡大岩山古墳群』野洲町文化財資料集 2001-2

滋賀県新開 1 号墳　西田弘・鈴木博司・金関恕 1961「新開古墳」『滋賀縣史蹟調査報告』第 12 冊　滋賀県教育委員会　pp. 34-57

滋賀県三上山下古墳　花田勝広 1999「三上山下古墳出土の獣帯鏡―出土地の検討―」『滋賀考古』第 21 号　滋賀考古学研究会　pp. 107-118

京都府天塚古墳　京都府 1922『京都府史蹟勝地調査会報告』第 3 集

京都府飯岡トヅカ古墳　京都府 1919『京都府史蹟勝地調査会報告』第 2 集／諫早直人・馬淵一輝 2021「1 京田辺市トヅカ古墳出土遺物の再検討」『京都府立大学文学部歴史学科フィールド集報』第 7 号　京都府立大学文学部歴史学科

京都府宇治二子山南墳　宇治市教育委員会 1991『宇治二子山古墳』宇治市文化財調査報告書第 2 冊

京都府久津川車塚古墳　梅原末治 1934『久津川古墳研究』

京都府黒土 1 号墳　大野壽子・小泉裕司 2007「黒土 1 号墳出土金属製品の整理調査」『城陽市埋蔵文化財調査報告書』第 54 集　pp. 14-25

京都府坊主塚古墳　亀岡市 2000『新修亀岡市史 資料編 第 1 巻』

奈良県飛鳥寺　奈良國立文化財研究所 1958『飛鳥寺發堀調査報告』奈良國立文化財研究所學報第五冊

奈良県市尾宮塚古墳　高取町教育委員会 2018『市尾宮塚古墳発掘調査報告書』高取町文化財調査報告第 42 冊

奈良県今井 1 号墳　藤井利章 1984「今井 1 号墳」奈良県遺跡調査概報―1983 年度』　奈良県立橿原考古学研究所

奈良県後出古墳群　奈良県立橿原考古学研究所 2003『後出古墳群』奈良県史跡名勝天然記念物調査報告書第 61 冊　奈良県教育委員会

奈良県円照寺墓山 1 号墳　佐藤小吉・末永雅雄 1930「添上郡帯解町円照寺墓山第 1 号墳発掘調査報告」『奈良県史跡名勝天然記念物調査報告』第 11 輯　奈良県

奈良県吉備塚古墳　奈良教育大学 2005『吉備塚古墳の調査』

奈良県五條猫塚古墳　網干善教 1962『五條猫塚古墳』奈良縣史蹟名勝天然記念物調査報告書第 20 集／五條猫塚古墳研究会 2010「奈良国立博物館蔵　五條猫塚古墳出土資料の再整理とその新知見」『鹿園雑集』第 12 号　pp. 61-78 ／奈良国立博物館 2013 ～ 2015『五條猫塚古墳の研究』

奈良県薩摩遺跡　高取町教育委員会 2011『薩摩遺跡発掘調査報告書（第 9 次・第 11 次調査）』高取町文化財調査報告第 38 冊

奈良県珠城山 1 号墳　小島俊次・伊達宗泰 1956『珠城山古墳』　奈良県教育委員会

奈良県珠城山 3 号墳　伊達宗泰 1960「大三輪町穴師珠城山二号・三号墳」『奈良県文化財調査報告書』第 3 集　奈良県教育委員会　pp. 1 -37 ／珠城山古墳群研究会 2025「奈良国立博物館所蔵　珠

城山古墳群出土副葬品の再検討Ⅰ―珠城山三号墳出土金属製副葬品について―」『鹿園雑集』27号　奈良国立博物館　近刊予定

奈良県塚山古墳　北野耕平 1967「塚山古墳」『奈良県文化財調査報告書』第1集　奈良県立橿原考古学研究所

奈良県東大寺金堂　東大寺 2015『東大寺金堂鎮壇具保存修理調査報告書』

奈良県新沢千塚109号墳　奈良県立橿原考古学研究所 1981『新沢千塚古墳群』奈良県史跡名勝天然記念物調査報告 39

奈良県沼山古墳　奈良県立橿原考古学研究所 1985「沼山古墳・益田池堤：橿原市」『奈良県文化財調査報告書 48

奈良県藤ノ木古墳　奈良県立橿原考古学研究所 1990『斑鳩藤ノ木古墳：第1次調査報告書』斑鳩町／奈良県立橿原考古学研究所 1995『斑鳩藤ノ木古墳：第二・三次調査報告書調査報告篇・考察篇・図版篇』斑鳩町教育委員会

奈良県風呂坊5号墳　財団法人桜井市文化財協会 2012『風呂坊古墳群―第4次発掘調査報告書―』桜井市内埋蔵文化財 2008 年度発掘調査報告書 2

奈良県三里古墳　奈良県立橿原考古学研究所 1977『平群三里古墳　付岡峯古墳・槙ヶ峯古墳』奈良県史跡名勝天然記念物調査報告第 33 冊

奈良県大和二塚古墳　奈良県教育委員会 1962『大和二塚古墳』奈良県史跡名勝天然記念物調査報告 21

奈良県与楽鑵子塚古墳　高取町教育委員会 2012『与楽カンジョ古墳・与楽鑵子塚古墳発掘調査報告書』高取町文化財調査報告第 39 冊

奈良県与楽古墳群　奈良県立橿原考古学研究所 1987『与楽古墳群』奈良県文化財調査報告書第 56 集

大阪府今城塚古墳　高槻市立今城塚古代歴史館 2012『よみがえる古代の煌めき』平成 24 年秋季特別展図録

大阪府大県遺跡　柏原市教育委員会 1984『大県・大県南遺跡』柏原市文化財概報 1983-Ⅲ

大阪府大県古墳群　柏原市教育委員会 1998『平野・大県遺跡群』柏原市文化財概報 1997-Ⅲ

大阪府紫金山古墳　上原真人 2005『紫金山古墳の研究―古墳時代前期における対外交渉の考古学的研究―』平成 14 ～ 16 年度科学研究費補助金（基盤研究 (B)(2)）研究成果報告書　京都大学大学院文学研究科

大阪府七観古墳　阪口英毅編 2014『七観古墳の研究　1947 年・1952 年出土遺物の再検討』　京都大学大学院文学研究科

大阪府寛弘寺75号墳　大阪府教育委員会 1991『河南西部地区農地開発事業に伴う寛弘寺古墳群発掘調査概要・Ⅹ』

大阪府高井田山古墳　柏原市教育委員会 1996『高井田山古墳』柏原市文化財概報 1995‐Ⅱ

大阪府高廻1・2号墳　財団法人大阪市文化財協会 1991『長原遺跡発掘調査報告』Ⅳ

大阪府富木車塚古墳　大阪市立美術館 1960『富木車塚古墳』大阪市立美術館学報第 3

大阪府長持山古墳　塚本敏夫 1997「長持山古墳出土挂甲の調査」『王者の武装―5 世紀の金工技術―』京都大学総合博物館 1997 年度春季企画展　pp. 64-87

大阪府西小山古墳　梅原末治 1932「淡輪村西小山古墳と其の遺物」『大阪府史蹟名勝天然記念物調査報告』

第 3 輯　大阪府　pp. 34-61

大阪府弁天山 D-4 号墳　北野耕平 1967「弁天山 D-4 号墳」『弁天山古墳群の調査』大阪府文化財調査報告第 17 輯　高槻市教育委員会　pp. 169-178

大阪府峯ヶ塚古墳　羽曳野市教育委員会 2002『史跡古市古墳群峯ケ塚古墳後円部発掘調査報告書』羽曳野市埋蔵文化財調査報告書 48

大阪府山畑 33 号墳　東大阪市教育委員会 1973『山畑古墳群 1』東大阪市文化財調査報告書第 1 冊

和歌山県大谷古墳　京都大学考古学研究室編 1985『増補　大谷古墳』　和歌山市教育委員会

和歌山県椒古墳　有田市教育委員会 2012『椒古墳発掘調査概報』

和歌山県陵山古墳　橋本市教育委員会 1975『陵山古墳発掘調査概報』／橋本市教育委員会 2019『陵山古墳の研究』

兵庫県池尻 2 号墳　置田雅昭 1996「池尻 2 号墳」『加古川市史』第 4 巻資料編 1　加古川市　pp. 306-311

兵庫県井ノ内稲荷塚古墳　大阪大学稲荷塚古墳発掘調査団 1996『井ノ内稲荷塚古墳』長岡京市文化財調査報告書 34

兵庫県小野王塚古墳　小野市教育委員会 2006『小野王塚古墳出土遺物保存処理報告書』小野市文化財調査報告第 27 集

兵庫県亀山古墳　加西市教育委員会 2005『玉丘古墳群 1』加西市埋蔵文化財調査報告 55 ／加西市教育委員会 2006『玉丘古墳群 2』加西市埋蔵文化財調査報告 57

兵庫県カンス塚古墳　喜谷美宣 1985『加古川市　カンス塚古墳発掘調査概要』／尼塚古墳発掘調査団他 2012『加古川市西条古墳群　尼塚古墳』　大手前大学史学研究所

兵庫県里古墳　加古川市史編さん委員会 1996『加古川市史』第四巻資料編 I　加古川市

兵庫県勝福寺古墳　大阪大学文学部考古学研究室 2007『勝福寺古墳の研究』大阪大学文学研究科考古学研究報告第 4 冊

兵庫県宮山古墳　松本正信・加藤史郎 1970『宮山古墳発掘調査概報』姫路市文化財調査報告 1 ／松本正信・加藤史郎 1973『宮山古墳第 2 次発掘調査概報』姫路市文化財調査報告 5 ／姫路市埋蔵文化財センター 2005『開館記念特別展　宮山古墳』

兵庫県よせわ 1 号墳　篠山町 1979『よせわ古墳』

岡山県岩井所在古墳　藤原郁代 2006「岡山県三門周辺の古墳から出土した甲冑」『天理参考館報』　第 19 号　天理大学付属天理参考館　pp. 75-91

岡山県岩田古墳群　山陽団地埋蔵文化財調査事務所 1976『岩田古墳群　他野山第 2・5 号墳・三蔵畑遺跡』岡山県営山陽新住宅市街地開発事業用地内埋蔵文化財発掘調査概報（6）

岡山県牛文茶臼山古墳　西川宏 1986「牛文茶臼山古墳」『岡山県史』考古資料編

岡山県王墓山古墳　倉敷市教育委員会 1974『王墓山遺跡群』

岡山県朱千駄古墳　葛原克人 1986「朱千駄古墳」『岡山県史』第 18 巻考古資料　岡山県

岡山県正崎 2 号墳　山陽町教育委員会 2004『正崎 2 号墳『正崎 2・4 号墳』復刻甲冑の整理・保存処理報告』山陽町文化財調査報告第 1 集

岡山県築山古墳　梅原末治 1957「邑久郡西須恵築山古墳」『瀬戸内海研究』9・10 合併号　瀬戸内海研究会

岡山県天狗山古墳　岡山大学大学院社会文化科学研究科 2014『天狗山古墳』

岡山県八幡大塚古墳　鎌木義昌・亀田修一 1986「八幡大塚 2 号墳」『岡山県史』第 18 巻考古資料　岡山県　pp. 271-273

広島県古保利 44 号墳　潮見浩編 1967「III. 古保利 44 号墳」『龍岩・古保利・上春木埋蔵文化財発掘調査報告書―広島県山県郡大朝町・千代田町所在―』　龍岩・古保利埋蔵文化財発掘調査団

鳥取県倭文 6 号墳　財団法人鳥取市文化財団 2004『倭文所在城跡・倭文古墳群　姫鳥線整備事業促進関連事業に係る倭文所在城跡、倭文 2 ～ 9 号墳の発掘調査』／鳥取市教育委員会 2016『倭文 6 号墳出土遺物の研究』鳥取市文化財調査報告 25

香川県王墓山古墳　善通寺市教育委員会 1983『王墓山古墳調査概報』／善通寺市教育委員会 1992『史跡有岡古墳群（王墓山古墳）保存整備事業報告書』／善通寺市教育委員会 2014『旧練兵場跡 王墓山古墳 岡古墳群 善通寺旧境内―善通寺市内文化財整理事業ほかに伴う埋蔵文化財調査・整理報告書―』善通寺市文化財資料集第 2 集

愛媛県金子山古墳　松岡文一 1957「伊予金子山古墳」『古代学研究』17　古代学研究会

愛媛県川上神社古墳　内山敏行・穴沢咊光 2002「伝愛媛県川上神社古墳出土甲冑の検討」『遺跡』第 39 号　遺跡調査会　pp. 117-130

愛媛県四ツ手山古墳　財団法人愛媛県埋蔵文化財調査センター 1984『四国縦貫自動車道関係埋蔵文化財発掘調査』

福岡県稲童 8 号墳・21 号墳　行橋市教育委員会 2005『稲童古墳群―福岡県行橋市所在の稲童古墳群調査報告―』行橋市文化財調査報告書第 32 集

福岡県沖ノ島祭祀遺跡群　宗像神社復興期成会 1958『沖ノ島』　吉川弘文館／宗像神社復興期成会 1961『続沖ノ島』

福岡県勝浦井ノ浦古墳　福岡県教育委員会 1977『新原・奴山古墳群 宗像郡津屋崎町大字勝浦所在古墳群の調査』福岡県文化財調査報告書第 54 集

福岡県勝浦峯ノ畑古墳　福津市教育委員会 2011『津屋崎古墳群 II』福津市文化財調査報告書 4

福岡県桂川王塚古墳　京都帝國大學文学部 1939『筑前國嘉穂郡王塚装飾古墳』京都帝國大學文學部考古學研究報告第 15 冊　臨川書店

福岡県高崎 2 号墳　福岡県教育委員会 1970『今宿バイパス関係埋蔵文化財調査報告』福岡市大字拾六町所在の遺跡群第 1 集

福岡県塚堂古墳　吉井町教育委員会 1990『若宮古墳群』II―日岡古墳・塚堂古墳―吉井町文化財調査報告書第 6 集

福岡県月岡古墳　吉井町教育委員会 2005『若宮古墳群』III―月岡古墳―吉井町文化財調査報告書第 19 集

福岡県番塚古墳　岡村秀典・重藤輝行編 1993『番塚古墳』　苅田町教育委員会・九州大学考古学研究室

福岡県ビワノクマ古墳　鏡山猛 1959「福岡県行橋市琵琶隈古墳」『日本考古学年報』8／行橋市教育委員会 2013『ビワノクマ古墳』

福岡県船原古墳　古賀市教育委員会 2024『船原古墳Ⅳ　１号土坑遺物出土状況事実報告編』福岡県古賀市文化財調査報告書第 85 集

福岡県山の神古墳　辻田淳一郎編 2015『山の神古墳の研究：「雄略朝」期前後における地域社会と人制に関する考古学的研究：北部九州を中心に』科学研究費補助金 (基盤研究 (B)) 研究成果報告書九州大学大学院人文科学研究院考古学研究室

福岡県山の前１号墳　福岡県教育委員会 1972『九州縦貫自動車道関係埋蔵文化財調査報告』３福岡県八女郡広川町所在遺跡群の調査

佐賀県潮見古墳　武雄市教育委員会 1975『武雄市潮見古墳』

長崎県双六古墳　壱岐市教育委員会 2006『双六古墳』壱岐市文化財調査報告書 7

熊本県江田船山古墳　和泉町 2007『菊水町史　江田船山古墳編』

熊本県国越古墳　熊本県教育委員会 1984『熊本県装飾古墳総合調査報告書』熊本県文化財調査報告第 68 集

熊本県マロ塚古墳　杉井健・上野祥史編 2012『マロ塚古墳出土品を中心とした古墳時代中期武器武具の研究』国立歴史民俗博物館研究報告第 173 集

熊本県迎平６号墳　島津義昭 1983「画文帯環状乳神獣鏡」『肥後考古』３号　肥後考古学会

熊本県物見櫓古墳・中ノ城古墳　竜北町教育委員会 1999『野津古墳群 II』竜北町文化財調査報告書 1

宮崎県西都原 111 号墳　宮崎県立西都原考古博物館 2007『西都原 173 号墳・西都原４号地下式横穴墓・西都原 111 号墳』特別史跡西都原古墳群発掘調査報告書 6　宮崎県教育委員会

宮崎県下北方５号地下式横穴墓　宮崎市教育委員会 1977『下北方地下式横穴第五号緊急発掘調査報告書』宮崎市文化財調査報告書第３集／西嶋剛広編 2020『下北方５号地下式横穴墓』宮崎市文化財調査報告第 128 集　宮崎市教育委員会

宮崎県持田古墳群　宮崎県教育委員会 1969『持田古墳群』　便利堂

宮崎県山ノ坊古墳群　梅原末治 1941『新田原古墳群調査報告』宮崎県史蹟名勝天然記念物調査報告第 11 輯　宮崎県

鶏林路 14 號墓　國立慶州博物館 2010『慶州鶏林路 14 號墓』國立慶州博物館学術調査報告第 22 冊

林堂古墳群　嶺南大学校博物館 2002『慶山林堂地域古墳群Ⅳ―林堂２號墳―』学術調査報告第 42 冊

岩刻畫古墳　國立昌原文化財研究所 1996『咸安岩刻畫古墳』學術調査報告第３輯

道項里古墳群　國立昌原文化財研究所 2004『咸安道項里古墳群Ⅴ』學術調査報告第 26 輯

池山洞古墳群　啓明大学校博物館 1981『高霊池山洞古墳群』啓明大学校博物館遺蹟調査報告第１輯

玉田古墳群墳　慶尚大學校博物館 1990『陜川玉田古墳群Ⅱ―M3 號墳―』　慶尚大學校博物館研究叢書第６輯／慶尚大學校博物館 1992『陜川玉田古墳群Ⅲ―M1・M2 號墳―』　慶尚大學校博物館研究叢書第７輯／慶尚大學校博物館 1993『陜川玉田古墳群Ⅳ―M4・M6・M7 號墳―』　慶尚大學校博物館研究叢書第８輯／慶尚大學校博物館 1995『陜川玉田古墳群Ⅴ―M10・M11・M18 號墳―』慶尚大學校博物館調査報告第 13 輯／慶尚大學校博物館 1997『陜川玉田古墳群Ⅵ―23・28 號墳―』慶尚大學校博物館調査報告第 16 輯／慶尚大學校博物館 1998『陜川玉田古墳

群Ⅶ―12・20・24 號墳―』慶尚大學校博物館調査報告第 19 輯／慶尚大學校博物館 1999『陜川玉田古墳群Ⅷ― 5 ・ 7 ・35 號墳―』慶尚大學校博物館調査報告第 21 輯／慶尚大學校博物館 2000『陜川玉田古墳群Ⅸ―67-A・B　73 〜 76 號墳―』慶尚大學校博物館調査報告第 23 輯／慶尚大學校博物館 2003『陜川玉田古墳群Ⅹ―88 〜 102 號墳―』慶尚大學校博物館調査報告第 26 輯

蓮山洞M 8 号墳　釜山博物館・慶星大學校博物館・釜山廣域市蓮堤區 2014『蓮山洞 M8 號墳―1987 년도 조사―』부산박물관 학술연구총서 제 45 집

長木古墳　慶南發展研究院歷史文化센터 2006『巨濟 長木 古墳』慶南發展研究院歷史文化센타調査研究報告書第 40 冊

福泉洞古墳群　釜山大學校博物館 1983『東萊福泉洞古墳群Ⅰ』釜山大學校博物館遺蹟調査報告第 5 輯／釜山大學校博物館 1990『東萊福泉洞古墳群Ⅱ』釜山大學校博物館遺蹟調査報告第 14 輯／釜山大學校博物館 2001『東萊福泉洞鶴巢臺古墳』釜山大學校博物館研究叢書第 26 輯

松鶴洞古墳群　東亜大学校博物館 2005『固城松鶴洞古墳群第 1 号墳発掘調査報告書』古蹟調査報告書第 37 冊

挿図・表・写真出典

図 1　筆者作成。

図 2　清水和 1993a。

図 3　内山 2003。

図 4　松崎 2015。

図 5　阪口 2017。

図 6　清水和 1996。

図 7　内山 1992。

図 8　内山 2001。

図 9　横須賀 2009。

図 10　塚本ほか 1994。

図 11　筆者作成。

図 12　田中晋 1991。

図 13　末永 1934。

図 14　左：筆者作成、武雄市歴史資料館所蔵。中：保坂 1999 を改変トレース。右：塚本 1997 を再トレース。

図 15　上：奈良国立博物館 2014。下：名古屋市教育委員会 2017 を改変トレース。

図 16　1 ～ 3：奈良国立博物館 2014。4 ～ 6：筆者作成、敦賀郷土博物館所蔵。

　　　7 ～ 9：筆者作成、姫路市埋蔵文化財センター所蔵。10 ～ 18：保坂 1999 を改変トレース。

図 17　筆者作成。

図 18　筆者作成。

図 19　筆者作成。

図 20　1：奈良国立博物館 2014。2：筆者作成、敦賀郷土博物館所蔵。3：筆者作成、姫路市埋蔵文
　　　化財センター所蔵。4 ～ 7：保坂 1999 を改変トレース。8・9：宇治市教育委員会 1991 を改
　　　変トレース。10：橋本市教育委員会 2019。11：藤原 1995 を改変トレース。

図 21　1：筆者作成、姫路市埋蔵文化財センター所蔵。2：北野 1967 を再トレース。3：奈良国立
　　　博物館 2014。4：筆者作成、敦賀郷土博物館所蔵。5・6：保坂 1999 を再トレース。7：初
　　　村 2011。8：名古屋市教育委員会 2017 を改変トレース。9・10：清水和 1993a を改変トレー
　　　ス。11・12：啓明大学校博物館 1981 を再トレース。13：釜山大學校博物館 1983 を再トレース。
　　　14・15：吉井町教育委員会 1990、清水・高橋 1998 を再トレース。16・17：柏原市教育委員会
　　　1996 を再トレース。18・19：筆者作成、武雄市歴史資料館所蔵。

図 22　1・6：保坂 1999 を再トレース。2・3・7：重藤 1999 を再トレース。4・9：埼玉県教育委

員会 1980 を再トレース。5：清水和 1993a を再トレース。8・15：初村 2011。10：滝沢 1986
を再トレース。11：宇治市教育委員会 1992 を再トレース。12・16：筆者作成、京都大学総合博
物館所蔵。13・17：千葉県 2008 を再トレース。14：塚本 1997 を再トレース。

図 23　1：釜山大學校博物館 1983。2：柏原市教育委員会 1996。3：高取町教育委員会 2018。4：奈
良国立博物館 2014。5：筆者作成、敦賀郷土博物館所蔵。6：筆者作成、姫路市埋蔵文化財センター
所蔵。7：保坂 1999 を改変トレース。8：宇治市教育委員会 1991。9：塚本 1997。10：埼玉
県教育委員会 1980。11：財団法人千葉県史料研究財団 2002。

図 24　1・2：橋本市教育委員会 2019。3・4：京都大学考古学研究室編 1985 を改変トレース。5・6：
釜山大學校博物館 2001 を改変トレース。7・8：慶尚大學校博物館 2003 を改変トレース。9・
10：宋 1997 を改変トレース。11 ～ 13：慶尚大學校博物館 1997 を改変トレース。

図 25　網干 1962 を改変トレース。

図 26　奈良国立博物館 2014。

図 27　奈良国立博物館 2014。

図 28　松本・加藤 1970 を改変トレース。

図 29　筆者作成、姫路市埋蔵文化財センター所蔵。

図 30　筆者作成、姫路市埋蔵文化財センター所蔵。

図 31　筆者作成。

図 32　筆者作成。

図 33　筆者作成。

図 34　奈良国立博物館 2014 をもとに筆者作成。

図 35　筆者作成。

図 36　1 ～ 4：筆者作成、敦賀郷土博物館所蔵。5 ～ 13：保坂 1999 を改変トレース。

図 37　出土状況図：奈良県立橿原考古学研究所 1981 を改変トレース。遺物：筆者作成、奈良県立橿原
考古学研究所附属博物館所蔵。

図 38　森川 1985 を改変トレース。

図 39　初村 2015、敦賀郷土博物館所蔵。

図 40　初村 2015、敦賀郷土博物館所蔵。

図 41　初村 2015、敦賀郷土博物館所蔵。

図 42　筆者作成、敦賀郷土博物館所蔵。

図 43　橋本市教育委員会 1975 を改変トレース。

図 44　橋本市教育委員会 2019 を改変トレース。

図 45　橋本市教育委員会 2019 を改変トレース。

図 46　1：松本・加藤 1970 を改変トレース。2：鏡山 1959 を改変トレース。

図 47　1：網干 1962 を改変トレース。2：宇治市教育委員会 1991 を改変トレース。3：茨城県教育
委員会 1960 を改変トレース。4：京都大学考古学研究室編 1985 を改変トレース。

挿図・表・写真出典　359

図 48　上：筆者作成。左下：福泉博物館 1999 を改変。右下：行橋市史編纂委員会 2006 を改変。

図 49　塚本 1997・梅原 1932・宇治市教育委員会 1991・行橋市教育委員会 2005。

図 50　筆者作成。

図 51　西田・鈴木・金関 1961 を改変トレース。

図 52　1 〜 3：梅原 1932。4 〜 6：筆者作成、姫路市埋蔵文化財センター所蔵。7 〜 9：筆者作成、能美ふるさとミュージアム所蔵。10 〜 12：筆者作成、滋賀県立安土城考古博物館所蔵。13 〜 15：筆者作成、行橋市歴史資料館所蔵。16 〜 18：塚本 1997。19 〜 21：名古屋市教育委員会 2017。

図 53　1：西田・鈴木・金関 1961。2：岡山大学大学院社会文化科学研究科 2014。3 〜 6：筆者作成、亀岡市文化資料館所蔵。7 〜 10：筆者作成、能美ふるさとミュージアム所蔵。11 〜 13：宇治市教育委員会 1991。14・15：塚本 1997。

図 54　筆者作成、能美ふるさとミュージアム所蔵。

図 55　1：釜山大學校博物館 1983。2：西田・鈴木・金関 1961。3：岡山大学大学院社会文化科学研究科 2014。4：筆者作成、能美ふるさとミュージアム所蔵。5：塚本 1997。6：野洲市教育委員会 2001。7：慶尚大學校博物館 1997。8：筆者作成、滋賀県立安土城考古博物館所蔵。9：筆者作成、行橋市歴史資料館所蔵。10：筆者作成、姫路市埋蔵文化財センター所蔵。11：筆者作成、能美ふるさとミュージアム所蔵。12：塚本 1997。13：初村 2018b。

図 56　1：筆者作成、敦賀郷土博物館所蔵。2：橋本市教育委員会 2019 より改変トレース。3：行橋市教育委員会 2005 を改変トレース。4：山陽町教育委員会 2004 を改変トレース。5：釜山博物館・慶星大學校博物館・釜山廣域市蓮堤區 2014。6：筆者作成、姫路市埋蔵文化財センター所蔵。

図 57　1：財団法人千葉県史料研究財団 2002。2：筆者作成、文化庁所蔵。3：末永 1930。4：山梨県 1996 を改変トレース。5：筆者作成、東京国立博物館所蔵。6：塚本 1997。7：釜山大學校博物館 1983 を改変トレース。

図 58　1：筆者作成、敦賀市郷土博物館所蔵。2：釜山博物館・慶星大學校博物館・釜山廣域市蓮堤區 2014。3：吉井町教育委員会 2005。4・5：山陽町教育委員会 2004。6・7：宮崎市教育委員会 2020 を改変トレース。8・9：筆者作成、行橋市歴史資料館所蔵。10：宇治市教育委員会 1991。

図 59　1：末永 1930。2 〜 5：財団法人千葉県史料研究財団 2002。6・7：筆者作成、東京国立博物館所蔵。8：橋本 2014a。9：塚本 1997。10：忽那 2017。11：奈良県立橿原考古学研究所 1990。12：高崎市教育委員会 1992。

図 60　1：釜山大學校博物館 1983。2・7：財団法人千葉県史料研究財団 2002。3・8：末永 1930。4：辻田淳一郎編 2015。5：山梨県 1996 を改変トレース。6・9：筆者作成、東京国立博物館所蔵。10：塚本 1997。11：忽那 2017。12・14：筆者作成、敦賀郷土博物館所蔵。13・16：山陽町教育委員会 2004。15：釜山博物館・慶星大學校博物館・釜山廣域市蓮堤區 2014。17：宮崎市教育委員会 2020 を改変トレース。18・20：筆者作成、行橋市歴史資料館所蔵。

図 61　筆者作成、山梨県立考古博物館所蔵。

図 62　左：筆者作成、山梨県立考古博物館所蔵。右：釜山大學校博物館 1983。

図 63　1：群馬県教育委員会 2017。2：初村 2018b。3：木更津市教育委員会 2020。

図 64　1：高崎市教育委員会 2009。2：筆者作成、朝霞市博物館所蔵。3：栗原・塩野 1969。4：塚本 1997。5：初村 2018a。6：筆者作成、東京国立博物館所蔵。7：群馬県教育委員会・財団法人群馬県埋蔵文化財調査事業団 1999。8・9：鳥取市教育委員会 2018。10：辻田淳一郎編 2015。

図 65　1：塚本 1997。2：鳥取市教育委員会 2018。3〜5：辻田淳一郎編 2015。6・7：初村 2018b。8・9：群馬県教育委員会 2017。10〜12：初村 2018a。

図 66　1：釜山大學校博物館 1983。2：筆者作成、山梨県立考古博物館所蔵。3：公益財団法人埋蔵文化財調査事業団 2017。4：高崎市教育委員会 2009。5：栗原・塩野 1969。6：塚本 1997。7：筆者作成、南山大学人類学博物館所蔵。8：辻田淳一郎編 2015。

図 67　1：筆者作成、加賀市教育委員会所蔵。2：加西市教育委員会 2006。3・4：筆者作成、行橋市歴史資料館所蔵。5：野上 1970。7・8：吉井町教育委員会 1990。

図 68　1・2：塚本 1997。3・4：羽曳野市教育委員会 2002 を改変トレース。5：高槻市立今城塚古代歴史館 2012。6・7：竜北町教育委員会 1999 を改変トレース。8・9：奈良県立橿原考古学研究所 1990。10・11：木更津市教育委員会 2020。12：初村 2018b。

図 69　筆者作成。

図 70　京都大学考古学研究室編 1985 を改変トレース。

図 71　筆者作成、文化庁所蔵。

図 72　1：奈良県立橿原考古学研究所 2003 を改変トレース。2：小松市教育委員会 2004 を改変トレース。

図 73　1：筆者作成、文化庁所蔵、和歌山市立博物館保管。2〜4：慶尚大學校博物館 1997 を改変トレース。5：伊藤秋 1993 を改変トレース。6：慶尚大學校博物館 1990 を改変トレース。7：釜山大學校博物館 1983 を改変トレース。8：慶尚大學校博物館 1992 を改変トレース。9：埼玉県立さきたま資料館 1997 を改変トレース。

図 74　1〜3：京都大学考古学研究室編 1985 を改変トレース。4：野洲市教育委員会 2001。5・6：初村 2018a。

図 75　衝角付冑：川畑 2011。帯金具：小浜 1993。轡：田中由 2004・諫早 2010。胡籙金具：土屋 2011。

図 76　内山 2003。

図 77　筆者作成。

図 78　田中稔 1953。

図 79　伊藤秋 1978。

図 80　犬塚 1990。

図 81　藤井 2008。

挿図・表・写真出典　361

図 82　伊藤秋 2010。

図 83　深谷 2015。

図 84　初村 2018b。

図 85　初村 2018b。

図 86　初村 2018b。

図 87　初村 2018b。

図 88　初村 2018b。

図 89　初村 2018b。

図 90　初村 2018b。

図 91　1：小出義治 1963 より再トレース。2：公益財団法人富山県文化振興財団埋蔵文化財調査事
　　　務所 2014 より再トレース。3：奈良教育大学 2006 より改変トレース。4：宮崎県教育委員会
　　　2007 より改変トレース。5：埼玉県教育委員会 1980 より改変トレース。

図 92　6：茨城県教育委員会 1960 より再トレース。京都大学文学部考古学研究室編 1985 より再トレース。

図 93　1：大阪市立美術館 1960 を改変トレース。2：小島・伊達 1956 を改変トレース。3：善通寺
　　　市教育委員会 1992 を改変トレース。

図 94　4：奈良県立橿原考古学研究所 1990 を改変トレース。5：群馬県教育委員会・財団法人群馬県
　　　埋蔵文化財調査事業団 1999 を改変トレース。

図 95　6：鎌木・亀田 1986 を改変トレース。7：千葉県教育委員会 1951 を改変トレース。

図 96　初村 2018b。

図 97　初村 2018b。

図 98　初村 2018b。

図 99　筆者作成。

図 100　筆者作成。

図 101　高坂 1941。

図 102　筆者作成。

図 103　高槻市立今城塚古代歴史館 2012。

図 104　1：初村 2018b。2：塚本 1997 を改変トレース。3：羽曳野市教育委員会 2002 を改変トレース。
　　　4：竜北町教育委員会 1999 を改変トレース。

図 105　高槻市立今城塚古代歴史館 2012。

図 106　筆者作成。

図 107　和田 2010 を参考に筆者作成。

図 108　筆者作成。

図 109　1：初村 2018b。2：木更津市教育委員会 2020。3：群馬県教育委員会・財団法人群馬県埋蔵
　　　文化財調査事業団 1999 を改変トレース。4：内山・穴沢 2002 よりトレース。

図 110　1・4・5・6：鈴木 2010。2：初村 2018b。3：大阪府教育委員会 1991。

図111　1：初村 2011。2：木更津市教育委員会 2020。3：筆者作成、東京国立博物館所蔵。4：鈴木 2010。5：横須賀 2005。

図112　1〜3：高崎市教育委員会 2009。4・5：筆者作成、文化庁所蔵。6：栗原・塩野 1969。7・8：朝霞市教育員会 2011。9：初村 2018b。10〜12：筆者作成、東京国立博物館所蔵。13：群馬県教育委員会・財団法人群馬県埋蔵文化財調査事業団 1999。14：横須賀 2005。

図113　筆者作成。

図114　初村 2018b。

図115　1：小野市教育委員会 2005。2：杉井・上野編 2012。

図116　筆者作成。

図117　1：啓明大学校博物館 1981 を改変トレース。2：吉井町教育委員会 1990 を改変トレース。3：筆者作成、武雄市歴史資料館所蔵。4：高取町教育委員会 2018。5：初村・土屋・杉本 2013。6：宗像神社復興期成会 1958。

図118　1：吉井町教育委員会 1990。2：宮代・白木原 1994 り転載。3：善通寺市教育委員会 2014。

図119　高取町教育委員会 2018。

図120　1：千賀 2003 を改変トレース。2：奈良県立橿原考古学研究所 1990 を改変トレース。3：東大阪市教育委員会 1973 を改変トレース。4：上総江古田金環塚古墳発掘調査団 1985 を改変トレース。5：宮崎県教育委員会 1969 を改変トレース。6：山陽団地埋蔵文化財調査事務所 1976 を改変トレース。7：福岡県教育委員会 1970 を改変トレース。8：福岡県教育委員会 1972 を改変トレース。9：奈良県立橿原考古学研究所 1977 を改変トレース。10：長野県 1988 を改変トレース。11：いわき市史編さん委員会 1971 を改変トレース。12：倉敷市教育委員会 1974 を改変トレース。13：米田文孝 1987 を改変トレース。14：山陽団地埋蔵文化財調査事務所 1976 を改変トレース。15：松本市教育委員会 1990 を改変トレース。16：米田文孝 1987 を改変トレース。17：米田文孝 1987 を改変トレース。18：高取町教育委員会 2018。

図121　高取町教育委員会 2018。

図122　1：嶺南大学校博物館 2002。2：大野・小泉 2007。3：筆者作成、熊本博物館所蔵。4：竜北町教育委員会 1999。5：福岡県教育委員会 1972。6：壱岐市教育委員会 2006。7：宗像神社復興期成会 1958。8：筆者作成、福島県立博物館所蔵。9：群馬県企業局・公益財団法人群馬県埋蔵文化財調査事業団 2014。

図123　1〜3：高取町教育委員会 2018。4：國立慶州博物館 2010。

図124　柏原市教育委員会 1996。

図125　柏原市教育委員会 1984・1998。

図126　1：高取町教育委員会 2018。2：奈良県立橿原考古学研究所 1985。3〜7：奈良県立橿原考古学研究所 1987。

図127　初村 2016。

図128　高取町教育委員会 2012。

挿図・表・写真出典　**363**

図 129　高取町教育委員会 2011。

図 130　筆者作成。

図 131　1 〜 3：柏原市教育委員会 1996。4 〜 9：高取町教育委員会 2018。

図 132　1・2：高取町教育委員会 2018。3 〜 5：初村武寛 2018a。

図 133　釜山大學校博物館 1990。

図 134　1：公益財団法人富山県文化振興財団埋蔵文化財調査事務所 2014。 2：袋井市教育委員会 1994。3：筆者作成、高取町教育委員会所蔵。 4：刀身は筆者・片山健太郎氏作成、捩り環は齊藤大輔氏作成、奈良国立博物館所蔵。 5：早稲田大学會津八一記念博物館 2005。

図 135　奈良國立文化財研究所 1958 を改変トレース。

図 136　筆者作成、奈良文化財研究所飛鳥資料館所蔵。

図 137　筆者作成、奈良文化財研究所飛鳥資料館所蔵。

図 138　東大寺 2015。

図 139　東大寺 2015。

図 140　筆者作成。

図 141　上：水野 2017。下：筆者計測、宮崎県立西都原考古博物館所蔵。

図 142　上：筆者計測、個人所蔵。下：筆者計測、三重県埋蔵文化財センター所蔵。

図 143　初村 2020。

図 144　1：筆者計測、宮崎県立西都原考古博物館所蔵。2・4：筆者計測、国立歴史民俗博物館所蔵。 3：筆者計測、個人所蔵。

図 145　筆者作成。

図 146　上：和泉町 2007。下：筆者計測、奈良教育大学図書館所蔵。

図 147　上：筆者計測、九州大学考古学研究室所蔵。下：筆者計測、熊本県立装飾古墳館所蔵。

図 148　1・2・4・5：初村 2020。3：和泉町 2007。6・7：奈良県立橿原考古学研究所 2005。8：清水康 2013。

図 149　筆者作成。

図 150　筆者計測、文化庁所蔵。

図 151　1：筆者計測、高崎市観音塚考古資料館所蔵。 2：筆者計測、文化庁所蔵。 3：筆者計測、志摩市歴史民俗資料館所蔵。 4：筆者計測、国立歴史民俗博物館所蔵。

図 152　筆者作成。

図 153　上：筆者計測、福井県立歴史博物館所蔵。下：筆者計測、国立歴史民俗博物館所蔵。

図 154　左：筆者計測、福井県立歴史博物館所蔵。中：筆者計測、京都国立博物館所蔵。右：筆者計測、国立歴史民俗博物館所蔵。

図 155　1：奈良県立橿原考古学研究所 2005。2・4・5：初村 2021。3：奈良県立橿原考古学研究所 2005。

図 156　筆者作成。

図157　上：筆者計測、南山大学人類学博物館所蔵。下：筆者計測、福井県立歴史博物館所蔵。

図158　1・3・4：初村 2018b。2：奈良県立橿原考古学研究所 2005。

図159　筆者作成。

図160　上：奈良県立橿原考古学研究所 2005。下：筆者計測、三重県埋蔵文化財センター所蔵。

図161　上：筆者計測、岡崎市美術博物館所蔵。下：筆者計測、三重県埋蔵文化財センター所蔵。

図162　1：奈良県立橿原考古学研究所 2005 をトレース。2・4・5・7・9・10：初村 2021。3：
　　　　奈良県立橿原考古学研究所 2005 をトレース。6：奈良県立橿原考古学研究所 2005 をトレース。
　　　　8：奈良県立橿原考古学研究所 2005 をトレース。

図163　11・13 〜 16・19 〜 22：初村 2021。12：奈良県立橿原考古学研究所 2005 をトレース。17：奈
　　　　良県立橿原考古学研究所 2005 をトレース。18：和泉町 2007 をトレース。

図164　筆者作成。

図165　筆者作成。

図166　上：和泉町 2007。下：筆者計測、丹波篠山市立歴史美術館所蔵。

図167　1：和泉町 2007 をトレース。2：初村 2022。3：筆者作成、天理参考館所蔵。

図168　筆者作成。

図169　上：筆者計測、日隈神社所蔵。下：筆者計測、個人所蔵。

図170　上：筆者計測、奈良県立橿原考古学研究所附属博物館所蔵。下：筆者計測、五島美術館所蔵。

図171　初村 2022。

図172　筆者作成。

図173　上：筆者計測、九州国立博物館所蔵。下：筆者計測、九州国立博物館所蔵。

図174　初村 2020。

図175　筆者作成。

図176　上：筆者計測、京都国立博物館所蔵。下：和泉町 2007 を転載。

図177　1：初村 2021。2：和泉町 2007 をトレース。3：筆者計測、公益財団法人藤井斉成会有鄰館所蔵。

図178　筆者作成。

図179　上：筆者計測、根津美術館所蔵。下：筆者計測、根津美術館所蔵。

図180　1：奈良県立橿原考古学研究所 2005 をトレース。2：奈良県立橿原考古学研究所 2005 をトレー
　　　　ス。3 〜 8：初村 2021。

図181　筆者作成。

図182　上：筆者計測、柏原市歴史資料館所蔵。下：筆者計測、五島美術館所蔵。

図183　1：奈良県立橿原考古学研究所 2005。2：筆者計測、五島美術館所蔵。3：筆者計測、柏原市
　　　　歴史資料館所蔵。4：奈良県立橿原考古学研究所 2005。

図184　1：奈良県立橿原考古学研究所 2005 をトレース。2・3：初村 2021。

図185　筆者作成。

図186　筆者計測、名古屋市博物館所蔵。

挿図・表・写真出典　**365**

図 187　1・2：初村 2018b。3：奈良県立橿原考古学研究所 2005 をトレース。

図 188　筆者作成。

図 189　上：筆者計測、京都国立博物館所蔵。下：筆者計測、畳秀山開善寺所蔵。

図 190　筆者計測、宮内庁所蔵。

図 191　初村 2022。

図 192　筆者作成。

図 193　辻田淳一郎 2017。

図 194　筆者作成。

図 195　筆者作成。

図 196　1：東京国立博物館計測、提供。2：筆者計測、東松山市埋蔵文化財センター所蔵。3：東京
　　　　国立博物館計測、提供。

図 197　4：筆者計測、市川三郷町ふるさと会館所蔵。5：東京国立博物館計測、提供。6：筆者計測、
　　　　京都国立博物館所蔵。

図 198　7：筆者計測、名古屋市博物館所蔵。8：筆者計測、白鶴美術館所蔵。9：九州国立博物館計測、
　　　　提供。

図 199　筆者作成。

図 200　筆者作成。

図 201　筆者作成。

図 202　筆者作成。

図 203　1：筆者計測、京都国立博物館所蔵。2：筆者計測、市川三郷町ふるさと会館所蔵。3：茨城
　　　　県 1974。　　4：神啓崇氏作成、京都国立博物館所蔵。5：筆者作成、南山大学人類学博物館所蔵。
　　　　6：茨城県 1974。

図 204　1：寺井町教育委員会 1997 を改変トレース。2：金井塚良一 1970 を改変トレース。

図 205　1：上原真人 2005。　　2：筆者実測、能美市ふるさとミュージアム所蔵。　　3：釜山大學校博
　　　　物館 1983。

図 206　1：釜山大學校博物館 1990。　　2：奈良国立博物館 2014。　　3：小野市教育委員会 2006。

図 207　1：財団法人大阪市文化財協会 1991。2：高槻市立今城塚古代歴史館 2016。

図 208　筆者作成。

図 209　筆者実測、善通寺市教育委員会所蔵。

表1　川西 1986。	表2　川西 1986。	表3　筆者作成。	表4　筆者作成。
表5　筆者作成。	表6　筆者作成。	表7　筆者作成。	表8　筆者作成。
表9　筆者作成。	表10　筆者作成。	表11　筆者作成。	表12　筆者作成。
表13　筆者作成。	表14　筆者作成。	表15　筆者作成。	表16　筆者作成。
表17　東大寺 2015	表18　筆者作成。	表19　筆者作成。	表20　筆者作成。

表 21　筆者作成。　　　　表 22　筆者作成。　　　　表 23　筆者作成。　　　　表 24　筆者作成。

表 25　筆者作成。　　　　表 26　筆者作成。　　　　表 27　筆者作成。　　　　表 28　筆者作成。

表 29　筆者作成。　　　　表 30　筆者作成。　　　　表 31　筆者作成。　　　　表 32　筆者作成。

表 33　筆者作成。　　　　表 34　筆者作成。　　　　表 35　筆者作成。　　　　表 36　筆者作成。

写真 1　奈良教育大学 2006。

写真 2　1・2：末永 1934。3：奈良文化財研究所飛鳥資料館 2012。4：高槻市立今城塚古代歴史館 2012。

写真 3　富山県文化振興財団埋蔵文化財調査事務所 2014。

写真 4　左：犬塚 1990。　右：黒沢 2013。

写真 5　左：中部日本新聞。　右：名古屋タイムズ。

写真 6　犬塚 1990。

写真 7　筆者撮影、南山大学人類学博物館所蔵。

写真 8　筆者撮影、南山大学人類学博物館所蔵。

写真 9　筆者撮影、南山大学人類学博物館所蔵。

写真 10　筆者撮影、南山大学人類学博物館所蔵。

写真 11　筆者撮影、南山大学人類学博物館所蔵。

写真 12　筆者撮影、南山大学人類学博物館所蔵。

写真 13　筆者撮影、南山大学人類学博物館所蔵。

写真 14　筆者撮影、南山大学人類学博物館所蔵。

写真 15　初村 2018。

写真 16　初村 2018。

写真 17　筆者撮影、早稲田大学會津八一記念博物館所蔵。

写真 18　筆者撮影、双葉町教育委員会所蔵。

写真 19　筆者撮影、文化庁所蔵。

写真 20　筆者撮影、武雄市歴史資料館所蔵。

写真 21　左：朝日新聞社 2002。　右：奈良国立文化財研究所飛鳥資料館 1987。

写真 22　正倉院事務所 1995。

写真 23　1：筆者撮影、京都国立博物館所蔵。　2：筆者撮影、宮内庁所蔵。　3：筆者撮影、耕三寺博物館所蔵。4：筆者撮影、京都国立博物館所蔵。

写真 24　1：筆者撮影、南山大学人類学博物館所蔵。　2：筆者撮影、東京国立博物館所蔵。　3：筆者撮影、丹波篠山市立歴史美術館所蔵。　4：筆者撮影、天理参考館所蔵。

写真 25　京都大学総合博物館 1997。

写真 26　筆者撮影、奈良県立橿原考古学研究所附属博物館所蔵。

挿図・表・写真出典　**367**

第Ⅰ部扉絵　佐々木香輔氏撮影、奈良国立博物館所蔵。

第Ⅱ部扉絵　筆者撮影、南山大学人類学博物館所蔵。

第Ⅲ部扉絵　筆者計測資料をもとに構成。

　　　　　　上から　群馬県綿貫観音山古墳鏡：筆者計測、文化庁所蔵。

　　　　　　　　　　奈良県都祁白石古墳鏡：筆者計測、福井県立歴史博物館所蔵。

　　　　　　　　　　宮崎県持田１号墳鏡：筆者計測、宮崎県立西都原考古博物館所蔵。

　　　　　　　　　　埼玉県埼玉稲荷山古墳鏡：筆者計測、文化庁所蔵。

　　　　　　　　　　奈良県吉備塚古墳鏡：筆者計測、奈良教育大学図書館所蔵。

　　　　　　　　　　石川県和田山２号墳鈴付銅器：筆者計測、京都国立博物館所蔵。

初出一覧

序　章　札式甲冑研究史と本書の目指すところ
- 初村武寛 2018「小札式甲冑における研究史と導入・展開の諸様相」『古代武器研究』Vol.14　古代武器研究会

第Ⅰ部　古墳時代中期における札式甲冑の研究
　第1章　古墳時代中期における札甲の変遷
- 初村武寛 2011「古墳時代中期における小札甲の変遷」『古代学研究』192　古代学研究会

　第2章　日本列島における導入期札甲の構造と副葬の背景
- 初村武寛 2015a「日本列島における導入期小札甲の構造と副葬の背景」『研究紀要』第 19 号　公益財団法人由良大和古代文化研究協会
- 初村武寛 2015c「五條猫塚古墳出土小札甲の構造と甲冑の装飾―小札甲と帯金具の関係性に着目して―」『五條猫塚古墳の研究』総括編　奈良国立博物館

　第3章　古墳時代中期における札式付属具の基礎的検討
- 初村武寛 2010「古墳時代中期における小札式付属具の基礎的検討」『洛北史学』第 12 号　洛北史学会

　第4章　倭への重装騎兵装備の導入
- 新稿

　第5章　古墳時代中期における渡来系文物の受容とその画期
- 新稿

第Ⅱ部　古墳時代後期における甲冑の製作・用途とその性格
　第6章　裲襠式札甲を含む武装の解明とその意義
- 初村武寛 2012「古墳時代後期における武装とその意義―愛知県大須二子山古墳出土甲冑類の構造と用途から―」『明治大学と大阪大学・京都府立大学との考古学・古代史大学院生研究交流プログラム』成果報告書　明治大学大学大学院文学研究科
- 初村武寛 2018『錆情報に基づく戦後復興期消滅古墳副葬品配列の復元研究』　科研費報告書

　第7章　衝角付冑と札式付属具の連結過程
- 初村武寛 2011「一夜塚古墳出土甲冑の位置付け」『一夜塚古墳出土遺物調査報告書』　朝霞市教育委員会

　第8章　日本列島における朝鮮半島系札甲副葬古墳とその周辺
- 新稿

　第9章　革札を用いた札甲の構造とその意義
- 新稿

第10章　古墳時代以後

・初村武寛 2015b「東大寺金堂鎮壇具挂甲残闕を再考する」『国宝東大寺金堂鎮壇具保存修理調査報告書』
　東大寺

第Ⅲ部　札式甲冑の導入・展開期における副葬品群の様相

第11章　同型鏡群の比較検討からみた副葬品の製作・入手・伝世

・初村武寛 2018『錆情報に基づく戦後復興期消滅古墳副葬品配列の復元研究』　科研費報告書

・初村武寛 2020「３Ｄデータを用いた同型鏡群の比較検討Ⅰ」『元興寺文化財研究所研究報告 2019』　元興
　寺文化財研究所

・初村武寛 2021「３Ｄデータを用いた同型鏡群の比較検討Ⅱ」『元興寺文化財研究所研究報告 2020』　元興
　寺文化財研究所

・初村武寛 2022「３Ｄデータを用いた同型鏡群の比較検討Ⅲ」『元興寺文化財研究所研究報告 2021』　元興
　寺文化財研究所

・初村武寛 2023「３Ｄデータを用いた同型鏡群の比較検討―補遺―」『元興寺文化財研究所研究報告 2022』
　元興寺文化財研究所

第12章　鈴付銅器の変遷と用途

・初村武寛 2018『錆情報に基づく戦後復興期消滅古墳副葬品配列の復元研究』　科研費報告書

終章　日本列島における渡来系技術の受容とその背景

・新稿

あとがき

　本書は、京都府立大学に2014年に提出した博士論文『古墳時代における小札式甲冑の製作・展開とその背景』をベースとし、新規論文や近年筆者が実施している調査研究を加味した上で、大幅に修正・加筆を行ったものである。

　筆者は長崎市育ちの人間で、どちらかといえば、古墳という存在はあまりなじみがなかった。日本史という科目は好きではあったが、古代よりも中近世あたりに興味があった。しかし、大学から奈良の来て1年目、奈良教育大学校内にあった吉備塚古墳の発掘に参加し、その中で三累環頭大刀や馬具類、鉄鏃とともに出土した札甲の調査に携わらせていただいたことが原点となった。

　大学3回生になると、卒業論文の主対象とした吉備塚古墳の札甲の調査を進めるにあたり、元興寺文化財研究所の塚本敏夫さんのところに勉強に通わせていただいた。そこで塚本さんをはじめ、橋本英将さんらみなさんに大変お世話になった。また同時期にアルバイトに来ていた諫早直人さん、石田大輔さん、田中由理さん、川畑純さん、金宇大さん、金赫中さんら現在でも調査等でご一緒する機会のある方々とともに調査・実測や話ができたのは大きかった。

　大学院は橋本英将さんの勧めで京都府立大学の菱田哲郎先生にお世話になった。同大学院では、考古学研究室の方々との関わりはもちろんのこと、考古学以外の専攻の方とも関わりが多く、視点も広がり、多くの刺激をいただいた。

　大学院修了後、2011年より現在まで、元興寺文化財研究所でお世話になっている。

　博士論文を提出してからはしばらく仕事にかまけて本にして出版することは特に考えていなかったが、2019年に敦賀市で行われた向出山1号墳出土資料見学会があり、その帰りに阪口英毅さんと車で帰路をご一緒する機会があった。阪口さんは道中、様々な話をしてくださったが、中でも博士論文は本にして出した方が良いということを、ご自身の経験を交えて教示いただいた。

　その1年後に阪口さんが亡くなられるとは夢にも思っていなかった。

　もっと早く刊行できていれば、という後悔もあるが、ここまで形にできたのは様々な方に多くのご協力をいただいた方に他ならない。特にこの本を書いている間、子どもの面倒を見てくれている妻、そして一緒に遊ぶのを我慢してくれている子どもたち。記して感謝申し上げます。

　本書の刊行にあたっては、令和5年度元興寺文化財研究所出版助成を受けた。また、資料の掲載・論文の再掲載等については、諸機関の承諾を賜った。重ねて感謝申し上げます。

　様々な学恩に対しては、今後精進してくことでかえさせていただきたい。

2025年3月吉日

初村武寛

著者略歴

初村　武寛（はつむら　たけひろ）

1984 年　福岡県生まれ　長崎県出身
2002 年　奈良教育大学　入学
2006 年　奈良教育大学　卒業
2007 年　京都府立大学大学院博士前期過程　入学
2009 年　京都府立大学大学院博士前期課程　修了
2009 年　京都府立大学大学院博士後期課程　入学
2012 年　京都府立大学大学院博士後期課程　単位取得退学
2012 年　財団法人元興寺文化財研究所
2015 年　博士（歴史学）：京都府立大学
現　　在　公益財団法人元興寺文化財研究所　主任研究員

専門分野

古墳時代の甲冑を中心とした金属製品
金属製遺物の保存処理

主要論文

初村武寛 2011「古墳時代中期における小札甲の変遷」『古代学研究』192
古代学研究会

古墳時代における札式甲冑の導入・展開とその背景

2025 年 3 月 31 日　初版発行

著　者　初村　武寛
発行者　八木　唯史
発行所　株式会社　六一書房
　　　　〒101-0051 東京都千代田区神田神保町 2-2-22
　　　　TEL　03-5213-6161　　　　FAX　03-5213-6160
　　　　https://www.book61.co.jp　　　E-mail　info@book61.co.jp
印　刷　藤原印刷　株式会社
装　丁　篠塚明夫

ISBN978-4-86445-170-3　C3021　©Takehiro HATSUMURA 2025　Printed in Japan